독도의 역사

저자소개 | 김화경(金和經)

경북 상주에서 태어나 서울대학교 문리과대학 국어국문학과를 졸업하고 일본의 筑波大學 대학원에서 석사과정과 박사과정을 이수하였으며, 『한국설화의 형태론적 연구』로 문학박사 학위를 받았다. 전주우석대학을 거쳐 영남대학교에서 재직하고 있으며, 현재는 독도연구소 소장을 맡고 있다.

저서로는 『한국 설화의 연구』와 『북한 설화의 연구』, 『한국의 설화』, 『일본의 신화』 『한국 신화의 원류』, 『신화에 그려진 여신들 — 그 원래의 모습』 등이 있으며, 근래에 발표한 독도 연구 논문으로는 「일본의 독도 강탈 정당화론에 대한 비판 — 쯔카모도 다카시의 오쿠하라 헤키운 자료의 해석을 중심으로」와 「끝없는 위증의 연속 — 시마네현 죽도 문제 연구회 『최종보고서』의 문제점」, 「독도 강탈을 위한 궤변의 허구성」, 「섬의 소유를 둘러싼 한·일 관습에 관한 연구」 등 다수가 있다.

독도의 역사

초판 인쇄 2011년 4월 18일
초판 발행 2011년 4월 25일

지은이 김화경
펴낸곳 영남대학교출판부
펴낸이 이효수

출판등록 1975년 9월 5일 경산 제16-1호
주소 경북 경산시 대동 214-1
전화 053) 810-1801~3
FAX 053) 810-4722
홈페이지 book.yu.ac.kr

ISBN 978-89-7581-397-9

※ 값은 표지 뒷면에 있습니다.

천마총서 01

독도의 역사

김화경 지음

영남대학교출판부

책머리에

Introduction

독도는 역사적으로 명백하게 대한민국의 영토이다. 그런데도 일본은 자기들 나름의 논리를 개발하여 끊임없이 자국의 영토라고 주장하고 있다. 그리고 그렇게 주장하는 데서 끝나는 것이 아니라, 앞뒤가 맞지 않는 논리를 가지고 대내외적으로 널리 선전을 일삼고 있다는 데 문제의 심각성이 있다. 바로 이런 것의 대표적인 예가 일본 외무성에서 만든 『죽도 문제를 이해하기 위한 10의 포인트』란 팸플릿이다. 그들은 이 팸플릿을 외무성 홈페이지에 9개 외국어로 번역 게시하여 자기들의 독도 영유권 주장이 정당하다고 선전하고 있다.

더욱이 일본은 조직적이면서 체계적으로 독도 문제를 도발해오고 있다. 시마네현島根縣에서 설치한 죽도문제연구회에서 논리를 개발하면 외무성은 이를 기반으로 선전 팸플릿을 만들고, 문부과학성은 이것을 교과서에 넣어 가르치겠다고 나서고 있다. 그 뿐만이 아니다. 자민당에서 민주당으로 정권이 바뀌었는데도 독도에 대한 영유권 주장은 바뀌지 않고 있다.

이와 같은 현실에 등짐을 지고, 일본을 바라보고 있을 수만은 없다. 일본의 공세에 대하여, 우리도 수세적인 방어의 태도에서 벗어나 적극적으로 대응하는 자세로 전환해야 한다. 다시 말해 일본 사람들의 주장이 어떻게 해서 틀렸으며, 독도가 왜 한국의 영토인가 하는 것을 널리 알려야만 한다는 것이다.

이 책은 이러한 의도에서 저술되었다. 일본 측 독도 영유권 주장의 본질은 무엇이며, 그들은 왜 계속해서 이 문제를 제기하고 있는가? 일본 측의 도발에 어떻게 대응해야만 하는가? 이런 문제점들을 검토하면서, 독도가 분명하게 한국의 영토란 확신을 가지게 되었다. 그리고 그것을 통시적인 관점에서 조망한 것이 바로 이 『독도의 역사』란 책이라고 할 수 있다.

실제로 일본은 러일전쟁이 시작되기 전에는 독도를 자기네 땅으로 생각한 적이 한 번도 없었다. 그러다가 러시아를 상대로 전쟁을 하게 되면서, 동해 가운데에 있는 독도의 전략적인 가치를 새롭게 인식하게 되었다. 특히 발틱 함대와의 결전決戰을 앞에 둔 일본으로서는 동해 해전이 그들의 운명이 결정되는 중차대한 계기를 맞이하였다. 그리하여 빼앗은 것이 한국의 독도였다. 그런데도 그들은 그러한 사실을 호도하면서, 임자가 없는 땅이었기 때문에 편입했다고 억지 주장을 하고 있다.

그러나 이런 주장은 자기들 조상이 인정해왔던 사실, 곧 울릉도가 조선 땅이었고 독도는 그에 딸린 부속 섬이라고 보았던 것을 부정하는 결과를 초래하였다. 그래서 이와 같은 모순을 극복하려고 하다 보니, 일본 측 학자들은 더 큰 거짓말을 할 수밖에 없었다. 그러니 거짓말이 더 큰 거짓말을 만들고 있는 것이 현금 일본에서의 독도 연구 실태이다.

그럼에도 불구하고 한국의 학자들은 일본 연구자들의 독도 연구에 눈을 돌리지 않고 있다. 우리에게 유리한 자료들만 나열하여 독도를 매개로한 애국심의 고취에만 열중했었다. 다시 말해 일본이 한국의 독도를 빼앗으려고 한다는 위기 위식을 조장함으로써, 민족적 단결을 호소하는 데 급급하였다고 할 수 있다. 이 책에서는 이러한 태도를 극복하기 위해서 일본 측 주장의 문제점부터 고찰하였다. 그리고 이사부異斯夫의 우산국 정벌로부터 독도를 일본 제국주의자들에게 빼앗길 때까지의 과정을 살펴보았다.

이 과정에서 안용복 문제는 따로 독립된 장으로 다루었다. 안용복은 심도 깊게 연구해야 할 대상이지 퍼포먼스의 대상은 아니다. 그런데도 '안용복 연구소'에 '안용복 재단'이 만들어지더니, 이제는 그것도 모자라 '안용복 기념관'에다 '안용복 사당'까지 세우는 야단법석을 떨고 있다. 이 정도의 사업을 하기 위해서는 왜 그런 사업을 해야 하는가 하는 것부터 검토되어야 마땅하다. 곧 안용복에 대한 보다 철저한 연구가 이루어지고 난 다음에, 그를 기리는 사업이 진행되어야 한다는 것이다. 그 때문에 안용복 문제를 별개의 장을 마련할 수밖에 없었다.

독도에 대한 역사는 우리 민족 수난의 역사이다. 그 때문에 일본의 도발이 있을 때마다 모두가 흥분하는 것이 아닌가 한다. 그렇지만 흥분을 한다고 문제가 해결되는 것은 아니다. 일본 측의 주장이 왜 잘못 되었는가를 차근차근 따져보는 것부터 시작해서, 그들의 주장을 극복할 수 있는 논리를 개발해야 한다. 그러기 위해서는 일본의 자료들에 대한 철저한 분석이 수행되어야 한다. 이 책은 이런 의미에서 일본 자료들을 검토하는 시발점이라고 할 수 있다. 그렇기 때문에 일본 자료의 해석에 무리가 있었을지도 모르고, 또 논리의 전개에도 합리적이지 못한 데가 있었을 가능성도 있다. 그러므로 독도를 연구하는 선후배들의 지탄 없는 비판과 질정叱正이 있었으면 한다. 잘못이 있다면 과감하게 수용할 생각이다.

이 책이 출판되기까지는 주변 사람들의 많은 격려와 성원이 있었다. 보잘 것 없는 성과이지만 이들의 은혜에 조금이라도 보답이 되었으면 한다. 그리고 옆에서 항상 여러 문제를 함께 토론하면서 많은 것을 깨우쳐준 김호동 연구 교수님께 감사의 인사를 드린다. 또 바쁜 시간에도 원고를 교정해준 최창길 선생님과 김미영 군에게도 진심으로 고마움을 전한다.

2011년 3월

영남대학교 독도연구소에서

김 화 경

차례
Contents

서론

Chapter 01

1. 일본 측 주장의 검토

독도는 명확하게 대한민국의 영토이다. 그런데도 일본에서는 독도가 자기네 영토라고 주장하고 있다. 그러면서 일본 외무성은 「죽도竹島[1] 영유를 둘러싼 일한日韓 양국의 역사상의 견해」[2]란 외교문서를 통해서, 죽도에 대한 영유권의 정당성을 결정하는 가장 기본적인 문제로 다음과 같은 세 가지를 들고 있다.

1. 일한 양국의 어느 쪽이 죽도에 대해 일찍부터 정확한 지식을 가지고 있었는가?
2. 어느 쪽이 영토의 일부로 생각하였으며, 또 실제로 이것을 경영하고 있었는가?
3. 어느 쪽이 국제법상 영토 취득의 요건을 충족시켜오고 있는가?

---

1 한국에서는 '독도'라고 부르고 있으나, 일본 외무성의 외교문서이므로 그들의 견해를 그대로 받아들여 '竹島'로 표기하기는 하지만, 독음은 일본에서와 같이 '다케시마'로 읽지 않고, 한국에서 읽는 대로 '죽도'로 읽기로 한다는 것을 미리 밝혀둔다.

2 山辺健太郎 : 「竹島問題の歷史的考察」 『コリア評論(7-52)』 (東京, 1965, 民族問題研究所), 8쪽.

말하자면 이와 같은 세 가지 요건이 독도의 영유권을 결정하는 중요한 단서가 된다는 것이다. 그러므로 한·일 두 나라가 서로 고유의 영토라고 주장할 것이 아니라, 독도와 관련을 가지는 자료들을 전부 내어놓고 객관적으로 검토하여 이들 요건을 중심으로 따져본다면 그 영유권 문제는 저절로 해결되지 않을까 한다.

그럼에도 불구하고 일본의 시마네현島根縣 의회는 2005년 3월 26일에 그들이 독도를 강탈한 지 100년이 되는 2005년 2월 22일을 '죽도의 날'로 정하는 조례안을 통과시켰고, 동 현의 지사는 이를 지체 없이 공포함으로써, 독도를 자기네 땅으로 만들겠다는 저의를 드러낸 바 있었다. 게다가 그들은 '죽도의 날'을 제정하는 것과 더불어, '죽도 문제 연구회'[3]란 것을 만들어 2006년 5월에 『죽도 문제에 관한 조사 연구 - 중간보고서』[4]를 내어놓았고, 2007년 3월에는 『죽도 문제에 관한 조사 연구 - 최종보고서』[5]를 제출하였다.

그러나 이 연구회에서는 그 설립 목적에 명기하고 있는 것처럼, "죽도 문제에 관한 역사에 대해서의 객관적인 연구·고찰"을 한 것이 아니라, 그들 특유의 사료 왜곡을 통한 터무니없는 주장을 하였다. 그러한

---

3 죽도 문제 연구회의 설치 목적과 활동 내용은 다음과 같다.
(설치목적) 제1조 죽도 문제에 대해서의 국민 여론 계발에 일조하기 위해, 죽도 문제 연구회(이하 연구회라고 한다)를 설치하고, 죽도 문제에 관한 역사에 대해서의 객관적인 연구, 고찰, 문제점의 정리를 행한다.
(활동 내용) 제2조 연구회는, 다음에 드는 연구 활동을 행한다.
1. 죽도 문제에 관한 역사에 대해서의 객관적인 연구, 고찰, 정리 등.
2. 일한 양국의 죽도에 관한 주장의 체계적 정리 및 비교연구.
3. 일한 양국의 죽도에 관한 논점에 따른 관계 자료 및 사료의 정리.
4. 연구 성과의 정리 및 발표.
5. 위에서 든 것 이외에, 연구회가 필요하다고 인정하는 연구 활동.

4 『중간보고서』라고 약칭하기로 하는데, 여기에는 동 연구회의 연구 활동 개요와, 연구위원들의 리포트, 조사자료, 사료·자료 리스트 등을 주로 싣고 있다.

5 『최종보고서』라고 약칭하기로 하는데, 여기에는 연구위원들의 리포트와 울릉도 현지조사 시에 찍은 사진들을 싣고 있다.

주장의 대표적인 예가 바로 이 연구회의 좌장을 맡고 있는 시모죠 마사오下條正男의 「죽도의 날 조례로부터 2년」이라고 하는, 『최종보고서』의 머리말에 해당하는 글이다. 그는 이 글에서, "태정관太政官이 '관계가 없다.'고 한 '죽도 타 1도'[6]는, 두 개의 울릉도를 가리키고 있으며, 현재의 죽도와는 관계가 없었던 것이다."[7]라고 하였다. 시모죠가 이런 주장을 한 이유는 당시에 사용되고 있던 지도에 기인한 것으로, 거기에는 실재하지 않는 죽도(竹島 : Argonaut island)와 송도(松島 : Dagelet island)가 그려져 있었다는 것이다. 이와 같은 지도의 표시는 시-볼트(Philipp Franz von Siebold)가 서구에 전한 잘못 된 「일본도日本圖」에 그 원인이 있는데, 여기에는 동경東經 129도 50분에 위치하는 죽도와 동경 130도 56분에 송도가 그려져 있으나, 현재의 죽도는 동경 131도 5분에 위치하고 있으므로 전자의 두 섬은 애초부터 일본과는 관계가 없었다는 구차한 변명을 늘어놓고 있다.

이러한 시모죠의 견해는 1877년 시마네현에서 지적을 편찬하면서 '죽도 외 1도'의 소속에 관한 질의를 한 것에 대해, 그 회신을 한 태정관의 우대신右大臣 이와쿠라 도모미岩倉具視가 지도 한 장을 제대로 구별하지 못하는 사람이었다는 것을 전제로 하고 있다. 그렇지만 이와쿠라가 "문의한 죽도 외 1도에 대하여 우리나라[本邦]와는 관계가 없다는 것을 주지할 것"이라는 결정을 내린 까닭은 시마네현에서 질의를 하면서 첨부했던 문서와 지도에 바탕을 둔 것이다. 그러므로 이와쿠라가 첨부했던 지도를 보지 않고, 엉뚱한 지도를 보았다는 시모죠의 주장은 터

---

6 태정관 문서에는 "죽도 외 1도"라고 하여 "외(外)"라는 글자를 사용하였으나, 시모죠 마사오(下條正男)는 "죽도 타 1도"라고 하여 "타(他)"라는 글자를 사용하였다. 이러한 글자의 임의적인 변경이 자의에 의한 것인지 어떤지는 확인할 길이 없으나, 적어도 사료를 의도적으로 바꾸는 일은 없어야 한다는 것을 지적해둔다.

7 下條正男 : 「竹島の日條例から2年」『竹島問題に關する調査研究-最終報告書』(松江, 2007, 竹島問題研究會), 2쪽.

무니없는 억측에 지나지 않는 것이었다.

여기에서 더욱 더 어처구니가 없는 것은, 이와 같은 죽도 문제 연구회의 연구를 바탕으로 하여 일본의 외무성이 독도가 자기네 땅이라는 팸플릿을 만들었다는 사실이다. 외무성은 자기들의 홈페이지에 「죽도의 영유권에 관한 우리나라의 일관된 입장」이라는 제목 아래, 다음과 같은 두 가지를 주장하고 있다.

1. 죽도는, 역사적 사실에 비추어 보더라도, 또 국제법상으로도 명백하게 우리나라 고유의 영토입니다.
2. 한국에 의한 죽도의 점령은, 국제법상 아무런 근거도 없이 행해지고 있는 불법 점거이며, 한국이 이러한 불법 점거에 의거하여 죽도에 대해 행하는 어떠한 조치도 법적인 정당성을 가지는 것은 아닙니다.

그리고 이에 뒤이어서, "한국 측으로부터는, 우리나라가 죽도를 실효적으로 지배하고, 영유권을 확립하기 이전에, 한국이 동 섬을 실효적으로 지배하고 있었다고 하는 것을 나타내는 명확한 근거를 제시하지 못하고 있습니다."[8]라는 것을 덧붙이고 있다.

이러한 일본 외무성의 주장에서 말하는 역사적 사실이란 무엇인가? 그들이 독도를 강제로 탈취한 것을 가리키는 것인가? 아니면 미국 측에 로비를 하여, 샌프란시스코 강화 조약문에서 독도를 한국의 영토로부터 제외시킨 것을 가리키는 것인가? 적어도 정부의 공식입장이라고 한다면, 어떤 것을 가지고 역사적 사실이라고 지칭하는지를 명백하게 할 필요가 있다. 또 독도가 정말로 일본의 고유한 영토였다고 한다면, 왜 1905년 1월 28일 내각회의의 결정으로 독도를 일본 영토로 편입시킨다는 결의를 하였으며, 시마네현으로 하여금 같은 해 2월 22일에 현

---

8 日本外務省ホ-ムペ-ジ アジア竹島問題.

고시 제 40호로 리앙코르-도라고 부르던 독도에 '죽도'란 이름을 붙이어 오키도사隱岐島司의 관할로 한다는 고시를 하게 하였는가 하는 문제에 대해서도 명확한 설명을 뒤따라야 마땅하다.

이와 더불어 대한민국이 자국의 영토에 경찰 병력을 주둔시키고 있는 사실을 불법 점거라고 불러도 되는 것인가 하는 문제도 한번쯤은 짚고 넘어가야 당연하다. 다시 말해 어떤 것이 국제적인 불법행위이고, 어떤 것이 국제적인 정의인지를 분명하게 해야 한다는 것이다. 그렇지 않고 막무가내 식으로 독도를 일본의 고유 영토라고 주장하면서, 정당한 주권행사를 불법 운운 하는 것은 외교상으로나 국제법적으로도 온당하지 못한 처사임을 두 말할 필요도 없을 것이다.

하지만 이런 문제에 대해서는 일언반구도 하지 않은 채, 그들은 자기들의 홈페이지에 『죽도 문제를 이해하기 위한 10의 포인트』[9]라는 것을, 일본어를 비롯한 9개의 외국어로 번역하여 게재함과 동시에, 그것을 팸플릿으로 만들어 배포함으로써 자기네 주장의 정당성을 세계 도처에 선전하고 있다. 그들이 말하는 10의 포인트는 아래와 같다.

① 일본은 옛날부터 죽도의 존재를 인식하고 있었습니다.
② 한국이 옛날부터 죽도의 존재를 인식하고 있었다는 근거는 없습니다.
③ 일본은 울릉도로 건너갈 때의 정박장으로 또한 어채지로 죽도를 이용하여, 늦어도 17세기 중엽에는 죽도의 영유권을 확립했습니다.
④ 일본은 17세기말 울릉도로 건너갈 때의 울릉도 도항을 금지했습니다만, 죽도 도항은 금지하지 않았습니다.
⑤ 한국이 자국 주장의 근거로 인용하는 안용복의 진술내용에는 많은 의문점이 있습니다.

9 원래 일본어의 제목은 『竹島問題を理解するため10のポイント』로, 한국어판에서는 『다케시마 문제를 이해하기 위한 10의 포인트』라고 하였으나, 본고에서는 조선시대부터 각종 문헌에 '죽도'란 말이 사용되었으므로 '죽도'로 표기하기로 한다.

⑥ 일본정부는 1905년 죽도를 시마네현에 편입하여, 죽도 영유 의사를 재확인했습니다.
⑦ 샌프란시스코 강화조약 기초과정에서 한국은 일본이 포기해야 할 영토에 죽도를 포함시키도록 요구했으나 미국은 죽도가 일본의 관할 하에 있다고 해서 이 요구를 거부했습니다.
⑧ 죽도는 1952년 주일 미군의 폭격 훈련 구역으로 지정되었으며, 일본 영토로 취급되었음은 분명합니다.
⑨ 한국은 죽도를 불법점거하고 있으며, 일본은 엄중하게 항의를 하고 있습니다.
⑩ 일본은 죽도 영유권에 관한 문제를 국제사법재판소에 회부할 것을 제안하고 있습니다만, 한국이 이를 거부하고 있습니다.

이상과 같은 외무성의 선전은 일본 제국주의자들이 대한제국을 강점하면서 강제로 독도를 빼앗았던 것을 기정사실화하고 있는 것 같은 인상을 준다. 그 뿐만이 아니라, 일본 정부 당국까지도 시마네현의 주장에 정당성을 부여함으로써 독도를 국제 분쟁지역으로 만들겠다는 속셈을 그대로 드러내고 있어, 이것을 게시한 그들의 저의에 의구심을 가지지 않을 수 없게 하고 있다.

만약에 이와 같은 일본 외무성의 주장이 역사적 사실에 입각한 것이라고 한다면, 한국의 독도 영유권 주장은 그러한 사실을 무시한 처사라는 비판을 감내하지 않으면 안 된다. 하지만 이런 주장이 사실에 바탕을 둔 것이 아니라 그릇된 정보와 연구에 근거를 둔 것이라고 한다면, 일본은 아직까지도 100여 년 전의 제국주의적인 영토 팽창 야욕에서 벗어나지 못하고 있다는 비난을 받아도 당연하다고 하겠다.

2. 한국 측 대응의 문제점

일본은 위에서 살펴본 것처럼 독도 문제에 대해 공세적이면서도 적극적인 입장을 취하고 있다. 이에 반해 한국 정부는 지금까지 방어적이면서도 소극적인 대응으로 일관해왔다. 우리가 실질적으로 지배를 하고 있기 때문에, 일본의 도발에 일일이 대응을 하다가는 정말로 독도를 국제 분쟁지역으로 만들 수도 있다는 것이 한국 외교통상부의 기본 입장이었다.

그러나 우리 정부가 아무리 그렇게 주장을 하고 있다고 하더라도, 이미 독도가 국제 분쟁지역으로 인식되고 있는 것을 어떻게 설명할 수 있을까? 이러한 사실을 단적으로 나타내는 것이 영국 브리타니카사에서 출판된 세계 지도의 독도에 대한 표기이다.

지도 1[10]

10 Frank J. Sutley edi : Britannica Atlas, (London, 1974, Encyclopaedia Britannica Inc), 82-83쪽.

지도 2[11]

위의 지도 1을 보면 1974년까지 독도를 한국의 영토로 표기해왔다는 것을 알 수 있다. 그렇지만 지도 2가 발행된 1978년에는 이미 독도와 죽도가 병기되었고, 한국과 일본이 서로 자기네 땅이라고 주장한다는 것이 명시되기에 이르렀다. 이와 같은 사실을 통해서 그 간에 한국의 외교통상부가 지향해왔던 '조용한 외교'가 어떤 결과를 가져왔는가 하는 것은 너무도 명백해졌다고 할 수 있다. 바로 그런 우려가 현실로 나타났던 것이 2008년 7월 26일 미국의 지명위원회地名委員會가 내린 조치였다. 곧 그들은 그 동안 독도에 대한 한국의 주권을 인정해왔었다. 그러던 것을 갑자기 독도를 영유권이 확립되지 않은 미지정 지역으로 바꾸어 버렸던 것이다.

그런데 더욱 우려를 자아낸 것은 독도를 주권 미지정 지역으로 수정하면서도, 센가쿠 제도尖閣諸島에 대해서는 일본의 주권을 인정했다는

---

11 William A. Clevelend edi : Britannica Atlas, (London, 1978, Encyclopaedia Britannica Inc), 92-93쪽.

사실이다. 두루 알고 있는 것처럼, 중국에서 조어도釣漁島라고 부르는 이 섬들은 현재 일본이 점유하고 있다. 하지만 중국 측이나 대만 측이 그 사실을 인정하지 않고 국제사법재판소國際司法裁判所에 제소하여 그 영유권을 결정하자고 주장을 하고 있는 곳이다.

독도를 두고 한국과 일본 사이에 존재하고 있는 것과 똑 같은 사태가 벌어지고 있는 곳이 바로 조어도 문제이다. 독도도 일본 측은 국제사법재판소에 가져가 해결을 하자고 하는 데 반해, 한국 측은 실효적 지배를 하고 있는 고유의 영토이기 때문에 그럴 필요가 없다고 맞서고 있다. 그런데도 미국의 지명위원회는 한편으로는 일본의 주권 행사를 인정하면서, 다른 한편으로는 그 동안 인정해오던 한국의 독도에 대한 주권을 미지정 지역으로 변경하였다. 물론 이것은 당시에 한국 방문을 앞두고 있던 조지 부시(George W. Bush) 대통령의 개입으로 일단 원상회복이 되기는 하였다. 말하자면 미지정 지역에서 한국의 주권을 인정하는 쪽으로 바뀌었던 것이다. 그렇지만 문제가 완전히 해결된 것이 아니다. 그는 "일단 원상회복을 하여 다시 검토해 보라."는 지시를 하였고, 동 지명 위원회는 이 결정에 따랐을 뿐이기 때문에 임시 미봉에 그쳤다는 표현이 더 적합하다고 하겠다.

이와 같은 해프닝이 한국 외교의 현주소를 적나라하게 증명해주고 있는 것이 아닐까? 한국은 '조용한 외교'를 구가하면서 외형적 활동을 지양하는 무대응으로 일관하였다. 이에 반해 일본은 그야말로 '조용한 외교'를 통해 물밑에서 '죽도는 일본의 고유 영토이지만 한국이 불법적으로 점령을 하고 있다.'는 것을 적극적으로 홍보해왔다. 이러한 대조적인 활동이 국제사회에서 지금과 같이 '독도는 분쟁 지역'이라는 인식을 가지게끔 만들었던 것은 아닐까?

그러나 이런 오류가 발생한 데는 외교상의 문제만 존재하는 것은 아니다. 독도를 연구하는 학자들의 책임도 결코 무시할 수 없다. 사실 독도에 대한, 일본 측의 도발이 있을 때마다 언론은 국민들을 선동하는데 바빴었고, 그리하여 국민들은 일본 대사관 앞에서 일장기日章旗를 불태우며 시위를 하는 것이 하나의 공식으로 되어 있었다. 그리고 연구자들은 일본의 자료 하나 제대로 검토하지 않은 채 "한국의 영토인 독도를 일본이 빼앗으려고 한다."는 주장만 앵무새마냥 되풀이해왔었다.

그 뿐만이 아니라, 우리나라의 학자들은 한국에게 유리한 자료만 가지고 독도가 한국의 영토라고 우기는 데 급급했었다. 그 단적인 예가 바로 『숙종실록肅宗實錄』 숙종 22년(1696년) 9월 무인(戊寅 : 25일) 조에 실린 안용복安龍福의 진술에 대한 맹신을 들 수 있다. 그래서 우선 이 부분을 그대로 인용하기로 한다.

「비변사에서 안용복 등을 추문하였는데, 안용복이 말하기를, "저는 본디 동래에 사는데, 어머니를 보러 울산에 갔다가 마침 승려 뇌헌 등을 만나서 근년에 울릉도에 왕래한 일을 자세히 말하고, 또 그 섬에 해물이 많다는 것을 말하였더니, 뇌헌 등이 이롭게 여겼습니다. ……중략……

왜선도 많이 와서 정박하고 있어 뱃사람들이 다 두려워하였으므로, 제가 앞장서서 말하기를, '울릉도는 본디 우리 지경인데, 왜인이 어찌하여 감히 지경을 넘어 침범하였는가? 너희들을 모두 포박하여야 하겠다.'라고 하고, 이어서 뱃머리에 나아가 큰소리로 꾸짖었습니다. 그랬더니 왜인이 말하기를, '우리들은 본디 송도에 사는데 우연히 고기를 잡으러 나왔으나 이제 본소로 돌아갈 것입니다.'라고 하므로, '송도는 자산도로서 그것도 우리나라의 땅인데 너희들이 감히 거기에 사는가?'라고 하였습니다. 드디어 이튿날 새벽에 배를 몰아 자산도에 갔는데, 왜인들이 막 가마솥을 벌여 놓고 고기 기름을 다리고 있었습니다. 제가 막대기로 쳐서 깨뜨리고 큰 소리로 꾸짖었더니, 왜인들이 거두어 배에 싣고서 돛을 올리고 돌아가므로, 제가 곧 배를 타고 뒤쫓았습니다.

그런데 갑자기 광풍을 만나 표류하여 옥기도(玉岐島 : 오키도隱岐島)에 이르렀는데, 도주가 들어온 까닭을 물으므로, 제가 말하기를, '근년에 내가 이곳에 들어와서 울릉 자산 등의 섬을 조선의 지경으로 정하고, 관백의 서계를 받았는데, 이 나라에서는 정식定式이 없어서 이제 또 우리 지경을 침범하였으니, 이것이 무슨 도리인가?'라고 하자, 마땅히 호키주에 전보하겠다고 하였으나, 오랫동안 소식이 없었습니다.

제가 분완憤惋을 금하지 못하여 배를 타고 곧장 호키주로 가서 '울릉 자산 양도 감세장'이라 가칭하고 사람을 시켜 본도에 통고하려 하는데, 그 섬에서 사람과 말을 보내어 맞이하므로 저는 푸른 철릭[帖裏]을 입고 검은 포립布笠을 쓰고 가죽신을 신고 교자를 타고 다른 사람들도 모두 말을 타고서 그 고을로 갔습니다. 저는 도주와 청 위에 마주 앉고, 다른 사람들은 모두 중계에 앉았습니다. 도주가 묻기를 '어찌하여 들어왔는가?'하므로, 답하기를, '전일 두 섬의 일로 서계를 받아낸 것이 명백할 뿐만이 아닌데, 대마도 도주가 서계를 빼앗고는 중간에서 위조하여 두세 번 차왜를 보내 법을 어겨 함부로 침범하였으니, 내가 장차 관백에게 상소하여 죄상을 두루 말하려 한다.'고 하였더니, 도주가 허락하였습니다.

드디어 이인성으로 하여금 소를 지어 바치게 하자, 도주의 아비가 호키주에 간청하여 오기를, '이 소를 올리면 내 아들이 반드시 중한 죄를 얻어 죽게 될 것이니 바치지 말기 바란다.'고 하였으므로, 관백에게 품정定하지는 못하였으나, 전일 지경을 침범한 왜인 15인을 적발하여 처벌하였습니다. 이어서 저에게 말하기를, '두 섬은 이미 너희 나라에 속하였으니, 뒤에 혹 다시 침범하여 넘어가는 자가 있거나 도주가 혹 함부로 침범하거든, 모두 국서를 만들어 역관을 정하여 들여보내면 엄중히 처벌할 것이다.'하고, 이어서 양식을 주고 차왜를 정하여 호송하려 하였으나, 제가 데려가는 것은 폐단이 있다고 사양하였습니다."하였고, 뇌헌 등 여러 사람의 공사도 대략 같았다. 비변사에서 아뢰기를, "우선 뒷날 등대할 때를 기다려 품처하겠습니다."하니, 윤허하였다.」[12]

---

12 「備邊司推問安龍福等 龍福以爲 渠本居東萊 爲省母至蔚山. 適逢僧雷憲等 備說境年往來鬱陵島事. 且言本島海物之豊富. 雷憲等心利之. ……中略…… 倭船亦多來泊. 船人皆恐渠倡言 鬱陵本我境. 倭人何敢越境侵犯. 汝等可共泊之 仍進船頭大喝 倭言吾等 本住松島. 又因漁採出來. 今當還往本所. 松島卽子山島. 且亦我國地. 汝敢住此耶. 遂於翌曉 拖舟入子山島 倭等方列釜鬻煮魚膏. 渠以杖撞破 大言叱之. 倭等收聚載船擧帆回去. 渠仍乘船追趁. 猝遇狂飆 漂到玉岐島. 島主問入來之故. 渠言頃年吾入來

이 기록에 의하면 안용복이 일본에 건너가 관백關伯[13]으로부터 울릉도와 자산도子山島가 조선의 땅이란 사실을 인정받았다는 것이다. 한국의 학자들은 이 진술에 대한 진실성 여부를 면밀하게 검증하지도 않은 채, 그가 이미 조선 숙종 때에 독도가 한국의 영토임을 인정받았다고 주장하고 있다.

이와 같은 주장이 틀렸다는 것은 아니다. 하지만 학술적으로 연구를 하기 위해서는 우선 이런 진술의 진실성 여부與否부터 따져보아야 한다는 것은 너무도 당연하다. 실제로 일본 측 학자들은 안용복을 국가에서 나가지 못하도록 한 울릉도에 건너갔던 범죄인이란 사실을 부각시키면서, 그런 범죄인의 진술은 믿을 수 없다는 태도를 취하고 있다.[14]

그런데도 한국에서는 안용복에 대한 우상화 작업에 열을 올리고 있어, 일본 측의 빈축을 사고 있는 실정이다. 특히 '안용복 연구소'가 만들어지더니,[15] 그를 기리는 재단까지 만들어 우상화를 부추기고 있다.[16]

此處. 以鬱陵子山等島 定以朝鮮之界. 至有關伯書契 而本國不有定式. 今又侵帆我境是何道理云爾. 則謂當轉報伯耆州. 而久不聞消息. 渠不勝憤惋 乘船直向伯耆州. 假稱鬱陵子山兩島監稅將 使人通告本島. 送人馬迎至. 渠服青帖裏 着黑布笠. 穿皮鞋乘轎. 諸人並乘馬 進往本州. 渠與島主 對坐廳上. 諸人並下坐中階. 島主問何以入來. 答曰前日以兩島事 受出書契. 不啻明白. 對馬島主 奪取書契 中間僞造. 數遣差倭 非法橫侵. 吾將上疏關伯 歷陳罪狀. 島主許之. 遂使李仁成 構疏呈納. 島主之父 來懇伯耆州曰 若登此疏 吾子必重得罪死. 請勿捧入 故不得稟定於關伯. 而前日犯境倭十五人 摘發行罰. 仍謂渠曰 兩島旣屬爾國之後. 或有更爲犯越者. 島主如或橫侵 並作國書 定譯官入送 則當爲重處. 仍給糧定差倭護送 渠而帶去有弊. 辭之云 雷憲登諸人 供辭略同. 備邊司啓請姑待後日登對稟處允之.」

『肅宗實錄』 肅宗 22年 9月 25日 戊寅 條.

13 당시 에도(江戶)에 있던 쇼군(將軍)을 지칭한다.

14 田川孝三 :「竹島領有に關する歷史的考察」『東洋文庫書報(20)』(東京, 1989. 東洋文庫) 24쪽.

15 2007년 2월 대구 한의과대학에 '안용복 연구소'가 개설되면서, 정원길 소장의 「안용복과 아이젠하워의 리더십 비교」라는 글을 비롯하여 김남일 경상북도 동해안 발전 기획연구단장의 「후배 공무원이 본 안용복 장군」과 같은 글들을 발표하여, 졸지에 미국의 전 대통령과 비교되기도 하였고, 그것도 모자라 공무원에다 장군으로 추앙되는 해프닝을 벌이기도 하였다.

이렇게 되다가 보니, "염불보다는 잿밥에 마음이 있다."는 속담과 같이 각 대학에 독도연구소가 우후죽순雨後竹筍처럼 설립되기도 하였다. 그렇지만 콘텐츠를 개발하는 것은 연구가 선행되어야 하고, 교육을 하는 것도 연구가 이루어져야 한다는 데는 변함이 없다.

그래서 이 책에서는 먼저 독도에 대한 자료의 객관적인 고찰을 시도하려고 한다. 물론 우리 속담에 "가재는 게 편이다."라는 말이 있다. 아무리 객관적인 입장을 고수한다고 하더라도, 필자가 한국인이기 때문에 한국 측에 유리한 논리를 전개할 가능성이 있다는 것을 부정하지는 않는다. 그렇지만 가능한 한 객관적으로 이 문제를 조망하겠다는 것이다. 그리하여 한국과 일본의 사료나 자료들을 이용하여 독도에 대한 역사를 재구성하려고 하는 데 그 목적이 있다. 따라서 일본 학자들의 의도적인 사료 왜곡에 대해서는 비판적인 검토를 하면서도, 어떤 특정인의 우상화나 한국 측에 유리한 결론을 이끌어내기 위해 무리한 주장은 삼가겠다는 것을 미리 밝혀둔다.

정원길 편:『내가 사랑한 안용복』(경산, 2007, 대구 한의대 안용복연구소, 안용복장군 기념사업회 경북지부),

16 2008년 6월 18일 경상북도 주도 아래 안용복 재단이 발족되었다. 2008년 6월 19일 중앙일보 기사.

일본 측 논리의 모순

Chapter 02

1. 무주지 선점론의 부당성

일본은 지금까지도 1905년 2월 22일 시마네현島根縣이 독도에 '죽도竹島'란 이름을 붙여 자기네 땅으로 편입한 것이 정당했다고 주장하고 있다. 그들의 이런 주장은 1905년 1월 28일에 이루어진, 다음과 같은 일본 내각의 결정문에 그 근거를 두고 있다.

「별지 내무대신이 논의하기를 청한 무인도 소속에 관한 건을 심사함에 오른쪽에 적은 것[1]은 북위 37도 9분 30초, 동경 131도 55분, 오키도隱岐島에서 떨어져 서북으로 85해리에 있는 무인도는 다른 나라에서 이를 점령했다고 인정할 만한 형적이 없고, 재 지난 (메이지) 36년 우리나라 사람 나카이 요사부로中井養三郎라는 자가 고기를 잡기 위해 집을 짓고 고기 잡는 기구獵具를 갖추어, 강치海驢 잡이에 착수하여, 이번에 영토 편입 및 대여원貸與願을 출원하였는 바, 차제此際에 소속과 섬 이름을 확정할 필요가 있어, 이 섬에 죽도竹島란 이름을 붙이고 지금부터 시마네현 소속 오키도사隱岐島司의 소속으로 하려고 한다고 함으로 이에 심사를 하였더니, 메이지 36년 이래 나카

1 세로로 된 문장이므로 이렇게 표현된 것으로, 무인도를 가리킨다.

이 요사부로란 자가 당해 섬에 이주하여 어업에 종사한 일은 관계 서류에 의하여 명백한 바이므로 국제법상 점령의 사실이 있는 것으로 인정하여, 이를 우리나라 소속으로 하고 시마네현 소속 오키도사의 소관으로 해도 지장이 없을 것으로 생각한다. 그래서 청한 것과 같이 각의에서 결정함이 옳다고 인정한다.」[2]

그러나 이러한 내각의 결정문은 자신들의 독도 강탈을 합리화하기 위한 허구에 지나지 않는다. 왜냐하면 그들은 독도를 자기네 영토로 편입하기 위해서, "다른 나라에서 이를 점령했다고 인정할 만한 형적이 없다."는 것을 전제로 하였다. 하지만 이와 같은 전제는 그들 내각의 전신이었던 태정관太政官의 결정을 뒤집는 것이었을 뿐만 아니라, 대한제국 정부가 이미 자국의 영토로 선언을 한 것까지 무시한, 일방적인 처사였기 때문이다.

우선 태정관에서는 조선의 정세를 염탐하기 위해, 외무성에 고용되었던 사타 하쿠보佐田白茅와 모리야마 시게루森山茂, 사이토 사카에齊藤榮를 1869년 12월 대마도對馬島를 거쳐 부산으로 파견하면서, 이들이 조사할 항목 안에 "죽도(竹島 : 울릉도)와 송도(松島 : 독도)가 조선의 부속이 된 시말"[3]이란 것

2 "別紙內務大臣請議　無人島所屬ニ關スルニ右ハ北緯三十七度九分三十秒東經百三十一度五十五分隱岐島ヲ距ル西北八十五浬ニ在ル無人島ハ他國ニ於テ之ヲ占領シタリト認ムヘキ形跡ナク　昨三十六年本邦人中井養三郎ナル者ニ於テ漁舍ヲ搆ヘ人夫ヲ移シ漁具ヲ備ヘテ海驢獵ニ着手シ　今回領土編入竝ニ貸下ヲ出願セシ所　此際所屬及島名ヲ確定スルノ必要アルヲ以テ該島ヲ竹島ト名ケ自今島根縣所屬隱岐島司ノ所管ト爲サントスト謂フニ在リ依テ審査スルニ明治三十六年以來中井養三郎ナル者カ該島ニ移住シ漁業ニ從事セルコトハ關係書類ニ依リ明ナル所ナレハ國際法上占領ノ事實アルモノト認メ之ヲ本邦所屬トシ島根縣所屬隱岐島司ノ所管ト爲シ差支無之儀ト思考ス依テ請議ノ通閣議決定相成可然ト認ム."
「일본내각 결정문」, 1905, 1, 28. 송병기 편:『독도영유권자료선』(춘천, 2004, 한림대출판부), 195-196쪽.

3 日本外務省調査部 編:『日本外交文書』 第3卷 事項6. 文書番號87. 1870年 4月 15日字, 「外務省出仕佐田白茅等ノ朝鮮國交際始末內探書」 중의 「朝鮮國交際始末內探書」 137쪽.

을 넣었다. 이에 대한 사타 일행의 보고 내용은 다음과 같다.

「죽도와 송도가 조선의 부속이 된 시말
이 건은 송도는 죽도의 이웃에 있는 섬으로 송도에 관해서는 이제까지 게재된 서류가 없다. 죽도 건에 관해서는 겐로쿠元祿 무렵에 잠시 동안 거류를 위해 사신을 파견한 바 있다. 당시에는 이전과 같이 사람이 없었다. 대나무 또는 대에서 큰 갈대가 자라며, 인삼 등이 자연적으로 자란다. 그 밖에 물고기도 상당히 있다는 것을 들었다.」[4]

이것을 보면, 1869년 당시에는 현재 일본 내각의 전신이었던 태정관에서 '송도'라고 부르던 독도가 일본에서 '죽도'라고 부르던 울릉도에 딸린 섬이란 사실을 명백하게 인지하고 있었음을 알 수 있다. 또 사타 일행의 보고에서도 조선의 부속 도서島嶼로 인정하는 데는 변함이 없었다. 단지 "송도에 관해서는 이제까지 게재된 서류가 없다."고 했다는 점이 그 뒤의 강탈과 관계가 있는 것이 아닌가 하는 의심을 불러일으킨다.

그리고 시마네현의 참사參事였던 사카이 지로境二郞로부터 1876년에 「일본해(동해를 가리킴 : 인용자 주) 내의 죽도 외 1도 지적 편찬의 방안 질의日本海內竹島外一島地籍編纂方伺」를 받은 내무성의 내무경內務卿이었던 오쿠보 도시미치大久保利通의 대리 내무 소보內務小補 마에시마 히소카前島密가 "판도版圖의 취사는 중대한 사건"[5]이라는 인식 아래서 태정관의 우대신이었던 이와쿠라 도모미岩倉具視에게 이 안건을 문의하였다. 이에

4 「竹島松島朝鮮附屬ニ相成候始末
此儀松島ハ竹島ノ隣島ニチ松島ノ儀ニ付是迄掲載セシ書留モ無之. 竹島ノ儀ニ付テハ元祿度後ハ暫クノ間朝鮮ヨリ居留ノ爲差遣シ置候處當時ハ以前ノ如ク無人ト相成, 竹木又ハ竹ヨリ太キ葭ヲ産シ人蔘等自然ニ生シ其餘漁産モ相應ニ有之趣相聞ヘ候事.」
日本外務省調査部 編 : 위 문서, 137쪽.

5 송병기 편 : 앞의 책, 145쪽.

대해, 이와쿠라는 "문의한 죽도 외 1도에 대하여 우리나라[本邦]와는 관계가 없다는 것을 주지할 것"[6]이라는 지령안을 내렸다. 이와 같은 사실은 내각의 전신이었던 태정관에서는 독도를 한국의 영토로 보고 있었다는 것을 말해준다.

또 대한제국 정부 역시 1900년 10월 25일에는 칙령 제41호를 공포하여, 울릉도에 대한 행정 체제를 정비했다. 물론 그 이전인 1883년에 울릉도 개척령을 내려, 본토에 사는 사람들의 이주를 공식적으로 허락하였다. 하지만 이런 조치는 어디까지나 공식적인 것이었고, 그 이전부터 울릉도에 사람이 살고 있었다는 것은 이규원李奎遠의 『울릉도 검찰일기鬱陵島檢察日記』를 통해서도 확인이 된다.

그런데 『울릉도 검찰일기』에 의하면, 그 간의 정기적인 수토정책에도 불구하고 울릉도에 체류하고 있는 사람들은 조선인이 141명이나 되었고, 일본인이 78명이나 되었다는 것은 주목할 필요가 있다. 게다가 일본인들 가운데에는 장작지포長斫之浦에서 통구미桶丘尾로 향하는 바닷가 돌길 위에 "일본국 송도규곡 메이지 2년(1869년) 2월 13일 이와사키 타다데루 세움日本國松島槻谷明治2年2月13日岩崎忠照建之"라는 푯말까지 세운 자들이 있었다.[7]

이런 상황 아래서 울릉도 개척령이 내려졌고, 그에 따라 이주민들의 증가는 울릉도를 하나의 군으로 승격을 가져왔다. 바로 이와 같은 사실을 반영하는 것이 칙령 제41호였다.

「울릉도를 울도鬱島로 개칭하고 도감島監을 군수郡守로 개정한 건

제1조 울릉도를 울도라 개칭하여 강원도에 부속하고, 도감을 군수로 개정

---

6 "伺之趣竹島外一島之儀本邦關係無之儀ト可相心得事."
송병기 편 : 앞의 책, 155쪽.

7 김호동 : 『독도·울릉도의 역사』 (서울, 2007, 경인문화사), 132쪽.

하여 관제官制중에 편입하고, 군郡 등等은 5등으로 할 것.

제2조 군청郡廳 위치는 태하동台霞洞으로 정하고, 구역은 울릉 전도와 죽도竹島, 석도石島를 관할할 것.

제3조 개국 504년 8월 16일 관보官報 중 관청 사항란 내 울릉도 이하 19자를 산거刪去하고, 개국 505년 칙령 제 36호 제 5조 강원도 26군의 6자는 7자로 개정하고, 안협군安峽郡 하에 울도군 3자를 첨입添入할 것.

제4조 경비는 5등 군으로 마련磨練하되, 현금간現今間인즉 이액吏額이 미비하고 서사庶事 초창草創하기로 해도該島 수세收稅 중으로 고선姑先 마련할 것.

제5조 미진한 제 조諸條는 본도 개척을 수隨하여 차제次第 마련할 것.

제6조 본령本令은 반포일부터 시행할 것.

광무光武 4년(1900년) 10월 25일

칙勅 의정부議政府 의정 임시 서리 찬정贊政 내무대신 이건하李乾夏[8]

당시의 대한제국 정부는 이 칙령을 통해서 울도 군수가 관할하는 지역이 울릉도와 죽도, 그리고 오늘날의 독도인 석도임을 명확하게 규정했다. 그렇지만 일본 사람들은 이곳의 석도는 독도가 아니라, 울릉도와 죽도 사이에 있는 관음도觀音島를 가리킨다고 억지를 부리고 있다. 이런 주장은 2005년 시마네현이 '죽도의 날'을 제정하면서 발족시켰던 '죽도 문제 연구회'의 연구위원의 한 사람인 사사키 시게루佐佐木茂가 시마네 대학島根大學에서 역사지리학을 가르치고 있는 후나스기 리키노부船杉力修의 시사를 받아 제시한 것이었다. 그는 「영토 편입에 관계되는 제 문제와 자·사료」라는 글에서, 울릉도에는 죽도와 석도라는 부속 섬이 있었다고 하는 한국 측의 주장에 대해, 울릉도의 현지 조사에 참가한 후나스기 위원의 견해[9]를 제시한 다음, "이처럼 '칙령 제 41호'의 '죽도竹

---

8 송병기 : 앞의 책, 193-195쪽.

9 역사지리학을 전공한다고 하는 후나스기 리키노부의 견해는 1909년에 간행되었다고 하는 『한국수산지』 제3책에 수록된 울릉도 지도에 울릉 전도와 죽서, 서항도(鼠項島)만 실려 있고, 1917년에 육지 측량부에서 발행한 5만분의 1 울릉도 지도에도 섬으로 기재된 것은 죽서, 관음도, 위도(북정암), 일본입도(一本立島 : 죽암(竹

島'는 '죽서竹嶼'이고, '석도'는 '관음도'를 가리킨다고 생각하는 것이 타당할 것이다."[10]라는 견해를 피력하였다.

이에 대해서는 이미 필자의 「독도 강탈을 둘러싼 궤변의 허구성 - 죽도 문제 연구회의 메이지 시대 자료에 대한 연구를 중심으로」[11]라는 논고를 통해서, 그 부당성을 지적한 바 있다. 실제로 이와 같은 주장을 하기 위해서는 1882년 이규원李奎遠이 그린 「울릉 외도鬱陵外圖」에서 '도항島項'[12]이라고 했던 것을 왜 칙령 제41호에서는 '석도'라고 불렀으며, 또 1910년에 간행된 『한국수산지韓國水産誌』에서는 '서항도鼠項島'[13]로 그 이름이 바꾸었는가 하는 것을 해명하지 않으면 안 된다. 그럼에도 불구하고 그런 해명은 하지 않은 채, 역사지리적인 인식조차 제대로 갖추지 못한 후나스기 리키노부란 사람의 말만 믿고 이런 주장을 하는 것은 언어도단이라고 하지 않을 수 없다.

석도가 독도를 가리킨다는 것은 이미 많은 한국 학자들에 의해 지적된 바 있다. 특히 신용하愼鏞廈는 "당시 울릉도 주민 구성은 전라도 출

岩)밖에 없으며, 현지조사의 결과 울릉도에서 섬이라고 부르는 것은 죽서, 관음도밖에 확인되지 않았다고 했다는 것이다.
佐佐木茂 : 「領土編入に關わる諸問題と資・史料」 『竹島問題に關する調査研究 - 最終報告書』 (松江, 2007, 竹島問題硏究會), 58-59쪽.
그러나 이러한 주장은 역사지리학을 전공하는 교수로서의 자질을 의심할 수밖에 없다고 할 수 있다. 왜냐하면 울릉도가 실려 있는 『한국수산지』는 제3책이 아니라, 2집 제3장 경상도(남도) 제15절 울도군 조이고 이 2집이 간행된 것은 일제가 강원도에 속했던 울도를 경상남도로 소속을 변경한 뒤였을 뿐만 아니라, 한국을 완전히 점령한 다음이고, 육지측량부의 지도 역시 일제 강점기에 그려졌다는 점을 전혀 고려하지 않은 무책임한 설명이기 때문이다.

10 佐佐木茂 : 앞의 보고서, 59쪽.

11 김화경 : 「독도 강탈을 둘러싼 궤변의 허구성-죽도문제연구회의 메이지 시대 자료에 대한 연구를 중심으로」 『독도연구(4)』 (경산, 2008, 영남대 독도연구소), 129-134쪽.

12 이상태 : 『사료가 증명하는 독도는 한국 땅』 (서울, 2007, 경세원), 97쪽(「울릉도 외도」).

13 농상공부 수산국 편 : 『한국수산지(2)』 (서울, 1910, 인쇄국), 707쪽.

신 어민들을 대종으로 하고 있었는데, 전라도 방언으로는 '돌'[石]을 '독'이라고 하므로, '돌섬'을 '독섬'이라고 했다. 당시 울릉도 주민들이 우산도를 '독도'(돌섬)이라고 부르고 있음을 보고받고 대한제국 정부는 이를 의역하여 '석도石島'로 표기한 것이다. 그리고 이를 음역한 표기가 바로 독도獨島다."[14]라는 견해를 밝혔다.

이에 비해 서종학徐鍾學은 「'獨島'·'石島'의 지명 표기에 관한 연구」란 논문을 통해서, 국어학적인 처지에서 이들 두 지명의 관계를 해명하였다.

> 「'石'과 '獨'은 오래 전부터 사용되어 온 전통적인 차자借字로서, '石'은 '돌, 독'(돓, 돍)을 표기하는 데 사용된 훈訓차자이고, '獨'은 '독'을 표기하는 데 이용된 음차자이다. …… 중략 …… '石島'가 표기된 칙령은 고문서의 교서敎書에 해당되는 문서인데, 교서는 한문으로 기록하는 것이 하나의 전통이었다. 따라서 '돌섬', '독섬'을 표기하려면 이를 훈차訓借한 '石島'를 이용하는 것이 자연스러운 관례였다. '獨島'가 기록된 심흥택의 보고서는 고문서의 첩정牒呈에 해당되는 문서인데, 첩정은 이두吏讀로 기록하는 것이 하나의 전통이었다. 따라서 '돌섬, 독섬'을 표기하려면 이를 음차音借하여 '獨島'라고 기록하는 것이 자연스러운 관례였던 것이다. 따라서 '獨島'와 '石島'는 동일한 지물地物을 가리키는 이표기異表記인 것이다.」[15]

이러한 서종학의 연구 성과를 수용한다면, '石'은 '돌, 독'의 훈차자이고 '獨'은 그것의 음차자이며, '獨島'라는 표기는 '石島'의 이두 식 표기인데, 이런 이두 식 표기는 조선 후기까지 사용된 첩정의 전통이었다는 것이다. 이와 같은 한국어 표기의 관례를 무시하려고 하다 보니, 일본의 학자들은 석도가 관음도라는 무리한 주장을 하게 되어 스스로 자기

---

14 신용하 : 앞의 책(1996), 43쪽.

15 서종학 : '獨島'·'石島'의 지명 표기에 관한 연구」『어문연구(139)』(서울, 2008, 한국어문교육연구회), 57쪽.

모순에 빠지는 우를 범하고 있다. 또 그러한 잘못된 연구를 바탕으로 한 선전 문구를 만들다 보니, 일본 외무성은 독도의 강탈에 대한 거짓말을 할 수밖에 없었던 것이다.

이렇게 볼 때, 일본 측의 무주지 선점론은 임자가 없는 땅을 먼저 점령한 것이 아니라, 임자가 있는 땅을 강제로 빼앗았다는 것을 말하는 역설적인 논리가 되어 버렸다. 그리고 일본 내각의 전신이었던 태정관에서 내렸던 결정까지 무시하고 남의 나라 영토를 강탈하였으면서도 21세기를 살아가는 오늘날까지 독도의 영유를 주장하는 것은, 20세기 초엽의 제국주의적인 남의 나라 영토 침략의 미몽에서 깨어나지 못하고 있다는 사실을 반영하는 것이다.

2. 고유 영토론의 허구

앞에서도 지적한 것처럼 일본의 외무성은 그들의 홈페이지에 「죽도의 영유권에 관한 우리나라의 일관된 입장」이라는 제목 아래, "죽도는, 역사적 사실에 비추어 보더라도, 또 국제법상으로도 명백하게 우리나라 고유의 영토입니다."라는 글을 게재하고 있다. 적어도 한 나라의 외교를 전담하는 정부 기관이라고 한다면, 이렇게 말하는 근거가 무엇인가 하는 것 정도는 밝혀야 마땅하다. 그렇지만 일본 외무성이 제시하고 있는 것이란 고작 "한국 측으로부터는, 우리나라가 죽도를 실효적으로 지배하고 영유권을 확립하기 이전에, 한국이 동 섬을 실효적으로 지배하고 있었다고 하는 것을 나타내는 명확한 근거를 제시하지 못하고 있습니다."라는 문장뿐이다. 이러한 그들의 태도는 한국이 근거를 제시하지 못하고 있으니, 자기들의 고유 영토라는 해괴한 논리를 전개했다고 볼 수밖에 없다.

이 문제에 대해 야마베 겐타로山邊健太郎는 그의 「죽도 문제의 역사적 고찰」이란 논문에서, 일본 외무성이 주장하고 있는 '고유 영토론'에서의 '고유'란 용어에 대한 정의를 찾아냈다. 그는 "이토 미요지伊藤己代治" 문서 안에 『제국판도帝國版圖』라는 것이 있는데, 여기에 있는 '고유'의 정의를 다음과 같이 말하고 있다.

「이것(『제국판도』란 문서 : 인용자 주)은 '제국 헌법'의 제정 시에, 헌법이 시행되는 법역法域에 관하여 조사한 것으로, 그 중에 고유의 영토에 대한 정의가 있었다. 이것에 의하면, "제국의 '고유 영토'는 신화에 있는 대로 혼슈本州와 규슈九州, 시코쿠四國, 아와지 섬淡路島이다."라고 명백하게 적혀 있다. 나는 이것을 일본의 역사학자들에게 이야기하였던 바, "그것이야말로 명백한 정의이다."라고 말하고 있었다. 이것을 보더라도 죽도 고유 영토설의 근거는 없다는 것을 알 수 있을 것이다.」[16]

이러한 사실을 밝힌 야마베는 일본의 외무성이 요구하는 역사학자가 아닌 것은 분명하다. 일본 정부의 정책에 충실한 어용학자라고 한다면, 이런 연구를 하지도 않았을 것이다. 그렇기 때문에 그는 『일한 합병 소사日韓合併小史』란 저서에서 "일본의 자본주의는 조선과 대만을 희생으로 하여 발달한 것이다."라고 해서, 한국의 역사학자들도 지적하지 않은 사실을 해명한 바 있다.

이러한 그가 신화에 있다고 하는, 일본의 '국토 생성담'은 『일본서기日本書紀』에 전해지는 다음과 같은 이야기를 가리키는 것이 아닌가 한다.

〔자료 1〕

「이자나기노미코토伊奘若尊와 이자나미노미코토伊奘冉尊는 아마노우키하시天

16 山辺健太郎 :「竹島問題の歴史的考察」『コリア評論(7-52)』(東京, 1965, 民族問題研究所), 4쪽.

浮橋라는 다리 위에 서서 함께 의논하기를, “이 아래에 나라가 없겠는가?”라고 하면서, 아마노누호코天之瓊矛라는 창을 가지고 아래를 향하여 휘휘 저었다. 이에 아오우나하라靑海原를 얻었다. 그 창끝에서 떨어지는 바닷물이 엉켜서 한 개의 섬이 되었다. 이 섬을 오노고로 섬은馭慮島이라고 이른다.

두 신이 이에 그 섬에 내려와 살면서 부부가 되어 극토를 낳으려고 하였다. 곧 이 오노고로 섬을 기둥으로 하여, 양신陽神 즉 이자나기노미코토는 왼쪽으로부터 돌고, 음신陰神 즉 이자나미노미코토는 오른쪽으로부터 돌았다. 나라 기둥을 돌다가 한 곳에서 마주쳤다. 그 때 음신이 먼저, “아! 참 기쁘도다. 아름다운 젊은 남자를 만나서.”라고 말을 걸었다. 그러자 양신은 기뻐하지 않고, “나는 남자다. 마땅히 내가 먼저 말을 걸어야 할 것이다. 어찌하여 도리어 여자가 먼저 말을 하는가? 일이 이미 상스럽지 못하다. 다시 기둥을 돌기로 하자.”라고 하였다.

그리하여 두 신은 다시 기둥을 돌아서 기둥 저쪽에서 마주쳤다. 이번에는 양신이 먼저, “아아! 즐겁도다. 아름다운 소녀를 만나서.”라고 말하였다. 그리고 음신에게 “그대의 몸에는 무엇이 있습니까?”라고 물었다. 그러자 음신은 “나의 몸에는 하나의 암컷의 근원이 되는 곳이 있습니다.”라고 대답했다. 양신은 거기에서 “내 몸에는 수컷의 근원이 되는 곳이 있습니다. 그래서 내 몸의 근원이 되는 곳으로써 그대 몸의 근원이 되는 곳에 합하고자 합니다.”라고 말하였다. 드디어 음신과 양신은 처음으로 교합交合하여, 부부가 되었다.

출산할 때가 되자, 먼저 아와지시마淡路洲를 맏아들로 낳았다. 마음에 들지 않았으므로, 아와지시마라고 이르는 것이다. 다음은 오야마토요아키즈시마大日本豊秋津洲를 낳았다. 다음에는 이요노후타나노시마耳豫二名洲를 낳고, 다음에는 쓰쿠시노시마筑紫洲를 낳았다. 다음에는 오키노시마(億岐洲 : 오키 섬隱岐島)와 사도노시마佐島洲 쌍둥이를 낳았다. 세상 사람들이 때때로 쌍둥이를 낳는 것은 이를 본받은 것이다. 다음은 고시노시마(越洲 : 호쿠리쿠 지방北陸地方)을 낳았다. 다음은 오시마大洲를 낳았다. 다음은 기비노코시마吉備子洲를 낳았다. 이로 인해, 처음으로 오냐시마노쿠니大八洲國의 이름이 생긴 것이다. 그리고 대마도對馬島, 이키노시마壹岐嶋, 기타 곳곳의 작은 섬은 다 바닷물의 거품이 응고하여 되었다고도 이르고 있다. 또는 물거품이 응고하여 되었다고도 이르고 있다.」[17]

이 신화의 어디를 보아도 그들이 송도松島라고 불러오다가 자기네 영토로 만들기 위해 죽도竹島라고 이름을 바꾼 독도는 나오지 않는다. 그것도 그럴 것이 위의 신화가 실린 『일본서기』기 만들어진 8세기 - 이것도 일본 사람들이 720년에 완성되었다고 하는 주장을 그대로 수용하여 그렇다는 것이다. - 에는 울릉도나 독도에 대한 지식이 전혀 없었기 때문에 신화에 기록될 수가 없었다는 것은 너무도 당연한 귀결이었다.

그리고 또 한 가지 짚고 넘어가야 하는 것이 있다. 기록에 충실한 것이 일본 사람들이라고 하더라도, 신화를 근거로 하여 '고유 영토론'을 주장하는 나라가 이 지구상에서 일본 이외에 어디가 있다는 말인가? 그런데도 일본 정부는 고유의 영토였다고 우기고 있고, 또 거기에 편승하여 한국 측의 주장이 틀렸다고 몰아붙이는 어용학자들도 있으니, 무엇이 국제 정의이고 무엇이 국제 윤리인지 분별이 되지 않는다. 아무리 군사력과 경제력이 강한 강국의 논리가 통용되는 국제사회라고 하더라도, 적어도 역사에 대한 냉엄하고 엄숙한 자세만은 갖추어야 하지 않을까? 제국주의적 침략으로 많은 고통을 주었으면서도, 말로만 "통절한 반성"을 해서야 어디에 쓴다는 말인가?

그러나 한 가지 분명한 것이 있다. 일본의 진보적인 학자들은 독도가 한국의 영토라는 데 어떠한 이의도 제기하지 않고 있다는 사실이다. 야마베 겐타로나 가지무라 히데키梶村秀樹, 호리 가즈오堀和生와 같은 학자들은 일본 측의 주장이 잘못되었다는 것을 지적하고 있다는 것은, 일본 정부의 견해가 사실이 아니란 것을 말해주는 증거일 것이다.

---

17 坂本太郎 共校註 : 『日本書紀(上)』 (東京, 1967, 岩波書店), 80-82쪽.

3. 17세기 인지론의 오류

일본은 1962년 7월 13일자로 <일본 정부 견해 4>라고 하여, 「죽도에 관한 1959년 1월 7일 부 한국 정부의 견해에 관한 일본 정부의 견해」란 문서를 보내왔다. 그 일부를 인용한다면 아래와 같다.

〔자료 2〕

「일본의 죽도 경영은 우리나라가 울릉도를 경영하고 있었던 때로 거슬러 올라간다. 울릉도는 1004년경 일본인에게 '우루마노 섬'으로 알려졌고, 14세기 후반에는 일본인이 울릉도에 도해했던 기록이 있다. 이조李朝 초기에 조선 정부가 공도정책空島政策을 취하여 그 경영을 포기하고부터 일본인이 동 섬에 왕래하는 것이 많아져, 16세기 말로부터 약 100년간, 울릉도는 일본인의 어채지魚採地가 되어 있었다. 특히 요나고米子의 주민 오야 진기치大谷甚吉와 무라카와 이치베에村川市兵衛는 겐나元和 4년(1618년)에 정식으로 막부로부터 울릉도에의 도해면허를 얻어 그 경영에 종사하고 있었다.

죽도에는, 이 울릉도에의 왕복 도중에 기항하고 있었던 것이다. 간분寬文 7년(1667년) 이즈모出雲 번사藩士 사이토 모齋藤某가 편찬한 『인슈시청합기隱州視聽合記』는 오키隱岐 어부들의 실제로 본 이야기[實見談]를 채록한 것인데, 그 권 1에, "오키도……서북방으로 가는 것 이틀 낮 하룻밤을 하여 송도(松島 : 지금의 죽도)가 있고, 또 하루 정도로 죽도(지금의 울릉도)가 있으며, 이 두 섬은 사람이 없는 땅으로……"기록하고 있다.」[18]

여기에서 그들이 주장하고자 한 것은 울릉도에 가는 도중에 독도를 기항지로 이용했다는 것이다. 그러면서 제시한 자료가 당시 이즈모의 번사藩士였던 사이토 후센齋藤豊宣[19]은 번주藩主의 명령으로 1677년(寬文 7

---

18 신용하 편저 : 『독도 영유권 자료의 연구』 (서울, 2001, 독도연구보존회), 424-425쪽.

19 가와카미 겐죠(川上健三) 이후 이 책의 저자로 사이토 후센(齋藤豊仙)으로 일반화되었으나, 이케우치 사토시(池內敏)에 의해 사이토와 부자(父子) 관계에 있는 사이토 후센(齋藤豊宣)이란 사실이 밝혀지게 되었다.
池內敏 : 『大君外交と武威』 (名古屋, 2006, 名古屋大學出版部), 398쪽. 주1 참조.

년) 가을에 오키도를 순시한 후, 보고 들은 바를 채록하여 저술한『인슈시청합기』이었다.[20]

이처럼『인슈시청합기』와 그 밖의 몇 가지 자료를 바탕으로 하여 한국 측에 이의를 제기하였으나, 당시 한국의 외무부는 이에 대한 반론을 하지 않았다. 그 때문에 일본은 지금도 이 논리를 그대로 원용하면서 독도의 영유권을 주장하고 있다.

그러나 가와카미 겐죠川上健三에 의해 조사되어 공포된 이 자료는 일본의 경계가 오키도까지라는 사실을 말해주고 있어, 오히려 한국 측에 더 유리한 자료로 인용되기에 이르렀다. 그 관련 내용을 소개한다면 다음과 같다.

〔자료 3〕

「인슈隱州는 북해 중에 있다. 그래서 오키도隱岐嶋라고 한다. …… 서북쪽으로 이틀 낮 하룻밤을 가면 송도가 있다. 또 하루 정도에 죽도가 있다. 지방의 말로 기죽도磯竹島라고 한다. 대나무와 물고기, 해록海鹿이 많다. 이 두 섬은 사람이 살지 않는 땅으로 고려를 보는 것이 운슈雲州로부터 오키를 보는 것과 같다. 그런즉 일본의 서북 경계는 이 주로써 한계를 삼는다.」[21]

이 기록은 호키伯耆의 오야大谷·무라카와村川 두 집안이 막부로부터 울릉도 도해 면허를 받아 거기로부터 전복과 어채를 하던 때에 이루어진 것으로, 일본에서는 최초로 독도를 인지한 기록으로 들고 있다. 그리하여 가와카미는 "기술 가운데 있는 오키에 가까운 송도라고 하는 것이, 오늘날의 죽도이고, 더욱이 그보다 1일 정도의 노정에 있는 '죽

---

20 川上健三 :『竹島の歴史地理學的硏究』(東京, 1966, 古今書院), 50쪽.

21 "隱州在北海中 故隱岐島……戊亥間 行二日一夜 有松島 又一日程 有竹島. 俗言磯竹島 多竹漁海鹿. 此二島 無人之地 見高麗 如自雲州望隱岐 然則日本乾地 以此州爲限矣."
市島謙吉 編 :『續續群書類從』第9 隱州視聽合記, (東京, 1906, 內外印刷), 450쪽.

도'라고 하는 것이 울릉도이다."[22]라고 하여, 여기에 기술된 송도가 오키에 가깝다는 사실을 드러내기 위해서 이 글을 쓴 것처럼 기술하였다.

하지만 이것은 아래와 같은 사실을 말할 뿐이다. 곧 울릉도에 드나드는 도중에 독도에 해당되는 송도라는 섬이 있는데, 이들 두 섬에는 사람이 살지 않는다. 울릉도에서 고려, 곧 조선을 보는 것이 이즈모에서 오키를 보는 것과 같으므로, 일본의 서북쪽 경계는 오키도라는 것이다. 이와 같은 사이토의 기록은 매우 중요한 것을 말해주고 있다. 곧 울릉도에서 조선의 본토가 보인다는 사실이다. 그러므로 이즈모에서 오키가 보이므로 일본의 서북 경계가 오키가 된다는 것을 말해주고 있다.

실제로 「근세 일본의 서북 경계」를 연구한 이케우치 사토시池內敏는, "겐로쿠元祿 죽도 도해금지령의 성립과 근세에 있어서 송도(죽도/독도) 이용의 실태와 도해자의 실제 체험, 지지地誌의 기술을 근거로 한 고지도의 기록 양식의 이해에 입각하여 고찰한다면, 에도시대江戶時代에 있어서 송도(죽도/독도)는 일본의 판도 바깥의 존재였다."라고 하여, 일본의 영토에 포함되지 않았다는 것을 분명히 하였다. 그러면서 그는 이어서 "한편 겐로쿠 죽도 도해금지령을 그대로 수용한 조선 정부에 있어서도, 송도(죽도/독도)는 판도 바깥의 존재였다. 안용복이 송도(죽도/독도)도 조선령이라고 주장했다고 하는 발언은, 같은 시기의 일본 측 자료에 대조해보면 사실史實로서 인정하기 어렵고, 또 조선 정부도 그 안용복 발언에 주목한 형적은 전혀 없다. 따라서 안용복 발언을 근거로 송도(죽도/독도)가 조선 왕조의 판도에 포함되고 있었다고 하는 논하는 것도 불가능하다."[23]라고 하였다.

이러한 이케우치의 견해에 대해서는 뒤에 다시 자세히 논할 기회를

22 川上健三 : 위의 책, 50-51쪽,

23 池內敏 : 「近世日本の西北境界」『史林(90-1)』(京都, 2007, 京都大史學科), 145쪽.

가지겠지만, 필자로서는 찬성할 수가 없다. 왜냐하면 안용복의 피랍과 도일 사건이 있고 난 다음에, 독도를 안용복이 지칭했던 자산도子山島로 표기된 지도가 만들어졌고, 또 『숙종실록』 보권 정오편補闕正誤編에 다음과 같은 기사가 실려 있기 때문이다.

〔자료 4〕

「강원도 어사 조석명趙錫命이 영동 지방의 해방海防의 허술한 상황을 논하였는데, 대략 이르기를, "포구 사람들의 말을 상세히 듣건대, …… 중략 …… '울릉도 동쪽에는 섬이 서로 마주 보이는데, 왜의 경계[倭境]에 접해 있다.' 고 하였습니다."라고 하였다.」[24]

이 기록에서 지칭하는 울릉도 동쪽에 서로 마주 보이는 섬은 오늘날의 독도가 명확하다. 그리고 그 당시에 평해와 울진 등의 포구 사람들이 울릉도 동쪽에 서로 마주 보이는 섬이 왜와 경계를 이루는 것으로 인식하고 있었고, 또 이런 사실을 실록에 기록했다는 것은 조선 조정에서도 그것을 인정했다고 볼 수 있다. 따라서 이케우치의 위에서와 같은 견해는 한국의 자료를 제대로 검토하지 않은 채 내린 결론이라고 할 수 있다.

어쨌든 일본에서는 이 『인슈시청합기』의 기록을 일본이 17세기에 독도에 대한 지식을 가지고 있었다는 증거로 제시하였다. 그래서 일본은 이미 17세기에 독도를 인지했는데 반해, 한국은 그보다 더 뒤에 독도를 인지하게 되었다는 주장을 펴고 있다. 이런 사실을 뒷받침하기 위해서, 가와카미는 복잡한 수학 공식을 제시하면서까지 울릉도에서 독도가 보이지 않는다는 해괴한 논리를 전개했다.

---

24 "江原道御史趙錫命 論嶺東海防踈虞狀. 略曰 詳聞浦人言, …… 中略 …… 鬱陵之東 島嶼相望 接于倭境."
『肅宗實錄』 肅宗 40年(1714年) 7月 22日(辛酉) 條.

이에 대해서는 이미 이한기李漢基[25]와 정태만鄭泰萬[26]에 의해 그 부당성이 수학적으로 증명된 바 있다. 하지만 이런 수학적인 계산보다 더 중요한 것이 눈으로 직접 볼 수 있다는 분명한 사실이다. 그리고 실제로 사이토 후센보다 뒤이기는 하지만, 1694년(숙종 20년)에 수토관搜討官으로 울릉도에 파견되었던 장한상張漢相이 직접 독도를 목격하였다는 기록이 『울릉도사적鬱陵島事蹟』에 남아 있다.

〔자료 5〕

「섬 주위를 이틀 만에 다 돌아보니, 그 이수里數는 150~160리에 불과하고, 남쪽 해안에는 황죽篁竹밭이 있었습니다. 그리고 동쪽으로 5리쯤 되는 곳에 작은 섬이 하나 있는데, 그리 높고 크지는 않으나 해장죽海長竹이 한쪽에 무더기로 자라고 있었습니다. 비가 개이고 구름 걷힌 날, 산에 들어가 중봉中峰에 올라보니, 남쪽과 북쪽의 두 봉우리가 우뚝하게 마주하고 있었으니, 이것이 이른바 삼봉입니다. 서쪽으로는 구불구불한 대관령의 모습이 보이고, 동쪽으로 바다를 바라보니 동남쪽에 섬 하나가 희미하게 있는데 크기는 울릉도의 3분의 1이 안 되고 거리는 300여 리에 지나지 않았습니다.」[27]

이 기록에서 장한상이 올라갔다고 하는 중봉은 오늘날의 성인봉聖人峰을 가리키는 것이고, 동쪽으로 번역한 진방辰方에 보이는 희미한 섬이 바로 독도를 지칭한다. 이렇게 육안으로 보이는 독도를 한국에서는 언제부터 인식하고 있었을까 하는 것이 일본의 17세기 인지론이 지닌 맹

25 이한기 : 『한국의 영토』 (서울, 1969년, 서울대출판부), 232-233쪽.

26 정태만 : 「독도문제의 수학적 접근」 『독도연구(8)』 (경산, 2008, 영남대 독도연구소), 167-199쪽.

27 "其周回二日方窮 則其聞道里不過百五六十里. 於南濱海邊有篁 所田土處是遣. 東方五里通許有一小島不甚高大 海長竹所叢生於一. 面霽雨霾捲之日 入山登中峰 則南北兩峰岌嶪相面 此所謂三峰也. 西望大關嶺逶迤之狀 東望海中有一島杳在辰方 而其大未滿蔚島三分之一 不過三百餘里."
張漢相 : 『鬱陵島事蹟』

점을 밝히는 열쇄가 되는 것은 두 말할 나위도 없다.

한국의 사료에 나타나는 독도에 대한 가장 명확한 기록은, 일본보다 200년 정도 앞선, 『세종실록世宗實錄』 지리지地理志 강원도江原道 삼척도호부三陟都護府 울진현蔚珍縣 조에 나오는 다음과 같은 기록이다.

〔자료 6〕

「**우산于山과 무릉武陵 2섬이 현의 정 동쪽 바다 가운데에 있다.** 두 섬은 서로 거리가 멀지 아니하여 바람 부는 청명한 날이면 가히 바라볼 수 있다. 신라 때에 우산국于山國, 또는 울릉도鬱陵島라 하였는데 지방地方이 1백 리이며 (사람들이 지세가) 험함을 믿고 복종하지 아니하므로 지증왕智證王 12년에 이사부異斯夫가 하슬라주何瑟羅州 군주軍主가 되어 이르기를 "우산국 사람들은 어리석고 사나워서 위엄으로는 복종시키기 어려우니 가히 계교로써 하리라."라고 하면서, 이에 나무로써 사나운 짐승을 많이 만들어서 여러 전선戰船에 나누어 싣고 그 나라에 가서 속여 말하였다. "너희들이 항복하지 아니하면, 이 (사나운) 짐승을 놓아서 (너희들을) 잡아먹게 하리라."하니, 그 나라 사람들이 두려워하여 와서 항복하였다. 고려 태조(太祖) 13년에, 그 섬사람들이 백길白吉과 토두土豆로 하여금 방물方物을 헌납하게 하였다. 의종毅宗 13년에 심찰사審察使 김유립金柔立 등이 돌아와서 고하기를, "섬 가운데 큰 산이 있는데 산꼭대기로부터 동쪽으로 바다에 이르기 1만여 보步이고, 서쪽으로 가기 1만 3천여 보步이며, 남쪽으로 가기 1만 5천여 보步이고, 북쪽으로 가기 8천여 보步이며, 촌락의 터가 7곳이 있고, 간혹 돌부처 · 쇠북 · 돌탑이 있으며, 멧미나리[柴胡] · 호본蒿本 · 석남초石南草 등이 많이 난다."라고 하였다. 우리 태조太祖 때, 유리하는 백성들이 그 섬으로 도망하여 들어가는 자가 심히 많다라는 것을 듣고 다시 삼척三陟 사람 김인우金麟雨를 명하여 안무사按撫使를 삼아서 사람들을 쇄출刷出하여 그 땅을 비우게 하였는데, 인우가 말하였다. "땅이 비옥하고 대나무의 크기가 기둥 같으며, 쥐는 크기가 고양이 같고, 복숭아씨가 되[升]처럼 큰데, 모두 물건이 이와 같다."라고 하였다.」[28]

---

28 "于山 · 武陵二島 在縣正東海中. 二島相距不遠 風日淸明 則可望見. 新羅時 稱于山

이와 같은 『세종실록』 지리지의 기록은 조선 초기의 사람들이 독도를 명확하게 인지하고 있었음을 드러내는 것이다. 우선 본문에서 "우산과 무릉 2섬이 현의 정 동쪽 바다 가운데에 있다."라고 하여, 동해에 두 섬이 존재한다는 사실부터 분명하게 밝혔다. 그런 다음에 밑줄 그은 부분에서 보는 것처럼, "두 섬은 서로 거리가 멀지 아니하여 바람 부는 청명한 날이면 가히 바라볼 수 있다."라고 하여, 두 섬의 위치 관계를 확실하게 하였다. 여기에서 일단 일본 사람들이 주장하는 죽서竹嶼는 이들 우산도와 무릉도에서 제외된다. 그 이유는 울릉도에서 죽서, 곧 오늘날의 죽도는 바람이 부는 철명한 날이 아니더라도 얼마든지 바라볼 수 있기 때문이다. 바꾸어 말하면 아주 짙은 안개가 끼지 않는 날이라면 언제든지 보이는 것이 죽도이므로, 굳이 "바람 부는 청명한 날이면 바라볼 수 있다."고 표현할 하등의 이유가 없다는 것이다.

그렇다면 울진의 정 동쪽에 있다고 한 우산도와 무릉도가 오늘날 어디에 해당하는가 하는 것이 문제가 된다. 이 경우에 무릉도를 오늘날의 울릉도로 보고, 우산도를 독도로 보는 것이 타당하다. 주지하다시피 11세기부터 '울릉도'가 일본에 '우루마노 섬'うるまの島으로 알려졌다. 이곳에서 말하는 '우루'는 '鬱 = 蔚 = 于 = 武 = 茂'와 관계가 있고, '메'는 '山 = 陵'과 관계가 있는 한국어로, '우루마노 섬'은 결국 한국의 울릉도 내지는 무릉도를 가리킨다고 보는 것[29]이 무난할 것으로 생각된다.

國 一云鬱陵島. 地方百里 恃險不服. 智證王十二年 伊斯夫爲何瑟羅州軍主, 謂于山人愚悍 難以威來 可以計服. 乃多以木造猛獸 分載戰船, 抵其國 誑之曰 汝若不服則卽放此獸. 國人懼來降. 高麗太祖十三年 其島人使白吉土豆 獻方物. 毅宗十三年審察使金柔立等回來, 告島中有泰山 從山頂向東行 至海一萬餘步, 向西行一萬三千餘步, 向南行一萬五千餘步, 向北行八千餘步. 有村落基址七所 或有石佛像·鐵鐘·柴胡·蒿本·石南草. 我太宗時 聞流民逃入其島者甚多 再命三陟人金麟雨 爲按撫使 刷出空其地, 麟雨言 土地肥饒 竹大如柱 鼠大如猫 桃核大如升 凡物稱是."
『新增東國輿地勝覽』 江原道 三陟都護府 蔚珍縣條.
위의 번역문에서 첫 번째 문장을 고딕체로 한 것은 이 문장이 본문이고, 그 다음부터는 그것을 해설하는 문장들이기 때문임을 밝혀둔다.

물론 위에서 인용한 가지무라 히데키의 견해에 따르는 경우에도 '무릉도'를 '우산도'라고 해석할 수도 있으나, 여기에 무릉도와 우산도를 구별하였기 때문에 같은 곳을 두 개의 다른 이름으로 표기하지는 않았을 것이다. 만약에 이렇게 보는 것이 허용된다면, 여기에서 말하는 '우산도'는 '독도'라고 볼 수밖에 없게 된다. 곧 울릉도에서 바람이 부는 청명한 날에 바라보이는 섬은 독도 이외에는 없다. 그러므로 이것은 문헌상 한국에서 독도를 정확하게 인지한, 가장 오래된 기록이라고 할 수 있다.[30]

이런 추정이 명확하다고 한다면, 일본에서 사이토 후센齋藤豊宣이『인슈시청합기』를 쓰면서 제일 먼저 독도를 인지했다고 하는 것보다 200여 년 앞서 한국에서는 독도를 인지했다는 기록이 존재한다고 볼 수 있다. 그리고 일찍부터 울릉도가 한국 사람들의 생활의 터전 - 비록 쇄환 정책을 실시하여 거기에 정주를 못하게 하기는 하였지만 - 이었으므로, 그 터전에서 육안으로 보이는 곳에 나가서 어채를 했다는 것은 기록 이전의 문제라는 것도 아울러 지적해둔다.

4. 일본 측 논리 변화의 문제점

한 나라의 외교적 주장은 일관성이 있어야만 한다. 말하자면 어떤 나라가 추구하는 외교적 강령이 경우와 때에 따라서 바뀌어서는 안 된다는 것이다. 이런 의미에서 일본 외무성의 독도에 대한 영유권 주장은 재고되어야 마땅하다. 그 이유는 수시로 독도에 대한 영유권 주장의 근거가 변하고 있다는 것은 스스로 그 부당성을 입증한다고 볼 수 있기

---

29 梶村秀樹 :「竹島 = 獨島問題と日本國家」『朝鮮硏究(182)』(東京, 1978, 日本朝鮮硏究所), 15쪽.

30 물론 다음 장에서 고찰하는 것처럼, 실제로 울릉도에서 독도가 보인다는 사실은 이미 우산국 시대부터 독도가 한국의 영토였음을 증명해주고 있다. 단지 그것이 문헌에 정착된 것이 이『세종실록』지리지의 울진현조 기사라는 것임을 밝혀둔다.

때문이다.

쉽게 말해 이제까지 일본 측이 주장하고 있는 그 어떠한 논리도 사리에 맞지 않는다는 것을 확인하였다. 우선 아무도 임자가 없었으므로 그들의 영토로 편입했다고 하는 '무주지 선점론'은 이미 일본 내각의 전신이었던 태정관에서 조선의 영토로 인정했던 곳일 뿐만 아니라, 대한제국 정부에서도 칙령 제41호로 그 관할을 널리 공포했던 지역이기 때문에, 남의 나라 영토를 강제로 빼앗았다는 것을 말하는 것 그 이상도 이하도 아니라고 할 수 있다.

또 원래부터 그들의 땅이었다고 주장하는 '고유 영토론'은 야마베 겐타로의 연구에 의해 "제국의 고유 영토란 신화에 있는 대로 혼슈本州와 규슈九州, 시코쿠四國, 아와지 섬淡路島"이라는 것이 밝혀졌다. 아무리 영토 문제가 긴요한 것이라고 하더라도 신화를 바탕으로 하여 고유 영토론을 주장하는 나라가 이 지구상의 어디에 있다는 말인가? 세상 사람들의 조롱을 받음 직한 논리는 이제 거두어들이고 깔끔하게 독도 문제를 처리해야 할 것이다. 이 길만이 과거에 한국 민족에게 주었던 다대한 고통을 덜어주는 것일 수도 있다는 것을 거듭 일깨워둔다.

그러고 '17세기 인지론' 역시 한국 측의 자료는 무시하거나 왜곡하면서, 일본 측에 유리한 논리를 전개하는 데는 문제가 있음을 지적하지 않을 수 없다. 먼저 사이토 후센齋藤豊宣의 『인슈시청합기』를 이용하여, 독도를 울릉도에 갈 때에 기항지로 이용했다고 주장하고 있다. 그러나 실제의 표현에서 기항이라는 말은 나오지 않는다. 그리고 일본의 영토가 오키도까지였다는 사실은 인정하지 않고, 한국보다 먼저 독도를 인지했다고 하는 주장도 설득력을 얻을 수 없다. 왜냐하면 한국 측에는 그보다 200년 정도나 빠른 시기에 독도에 대한 정확한 지식을 가지고 있었음이 『세종실록』 지리지를 통해 확인되기 때문이다.

그러므로 일본은 막무가내 식으로 독도가 자기들의 고유 영토라고 주장할 것이 아니라, 역사적인 자료를 가지고 합리적인 해석부터 하는 것이 독도 문제 해결의 첩경이라는 사실을 거듭 지적해둔다. 이런 의미에서 일방적인 연구가 아니라, 양국의 학자들이 공동으로 연구하는 시스템을 구축하는 것도 하나의 방법이 될 수 있다.

우산국 시대와 독도

Chapter 03

1. 문제의 제기

현재 일본 측은 자기네가 한국보다 독도를 먼저 인지했다는 주장을 펴고 있다. 하지만 이런 주장은 역사적 사실을 무시한, 사실의 왜곡이라고 할 수밖에 없다. 그 이유는 독도는 명확하게 울릉도에 딸린 부속섬이었으므로, 우산국 시대부터 우산국의 영토였다는 것이 너무도 명확하기 때문이다. 그런데도 일본 측이 이처럼 무리한 주장을 하는 것은 역사적으로 볼 때에 그만큼 자기들의 주장이 한계에 이르렀다는 것을 말해주는 역설적인 표현일지도 모른다.

일본 측의 주장이 이렇게 문제점을 지니고 있다고 하더라도, 우리는 독도가 왜 우산국 시대부터 한국의 영토였는가 하는 것에 대하여 명확한 논리를 정립해야 마땅하다. 그런데도 한국의 학자들은 신라시대에 이사부異斯夫가 우산국을 정벌한 때로부터 독도가 한국의 영토가 되었기 때문에, 고유한 영토라고 주장하는 데 그쳐왔다. 하지만 『삼국사기』의 신라 정벌 기록에는 독도에 대한 직접적인 언급이 존재하지 않는다. 그래서 개발된 논리가 후대의 '우산도'란 지명이 우산국과 관련을 가지기 때문에 이 시대부터 신라의 영토가 되었다고 하는 것이었다. 그래서 이러한 견해를 피력한 신용하愼鏞廈의 주장을 먼저 소개하기로 한다.

「독도가 한국의 고유 영토가 된 것은 삼국시대인 서기 512년에 '우산국于山國'이 '신라'에 복속돼 그 일부가 된 때부터다. 이 사실은 『삼국사기三國史記』 신라본기新羅本紀 지증왕智證王 13년 조와 열전列傳 이사부 조에 두 차례나 기록되어 있다.
이때 신라에 병합된 우산국의 영토가 울릉도뿐만 아니라 독도도 포함되었는가를 질문하는 일본 학자가 있다. 이에 대해서는 『세종실록』 지리지 기록과 함께, 1808년 조선 왕조가 편찬한 『만기요람萬機要覽』 군정편軍政編에 "여지지輿地志에 이르기를 울릉도와 우산도는 모두 우산국의 땅이며, 우산도는 왜인들이 말하는 송도松島이다."고 한 기록이 답이 될 수 있다.」[1]

신용하의 이와 같은 주장은 언뜻 보기에는 별다른 문제가 없는 것처럼 보인다. 그렇지만 일본의 학자들은 우산국의 영토에 독도가 포함되었다고 할 수 있느냐고 반문을 하고 있다. 실제로 『삼국사기』와 『세종실록』 지리지(1432년 완성, 1454년 보완)가 편찬된 연대 사이에는 무려 11세기라는 시간적인 거리가 있으며, 또 『만기요람』이 편찬된 19세기와는 13세기라는 시간적인 거리가 존재한다. 그럼에도 불구하고 이런 간극을 무시하고 신라시대의 우산국 정벌을 15세기나 19세기의 기록과 결부시켜, 신라 때부터 독도는 한국의 영토가 되었다고 주장하고 있다는 것을 알 수 있다.

일본 측 학자들은 이러한 논리에 쉽게 동의하지 않고 있다. 그 예로 가와카미 겐죠川上健三는 울릉도와 독도가 가시거리可視距離 내에 있지 않으며,[2] 『세종실록』 지리지나 『고려사』 지리지에서의 "두 섬은 서로

1 신용하 : 『독도의 민족 영토사 연구』 (서울, 1996, 지식산업사), 29-30쪽.
2 川上健三 : 『竹島の歴史地理學的研究』 (東京, 1965, 古今書院), 278-280쪽.

거리가 멀지 않아 바람이 불어 날씨가 청명하면 가히 바라볼 수 있다二島相距不遠 風日淸明 則可望見."[3]고 한 것은 울릉도·독도에 대한 설명이 될 수 없다고 주장하고 있다.[4] 더욱이 그는 『신증 동국여지승람新增東國輿地勝覽』에 일설로 전해지는 "우산·울릉이 본래 한 섬으로서, 지방이 백 리라고 한다."[5]라는 기록을 근거로 하여, 우산도와 울릉도를 하나의 섬이라는 주장을 하기도 하였다.[6]

그러나 이와 같은 가와카미의 주장 역시 한국 측이 일본 측보다 독도에 대한 인지가 빨랐다는 사실을 인정하지 않으려는 저의에서 마련된 것이었으므로 객관성이 결여되었다고 보지 않을 수 없다. 그렇지만 그의 주장을 뒤집어 생각하면 독도가 한국의 영토임을 스스로 인정하고 있다는 것을 알 수 있다. 곧 독도가 울릉도에서 보이지 않는다는 사실을 입증하기 위해서 복잡한 수학공식을 원용하였으나, 사실은 가시거리 내에 위치하고 있다. 이것은 독도가 울릉도에 달린 부속 도서附屬島嶼라는 것을 증명해주는 것이다. 또 시간적으로 먼저 완성된 『세종실록』 지리지에서 "(우산·울릉) 두 섬은 거리가 멀지 아니하여 바람 부는 청명한 날이면 가히 바라볼 수 있다."고 한 것을 부정하고, 후대의 『고려사』 지리지의 본문에서 취한 '울릉 1도설'을 바탕으로 하여 우산도와 울릉도가 한 섬이라고 한 것은 사실을 호도한 것이다.[7] 이런 호도는 사실을 왜곡했다는 점에서 독도가 한국의 땅임을 말해준다고 볼 수 있다. 그래서 본 장에서는 우산국 시대에 왜 독도가 그 영역으로 인식되었는가 하는 문제를 구명하기로 한다.

---

3 "于山·武陵二島 在縣正東海中. 二島相去不遠 風日淸明 則可望見."
『世宗實錄』 地理志 三陟都護府 蔚珍縣條.

4 川上健三 : 앞의 책, 94-108쪽.

5 "一說于山·鬱陵本一島 地方百里"
『新增東國輿地勝覽』 卷45, 蔚珍縣條.

6 川上健三 : 앞의 책, 102-106쪽.

7 梶村秀樹 : 앞의 논문, 15쪽.

2. 기록에 나타난 우산국

독도는 분명하게 울릉도에 딸린 섬이다. 그렇기 때문에 독도가 울릉도에 존재했었던 우산국于山國의 영역이었다는 데는 의심의 여지가 없다. 이 문제의 해명을 위해서는 우산국의 실체부터 살펴볼 필요가 있다. 우산국에 대한 기록이 등장하는 것은 『삼국사기三國史記』 신라본기 지증 마립간智證麻立干 13년(AD 512년) 6월조에 실려 있는, 신라의 우산국 정벌에 관한 기사이다.

〔자료 1〕

「우산국이 귀복(歸服 : 내속來屬)하여 해마다 토산물로써 세공을 바치기로 하였다. 우산국은 명주(溟州 : 강릉)의 정 동쪽 바다 가운데 있는 섬으로, 혹은 울릉도라고도 한다. 땅 둘레가 100 리인데, 험한 것을 믿고 항복하지 아니했다. 이찬 이사부가 하슬라주의 군주가 되어, 우산인들이 미련하고도 사나우므로, 위력으로 복종시키기는 어렵고 계교로써 복속시켜야 하겠다고 생각했다. 이에 나무로 허수아비 사자를 많이 만들어 전선에 나누어 싣고, 그 나라 해안에 다다라 거짓말로 고해 말하기를, "너희들이 만약 항복하지 않는다면 이 맹수들을 풀어놓아 짓밟아 죽이겠다."라고 하였다. 그 나라 사람들이 무서워하여 곧 항복하였다.」[8]

이와 비슷한 내용의 기록은 『삼국사기』 권 44 열전 제4 이사부 조에도 실려 있으므로, 그것도 아울러 소개한다면 아래와 같다.

〔자료 2〕

「이사부(혹은 태종이라고도 한다.)의 성은 김씨로, 나물왕의 4대손이다. 지도로

---

8 "于山國歸服 歲以土宜爲貢. 于山國在溟州正東海島 或名鬱陵島. 地方一百里 恃嶮不服. 伊湌異斯夫爲何瑟羅州軍主 謂于山人愚悍 難以威來 可以計服. 乃多造木偶獅子 分載戰船 抵其國海岸. 誑告曰 汝若不服 則放此猛獸踏殺之. 國人恐懼 則降."
김부식 : 『三國史記』 卷4. 智證麻立干 13年 6月條.

왕 때에 변경의 관리가 되어, 거도[9]의 술책을 본 따서 말놀이로써 가야(혹은 가라라고도 한다.)국을 속여서 빼앗았다. 왕 13년 임진에 아(하)슬라주의 군주가 되어, 우산국을 병합하려고 획책하였다. 그 나라 사람들은 미련하고 사나워서 힘으로 항복받기는 어려우나 가히 계략으로써는 복속시킬 수 있다고 하면서, 이에 나무로 허수아비 사자를 많이 만들어 전선에 나누어 싣고 그 나라 해안으로 가서 위협하기를, "너희들이 만약 항복하지 않으면 이 맹수들을 풀어놓아 짓밟아 죽이겠다."라고 하였다. 그 사람들이 무서워하여 곧 항복하였다.」[10]

이들 기록을 보면, 『삼국사기』의 신라본기나 열전에 전해지는 내용이 크게 다르지 않다는 사실을 확인할 수 있다. 하지만 『삼국유사三國遺事』 권1 기이편紀異編 지철로왕智哲老王 조의 기록은 『삼국사기』의 기록들과는 다소 차이를 보여주고 있다.

〔자료 3〕

「제22대 지철로왕의 성은 김씨이고, 이름은 지대로 또는 지도로이며, 시호는 지증이니 시호는 이때부터 시작되었다. ……중략…… 또 아슬라주(지금의 명주이다.)의 동쪽 바다 가운데에 순풍이면 이틀 정도 되는 곳에 우릉도(于陵島 : 지금은 우릉羽陵이라고 쓴다.)란 섬이 있고, 둘레가 2만 6천 7백 3십 보이다. 섬의 오랑캐들은 그 바닷물이 깊은 것을 믿고, 교만하여 두려워하지 않았다. 왕은 이찬 박이종朴伊宗에게 장병을 거느리고 토벌하라는 명을 내렸다. 이종은 나무로 사자를 만들어 큰 배 위에 싣고 가, 위협해서 말하기를 "항

9 거도(居道)는 탈해왕 때에 말을 타는 놀이를 하다가 우시산국(于尸山國 : 지금의 울산)과 거칠산국(居柒山國 : 지금의 동래)을 습격하여 점령한 인물이라고 한다. 김부식 : 『三國史記』 卷41, 別傳第4 居道條.

10 "異斯夫(或云苔宗) 姓金氏 奈勿王四世孫. 智度路王時 爲沿邊官 襲居道權謀 以馬戱誤伽倻(或云加羅)國取之. 王十三年壬辰 爲阿(何)瑟羅州軍主 謀幷于山國. 謂其國人愚悍 難以威降 可以計服. 乃多造木偶獅子 分載戰船 抵其國海岸. 詐告曰 汝若不服則放此猛獸踏殺之. 其人恐懼則降."
김부식 : 『三國史記』 卷41, 列傳第4 異斯夫條.

복을 하지 않는다면, 이 짐승들을 풀어놓을 것이다."라고 했더니, 섬의 오랑캐들이 무서워하여 항복했다. 이종을 포상하여 고을의 관장으로 삼았다.」[11]

이와 같은 『삼국사기』와 『삼국유사』의 기록들을 보면, 고려 때에 명주溟州라고 했던 하(아)슬라주의 동쪽에 섬이 있었는데, 그 섬에 사는 사람들은 사납거나 교만하여 신라에 복속하지 않았다. 그래서 신라에서는 이찬伊湌[12]이란 위계位階에 있는 사람을 보내어 그 섬을 정벌하게 하였고, 그때에 그는 나무로 허수아비 사자를 만들어 우산국 사람들을 위협하여 항복을 받아냈다는 것이다.

그러나 이런 공통점들이 있는 반면에, 얼마간의 차이가 있다는 것도 인정하지 않을 수 없다. 곧 전자에서는 이 울릉도를 '우산국'이라고 하였으며 그 정벌의 주체를 이사부라고 하였다. 이에 비해 후자에서는 '우릉도'라고만 하였고 그 정벌 주체를 '박이종'이라고 하였다. 여기에서 그의 성이 '김 씨'였다는 것과 '박 씨'였다는 것은 그렇게 큰 문제가 되지 않을지도 모른다. 왜냐하면 그가 하(아)슬라주의 군주로 이 섬을 공략하였다고 한 것이나 섬을 공략한 다음에 그 포상으로 고을의 관장[州伯]이 되었다고 하는 것은, 군대를 동원하여 이 섬에 사는 사람들을 복속시켰다는 점에서 커다란 차이를 인정하기 어렵다고 볼 수 있기 때문이다.

그렇지만 『삼국사기』에서는 우산국이라고 하였고, 『삼국유사』에서는 우릉도라고 한 것은 매우 중요한 차이이다. 그 이유는 전자가 하나

---

11 "第二十二代智哲老王 姓金氏 名智大路 又智度路, 諡號智證 諡號始于此. ……中略…… 又阿瑟羅州(今溟州)東海中 便風二日程有于陵島(今作羽陵.), 周廻二萬六千七百三十步. 島夷恃其水深 驕慢不臣. 王命伊湌朴伊宗將兵討之. 宗作木偶獅子 載於大艦之上 威之云 不降則放此獸, 島夷畏而降. 賞伊宗爲州伯."
一然 :『三國遺事』 卷1 紀異編 智哲老王條.

12 신라의 열일곱 등급 가운데에서 둘째 위계를 말한다.

의 소국小國을 상정하였는 데 비해, 후자는 하나의 섬으로 보고 있기 때문이다. 물론 김부식이 인종仁宗의 명을 받들어서 AD 1145년에 편찬한 『삼국사기』의 기록과, 충렬왕忠烈王때에 승려였던 일연一然이 AD 1285년에 찬술한 『삼국유사』의 기록에서 어느 것이 역사적 사실에 더 가까운가 하는 문제는 당연히 전자의 내용에 더 신뢰성을 부여할 수밖에 없다. 하지만 울릉도에 존재하던 우산국이 언제부터 본토에 귀부歸附했는가 하는 문제는 매우 중요한 의의를 가진다고 할 수 있다. 그래서 고려시대의 기록들을 아울러 살펴보기로 한다.

〔자료 4〕

① 우릉도芋陵島에서 백길白吉과 토두土豆를 보내 방물을 바쳤다. 백길에게는 정위正位, 토두에게는 정조正朝 품계를 각각 주었다.(『고려사』 권1, 세가 태조 13년(930년) 8월 병오일)

② 우산국이 동북 여진의 침략을 받아 농사를 짓지 못하였으므로 이원구李元龜를 그곳에 파견하여 농기구를 주었다.(『고려사』 권4 세가 현종 9년(1018년) 11월 병인일)

③ 우산국 백성들로서 일찍이 여진의 침략을 받고 망명하여 왔던 자들을 모두 고향으로 돌아가게 하였다.(『고려사』 권4 세가 현종 10년(1019년) 7월 기묘일)

④ 도병마사가 여진에게서 약탈을 당하고 도망하여 온 우산국 백성들을 예주(禮州 : 경북 영해)에 배치하고 관가에서 그들에게 식량을 주어 영구히 그 지방에 편호編戶로 할 것을 청하니 왕이 이 제의를 좇았다.(『고려사』 권4 세가 현종 13년(1022년) 7월 병자일)

⑤ 우릉성주羽陵城主가 자기의 아들 부어잉다랑夫於仍多郎을 파견하여 토산물을 바쳤다.(『고려사』 권5 세가 덕종 원년(1032년) 11월)[13]

---

13 ① (太祖 13年 8月 丙午) 芋陵島遣白吉·土豆 貢方物, 拜白吉爲正位 土豆爲正朝.
② (顯宗 9年 11月 丙寅) 以于山國 被東北女眞所寇 廢農業 遣李元龜賜農器.
③ (顯宗 10年 7月 己卯) 于山國民戶 曾被女眞虜掠來奔者 悉令歸之.
④ (顯宗 13年 7月 丙子) 都兵馬使奏 于山國民 被女眞虜掠逃來者 處之禮州 官給資糧 永爲編戶 從之.

여기에서 '우산국'이란 명칭이 사용된 것은 ②와 ③, 그리고 ④이다. 그런데 ①의 기록에서 고려 태조의 세력이 강성해가고 있던 AD 930년에 우릉도에서 백길과 토두가 와서 방물方物, 곧 그 지방의 특산물을 바치고 품계를 얻었다고 하는 것은 아직도 그들의 세력이 본토本土에 복속되지 않고 잔존하였음을 표현하는 것으로 볼 수 있다. 하지만 ⑤에서 "우릉성주羽陵城主가 자기의 아들 부어잉다랑夫於仍多郎을 파견하여 토산물을 바쳤다."라고 한 것은, AD 1032년 무렵에는 울릉도가 하나의 성城으로 고려에 귀부하였다는 것을 나타낸다고 보아도 무방할 것 같다.

이와 같은 기록들을 바탕으로 하여 고려 초엽까지의 울릉도 실태를 유추한다면, 신라시대에 자료 1에서 "우산국이 귀복하여 해마다 토산물로써 세공을 바치기로 하였다."라는 표현이 있다고 하여, 소국의 형태를 취하고 있던 '우산국'이 완전히 신라의 한 지방으로 편입되었다고 보기는 어렵다는 것을 알 수 있다. 이런 의미에서 김호동金晧東의 연구는 중요한 문제의 제기였다고 할 수 있다.

「"우산국이 귀부歸附하여 해마다 토산물을 바치기로 하였다."는 기록으로 보아 우산국은 신라의 영토에 편입된 것은 아니다. 만약 신라의 땅이 되었다면 『삼국사기』 지리지에 신라의 땅으로 울릉도나 독도, 아니면 우산국의 기록이 나와야 한다. 지리지에서 신라시대에 섬을 군현으로 설치한 경우는 남해군과 그 영현인 남포현, 평산현, 그리고 거제군 등을 예로 들 수 있는데 '바다 가운데 섬'이라고 밝혀두고 있다. 이것을 통해 섬이 신라시대 군현의 한 단위로 자리매김 되어 있었음을 알 수 있다. 그러나 지리지에는 탐라국이나 우산국이 기록되어 있지 않다. 신라의 삼국 통일로 인해 백제나 고구려의 영역으로서 신라의 영토가 된 지역 가운데 '곡도'(鵠島 : 지금의 백령도)란 섬이 기록되어 있고, 심지어 '삼국의 지명 중 이름만 있고 그 위치가 미상인 곳' 가운데 '비지국比只國', '골화국骨火國'이나 '풍도風島', '부운도浮雲島' 등

⑤ (德宗 元年 11月 丙子) 羽陵城主 遣子夫於仍多郎 來獻土物.

의 명칭이 보인다. 그렇지만 지금의 울릉도와 독도와 관련시킬 수 있는 섬이나 '우산국'의 명칭은 전혀 보이지 않는다. 512년 이후 신라의 영역 안에 울릉도와 독도를 포함하는 우산국이 편제되었다고 볼 수는 없는 증거라고 하겠다.」[14]

이러한 김호동의 견해는 AD 512년 이사부가 우산국을 정복함으로써 신라의 경역이 되었다고 보던, 종래의 연구에 이의를 제기한 것이라고 할 수 있다. 다시 말해 그는 신라의 우산국 정벌이 바로 우산국의 신라 편제를 의미하는 것은 아니라고 보았다는 것이다.

그런데 위에서 인용한 자료 4의 다음에 나오는 『고려사』의 기록에서는 '우산국'이란 표현이 사용된 곳은 한 곳도 나오지 않는다.

〔자료 5〕

⑥ 명주도溟州道 감창사監倉使 이양실李陽實이 우릉도蔚陵島에 사람을 보내 이상한 과실 종자와 나뭇잎을 가져다가 왕에게 바쳤다.(『고려사』 권17 세가 인종 19년(1141년) 7월 기해일)

⑦ 왕이 동해 가운데 있는 울릉도蔚陵島는 지역이 넓고 땅이 비옥하며 옛날에는 주州와 현縣을 두었던 적이 있어서 백성들이 살 만하다는 말을 듣고 명주도溟州道 감창監倉 전중내급사殿中內給事 김유립金柔立을 시켜서 가보게 하였더니, 유립이 돌아와서 그곳에는 암석들이 많아서 백성들이 살 수 없다고 하였으므로 그 의논이 그만 잠잠해졌다.(『고려사』 권18 세가 의종 11년(1157) 5월 병자일)

⑧ 또 동해 가운데에 울릉도라는 섬이 있는데 땅이 비옥하고 진귀한 나무들과 해산물이 많이 산출되나 수로水路가 원격하여 왕래하는 사람이 끊어진 지 오래이다. 최이가 사람을 보내서 시찰한즉 과연 집터와 주춧돌이 완연히 있었으므로 동부지방의 군 주민들을 이주시켰다. 그 후 풍랑

14 김호동 : 「울릉도의 역사로서 우산국 재조명」 『독도연구(7)』 (경산, 2009, 영남대독도연구소), 53쪽.

과 파도가 험악해서 익사자가 많다는 이유로 이민을 중지하였다.(『고려사』 권129 열전42 반역 최충헌전 부 최우 고종 30년(1243년))

⑨ 국학학유國學學諭 권형윤權衡允과 급제 사정순史挺純을 울릉도 안무사安撫使로 임명하였다.(『고려사』 권23 세가 고종 33년(1246년) 5월 갑신일)

⑩ 울진 현령 박순朴淳이 처자와 노비 및 가산을 배에 싣고 울릉도에 가려고 하였다. 성안 사람들이 이것을 알고 마침 성안에 들어 온 박순을 붙잡아 두었는데 뱃사람들은 배에 실은 가산을 가지고 도망하여 갔다.(『고려사』 권25 원종 1년 7월 경오일)

⑪ 계축일에 대장군 김백균金伯均을 경상도 수로방어사水路防護使로 임명하고 판합문사 이신손李信孫을 충청도 방호사로 임명하였다. 첨서 추밀원사 허공許珙을 울릉도 작목사斫木使로 임명하여 이추와 함께 가게 하였다. 왕이 황제에게 보고하여 울릉도에서 나무를 찍는 일과 홍다구의 부하 5백 명의 의복을 마련하는 것을 축감해달라는 것과 삼별초를 평정한 후 제주의 주민들은 육지에 나오지 말고 예전대로 자기 생업에 안착하게 하여 줄 것을 요청하였더니 황제가 그 제의를 좇았다.(『고려사』 권27 원종 14년(1273) 2월 계축일)

⑫ 얼마 안 지나서 원나라에서 또 이추를 보내서 재목을 요구했으며 이추는 우릉도蔚陵島로 건너가서 재목을 작벌코자 했으므로 왕은 대장군 강위보康渭輔를 동행시켰더니 이추는 3품 관질은 낮다 하여, "3품이란 개 같은 것인데 어찌 데리고 다니겠느냐."라고 하였으므로 청서 추밀사 허공許珙을 대신 보냈다. 왕이 원나라에 청하여 드디어 이추를 파면시켰다.(『고려사』 권130 열전 43 반역 조이(趙彝) 부(附) 이추(李樞), 원종(?))

⑬ 동계東界의 우릉도芋陵島 사람이 내조來朝하였다.(『고려사』 권37 세가 충목왕 2년(1346년) 3월 을사일)[15]

---

15 ⑥ (仁宗 19年 7月 己亥) 溟州道監倉使李陽實 遣人入蔚陵島 取菓核木葉異常者 以獻.
⑦ (毅宗 11年 5月 丙子) 王聞東海中有羽陵島 地廣土肥 舊有州縣 可以居民, 遣溟州道監倉 殿中內給事金柔立往視. 柔立回奏 土多巖石 民不可居, 遂寢其議.
⑧ (高宗 30年) 東海中有島 名鬱陵地膏沃 多珍木海錯, 以水程遠 絶往來者久, 怡遣人視之 有屋基破礎宛然. 於是移東郡民 實之, 後以風濤險惡 因多溺死 破其居民(列傳 42, 崔忠憲 附怡).
⑨ (高宗 33年 甲申) 以國學學諭權衡允 及第史挺純 爲蔚陵島安撫使.

위의 자료들을 통해서, 고려 중기 이후부터는 '우산국'이란 이름이 더 이상 등장하지 않는 대신에, '울릉도蔚陵島, 鬱陵島'나 '우릉도羽陵島, 芋陵島' 등으로 그 명칭이 변화되었다는 것을 확인할 수 있다. 이것은 하나의 소국 형태를 유지하면서 독자적으로 살아가던 '우산국'이 고려에 귀부했다는 것을 의미한다고 하겠다.

이러한 우산국의 종말에 대해서 김호동의 아래와 같은 지적은 울릉도 연구사의 측면에서 매우 중요한 의의를 가진다고 할 수 있다.

「현종 때를 마지막으로 하여 우산국의 명칭은 보이지 않고 우릉성, 우릉도 내지 울릉도의 명칭이 보일 뿐이다. 그러나 사료 ②~③, ⑤를 통해서 볼 때 고려의 도움을 통해 우산국이 나름대로 재건을 위한 노력이 경주된 것이 아닌가 한다. 그래서 사료 ⑤에서 보다시피 '우릉성주가 토산물을 바쳤다.'고 기록한 것이 아닌가 한다. 그러나 우산국 재건의 노력은 수포로 돌아가고 감창사, 안무사, 혹은 작목사 등의 고려의 관리가 수시로 파견되어 개척의 대상이 된 게 아닌가 한다.

그와는 달리 사료 ⑤의 해석을 고려 군현조직 체계상 동계·북계 등의 양계는 성을 중심으로 한 독립된 전투 단위부대를 형성하고 있었다는 것을 고려하여 현종 조 여진족이 휩쓸고 간 뒤 고려에서 '우릉성'을 두고자 하였을지도 모른다. 그렇게 볼 때 사료 ⑦에서 "옛날에는 주현州縣을 두었던 적이 있다."란 기록과 연결될 수 있다. 그러나 여진족이 우산국을 한차례 휩쓸고 간 뒤 이곳 울릉도는 때로는 독자의 토착세력이 존재하면서 '우릉성'으로

⑩ (元宗 元年 7月 庚午) 蔚珍縣令朴淳 船載妻孥藏獲幷家財 將適鬱陵 城中人知之 會淳入城被拘留 舟人以其所載遁去.)

⑪ (元宗 14年 2月 癸丑) 以大將軍金伯鈞 爲慶尙道水路防護使, 判閤門事李信孫爲忠清道防護使. 以簽書樞密院事許珙 爲蔚陵島斫木使. 伴李樞以行, 王奏請罷蔚陵斫木 減洪茶丘麾下五百人衣服 平三別抄後 濟州人物 勿令出陸 依舊安業, 帝皆從之.)

⑫ (元宗) 未幾, 元遣樞 又索材木 樞欲入蔚陵島斫木. 王爲大將軍康渭輔 爲伴行, 樞以三品秩卑 言曰 三品如狗耳. 吾不可與同行, 乃以簽書樞密事許珙 伐之. 王請于元遂罷之.

⑬ (忠穆王 2年 3月 戊申) 東界芋陵島人 來朝.

존재하기 보다는 도리어 개척의 대상으로 여겨지는 등 안정되고 지속적인 상태로서 고려의 군현조직 속에 포함되지 못하였다. 조선시대 『고려사』 찬자는 지리지를 편성하면서 울릉성의 특수성을 옳게 파악하지 못한 채 군현의 설치에만 주목하였기 때문에 동계 울진현의 '속도'로 울릉도가 있다는 사실만 밝혀둔 채 현종 조~인종 조에 이르는 기록을 빠뜨리고 말았던 것이다.」[16]

이러한 김호동의 견해를 받아들인다면, 울릉도에는 '우산국'이란 독자적인 세력이 존재했었는데 신라시대에 이사부에 의해 정복된 다음에도 완전히 신라에 경역에 포함된 것이 아니라 그 독립성을 유지하고 있었다. 그러다가 고려 초기에 여진족女眞族의 침입을 받아 그 세력이 약해지면서, 고려에 하나의 지방으로 편입되었다고 보는 것이 합리적일 것 같다.

이렇게 본다면 우산국은 잠시 동안 존재하다가 신라에 편입된 소국이 아니었다. 신라 지증왕 때에 신라에 의해 정벌되기는 하였지만, 고려 현종 때까지는 존속되었다고 보는 것이 타당할 것이다. 그리고 이와 같은 추정이 가능하다고 한다면 상당히 오랜 기간 동안 존속된 소국이었으므로, 단순히 신라에 편입되었다고 볼 것이 아니라 우산국 시대를 상정하여도 무방하지 않을까 한다.

3. 우산국 영역으로서의 독도

이제까지 이사부에 의해 정벌된 다음에도 우산국이란 소국이 신라에 편제되지 않고 그 명맥이 고려 현종 때가지 존속되다가, 여진족의 침략으로 인해 그 세력이 미약해지면서 고려에 하나의 성으로 귀부하였다

---

16 김호동 : 앞의 논문(2009), 63-64쪽.

는 사실을 확인하였다. 그렇지만 『삼국사기』와 『삼국유사』, 『고려사』 등에 나오는 '우산국'이나 '우릉도', '울릉도'에 관한 기사에는 독도에 관한 직접적인 언급이 존재하지 않는다. 그 때문에 이때부터 독도가 정말로 우산국이었던 울릉도의 속도였다고 단정할 수 있을까 하는 문제가 제기되었던 것도 사실이다. 특히 일본의 학자들은 기록이 없다는 점에 주목하여, 통째로 독도의 '울릉도 속도론鬱陵島屬島論'을 인정하지 않으려고 하고 있다. 심지어는 속도설의 부인을 위해, 그들은 울릉도와 독도를 전연 별개의 섬으로 취급하려고까지 하였다.[17] 이와 같은 태도는 독도와 오키도隱岐島의 관련성을 주장하려는 저의가 숨어 있으므로,[18] 한국의 처지에서는 경개하지 않으면 안 된다.

따라서 기록이 남아 있지 않다고 하여, 독도가 울릉도의 속도가 아니었다고 단정하는 일본 학자들의 태도는 문제가 아닐 수 없다. 왜냐하면 기록으로는 비록 남아 있지 않지만, 울릉도에서 독도가 가시거리可視距離 내에 위치하고 있다는 것은 이 문제의 해결을 위한 중요한 단서를 제공해주고 있기 때문이다. 실제로 근대의 국경 개념이 성립되기 이전에는 시야에 들어오는 섬은 가까운 곳에 사는 사람들의 생활공간, 곧 삶의 터전으로 인정하고 있었던 것은 주지의 사실이다.

한국에서도 울릉도로부터 독도가 보인다는 것은 15세기에 접어들어 지리적 인식이 확실해지면서 이미 기록으로 정착되었다. 이런 기록으로는 『세종실록世宗實錄』 지리지地理志 강원도江原道 삼척도호부三陟都護府

17 이와 같은 예로는 통감부 시대에 조사·출판된 農商工部水産局 編:『韓國水産誌(1)』(서울, 1908, 日韓印刷株式會社), 110-111쪽에 竹島를 싣고 있으며, 農商工部水産局 編:『韓國水産誌(2)』(서울, 1910, 龍山印刷局), 706-717쪽에 울릉도를 싣고 있는 것을 들 수 있다

18 실제로 가와카미 겐죠(川上健三)는 해류(海流)나 해풍(海風)으로 보아 한국 측보다는 일본의 오키도가 더욱 안정되었으므로, 도항(渡航)에 용이했다고 주장한 바 있다. 川上健三 : 앞의 책, 285-286쪽.

울진현蔚珍縣 조에 나오는 다음과 같은 기사를 들 수 있다.

〔자료 6〕

「우산于山과 무릉武陵 2섬이 현의 정 동쪽 바다 가운데에 있다. 두 섬은 서로 거리가 멀지 아니하여 바람 부는 청명한 날이면 가히 바라볼 수 있다.」[19]

여기에 나오는 우산도가 오늘날의 독도이고, 무릉도가 울릉도인 것은 명백한 사실이다.[20] 그런데 밑줄을 그은 곳에서 말하는 두 섬, 곧 우산도와 무릉도가 "바람이 부는 청명한 날이면 가히 바라볼 수 있다."라고 한 것은 울릉도에서 독도가 가시거리 내에 있다는 것을 말해준다.

이 문제에 대하여 가와카미 겐죠川上健三는 복잡한 수학 공식을 동원하여 울릉도에서 독도가 보이지 않는다는 사실을 증명하려고 하였다.[21] 하지만 아무리 수학적인 공식이 중요하다고 하더라도, 실제로 보인다는 사실을 어떻게 할 수는 없을 것이다. 사실 그가 이처럼 수학적인 공식까지 동원하여 울릉도에서 독도가 보이지 않는다는 것을 증명하려고 했던 까닭은 독도가 울릉도 사람들의 생활공간이 될 수 없다는 것을 증명하려는 저의에서가 아니었든가 한다. 바꾸어 말하면 독도는 일찍부터 울릉도 사람들의 중요한 어장漁場 가운데 하나였다는 사실을 부정하기 위하여 맞지도 않는 수학 공식을 원용했다는 것이다.

실제로 울릉도에서 독도를 보았다는 기록이 숙종肅宗 때에 장한상張漢相이 지은 『울릉도사적鬱陵島事蹟』에도 실려 있다는 것은 이미 앞장에서 밝힌 바 있다. 하지만 논의의 편의를 위해 그것을 다시 인용하기로 한다.

---

19 "于山·武陵二島 在縣正東海中. 二島相距不遠 風日淸明 則可望見."
『世宗實錄』 地理志 三陟都護府 蔚珍縣 條.

20 이 문제에 대해서는 다음 장에서 자세히 논의한다는 것을 밝혀둔다.

21 川上健三 :『竹島の歷史地理學的硏究』 (東京, 1966, 古今書院), 279-279-283쪽.

〔자료 7〕

「섬 주위를 이틀 만에 다 돌아보니, 그 이수里數는 150~160리에 불과하고, 남쪽 해안에는 황죽篁竹밭이 있었다. 그리고 동쪽으로 5리쯤 되는 곳에 작은 섬이 하나 있는데, 그리 높고 크지는 않으나 해장죽海長竹이 한쪽에 무더기로 자라고 있었다. 비가 개이고 구름 걷힌 날, 산에 들어가 중봉中峰에 올라보니, 남쪽과 북쪽의 두 봉우리가 우뚝하게 마주하고 있었으니, 이것이 이른바 삼봉이다. 서쪽으로는 구불구불한 대관령의 모습이 보이고, 동쪽으로 바다를 바라보니 동남쪽에 섬 하나가 희미하게 있는데 크기는 울릉도의 3분의 1이 안 되고 거리는 300여 리에 지나지 않았다.」[22]

이와 같은 기술을 한 장한상은 박어둔朴於屯과 안용복安龍福이 납치되어 간 것을 계기로 하여 벌어진 '울릉도 쟁계鬱陵島爭界'가 한창 진행되고 있던 1694년(숙종 20년)에 삼척 첨사三陟僉使로 임명되어 울릉도를 수토搜討했던 인물이다. 그런 그가 울릉도에 가서 본 것 가운데 하나가, 바로 밑줄을 그은, "동쪽으로 바다를 바라보니 동남쪽에 섬 하나가 희미하게 있는데 크기는 울릉도의 3분의 1이 안 되고 거리는 300여 리에 지나지 않았다."는 것이었다. 여기에서 그가 동쪽에 희미하게 보인다고 한 것은 독도가 분명하다. 비록 그 크기가 울릉도의 3분의 1이었다고 하여 실제와는 맞지 않으나, 거리가 300여 리라는 것은 거의 정확한 목측目測이었다고 할 수 있다. 이렇게 말하는 이유는 현재 울릉도의 동남쪽에서 87.4㎞ 지점에 독도가 위치하고 있어, 거리로 볼 때도 이 섬이 독도인 것은 명확하기 때문이다.

이처럼 울릉도를 수토한 장한상이 독도가 보인다는 기록을 남긴 것은 이 섬이 울릉도에서 갈 수 있는 곳임을 말해주는 것이다. 이 당시에는 쇄환정책刷還政策을 펴고 있었으므로 동해안 주민들의 왕래가 자유롭

22 원문은 제2장의 각주 28번 참조.

지 못한 때였다. 하지만 박어둔과 안용복과 같은 사람들이 선단船團을 이끌고 울릉도에 갔었다는 사실은 조선의 어민들이 독도 연근해에서 고기를 잡았다는 것을 증명해준다. 그렇다면 울릉도에 사람이 살았던 우산국 시대나 또 이 소국이 귀부하여 성으로 바뀌었던 고려시대에도 독도가 이곳 사람들의 생활터전이었다고 보는 것은 지극히 당연한 이치라고 하겠다.

실제로 독도가 이렇게 가시거리 내에 있기 때문에 이곳을 조선의 영토로 인정했다는 기록이 『숙종실록』 보궐 정오편補闕正誤編에 남아 있다는 것은 앞장에서도 이미 지적한 바 있다.

〔자료 8〕

「강원도 어사 조석명趙錫命이 영동 지방의 해방海防의 허술한 상황을 논하였는데, 대략 이르기를, "포구 사람들의 말을 상세히 듣건대, '평해·울진은 울릉도와 거리가 가장 가까워서 뱃길에 조금도 장애가 없고, <u>울릉도 동쪽에는 섬이 서로 마주 보이는데 왜의 경계[倭境]에 접해 있다.</u>'고 하였습니다. 무자년(1708년)과 임진년(1712년)에 모양이 다른 배가 고성과 간성 지경에 표류해 왔으니 왜선倭船의 왕래가 빈번함을 알 수 있는데, 조가朝家에서는 비록 영해嶺海를 사이에 두고 있어 걱정할 것이 없다고 하지만, 후일의 변란이 반드시 영남에서 말미암지 않고 영동으로 말미암을지 어떻게 알겠습니까? 방어의 대책을 조금도 늦출 수 없습니다."라고 하니, 묘당에서 그 말에 따라 강원도에 신칙하여 군보軍保를 단속할 것을 청하였다.」[23]

이 기사는 독도가 조선의 영토로 인식되었음을 보여주는 귀중한 자료라고 할 수 있다. 특히 밑줄을 그은 곳에서 언급하고 있는 "울릉도

23 「江原道御史趙錫命 論嶺東海防踈虞狀. 略曰 詳聞浦人言 平海·蔚珍 距鬱陵島最近, 船路無少礙. 鬱陵之東 島嶼相望, 接于倭境. 戊子·壬辰 異樣帆檣 漂到高·杆境, 倭船往來之頻數 可知. 朝家雖以嶺海之限隔, 謂無可憂. 而安知異日生釁之必由嶺南 而不由嶺東乎. 綢繆之策 不容少緩. 廟堂請依其言 飭江原道 團束軍保.」
『肅宗實錄』 補闕正誤編. 肅宗 40年(1714年) 7月 辛酉(22日)條.

동쪽에는 섬이 서로 마주 보이는데鬱陵之東 島嶼相望"라고 한 것은 울릉도의 동쪽에 위치한 독도를 가리킨다. 그리고 이렇게 마주 보이는 섬이 "왜의 경계와 접해 있다接于倭境"는 것은 보이는 곳까지 조선의 영역이었음을 말해주는 증거가 아닐 수 없다.

이와 같은 기록은 시야에 들어오는 섬을 생활공간으로 인정했던 고대인들의 공간인식이 후대에도 그대로 존속되었다는 것을 말해준다. 다시 말해 울릉도에서 가시거리 내에 있는 독도는 우산국 시대부터 울릉도의 속도로 인식되었으며, 그런 인식은 신라를 거쳐 고려에 이르러 완전히 귀부되기까지 지속되었던 것이다. 이런 추정이 가능한 이유는 바로 위의 자료 9에서 밑줄을 그은 문장, 곧 "울릉도 동쪽에는 섬이 서로 마주 보이는데 왜의 경계에 접해 있다."는 것으로 표현되었다고 볼 수 있기 때문이다. 이런 의미에서 독도는 신라시대부터 고유 영토였었다고 하는 한국 측의 주장은 지극히 타당한 것이라고 할 수 있다.

그런데 이처럼 가시거리 내에 존재하는 섬이 자국의 영토로 인식되고 있었던 것은 한국뿐만이 아니었다. 일본에도 역시 이와 같은 인식이 존재했었다는 것을 확인할 수 있는 자료가 존재한다. 그것은 바로 사이토 후센齋藤豊宣이 저술했다고 하는 『인슈시청합기隱州視聽合記』의 다음과 같은 기술이다.

〔자료 9〕

「인슈隱州는 바다(북해) 한가운데 있으므로 섬 이름을 오키도隱岐嶋라고 한다. 아마 왜훈倭訓에서 바다 가운데를 오키遠幾라고 하기 때문에 명칭이 붙여진 것 같다. 남동방향巽地에 있는 땅을 도젠嶋前이라고 하며, 치부리군知夫郡이 여기에 속한다. 동쪽震地에 위치하는 땅을 도고島後라고 한다. 시키츠군周吉郡, 오치군穩地郡이 여기에 속한다. 그 관아(府=행정 관청)는 시키츠군 남쪽 해안의 사이고 도요사키西鄕豊崎에 있다. 이곳隱岐嶋에서 남쪽으로 35리를 가면 이즈모국出雲國 미호세키美穗關에 이른다. 남동쪽辰巳方으로 40리를 가면 호키국伯耆州 아카사키우라赤崎浦에 이른다. 남서쪽으로 58리를 가면 이와미국石見國 유노즈溫泉津이다. 오키도隱岐嶋로부터 북쪽에서 동쪽으로 가서 왕래할 수 있는 땅은 없다.
술해 간(戌亥間, 서북 방향을 가리킴 : 인용자 주)으로 가기를 이틀날 하룻밤에 송도松島가 있고, 또 하루 정도에 죽도竹島가 있다. 세간에서 말하기를 기죽도磯竹島라고 하는데, 대나무와, 물고기, 해록海鹿이 많다. 이 두 섬은 사람이 없는 땅으로, (기죽도에서) 고려를 보는 것이 마치 운슈(雲州, 이즈모(出雲))에서 오키隱岐를 바라보는 것과 같다. 그러한즉 일본의 서북乾의 땅은 이 주此州로써 경계限를 이룬다.」[24]

앞에서도 언급한 것처럼, 이 기록은 이즈모出雲의 번사藩士였던 그가 번주藩主의 명을 받들어 1677년에 오키도隱岐島를 순시한 다음, 자신이 탐문한 것을 기록한 것이다. 여기에서 주목을 끄는 것은 밑줄을 그은 부분의 기술이다. 곧 "(여기에서) 고려를 보는 것이 마치 운슈(雲州, 이즈모(出雲))에서 오키隱岐를 바라보는 것과 같다. 그러한즉 일본의 서북乾의 땅은 이 주此州로써 경계限를 이룬다."라고 한 것은, 눈에 보이는 것을 그들의 영토로 인정했다는 사실을 말해준다.

그러나 이 문제에 대해 일본의 학자들은 전혀 다른 해석을 하고 있다. 특히 '죽도 문제 연구회'의 좌장을 맡고 있는 시모죠 마사오下條正男의 경우는 사료를 다음과 같이 요약한 다음, 위에서 지적한 "이 주"를 울릉도로 보았다.

24 "隱州在北海中故云隱岐島. (按倭訓海中言遠幾故名歟).其在巽地言嶋前也, 知夫郡海部郡屬焉. 其位震地言嶋後也,周吉郡穩地郡屬焉. 其府有周吉郡南岸西鄕豊崎也. 從是南至雲州美穗関三十五里, 辰巳至伯州赤碕浦四十里, 未申至石州溫泉津五十八里, 自子至卯 無可往地. 戌亥間行二日一夜有松島 又一日程有竹島. 俗言竹島多竹漁海鹿. 此二島無人之地. 見高麗如自雲州望隱岐 然則日本之乾地 以此州爲限矣."
市島謙吉 編 :『續々群書類從(9)』(東京, 1906, 內外印刷), 450쪽.

「① 인슈(隱州, 오키도(隱岐島))는 북해北海 중에 있다.(중략)

② 이(오키도)로부터 남쪽 미호세키美穗關에 이르는 데 35리. 진사(辰巳, 동남) 하쿠슈伯州 아카사키우라赤崎浦에 이르는 데 40리. 신미(辛未, 동남) 세키수石州 온센우라溫泉浦에 이르는 데 58리. 자(子, 북)에서 묘(卯, 동)에 이르는 데는 가야만하는 땅이 없다.

③ 술해(戌亥, 서북) 사이로 가기를 이튿날 하룻밤을 하면 송도(松島, 현 죽도)가 있으며, 또 1일 정도 하면 죽도(竹島, 현 울릉도)가 있다.

④ (주) 민간에서 기죽도磯竹島라고 한다. 대나무와 물고기, 해록이 많다. 살피건대 신서神書의 소위 이소다케五十猛인가?

⑤ 이 두 섬은 사람이 살지 않는 땅이다. 고려를 보는 것이 운슈雲州에서 인슈隱州를 보는 것과 같다.

⑥ 그런즉 곧 일본의 건(乾, 서북)의 땅, 이 주를 가지고 경계로 한다.

여기에서 사이토 다케노부齋藤豕緩가 기술하고 있는 것은, 북해 가운데에 있는 오키도가 동서남북 제각기의 방향에 있는 일본의 영토에서 어느 정도의 위치에 있는가이다. 당연히 이것은 제각기의 지역이 오키도를 중심으로, ㉮ 방사선放射線 모양으로 연결되어 있다고 생각해도 좋으며, 오키도로부터 서북의 위치에 있는 ③의 죽도(현 울릉도)는, 일본 최 북서에 있는 영토로 인식되고 있었다고 해석해도 좋다.

그런데 최근 『신동아』 1996년 4월호에 죽도 문제를 발표한 신용하愼鏞廈 씨는 위의 「국대기國代記」의 문장에서 ㉯ ②와 ④를 선택하고, ①과 ③, ⑤를 연결하여, ⑥의 "이 주를 가지고 경계로 한다."의 이 주를 오키도의 것으로 해석하여, 『인슈시청합기』도 송도(현 죽도)를 조선 령으로 하고 있었다는 결론을 내리고 있었다.

그러나 그 해석은 ①과 ③과 ⑤를 연결하는 범위 내에서는 그렇게 읽지 않을 수도 없지만, ㉰ 사료史料는 전체를 보며 정확히 읽지 않으면 안 되는 것이다. ㉱ ②를 읽지 않고 이 사료를 해석하면, 오키도가 일본의 각지로부터 어떤 방향에, 어느 정도의 거리에 있는가를 나타낸 사이토 다케노부의 의도를 말살하고, 문장의 뜻을 바꾸어 버리기 때문이다.

그리고 ㉲ ③의 "술해(戌亥, 서북)"와, ⑥의 "일본의 건(乾, 서북)의 땅"으로부터 직접 "이 주를 가지고 경계로 한다."에 연결시켜, 이 주를 인슈(隱州, 오키도)

라고 하면, 송도(죽도)는 조선 령인 것과 같이 착각을 주지만, 그것을 무리한 해석이다. 우선 ㉳ ⑤의 "고려를 보는 것이 운슈雲州에서 인슈隱州를 보는 것과 같다."는, 고려(조선)를 보고 있는 위치는 당연히 일본 령으로 인식하고 있는 것으로, 죽도, 울릉도, 오키도 중에서 운슈(雲州, 시마네(島根))에서 오키도를 보는 것처럼 조선이 보이는 것은, 울릉도밖에 없기 때문이다. 따라서 신용하 씨가 인용한 문자에서 보더라도, 울릉도라고 하는 것이 된다.

그것을 ㉴ 신 씨는 아무런 의심도 하지 않고, "이 주"를 "인슈隱州"의 것이라고 하고 있으나, "주州"에는 "섬島"의 의미가 있으며, 오키도를 인슈라고 하는 것처럼 "이 주"를 울릉도의 것이라고 하더라도 문제는 없는 것이다. ㉵ 실제로 이익李瀷도 『성호사설유선星湖僿說類選』 중에서, 안용복의 공으로 울릉도가 조선에 되돌아온 것을 "한 주의 땅을 회복하다."로 기록하고 있기 때문이다. ㉶ 사료는 역시 일부를 읽어서 해석하는 것이 아니라, 전체를 보고 읽어야만 하는 것을 아닐까?」[25]

인용이 조금 길어졌으나, 자료의 조작이라는 비난을 피하기 위해서는 그가 언급한 내용을 거의 전부를 인용하지 않을 수 없기 때문이었다. 그런데 여기에서 시모죠가 강조하고 있는 것은 밑줄을 그은 ㉰와 ㉶에서 보는 것처럼 사료의 일부만을 선택하여 해석할 것이 아니라, 전문을 다 보고 문맥을 파악해야 한다는 것이다. 이런 지적이야말로 학문을 하는 사람이라면 누구나 다 인정하는 불변의 진리임은 두 말할 필요도 없다.

그러나 그가 전체적인 문면을 다 보고 문맥을 파악해야 한다고 한 전제는 신용하의 주장을 부정하고 자기의 논리를 전개하기 위한, 하나의 수단에 지나지 않는 것이었다. 왜냐하면 시모죠가 신용하의 해석 ㉯는 ㉲에서와 같이 무리한 해석[26]임을 증명하려고 하였기 때문이다. 이

---

25 下條正男 : 「竹島問題考」 『現代コリア(361)』 (東京, 1996, 日本朝鮮硏究所), 69-70쪽.

26 신용하는 『인슈시청합기』의 이 부분에 대해 다음과 같은 해석을 한 바 있다.
"일본에서 최초로 울릉도와 독도를 기록한 문헌이라고 하는 『隱州視聽合記』는

처럼 신용하의 해석이 무리하다고 하면서 제시한 그의 해석은 사리에 맞는 것이냐 하면 그렇지도 않다. 그는 ㉥에서 "⑤의 '고려를 보는 것이 운슈雲州에서 인슈隱州를 보는 것과 같다.'는, 고려(조선)를 보고 있는 위치는 당연히 일본 령으로 인식하고 있는 것으로, 죽도, 울릉도, 오키도 중에서 운슈(雲州, 시마네(島根))에서 오키도를 보는 것처럼 조선이 보이는 것은, 울릉도밖에 없기 때문이다."라고 언급하고 있으나, 이 해석은 아래와 같은 문제점이 있다.

첫째 아무리 한문을 잘 하는 사람이라고 하더라도, "고려를 보는 것이 운슈雲州에서 인슈隱州를 보는 것과 같다.'는, 고려(조선)를 보고 있는 위치는 당연히 일본 령으로 인식하고 있는 것"이라고 해석할 수는 없기 때문이다. 그 까닭은 이 글을 쓴 사이토가 어디에 있었는가 하는 것이 중요한 포인트가 된다. 그는 일본에서 죽도라고 일컫던 울릉도에 체류하면서 고려를 본 것이 아니다. 그가 오키도에서 들은 이야기를 기술하였다는 것은 이 책의 서문에 잘 나타나 있다.

〔자료 10〕

「정미년(1677년) 가을 8월에 명을 받들어 인슈隱州에 부임하여, 도젠嶋前에서 노고嶋後로 건너가, 궁벽하고 먼 시골을 둘러보며 사는 곳마다 (나라의) 명령을 알렸다. 한가할 때에 늙은 농부들로부터 전해오는 이야기를 듣고, 신사[靈社]와 고사古寺가 있는 물가나 산간 마을의 기록들을 모으니 한 권의 책이 되어 『인슈시청합기隱州視聽合記』라고 하였다. 아아, 동야인東野人의 말은 믿기 어려울지도 모른다. 그러나 나의 육안으로 멀리서 본 것을 의심할 수 없을 따름이니, 많은 분들의 의견을 기다리는 바이다.」[27]

일본에서 독도를 松島, 울릉도를 竹島라고 했음을 알려줌과 동시에, 이 두 섬에서 고려를 보는 것이 마치 일본의 雲州(出雲國)에서 隱岐를 보는 것과 같이 이 두 섬 松島와 竹島는 고려에 속하는 것임을 알려주고, 그러한즉 일본의 서북방의 경계는 隱州(隱岐島)로써 한계를 삼는다고 명백히 밝히고 있다는 사실이다."
신용하 : 『독도의 민족영토사적 연구』 (서울, 1996, 지식산업사), 60쪽.

이것을 보면, 사이토 후센은 이 책에 기록한 정보를 오키도에서 보고 들은 것을 기반으로 하였음을 명백히 하고 있다는 것을 알 수 있다. 곧 그가 이 섬에 부임하여 여러 곳을 돌아다니면서 들은 이야기와 수집한 기록들을 종합하여 『인슈시청합기』를 저술하였다는 것이다.

이와 같은 이 책의 그 어디에도 사이토가 울릉도에서 조선을 바라보았다는 흔적을 발견할 수 없다. 그런데도 시모죠가 ⑤에서 "고려를 보는 것이 운슈雲州에서 인슈隱州를 보는 것과 같다."는, "고려(조선)를 보고 있는 위치는 당연히 일본 령으로 인식하고 있는 것으로, 죽도, 울릉도, 오키도 중에서 운슈(雲州, 시마네(島根))에서 오키도를 보는 것처럼 조선이 보이는 것은, 울릉도밖에 없기 때문이다."라고 하는 주장은 이 책의 내용을 자의적으로 해석하였음을 말해주는 증거이다.

그럼에도 불구하고 독도를 일본 영토로 주장하려고 하다 보니, 이처럼 무리한 해석을 할 수밖에 없었다. 아니 러일전쟁의 전략적 가치 때문에 강탈한 독도를 다시 빼앗으려는 저의에서 변명을 위하여 집필된 글이기 때문에 이와 같이 사리에 맞지 않는 주장을 하였다는 표현이 더 적절할 것이다.

시모죠가 ㉦와 ㉧에서 지적하고 있는 것처럼, '주州'에 섬이란 의미가 있다는 것은 주지의 사실이다. 그래서 그는 "신(용하) 씨는 아무런 의심도 하지 않고, '이 주'를 '인슈隱州'의 것이라고 하고 있으나, '주州'에는 '섬島'의 의미가 있으며, 오키도를 인슈라고 하는 것처럼 '이 주'를 울릉도의 것이라고 하더라도 문제는 없는 것이다."라고 하면서, '이 주'를 울릉도로 해석해야 하는 근거로, 이익李瀷이 『성호사설유선星湖僿說類選』에

---

27 "丁未之季秋八月奉命到於隱州, 自嶋前渡嶋後 巡見窮郷遠井 布令於道路也. 於其暇日 聞世老晨遺叟之所傳 筆水邸山郭靈社古寺之所在矣. 乃俟積到若干卷 號曰隱州視聽合記. 吁東野人之語難信 肉眼之所遠望闕疑而已 唯竢博望俟."
市島謙吉 編 : 앞의 책, 449쪽.

서 "안용복의 공으로 울릉도가 조선에 되돌아온 것을 '한 주의 땅을 회복하다.'로 기록하고 있기 때문"임을 밝히고 있다.

그러나 이익이 언급한 '주州'가 '울릉도'였다고 하여, 사이토 후센이 『인슈시청합기』에서 말한 '이 주'가 '울릉도'로 보아야 한다고 주장하는 것은 견강부회牽强附會가 아닐 수 없다. 왜냐하면 이익이 말한 '주'와 사이토 후센이 지적한 '주'는 그 대상이 다르기 때문이다. 바꾸어 말하면 '주'가 섬의 의미를 지니고 있다고 해서, 두 사람의 글에 나오는 '주'를 반드시 '울릉도'로 해석해야 하는 것은 아니라는 것이다.

이 문제에 대해서는 이케우치 사토시池內敏의 연구에 의해, '이 주'가 '울릉도'가 아니라 '오키도'라는 것이 명확하게 밝혀졌다.[28] 그리고 이와 같은 이케우치의 연구가 아니더라도, 사이토가 직접 가서 보지도 않은 울릉도를 '이 섬'이라고 표현했다고 보기는 어렵다는 것을 지적하지 않을 수 없다.

그러므로 사이토의 『인슈시청합기』에 나오는 '이 주'를 '울릉도'로 보는 무리한 해석을 할 것이 아니라, 이것은 실제로 보이는 가시거리 내에 있는 섬을 일본 땅으로 인식하였음을 말해준다고 보는 것이 더 합리적인 해석이라고 하겠다. 따라서 이와 같은 일본 사람들의 표현을 보더라도 울릉도에서 보이는 독도가 신라시대부터 우산국 사람들의 생활 터전으로 인식되었으므로, 우산국이 신라를 거쳐 고려에 이르러 완전히 귀부하였을 때는 고려의 영토가 되었다고 할 수 있다.

28 池內敏 : 앞의 논문, 145쪽.

4. 고찰의 의의

이제까지 일본 측은 자기들이 한국보다 먼저 독도를 인지했었다고 주장해왔다. 이와 같은 일본 측의 주장에 대한 대응 논리로 개발된 것이 독도는 신라시대부터 한국의 고유 영토였었다고 하는 것이었다. 이런 주장은 『삼국사기』 신라본기 지증왕 13년 조와 열전 이사부異斯夫 조의 기록에서 이사부가 우산국을 정복하면서 우산국의 일부였던 독도도 함께 신라의 영토가 되었다는 것을 전제로 한 것이었다. 그리고 이 전제를 충족시켜주는 것으로 『세종실록』 지리지의 강원도 삼척도호부 울진현 조에 "우산과 무릉 두 섬이 현의 정 동쪽 바다 가운데에 있다. 두 섬은 서로 거리가 멀지 아니하여 바람 부는 청명한 날이면 가히 바라볼 수 있다."는 것과, 『만기요람』 군정편에 전해지는 "여지지에 이르기를 울릉도와 우산도는 모두 우산국의 땅이며, 우산도는 왜인들이 말하는 송도이다."라는 기술을 들어왔다.

그런데 『삼국사기』 편찬과 『세종실록』 지리지의 편찬 연대와는 11세기, 『삼국사기』 편찬과 『만기요람』의 편찬 연대와는 13세기라는 시간적인 거리가 존재한다. 그 때문에 일본 측은 한국 측의 논리를 인정하지 않아 왔다.

그래서 본 장에서는 기록적인 측면에서의 이와 같은 시간적인 문제를 극복하기 위한 방편의 하나로 독도가 울릉도에서 가시거리 내에 존재한다는 공간 인식을 바탕으로 하여, '독도의 울릉도 속도론屬島論'을 제시하였다. 다시 말해 울릉도에서 독도가 가시거리 내에 위치해 있다는 사실은 독도가 우산국 시대부터 우산국 사람들의 생활공간, 곧 삶의 터전이었다는 것이다. 그러므로 우산국이 신라의 정벌에 의해 비록 완전히 귀부하지 않고 고려 현종 때까지 존속되었다고 하더라도, 독도가 우산국인 울릉도에 딸린 부속 섬이었던 것은 부정할 수 없다고 보았다.

그리고 이렇게 울릉도로부터 독도를 볼 수 있다는 것은 『세종실록』 지리지에 가서 문자로 정착되었다. 여기에는 '무릉도(울릉도)'에서 바람이 부는 청명한 날이면 우산도(독도)가 보인다는 기록이 남아 있다. 또 숙종 때에 삼척 첨사로 임명되어 울릉도를 수토하였던 장한상張漢相이 저술한 『울릉도사적鬱陵島事蹟』에도 "동쪽으로 바다를 바라보니 동남쪽에 섬 하나가 있는데 크기는 울릉도의 3분의 1이 안 되고 거리는 300여리에 지나지 않는다."고 하여, 그 자신이 울릉도에서 독도를 직접 목격하였음을 명백하게 밝히고 있다. 특히 장한상이 300여리라고 한 것은 실제의 거리가 87.4㎞라는 점을 고려하면 그가 목도한 것은 독도였다고 볼 수밖에 없다.

또 이처럼 눈에 보이는 곳을 영토로 인정했다는 기록이 『숙종실록』 보궐 정오편에 남아 있어, 조선시대 영토관의 일단을 엿볼 수 있었다. 이곳에서는 "울릉도의 동쪽에는 섬이 서로 마주 보이는데 왜의 경계[倭境]에 접해 있다."라고 하였다. 이것은 시야에 들어오는 곳까지가 울릉도 사람들의 생활 터전이었을 뿐만 아니라, 조선의 영토였다는 것을 인정한 명확한 기록이라고 할 수 있다.

이와 같이 가시거리 내에 존재하는 땅을 자국의 영토로 인정한 기록은 한국에만 남아 있는 것이 아니다. 일본의 사이토 후센齋藤豊宣이 저술한 『인슈시청합기隱州視聽合記』에도 같은 취지의 문장이 나온다는 것을 제시하였다. 여기에는 "(기죽도에서) 고려를 보는 것이 마지 운슈雲州에서 오키隱岐를 보는 것과 같다. 그러한즉 일본의 서북쪽 땅은 이 주로써 경계를 이룬다."라고 기록되어 있다. 이것 역시 운슈, 곧 이즈모出雲에서 오키도가 보이기 때문에 일본의 서북쪽 경계를 오키도로 한다는 것을 나타낸 것이다. 그러므로 보이는 곳까지 자국의 영토로 한다는 인식은 한국과 일본이 다 같이 인정해오던 관습이었다고 보아도 좋을 것이다.

따라서 울릉도에 존재했던 우산국 시대에 독도가 이곳 사람들의 어장인 삶의 터전이었다는 것은 부정할 수 없는 사실이라고 할 수 있다. 그리고 이와 같은 사실은 독도가 한국의 고유 영토였음을 말해주는 명백한 증거라고 보아도 틀림이 없다는 것을 다시 한번 밝혀둔다.

한국의 독도 인지

Chapter 04

1. 가와카미 겐죠의 자료 왜곡

조선 초에 제일 먼저 편찬된 지리지地理志는 『세종실록世宗實錄』 지리지이다. 이것은 1432년(세종 14년) 윤회尹淮와 신장申檣 등이 편찬한 『신찬팔도지리지新撰八道地理志』에 약간의 증보增補를 하여 1454년(단종 2년)에 완성되었다. 이 뒤를 이어 만들어진 것이 1451년(문종 원년)에 양성지梁誠之 등에 의해 편찬된 『고려사高麗史』 지리지라는 것은 널리 알려진 사실이다.

그런데 이들 두 지리지는, 동일한 대상인 울릉도에 대한 기록에서 얼마간의 차이를 보여주고 있다. 곧 후지기 본문에서 울릉도 1도설을 취하고 있는데 비해, 전자는 우산·무릉 2도설을 취하고 있다는 것이다. 이와 같은 차이에 대해 한국 측은 전자의 우산도가 독도라고 주장하고 있는 데 반해, 일본 측은 후자의 울릉도 1도설을 취하면서 우산도의 존재를 부정하고 있다.

일본 측의 이와 같은 교묘한 논리는 외교관에서 독도 전문가로 변신한 가와카미 겐죠川上健三에 의해 처음으로 제시되었다. 그는 『죽도의 역사지리학적 연구』라는 저서에서 먼저 한국 측의 주장을 소개하였다.

「한국 측은, 조선 초기의 관찬기록인 『세종실록世宗實錄』(단종(端宗) 2년 = 1454년)과, 『신증 동국여지승람新增東國輿地勝覽』(중종(中宗) 26년 = 1531년)에 수록되어 있는 다음의 기사를 들면서, 그 우산도란 금일의 '독도'(일본에서 말하는 죽도)인 것은, 의심의 여지는 없다고 하고 있다.」[1]

라고 하여, 한국이 이들 사서史書나 지리지地理志에 기록된 '우산도'를 '독도'로 보고 있는 것에 대한 반론을 마련하고자 하였다. 그러면서 위에서 "다음의 기사"라고 하는 『세종실록』 지리지의 강원도 울진현蔚珍縣 조의 '우산·무릉' 2도 기사와 『신증 동국여지승람』 권 45 강원도 울진현 조의 '우산도 울릉도' 2도 기사, 『고려사高麗史』 지리지 권 58 울진현 조의 '울릉도' 1도 기사를 소개한 다음, 아래와 같은 견해를 피력하고 있다.

「이상 3개의 문헌 가운데 『세종실록지리지』는, 이씨 조선 제 4대 세종 왕의 말미에 붙여 실린[附載] 팔도지리지八道地理志로, 세종 14년(1432년)에 윤준尹准,[2] 신장申檣 등의 편찬 진상과 관계가 있는 『신찬 팔도지리지新撰八道地理志』에 그 후에 약간의 증보를 하여, 단종 2년에 만들어진 것이다.
다음으로 『고려사지리지』[3]는, 세종의 뒤를 이은 임금 문종文宗 원년(1451년)에 찬술 진상된 『고려사』의 지리지로, 당시 지리학에 조예가 깊었다고 되어 있는 양성지梁誠之의 손으로 된 것이다. 따라서 『신찬 팔도지리지』가 완성된 시대로부터 헤아린다면, 『세종실록지리지』 쪽이 『고려사지리지』보다 오래된 것이 된다. 하지만 전게前揭 기사를 비교해보면, 『고려사지리지』 쪽은 지

1 川上健三 : 앞의 책, 94-95쪽.
2 윤회(尹淮)를 잘못 읽었다는 것을 밝혀둔다.
3 『고려사』 지리지는 『고려사』 지(志) 지리 부에 실려 있는 것이지만, 가와카미 겐죠는 『고려사지리지』라고 하여 이것을 하나의 책처럼 표시하고 있다. 이것은 『세종실록』 지리지의 경우도 마찬가지라는 것을 지적해둔다.

증왕智證王 12년(511년), 고려 태조太祖 13년(930년) 및 의종毅宗 11년(1157년)에 관한 것뿐이지만, 『실록지리지』는 『고려사지리지』의 앞에서 적은 기사 이외에, 이조의 태조(태종(太宗)의 잘못임) 시대에 김인우金麟雨가 울릉도에 가서, 그 결과 동 섬에 대해 공도정책空島政策[4]을 취하게 되기까지의 경위가 추가로 기록되어 있어, 적어도 이 울릉도에 관한 기사에 대해서는 『실록지리지』 쪽이 새롭다.

역시 『신증 동국여지승람』은, 처음에 성종 12년(1481년)에 『동국여지승람』으로 편찬되었지만, 뒤에 2회의 개수改修를 거듭하여, 중종 26년(1531년)에 '신증'의 이름을 위에 붙여 찬술 진상된 것이다. 그 결과 이들 세 책 가운데에서는, 『여지승람輿地勝覽』이 가장 새롭고, 『실록지리지』의 기사에 덧보태어 세종 20년(1438년)과 성종 2년(1471년)에 관한 것이 그 위에 추가로 기록되어 있다.

그런데 우선 가장 오래되었다고 생각되는 『고려사지리지』를 보면, '울릉도'라고 하는 항목에서, 동 섬이 신라 때 우산국이라고 칭해졌던 것, 또 무릉武陵이라고 우릉羽陵이라고도 불리고 있었다는 것, 지증왕 12년에 항복했다는 것, 고려의 태조 13년에는 섬사람이 토산물[方物]을 바쳤다는 것, 의종 11년에는 김유립金柔立이 울릉도에 갔다는 것 등에 관해서 기록하고 있다.」[5]

그의 이와 같은 지적은 결국 『세종실록』 지리지보다 『고려사』 지리지가 더 먼저 편찬된 것으로, 이것은 지리학에 조예가 깊었던 양성지의 손에 의해 저술된 것이므로 신뢰성이 있다는 것을 강조하기 위한 논리의 전개라고 할 수 있다. 그가 말하는 양성지가 『고려사』 지리지를 편수한 것은 사실이다.[6] 그렇지만 그가 아무리 지리에 대한 지식이 뛰어

---

4 김호동은 이 '공도정책'이란 용어가 "일본의 대외 팽창의 일환으로서 울릉도를 자국의 영토로 편입시키고자 하는 침략 의도에서 비롯하였다."고 하면서, '수토정책(搜討政策)' 내지는 '쇄환정책(刷還政策)'이란 용어를 사용할 것을 제안한 바 있다. 김호동 : 앞의 책, 1-20쪽.

5 川上健三 : 앞의 책, 97쪽.

6 "세조가 정인지(鄭麟趾)에게 이르기를, "예전에 우공 지리(禹貢地理)의 제도가 있었고, 또 주관 관제(周官官制)의 글이 있다. 지리와 관제는 대(代)마다 각각 닮았으니,

났고[7] 또 지리학에 남다른 관심이 있었다고 하더라도,[8] 『고려사』 지리지가 완성된 문종 원년(1451년)이라면 그의 나이 36세로 아직 대가라고 지칭할 수 있을 정도의 학식을 갖추었다고 보기는 어려울 것 같다. 이런 지적을 하는 까닭은 처음으로 만들었던 이것이 가와카미가 칭찬하는 정도의 조예가 깊은 지리적 식견을 구비되었다고 볼 수는 없기 때문이다. 그런데도 그가 이처럼 칭찬을 한 것은, 이 『고려사』 지리지가 뒤에 만들어진 『세종실록』 지리지와 『동국여지승람』의 울릉도와 우산도 기사에 상당한 역할을 했다는 사실을 은연중에 드러내기 위한 수단이었을 것으로 추정된다.

이러한 추정은 상당한 설득력을 가지고 있다. 가와카미 겐죠는 실제로 『태종실록太宗實錄』 태종 17년(1417년) 2월 임술(壬戌, 2일) 조에 실린 아래와 같은 기사를 소개하고 있다.

〔자료 1〕

「안무사 김인우가 우산도于山島에서 돌아와 토산물인 대죽과 수우피水牛皮, 생저生苧, 면자綿子, 검박목檢樸木 등을 바쳤다. 또 그곳의 거주민 3명을 거느

본조(本曹)에서도 마땅히 옛일을 모방하여 『조선도도(朝鮮都圖)』 1건, 『팔도각도(八道各圖)』 1건, 『주부군현각도(州府郡縣各圖)』 1건 및 백관의 관명(官名) · 직사(職事) · 관리의 수(數)를 만들어서 옛 것을 상고하고 상정(詳定)하여 국가 만세의 보배를 삼아야 하겠다."라고 하면서, 인하여 누가 이 일을 맡길 만한 사람이냐고 물었다. 정인지가 직전(直殿) 양성지(梁誠之)를 천거하기를, "그는 일찍이 『고려사지리지(高麗史)』 지리지를 편수하였으니, 마땅히 이 사람을 명하여야 합니다."라고 하였다. 드디어 양성지를 시켜 관장하게 하였다."
(端宗實錄』 元年 10月 庚子(17日)條.

7 서인원 : 「눌재 양성지의 역사지리 인식」 『실학사상연구(17 · 18 합병호)』 (서울, 2000, 역사실학회), 183-188쪽.

8 양성지는 위의 주 77에 나오는 지도 이외에도, 세조 원년(1455년)에 '지리지'를 편찬하였고, 세조 9년(1463년)에도 『동국지도(東國地圖)』를 만들어 바쳤기 때문에 조선 초기에 지리학의 대가로 보아도 무방할 것이다.
『世祖實錄』 世祖 元年 8月 乙卯(12日)條.
『世祖實錄』 世祖 9年 11月 丙寅(12日)條.

리고 왔는데, 그 섬의 호戶는 모두 15가구家口였고, 남녀를 합치면 86명이었다. 김인우가 갔다가 돌아올 때에, 두 번이나 태풍颱風을 만나서 겨우 살아날 수 있었다고 했다.」[9]

이러한 실록의 기사를 인용하면서, 그는 결론적으로 다음과 같은 언급을 하고 있다.

「이 기사에서는 김인우가 간 섬은 우산도라고 되어 있다. 이것이 '우산도'란 명칭이 사서史書에 나타난 최초인데, 『태종실록』의 전기前記의 두 기사 – 두 기사란 『태종실록』 태종 16년(1416년) 9월 경인(庚寅, 2일)조의 기록과 위에서 소개한 자료 1을 가리킨다. – 를 대조한다면, 그러한 '우산도'가 '무릉도(武陵島 : 울릉도)'와 동일의 섬을 가리키고 있다는 것을 알 수 있다. 더욱이 김인우의 보고에 의하면, 그 '우산도'로부터는, 대죽, 수우피(아마도 강치(海驢)의 가죽), 생저, 면자 그 외 것을 생산하고, 거기에는 15가구 86명이 거주하고 있었다고 하고 있기 때문에, 어떤 의미에서도 그것이 오늘날의 죽도(독도)에 해당되지 않는 것은 명확하다.」[10]

결국 가와카미가 이야기하고자 하는 것은 『세종실록』 지리지에 나오는 우산·무릉 2도 가운데에 우산도가 오늘날의 독도가 아니라 울릉도라는 데 그 초점이 맞추어져 있다는 것을 알 수 있다. 언뜻 보면 그의 이런 견해는 아주 논리가 정연한 것처럼 보인다. 또 실제로 일본의 외무성은 이와 같은 그의 견해를 지금까지도 그대로 수용하고 있다.

그러나 이러한 그의 견해는 미리 정해놓은 결론, 곧 『세종실록』 지리지에 등장하는 우산·무릉 2도설을 부정하기 위한 억설臆說에 지나지

---

9 "按撫使金麟雨還自于山島 獻土産大竹·水牛皮·生苧·綿子·檢樸木等物. 且率居人三名以來 其島戶凡十五口 男女幷八十六. 麟雨之往還也 再逢颶風 僅得其生." 『太宗實錄』 太宗 17年(1417年) 2月 壬戌(5日)條.

10 川上健三 : 앞의 책, 100쪽.

않는다. 왜냐하면 『고려사』 지리지보다 『세종실록』 지리지에 조선시대의 항목이 더 덧붙여 기록되어 있다고 하여, 전자가 후자보다 먼저 편찬되었다고 단정할 수는 없기 때문이다. 실제로 연대순으로 보면 후자가 전자보다 먼저 편찬된 것은 움직일 수 없는 사실이다. 그렇다고 해서 조선시대에 일어났던 일을 『고려사』 지리지에 기록할 수 없다는 것은 삼척동자라도 다 알 수 있는 것이 아니고 무엇이란 말인가? 다시 말해 뒤에 편찬된 『고려사』 지리지에 고려가 멸망한 다음 조선이 건국되고 나서 벌어진 일을 기입할 수 없다는 것은 너무도 자명하다는 것이다.

그런데도 가와카미는 사건이 더 추가로 기록되어 있다고 하여 『고려사』 지리지에 실려 있는 울릉도 1도설에 신뢰성을 부여하면서, 『세종실록』 지리지에 나오는 우산·무릉 2도설을 부정하는 것은 사료의 왜곡된 해석이란 것을 지적하지 않을 수 없다.

2. 우산 무릉의 문제

세종 14년(1432년)에 편찬된 『세종실록』 지리지에는 "우산과 무릉 두 섬이 (울진)현의 정 동쪽 바다 가운데에 있다."라고 하였고, 성종 12년(1481년)에 편찬된 『동국여지승람』에는 "우산도·울릉도 한편으로는 무릉이라고도 하고 한편으로는 우릉이라고도 한다."라고 기록되어 있다. 전자에서는 '무릉'으로 되어 있고, 후자에서는 '울릉도'라고 한 다음에 '무릉'이라고도 했고, '우릉'이라고도 하였다. 이에 비해, 문종 원년에 편찬된 『고려사』 지리지에는 "울릉도가 있다. (울진)현의 정 동쪽 바다 가운데에 있다. 신라 때에 우산국이라 일컬었는데, 한편으로는 무릉이라고도 하고, 한편으로는 우릉이라고도 한다."라고 하였다. 이처럼 세 지리지에 다 같이 '울릉도'를 '무릉' 혹은 '우릉'이라고 불렀던 것으로 되어 있어, 울릉도를 이렇게 지칭했던 것은 명백한 사실이다.

그러나 앞에서 살펴본 것처럼, 가와카미는 우산도와 무릉도(武陵島 : 울릉도)가 동일의 섬을 가리키는 것으로 보아, 우산도를 무릉도와 같은 명칭으로 간주하였다.[11] 실제로 조선 초기의 기록을 보면, 이와 같은 섬 이름의 혼란이 있었다는 것을 부정하기는 어렵다. 그래서 우선 실록의 초기 기록들 중에서 '무릉' 내지 '무릉도'란 이름이 등장하는 자료들을 고찰하고 난 다음, 이것이 '우산도'와 어떻게 혼란을 가져 왔는가 하는 것을 해명하기로 하겠다.

'무릉도'란 명칭이 처음으로 등장하는 것은 『태종실록』 태종 3년(1403년)의 기록이다.

〔자료 2〕

「강릉도江陵道의 무릉도에 사는 주민[居民]을 육지로 나오도록 명령하였으니, 감사監司의 아룀에 따른 것이었다.」[12]

여기에서는 주민이 거주하는 무릉도라고 하였으므로, 이 섬은 사람이 살 수 있는 울릉도가 분명하다. 그런데 태종 12년(1412년)의 기록에서는 유산국流山國의 무릉도로 기록되어 있고, 우산국이 아닌 유산국이라는 표현이 사용되었다는 차이를 보여주고 있다.

〔자료 3〕

「의정부에 명하여 유산국流山國의 섬사람[島人]을 처치하는 방법을 의논하였다. 강원도 관찰사가 보고하기를, "유산국의 섬사람 백가물 등 12명이 고성高城의 어라진於羅津에 와서 정박하며 말하기를, '우리들은 무릉도에서 생

11 川上健三 : 앞의 책, 100쪽.

12 "命出江陵道武陵島居民于陸地 從監司之啓也."
『太宗實錄』 太宗 3年 8月 丙辰(11日)條.

장하였는데, 그 섬 안에 사람 사는 집[人戶]이 열 하나이고, 남녀가 모두 60여 명인데, 지금은 본도本島로 옮겨 와 살고 있습니다. 이 섬이 동에서 서까지 남에서 북까지가 모두 2식息 거리이고, 둘레가 8식 거리입니다. 우마牛馬와 수전水田은 없으나, 오직 콩 한 말만 심으면 20석 혹은 30석이 나고, 보리 1석을 심으면 50여 석이 납니다. 대[竹]가 큰 서까래 같고, 각종의 해산물[海錯]과 과목이 다 있습니다.'고 했습니다. 이 사람들이 도망하여 갈까 염려하여, 아직 통주通州·고성高城·간성杆城에 나누어 두었습니다."」[13]

그러나 이 기사에 등장하는 '유산국'은 '우산국'의 또 다른 명칭임이 분명하다. 왜냐하면 백가물의 말에 우리는 무릉도에서 생장하였다고 했고, 또 그 섬 안에 11가구 남녀 60여 명이 살고 있다고 한 것으로 보아, 울릉도가 아니고는 이처럼 많을 사람들이 살 수 있는 곳이 없기 때문이다. 이렇게 보는 경우에 "지금은 본도本島에 옮겨와 살고 있습니다."라고 한 그의 말에서 '본도'가 문제가 될 수 있으나, 그 뒤의 강원도 관찰사의 말에 "이 사람들이 도망하여 갈까 염려하여"라는 표현이 있는 것으로 보아, 이들이 울릉도에서 살다가 본토本土로 건너왔다는 것을 알 수 있다. 그러므로 '본도'는 '강원도'를 말한 것이 분명하다.

다음으로 무릉도가 등장하는 것을, 가와카미 겐죠川上健三가 우산도와 무릉도가 한 섬의 두 이름이라고 주장을 펴면서 들고 있는, 태종 16년(1416년)의 기사이다.

---

13 "命議政府議處流山國島人　江原道觀察使報云　流山國島人白加勿等十二名　求泊高城於羅津　言曰　予等生長武陵, 其島內人戶十一　男女共六十餘, 今移居本島. 是島自東至西自南至北　皆二息　周回八息. 無牛馬水田, 唯種豆一斗出二十石或三十石　麥一石出五十餘石　竹如大椽　海錯果木皆在焉. 竊慮此人等逃還　姑分置于通州·高城·杆城." 『太宗實錄』 太宗 12年 4月 己巳(15日)條.

〔자료 4〕

「김인우를 무릉 등 처 안무사武陵等處安撫使로 삼았다. 호조 참판 박습朴習이 아뢰기를, "신이 일찍이 강원도 도관찰사都觀察使로 있을 때에 들었는데, 무릉도의 둘레가 7식息이고, 곁에 소도小島가 있으며, 전지가 50여 결結이 되는데, 들어가는 길이 겨우 한 사람이 통행하고 나란히 가지는 못한다고 합니다. 옛날에 방지용方之用이란 자가 있어 15가구를 거느리고 들어가 살면서, 혹은 때로는 왜구를 가장하여[假倭] 도둑질을 하였다고 합니다. 그 섬을 아는 자가 삼척에 있으니, 청컨대 그 사람을 시켜서 가서 보게 하십시오."라고 하니, 임금이 옳게 여기어 삼척 사람 전 만호萬戶 김인우를 불러 무릉도의 일을 물었다. 김인우가 말하기를, "삼척 사람 이만李萬이 일찍이 무릉에 갔다가 돌아와서 그 섬의 일을 자세히 압니다."라고 하니, 곧 이만을 불렀다. 김인우가 또 아뢰기를, "무릉도가 멀리 바다 가운데에 있어서 사람이 서로 다니지 못하기 때문에 군역軍役을 피하는 자가 혹 도망하여 들어갑니다. 만일 이 섬에 한때 머물러 살고 있는 사람이 많으면 왜적이 끝내는 반드시 들어와 도둑질하고, 이로 인하여 강원도를 침입할 것입니다."라고 하였다. 임금이 옳게 여기어 김인우를 무릉 등 처 안무사로 삼고 이만을 반인伴人으로 삼아, 병선兵船 2척, 초공抄工 2명, 인해引海 2명, 화통火通 · 화약火藥과 양식을 주어 그 섬에 가서 그 두목에게 일러서 오게 하고, 김인우와 이만에게 옷과 삿갓[笠], 신발[靴]을 주었다.」[14]

이 기사에는 김인우가 '무릉 안무사'가 아니라 '무릉 등 처 안무사'로 임명되었으며, 무릉도의 곁에는 소도小島가 있다는 것이 명기되어 있다. 이에 대해 신용하愼鏞廈는 "김인우가 울릉도를 다녀온 직후의 조정회의

---

14 "以金麟雨爲武陵等處安撫使. 戶曹參判朴習啓, 臣嘗爲江原道都觀察使 聞武陵島周回七息 傍有小島, 其田可五十餘結. 所入之路 纔通一人 不可竝行. 昔有方之用者率十五家入居 時或假倭爲寇. 知其島者在三陟 請使之往見. 上可之, 乃召三陟人前萬戶金麟雨 問武陵島事. 麟雨言 三陟人李萬嘗往武陵而還, 詳知其島之事. 卽召李萬. 麟雨又啓 武陵島遙在海中 人不相通. 故避軍役者 或逃入焉. 若此島多接人 則倭終必入寇 因此而侵於江原道矣. 上然之, 以麟雨爲武陵等處安撫使, 以萬爲伴人 給兵船二隻 抄工二名 引海二名 火㷁火藥及糧, 往其島. 諭其頭目人以來. 賜麟雨及萬衣笠靴." 『太宗實錄』 太宗 16年 9月 庚寅(2日)條.

에서는 태종이 '무릉 등 처'라는 용어를 사용하지 않고, '우산·무릉' '우산·무릉 등 처'라는 용어를 사용하고 있다. 이것은 김인우가 울릉도에 들어갔을 때 울릉도 옆의 '소도'를 울릉도 거주민의 증언에 의해 '우산도'로 확인해서 조정에 보고했기 때문에 나온 결과로 추정할 수 있겠다. 즉 김인우는 울릉도를 다녀오면서 우산도(독도)를 가보지는 못했지만 울릉도 옆에 소도가 있어 우산도로 불리고 있음을 확인한 것이다."[15]라고 하여, 울릉도 옆에 있다고 하는 작은 섬을 우산도, 곧 독도로 보았다.

그러나 가와카미 겐조川上健三는 위의 자료 다음에 나오는, 자료 1로 제시한 바 있는 태종 17년(1417년) 2월 임술(壬戌, 5일) 조의 기사에 주목하였다. 그리하여 자료 1의 '우산도'와 자료 2의 '무릉도(울릉도)'가 "동일의 섬을 가리키고 있다는 것을 알 수 있다."[16]고 했다는 것은 이미 앞에서 소개한 바 있다.

이러한 기존의 연구 성과에서 볼 수 있는 것처럼, 한국의 학자들은 무릉도(울릉도)와 관련을 가지는 섬만 있으면 이것을 독도로 보려고 한데 반해, 일본의 학자들은 '우산도'란 이름 자체를 아예 울릉도로 보려고 했다는 것을 알 수 있다. 이와 같은 견해의 차이는 결국 자기 나라의 이익을 위해서는 자료의 해석을 자기들의 논리에 유리하게 전개하고 있다는 것을 드러내고 있다.

그런데 바로 자료 1의 다음에 이어지는 태종 17년(1417년) 2월 8일자의 기록에는 신용하가 지적한 바와 같은 우산 무릉의 이야기가 나오고 있어 관심을 불러일으킨다.

---

15 신용하 : 앞의 책(1996), 76쪽.

16 川上健三 : 앞의 책, 100쪽.

〔자료 5〕

「우의정 한상경韓尙敬, 육조六曹·대간臺諫에 명하여, ㉠ 우산于山 무릉武陵에 사는 주민[居民]을 쇄출刷出하는 것의 편의 여부를 의논케 하니, 모두가 말하기를, "무릉의 주민은 쇄출하지 말고, 오곡과 농기구를 주어 그 생업을 안정케 하고. 인하여 주수主帥를 보내어 그들을 위무하고 또 토공土貢을 정함이 좋을 것입니다."라고 하였으나, 공조 판서 황희黃喜만이 유독 불가하다 하며, "안치시키지 말고 빨리 쇄출하게 하십시오."라고 하였다. 임금이 이르기를, "쇄출하는 계책이 옳다. 저 사람들은 일찍이 요역(搖役:나라에서 구실 대신으로 시키는 노동)을 피하여 편안히 살아왔다. 만약 토공을 정하고 주수를 둔다면 저들은 반드시 싫어할 것이니, 그들을 오래 머물러 있게 할 수 없다. ㉡ 김인우金麟雨를 거듭 안무사로 삼아 우산·무릉 등 처에 들어가 그곳 주민을 거느리고 육지로 나오게 함이 마땅하다."라고 하면서, 인하여 옷[衣]과 갓[笠]과 목화木靴를 내려 주고, 또 ㉢ 우산 사람 3명에게도 각기 옷 1습襲씩을 내려 주었다. 강원도 도관찰사都觀察使에게 명하여 병선兵船 2척隻을 주게 하고, 도내의 수군만호水軍萬戶와 천호千戶 중 유능한 자를 가려내어 김인우와 같이 가도록 하였다.」[17]

이 기사의 ㉠에서는 "우산 무릉에 사는 주민[居民]"이라고 하였고, ㉡에서는 "우산·무릉 등 처에 들어가"라고 하였으며, ㉢에서는 "우산 사람 3명에게도 각기 옷 1습씩을 내려 주었다."라고 하였다. 여기에서는 "우산 무릉에 사는 주민[居民]"이라고 하여, 우산과 무릉을 따로 볼 것인가 아니면 우산의 무릉으로 볼 것인가 하는 문제가 제기된다. 이 문제는 거기에 사는 주민을 쇄출하는 것과 연계되어 있기 때문에, 매우

---

17 "命右議政韓尙敬·六曹·臺諫 議刷出于山·武陵居人便否. 僉曰 武陵居人 勿令刷出, 給五穀與農器 以安其業, 仍遣主帥撫之 且定土貢可也. 工曹判書黃喜獨不可曰 勿令安置 依速刷出. 上曰 刷出之計是矣. 彼人等曾避役安居 若定土貢 有主帥 則彼必惡之, 不可使之久留也. 宜以金麟雨仍爲安撫使 還入于山·武陵等處 率其居人出陸. 仍賜衣笠及靴, 且賜于山人三名各衣一襲, 命江原道都觀察使 給兵船二隻, 選揀道內水軍萬戶千戶中有能者 與麟雨同往."
『太宗實錄』 太宗 17年 2月 乙丑(8日)條.

조심스러운 해석이 요청된다.

그런데 이에 대한 해답은, 앞에서 제시한 바 있는 자료 3에서 유산국의 섬사람인 백가물이 무릉도에서 성장했다고 하였다는 것에서 찾으면 되지 않을까 한다. 곧 자료 3에서 유산국의 무릉도라고 했으므로, 위의 자료에 나오는 우산 무릉을 우산국의 무릉도라고 보는 것이 가능하다는 것이다. 그러므로 이 무렵까지는 자료 4에 나오는 무릉도 곁에 소도小島가 있다고 한 것이 우산도였다고 단정하기보다는, 우산국의 무릉도라는 인식이 지배적이었다고 상정하는 것이 타당하지 않을까 한다. 이렇게 보는 경우, 위의 자료에서 밑줄을 그은 "우산 사람 3명에게도 각기 옷 1습씩을 내려주었다."고 한 것이 무난하게 해결된다. 다시 말해 우산국의 무릉도 사람 3명에게도 옷 1습씩을 내려주었다는 해석이 자연스러워진다는 것이다.

그러나 이와 같은 상정과는 달리, 신용하와 마찬가지로 무릉도 곁에 있다고 하는 작은 섬[小島]을 우산도로 보는 김호동의 견해도 있으므로, 그것을 소개하면 아래와 같다.

「태종 16년의 조정회의에서 호조참판 박습朴習이 강원도 관찰사로 있을 때 무릉도의 주회周回가 7식息이고, 곁에 작은 섬이 있다는 것을 들었다고 보고하면서, 삼척인 김인우가 그 섬에 대해 안다고 하였다(자료 4참조). 김인우는 무릉도에 갔다 온 이만李萬을 통해 무릉도에 관해 정확한 지식을 습득하였을 것이다. 조정에서 박습, 김인우와 이만을 통해 무릉도와 그 곁의 작은 섬의 존재를 알았기 때문에 김인우를 '무릉 등 처 안무사'로 삼았다. 그러나 이때 작은 섬의 이름은 거론하지 않았다. 무릉 등 처 안무사인 김인우가 돌아온 사실을 태종 17년 2월 5일에 '우산도에서 돌아왔다.'고 하였고(자료 1참조), 사흘 뒤인 8일에 우산·무릉도의 거민을 쇄출하는 것의 편의 여부를 의논케 하였다(자료 5참조). 전후 문맥을 통해서 볼 때 김인우가 무릉도 즉 울릉도에 다녀옴으로써 박습이 말한 작은 섬이 우산도임을 중앙에서도 정확히 알게 되었다고 볼 수 있다. 그러나 김인우는 아마도 우산도에 가지는 않았고, 무릉도에 살고 있는 86명으로부터 우산도에 왕래하였다는 이야기를 들었을 것이다. 그래서 김인우는 우산도를 사람이 사는 곳으로 생각하였고, 중앙정부에서도 김인우의 보고대로 우산도에도 사람이 사는 것으로 보았다. 그래서 조정회의에서 우산 무릉도의 거민을 쇄출하는 것의 편의 여부를 의논하기에 이르렀다고 볼 수 있다. 그렇기 때문에 왜가 우산 무릉을 구략하였다는 기록이 나올 수 있는 것이다. 그런 관점에서 볼 때 김인우가 우산도와 무릉도에서 돌아왔다는 것을 기록한 사관이 그냥 뭉뚱그려 우산도에서 돌아왔다고 운운하는 사료 ⑦(자료 1을 가리킴)의 기록을 남기게 되었다고 볼 수 있다.」[18]

김호동이 밑줄을 그은 곳에서 지적하고 있는 것은 태종 17년(1417년) 8월 기축(己丑, 6일) 조에 나오는 "왜가 우산 무릉에서 도둑질하였다."[19]라는 기록을 말한다. 그의 이상과 같은 추정은 상당한 타당성을 지니고 있다. 또 대개의 한국 학자들이 이렇게 김인우가 '우산 무릉 등 처 안무사'로 임명되었다는 기사에 나오는 '우산'을 우산도로 보려고 하는 것도 사실이다.[20]

그렇지만 김호동의 주장이 사실이라고 한다면, 사관들이 사초史草를 근거로 하여 실록을 편찬할 때에 왜 '우산도'라고 하여 '섬'이란 사실은 명기하지 않고, 우산 무릉이라고 하였는가 하는 문제에 대한 해명이 뒤따라야 한다. 단순히 "김인우가 무릉도 즉 울릉도에 다녀옴으로써 박습이 말한 작은 섬이 우산도임을 중앙에서도 정확하게 알게 되었다고 볼

18 김호동:「한 일 양국에서 누가 먼저 '독도'를 인지하였는가?」『일본 외무성의 '죽도문제를 이해하기 위한 10의 포인트'에 대한 철저 해부』(경산, 2009, 영남대독도연구소), 9쪽.

19 "倭寇于山·武陵."
『太宗實錄』太宗 17年 8月 己丑(6日)條.

20 송병기:『개정판 울릉도와 독도』(서울, 2007, 단국대 출판부), 37-38쪽.

수 있다. 그러나 김인우는 아마도 우산도에는 가지 않았고, 무릉도에 살고 있는 86명으로부터 우산도에 왕래하였다는 이야기를 들었을 것이다. 그래서 김인우는 우산도에 사람이 사는 곳으로 생각하였고, 중앙정부에서도 김인우의 보고대로 우산도에 사람이 사는 것으로 보았다."라는 식으로 추정에 추정을 거듭해서는 설득력이 떨어질 수도 있다. 특히 자료 1에서는 김인우가 우산도에서 돌아왔다고 하여, 분명하게 '도'란 것을 표시하였는데, 그 뒤에는 섬을 의미하는 '도'란 말을 붙이지 않았다. 그러면서 '우산 무릉 등 처'라고 한 것은 우산국의 무릉도라고 생각하였으며, 그 곁에 작은 섬이 있다는 보고를 하였으므로 '등 처'라고 했던 것이 아닌가 한다. 따라서 태종이 재위하던 시대에는 '우산도'라는 명칭이 독도를 가리키는 지명으로 정착된 것은 아니었을 것으로 추정된다.

이렇게 우산국의 무릉도란 인식은 세종 초기까지 계속되었던 것 같다. 그러한 사실은 『세종실록世宗實錄』 세종 7년(1425년) 8월의 기사를 통해서도 확인된다.

〔자료 6〕

「전 판장기현사判長鬐縣事 김인우를 우산 무릉 등 처 안무사로 삼았다. 당초에 강원도 평해平海 고을 사람 김을지金乙之와 이만李萬, 김울금金亐乙金 등이 무릉도에 도망가 살던 것을, 병신년에 국가에서 인우를 보내어 다 데리고 나왔는데, 계묘년에 을지 등 남녀 28명이 다시 본디 섬[本島]으로 도망가 살면서, 금년 5월에 을지 등 7인이 아내와 자식은 섬에 두고 작은 배를 타고 몰래 평해군 구미포仇彌浦에 왔다가 발각되었다. 감사가 잡아 가두고 본군本郡에서 급보急報하여 곧 도로 데려 내오기로 하고서, 인우가 군인 50명을 거느리고 군기와 3개월 양식을 갖춘 다음 배를 타고 나섰다. 섬은 동해 가운데 있고, 인우는 삼척三陟 사람이었다.」[21]

---

21 "以前判長鬐縣事金麟雨爲于山·武陵等處按撫使. 初江原道平海人金乙之, 李萬, 金亐

이 자료에서는 무릉도의 경우는 '무릉도武陵島'라고 해서, 그것이 섬이라는 사실을 명확하게 밝혔다. 하지만 김인우에게 준 벼슬이름은 자료 4에서 살펴본 것과 같은 '무릉 등 처 안무사'가 아니라, '우산 무릉 등 처 안무사于山武陵等處按撫使'라고 하여, 우산의 무릉이라는 곳의 안무사임을 분명하게 하고 있다. 이것은 자료 5에서 본 것처럼, 우산의 무릉도란 의미에서 붙인 명칭이 아니었을까 한다.

이런 인식은 같은 세종 7년 10월의 기사에서도 이어지고 있으므로, 그 기록도 아울러 살펴보기로 한다.

〔자료 7〕

「우산 무릉 등 처 안무사 김인우가 본도本島의 피역避役한 남녀 20인을 수색해 잡아와서 복명하였다. 처음 인우가 병선兵船 두 척을 거느리고 무릉도에 들어갔다가 선군船軍 46명이 탄 배 한 척이 바람을 만나 간 곳을 몰랐다. 임금이 여러 대신들에게 이르기를, "인우가 20여 인을 잡아왔으나 40여 인을 잃었으니 무엇이 유익하냐? 이 섬에는 별로 다른 산물도 없으니, 도망해 들어간 이유는 단순히 부역賦役을 모면하려 한 것이로구나."라고 하였다. 예조 참판 김자지金自知가 여쭈어 이르기를, "지금 잡아온, 도망한 백성을 법대로 논죄하기를 청합니다."라고 하니, 임금이 말하기를, "이 사람들은 몰래 타국을 따른 것이 아니요, 또 사면령赦免令 이전에 범한 것이니 새로 죄주는 것은 불가하다."라고 하고는, 곧 병조에 명하여 충청도의 깊고 먼 산골 고을로 보내어 다시 도망하지 못하게 하고, 3년 동안 복호復戶하게 하였다.」[22]

乙金等 曾逃居武陵島, 歲内申 國家遣麟雨盡行刷還, 癸卯 乙之等男婦共二十八名 復逃入本島, 今年五月 乙之等七人留其妻子於本島 乘小船潛到平海郡仇彌浦發覺. 監司囚之 本郡馳報. 於是復爲刷還. 麟雨率軍人五十名 備軍器 齎三月糧 浮海而去 島在東海中. 麟雨三陟人也."

『世宗實錄』 世宗 7年 8月 甲戌(8日)條.

22 "于山茂陵等處按撫使金麟雨搜捕本島避役男婦二十人來復命. 初麟雨領兵船二艘 入茂陵島 船軍四十六名所坐一艘 飄風不知去向. 上謂諸卿曰 麟雨捕還二十餘人 而失四十餘人 何益哉. 此島別無異産 所以逃入者 專以窺免賦役. 禮曹參判金自知啓曰 今此捕還逃民 請論如律. 上曰 此人非潛從他國 且赦前所犯 不可加罪. 仍命兵曹 置于

이것은 물론 세종 7년이라는 같은 해의 기록이기는 하지만, 이때에 접어들어 드디어 '우산의 무릉 등 처 안무사'라는 직함이 정착되었다는 사실을 드러내고 있다. 다시 말해 『세종실록』 지리지가 편찬되기 이전에는 아직 '우산'이란 명칭이 오늘날의 독도에 해당되는 섬의 이름으로 고착되지 않고, 우산국의 무릉이라는 이름으로 사용되었다는 것을 말해준다고 볼 수 있다. 그러므로 '우산'이란 명칭이 처음에는 섬을 가리키는 것으로 사용되지 않다가, 지리지의 편찬과 함께 섬을 지칭하기에 이르렀다고 보아야 한다는 것이다.

그러나 이렇게 보는 경우에도 문제가 없는 것은 아니다. 곧 『세종실록』 지리지가 만들어지고 난 다음인 세종 18년(1436년) 윤6월에 올린 강원도 감사監司였던 유계문柳季聞의 건의에는 우산이란 이름이 조금 다르게 사용된 흔적을 발견할 수 있다.

〔자료 8〕

「강원도 감사 유계문이 아뢰기를, "무릉도武陵島의 우산牛山은 토지가 비옥하고 산물도 많사오며, 동서남북으로 각각 50여 리 연해의 사면에 석벽石壁이 둘러 있고, 또 선척이 정박할 만한 곳도 있사오니, 청컨대, 인민을 모집하여 이를 채우고, 인하여 만호萬戶와 수령守令을 두게 되면 실로 장구지책이 될 것입니다."라고 하였으나, 윤허하지 아니하였다.」[23]

이 기사에서는 "무릉도의 우산은 토지가 비옥하고 산물도 많다."라고 하여, 무릉도 안에 우산이라는 곳을 가리키는 것처럼 되어 있으나, 이곳이 어디인지는 분명하지 않다. 그렇지만 여기에서 말하는 우산이

忠淸道深遠山郡 使勿復逃 限三年復戶."
『世宗實錄』 世宗 7年 10月 乙酉(20日)條.

23 "江原道監司柳季聞啓 武陵島牛山 土沃多産, 東西南北各五十餘里, 沿海四面 石壁周回, 又有可泊船隻之處. 請募民實之 仍置萬戶守令 實爲久長之策. 不允."
『世宗實錄』 世宗 18年 潤6月 甲申(19日)條.

가와카미 겐죠川上健三가 지적한 것과 같은 우산도도 아니고, 더욱이 우산도가 곧 무릉도라는 것은 더 더욱 아니다.

하지만 그 이듬해인 세종 19년(1437년) 2월에 세종이 내린 전지傳旨에는 이 '우산'이란 명칭이 빠지고 그냥 '무릉도'라고만 되어 있어, 앞서의 유계문의 건의에 쓰인 글귀가 수정되었다는 것을 알 수 있다.

〔자료 9〕

「강원도 감사 유계문에게 전지傳旨하기를, "지난 병진년 가을에 경이 아뢰기를, '무릉도는 토지가 기름져서 곡식의 소출이 육지보다 10배나 되고, 또 산물이 많으니 마땅히 현縣을 설치하여 수령을 두어서 영동의 울타리를 삼아야 한다.'라고 하였으므로, 곧 대신으로 하여금 여러 사람과 의논하게 하였더니, 모두 말하기를, '이 섬은 육지에서 멀고 바람과 파도가 매우 심하여 헤아릴 수 없는 환난을 겪을 것이니, 군현을 설치하지 않는 것이 마땅하다.'라고 하였다. 그러므로 아직 그 일을 정지하였더니 경이 이제 또 아뢰기를, '고로古老들에게 들으니 옛날에 왜노들이 와서 거주하면서 여러 해를 두고 침략하여, 영동嶺東이 빈 것 같았다.'라고 하였다. 내가 또한 생각하건대, 옛날에 왜노들이 날뛰어 대마도에 살면서도 오히려 영동을 침략하여 함길도에까지 이르렀었는데, 무릉도에 사람이 없는 지가 오래니, 이제 만일 왜노들이 먼저 점거한다면 장래의 근심이 또한 알 수 없다. 현을 신설하고 수령을 두어 백성을 옮겨 채우는 것은 사세로 보아 어려우니, 매년 사람을 보내어 섬 안을 탐색하거나, 혹은 토산물을 채취하고, 혹은 말의 목장을 만들면, 왜노들도 대국의 땅이라고 생각하여 반드시 몰래 점거할 생각을 내지 않을 것이다. 옛날에 왜노들이 와서 산 때는 어느 시대이며, 소위 고로라고 하는 사람은 몇 사람이나 되며, 만일 사람을 보내려고 하면 바람과 파도가 순조로운 때가 어느 달이며, 들어갈 때에 장비할 물건과 배의 수효를 자세히 조사하여 아뢰라."라고 하였다.」[24]

---

24 "傳旨江原道監司柳季聞 去丙辰秋 卿啓 茂陵島土地膏腴 禾穀所出 十倍陸地. 且多所産 宜設縣置守 以爲嶺東之藩籬. 卽令大臣僉議 竝云 此島遠於陸地 風水甚惡 不宜蹈不測之患, 以設郡縣. 故姑寢其事. 卿今又啓云 聞諸古老 在昔倭奴來住 連年侵

여기에는 세종이 직접 무릉도라고 하였음이 분명하게 기록되어 있다. 그리고 그 전해에 이어, 유계문이 다시 늙은 노인들로부터 들은 이야기를 예로 들어 왜노들이 무릉도를 점령하고 영동 지방을 노략질한 적이 있다는 보고를 했다는 것도 알 수 있다. 이런 보고를 접한 세종의 생각은 밑줄을 그은 곳에서 보는 바와 같이 대마도에 사는 왜노들이 함길도까지도 갔었는데, 그런 그들이 무릉도를 점거한다면 장래에 근심거리가 된다는 것을 알았지만 그렇다고 현을 설치할 수도 없으니 수토搜討를 하기 위해 몇 가지의 전지를 내렸다는 것도 아울러 확인이 된다. 바꾸어 말하면 섬에 사는 사람들을 데려오는 정책이 화의 근원이 될지도 모르기 때문에 수토정책을 펼 준비를 했다는 것이다.

이와 같은 상황 아래서 세종이 직접 우산을 언급하지 않고, 무릉도만을 지칭한 것을 보면 이 당시에는 울릉도를 무릉도라고 부르는 것이 일반화되었었다고 보아도 좋을 것이다. 그러므로 자료 8에서 강원도 감사 유계문이 무릉도의 우산이라고 한 표현은 우산국의 무릉도를 잘못 표현한 것이 아닌가 하는 의문을 불러일으킨다.

어쨌든 조선 초기의 실록들에 남아 있는 기록들을 중심으로 살펴볼 때, 『세종실록』 지리지가 편찬되기 이전에는 우산국의 무릉도란 인식이 강했었고, 또 우산이 아직 하나의 섬으로 생각되지 않고 있었다고 볼 수도 있지 않을까 한다.

掠 嶺東蕭然. 予亦以爲曩者倭奴陸梁 居于對馬島 尙且侵掠嶺東 至于咸吉道. 茂陵島無人日久 今若倭奴先據 則將來之患 亦未可知. 其設縣置守 徙民實之 則勢固難矣. 每歲遣人 或探島內 或採土産 或爲馬場, 則倭奴亦以爲大國之地 必不生竊據之心. 在昔倭奴來住之時 何代耶. 所謂古老者 幾人耶. 若欲遣人 則風水調順 何時何月耶. 入歸之時 裝備之物舟楫之數 備悉訪問以啓."

『世宗實錄』 世宗 19年 2月 戊辰(8日)條.

3. 지리지의 편찬과 우산도의 인지

이렇게 세종 초기까지 우산국의 무릉도로 인식되어 왔던 우산이 하나의 섬, 곧 현재의 독도를 지칭하게 된 것은 세종 때부터 시작된 지리지의 편찬과 밀접한 관계가 있다. 이때에 이루어진 지리지의 편찬을 연대순으로 정리한다면, 제일 먼저 편찬된 것이 『세종실록』 지리지(1432년 완성, 1454년 보완)이고, 그 다음에 만들어진 것은 『고려사』 지리지(1451년 완선)이며, 조선 지리지의 집대성이라고 할 수 있는 『동국여지승람』이 제작된 것은 1481년이고 이것을 증보한 『신증 동국여지승람』이 완성된 것은 1531년이었다.

그래서 이들 세 지리지에 반영되어 있는 조선 초기 사람들의 독도에 대한 인식을 살펴볼 필요가 있다. 그렇지만 가와카미 겐죠川上健三가 "적어도 이 울릉도에 관한 기사에 대해서는 『(세종)실록』 지리지가 새롭다."[25]라는 지적을 한 바 있으므로, 이러한 그의 견해에 따라 울릉도 1도설을 취하고 있는 『고려사』 지리지부터 검토하기로 한다.

그러나 가와카미가 이것이 "당시 조예가 깊었다고 되어 있던 양성지梁誠之의 손에서 된 것"이라고 한 것에 대해서는 사실을 확실하게 해두어야 하기 때문에, 그 편찬 경위를 간단히 소개하는 편이 좋을 것 같다. 『문종실록文宗實錄』 2년(1452년) 2월 갑신 조의 기사에는 『고려사』 편찬에 참여했던 사람들의 면모를 엿볼 수 있는, 아래와 같은 기록이 남아 있다.

「김종서에게 명하여 정인지 등과 더불어 이를 찬술하도록 하였다. 김종서 등은 편년체編年體는 상세히 구비할 수 없다고 생각하여, 이에 기전체紀傳體의 법에 의거하여 과科를 나누어 완성을 책임지게 하여, 최항과 박팽년, 신

---

25 川上健三 : 앞의 책, 97쪽.

숙주, 유성원, 이극감李克堪 등으로 하여금 열전을 찬술하도록 하고, 노숙동과 이석형, 김예몽, 이예, 윤기견, 윤자운 등으로 하여금 기紀와 지志, 연표年表를 나누어 찬술하도록 하고는, 김종서가 정인지와 허후, 김조, 이선제, 정창손, 신석조 등과 더불어 이를 산삭删削 윤색潤色하였다.」[26]

이상과 같은 기록을 보면, 지리지는 지志에 들어 있기 때문에 기紀와 지, 연표를 찬술한 노숙동을 비롯한 몇 사람에 의해서 찬술되었다고 보는 것이 타당하다. 그리고 양성지가 이 일에 관여했다는 것은 『단종실록端宗實錄』 단종 원년(1453년) 10월 조의 기사에 세조世祖가 「조선도도朝鮮都圖」와 같은 지도를 만들 사람의 추천을 의뢰하자, 정인지가 "직전直殿 양성지를 천거하면서 그는 일찍이 『고려사』 지리지를 편수하였으니, 마땅히 이 사람을 명하여야 합니다."[27]라고 한 기록을 통해서 확인이 된다. 그렇지만 가와카미가 지적한 것과 같이, 그의 나이 36세 때에 지리적인 조예가 깊었다고 단정하는 것은 너무 성급한 단정이 아닐 수 없다는 것을 지적해둔다.

이 문제는 어찌되었든 『고려사』 권 58 지志 권 제12 지리 3에 실려 있는 울진현 조의 기사는 다음과 같다.

〔자료 10〕

「본래 고구려의 우진야현(于珍也縣 : 우혜이군(于兮伊郡)이라고도 하였다.)**으로 신라 경덕왕이 지금의 이름으로 고쳐 군郡으로 삼았고, 고려에 내려와 현縣을 삼아 영令을 두었다. 울릉도가 있다.** 현의 정 동쪽 바다 가운데에 있다. ㉠ <u>신</u>

---

26 "命金宗瑞與鄭麟趾等撰之. 宗瑞等以爲編年難以詳備, 乃從紀傳之法 分科責成 令崔恒, 朴彭年, 申叔舟, 柳誠源, 李克堪等 撰列傳. 盧叔仝, 李石亨, 金禮蒙, 李芮, 尹起畎, 尹子雲等 分撰紀志年表. 宗瑞與麟趾, 許詡, 金銚, 李先齊, 鄭昌孫, 辛碩祖等 删潤之."
『文宗實錄』 文宗 2年 2月 甲申(20日) 條.

27 "薦直殿梁誠之, 曾修高麗史地理志, 宜命此人爲之."
『端宗實錄』 端宗 1年 10月 庚子(17日)條.

라 때에 우산국이라 일컬었는데, 한편으로 무릉武陵이라고 하고 한편으로 우릉羽陵이라고 하였다. 지방이 백 리이며, 지증왕 12년에 내항하였다. 태조 13년에 그 섬사람 백길과 토두로 하여금 방물을 바치게 하였다. 의종 11년에 왕이 울릉도는 땅이 넓고 토지가 비옥하여 옛적에 주현을 두었으며 사람이 살 수 있다는 말을 듣고 명주도 감창 김유립金柔立을 보내어 가서 보게 하니, 유립이 돌아와 아뢰기를 "섬 가운데 큰 산이 있어 산꼭대기로부터 동으로 향해 가면 바다에까지 1만여 보가 되고, 서로 향해서 가면 1만 3천여 보가 되며, 남으로 향해 가면 1만 5천여 보가 되고, 북으로 향해 가면 8천여 보가 된다. 촌락의 터전이 7개소 있고, 석불石佛 철종鐵鍾 석탑石塔이 있으며, 시호(柴胡 : 미나리과에 딸린 다년생 풀, 각지의 산에 저절로 나며 뿌리는 한약재로 씀.) 호본蒿本 석남초가 많이 자라고 있으나, 암석이 많아 사람이 살 수 없다."라고 하므로, 드디어 그 의논을 중지하였다. 혹은 말하기를 "ⓛ 우산도와 무릉도는 본래 두 섬으로 서로 거리가 멀지 않아 바람 부는 청명한 날이면 바라볼 수 있다."고 한다.」[28]

위의 인용문에서 "울릉도가 있다. 현의 정 동쪽 바다 가운데에 있다."는 것이 본문이고, 그 다음에 이어지는 문장은 울릉도에 대한 연혁을 적은 것이다. 이러한 체제는 그것이 단독으로 편찬된 것이 아니라, 『고려사』라는 기전체紀傳體 사서의 한 편목으로 구성되었기 때문에 자연히 연혁 중심으로 정리될 수밖에 없었다는 것을 말해준다.[29]

이와 같은 『고려사』 지리지의 울진현 조 본문에서는 분명하게 울릉

---

28 "本高句麗于珍也縣 一云古亏伊郡. 新羅景德王 改今名爲郡. 高麗降爲縣置令. 有鬱陵島. 在縣正東海中. 新羅時 稱于山國. 一云武陵 一云羽陵. 地方百里. 智證王十二年 來降. 太祖十三年 其島人 使白吉土豆 獻方物. 毅宗十一年 王聞鬱陵地廣土肥舊有州縣 可以居民. 遣溟州道監倉金柔立. 柔立回奏云 島中有大山 從山頂 向東行至海一萬餘步. 向西行一萬三千餘步. 向南行一萬五千餘步. 向北行八千餘步. 有村落基址七所. 有石佛鐵鍾石塔. 多生柴胡蒿本石南草. 然多巖石 民不可居.遂寢其議. 一云于山武陵 本二島. 相距不遠 風日淸明 則可望見."
『高麗史』 卷58, 志 卷12, 地理3 蔚珍縣條.

29 윤경진 : 「『고려사』 지리지 정리의 기준 지침」 『한국사연구(110)』 (서울, 2000, 한국사연구회), 57쪽.

도 하나의 섬만으로 기술되어 있다. 그리고 그 울릉도가 울진현의 정동쪽 바다 가운데에 있다는 것이 덧붙여져 있다. 그런 다음에 밑줄을 그은 ㉠에서 보는 것처럼, "신라 때에 우산국이라 일컬었는데, 한편으로 무릉이라고 하고 한편으로 우릉이라고 하였다."라는 것을 밝히고 있다. 바꾸어 말하면 울릉도는 신라 때에 우산국이라고 했으며, 다른 이름으로 무릉이라고도 했고 또 우릉이라고도 했다는 것이다. 물론 여기에서 말하는 '무릉'이나 '우릉'이 신라 때부터의 이름인지 아니면 고려에 들어와서의 이름인지는 명확하지 않다. 하지만 이것이 『고려사』 지리지에 기록되어 있다는 점을 고려하면, 신라 때에 우산국이라고 했던 울릉도를 고려에서는 '무릉도'나 '우릉도'라고 했다고 보는 것이 합리적일 것 같다.

이러한 울릉도에 대한 지리나 역사를 시대에 따라 기술한 다음, ㉡에서와 같이 "우산도와 무릉도는 본래 두 섬으로 서로 거리가 멀지 않아 바람 부는 청명한 날이면 바라볼 수 있다."라는 일설一說을 첨가하였다. 따라서 『고려사』 지리지의 울릉도 1도설은 먼저 울릉도를 기술한 것에 지나지 않으며, 여기에는 원래 두 섬이 있어 우산도와 무릉도라고 한다는 사실을 명확하게 한 것이라고 보아야 한다.

그런데도 이런 사실을 무시하고 자기들의 주장을 합리화하기 위해서, 가와카미 겐죠川上健三는 『고려사』 지리지에는 1도설만을 취한 것과 같은 기술을 하고 있다. 이것은 일본 측이 제국주의적인 영토 팽창 정책에 따라 강탈하였던 독도에 대하여 그 영유권을 주장하기 위한 방편의 하나로 기록을 왜곡되게 해석하였다는 것을 나타낸다.

그러나 위에서 살펴본 것처럼 『고려사』 지리지에서는 우산국이 있었던 울릉도에 대한 설명과, 거기에는 우산도와 무릉도 두 섬이 존재한다는 것을 분명하게 밝혔다. 그리고 ㉠에서 이 울릉도를 '무릉' 또는 '우릉'이라고 하였으므로, 자연히 우산도는 별개의 다른 섬을 표현했다고 보는 것이 타당할 것이다.

이런 사실은 이 『고려사』 지리지보다 먼저 편찬된 『세종실록』 지리지에 확연하게 드러나 있다. 『세종실록』 지리지는 당시의 실태 조사를 근거로 하여 편찬된 것이라는 점에서 전대의 역사를 정리한 『고려사』 지리지와는 구별된다.[30] 이와 같은 이 책의 강원도 삼척도호부 울진현 조에 실려 있는 울릉도 관련 기사를 다시 한번 인용하기로 한다.

〔자료 11〕

「**우산과 무릉 두 섬이 현의 정 동쪽 바다 가운데에 있다.** 두 섬은 서로 거리가 멀지 않아 바람이 불어 날씨가 청명하면 가히 바라볼 수 있다. 신라 때에는 우산국이라고 칭하였는데, 한편으로 울릉도라고 하였다. 지방이 100 리이다. (거기에 사는 사람들이) 지세가 험함을 믿고 복종하지 아니하였다. 지증왕 13년(AD 512년) 이사부가 하슬라주의 군주가 되어 이르기를, "우산국 사람들은 어리석고 사나워서, 위엄으로 복종시키기는 어려우나 계교로써 항복시킬 수는 있다."라고 하면서, "이에 나무로 맹수를 많이 만들어 전선戰船에 나누어 싣고 그 나라에 다다라 속여 말하기를, 너희들이 만약 항복하지 않으면 곧 이 지승들을 풀어놓으리라."라고 하자, 나라 사람들이 두려워하여 와서 항복했다.

고려 태조 13년(AD 930년)에 그 섬사람들이 백길과 토두를 시켜 특산물[方物]을 바쳤다. 의종 13[11]년(AD 1157년)에 심찰사 김유립 등이 돌아와서 고하기를, "섬 가운데에 큰 산이 있어, 산봉우리에서 동으로 향해 가면 바다까지 1만여 보가 되고 서로 향해 가면 1만 3천여 보가 되며, 남으로 향해 가면 1만 5천여 보가 되고 북으로 향해 가면 8천여 보가 된다. 마을의 터가 7곳이 있고, 간혹 석불·철종·석탑이 있으며, 멧미나리[柴胡]·호본蒿本·석남초石南草 등이 많이 난다."라고 하였다.

우리 태조(태종의 잘못임) 때에 유민들이 그 섬으로 도망하여 들어가는 사람이

---

30 윤경진 : 앞의 논문, 57쪽.

> 심히 많다는 말을 듣고, 다시 삼척 사람 김인우에게 명하여 안무사로 삼아서 사람들을 쓸어내어[刷出], 그 땅을 비우게 하였다. 인우가 말하기를 "토지가 비옥하고, 대나무는 크기가 기둥과 같으며, 쥐는 크기가 고양이와 같고, 복숭아씨는 되[升]보다 큰데, 모든 물건이 이에 걸맞다고 하였다."」[31]

『세종실록』 지리지는 세종 14년(1432년)에 편찬되었던 『신찬 팔도지리지新撰八道地理志』를 모본母本으로 하여 편찬된 것이 확실한 것 같다. 이런 추정은, "우리 세종대왕이 윤회와 신장 등에게 명하여 주군의 연혁을 상고하여 이 책을 짓게 해서, 임자년(세종 14년, 1432년)에 완성하였다."[32]라는 이 책의 서문에 바탕을 두고 있다.

이런 서문에 따르면, 이 책은 세종 14년에 완성되었다는 내용을 그대로 실었다고 보는 것이 자연스러울 것 같다. 그러므로 이 지리지는 새롭게 찬술된 것이 아니라, 세종이 국가 통치의 기본 자료를 작성하기 위해 6년(1424년)에 각 도에 주군 연혁을 정리해 올리라고 하여 여러 가지 문제점을 보완한 후, 14년에 『신찬 팔도지리지』를 편찬하였고, 사후에 실록을 편찬하는 과정에서 약간의 수정은 있었지만 기존의 『신찬 팔도지리지』를 그대로 수록한 것이라고 보아야 한다.[33]

이와 같은 연구 성과를 그대로 받아들인다면, 위의 자료 11은 강원

---

31 원문은 "于山·武陵二島 在縣正東海中. 二島相去不遠 風日淸明 則可望見. 新羅時稱于山國 一云鬱陵島. 地方百里 恃險不服. 智證王十二年 伊斯夫爲何瑟羅州軍主, 謂于山人愚悍 難以威來 可以計服. 乃多以木造猛獸 分載戰船, 抵其國 誑之曰 汝若不服 則卽放此獸. 國人懼來降. 高麗太祖十三年 其島人使白吉土豆 獻方物. 毅宗十三年 審察使金柔立等回來, 告島中有泰山 從山頂向東行 至海一萬餘步, 向西行一萬三千餘步, 向南行一萬五千餘步, 向北行八千餘步. 有村落基址七所 或有石佛像·鐵鐘·柴胡·蒿本·石南草. 我太宗時 聞流民逃入其島者甚多 再命三陟人金麟雨 爲按撫使 刷出空其地, 麟雨言 土地肥饒 竹大如柱 鼠大如猫 桃核大如升 凡物稱是."

32 "我世宗大王命 尹淮·申檣等 考州郡沿革 乃撰是書 歲壬子書成."
『世宗實錄』 卷 148, 地理志 序文.

33 서인원 : 『조선 초기 지리지 연구 - 『동국여지승람』을 중심으로』 (서울, 2002, 혜안), 51쪽.

도에서 보고한 자료를 바탕으로 편찬되었을 것이란 해석이 가능해진다. 그리고 강원도의 보고에 의해서 기술된 것이라고 보는 경우에는, 우산도와 무릉도의 사정을 가장 잘 아는 사람들의 식견에 근거를 둔 것이라고 할 수 있다. 따라서 윤회나 신장이 탁상 머리에 앉아서 옛날의 기록을 토대로 하여 작성한 것이 아니고 강원도의 사정에 밝은 사람들의 의견을 수용하여 작성된 것이므로, 가장 신뢰할 수 있는 자료로 간주해도 좋을 것이다.

이와 같은 이 『세종실록』 지리지에 "우산과 무릉 두 섬이 현의 정동쪽 바다 가운데에 있다."라고 한 것은, 강원도 사람들, 특히 울진 사람들이 이 두 섬의 존재를 익히 알고 있었음을 드러내는 것이다. 그리고 앞에서 살펴본 『고려사』 지리지 울진현 조에서 울릉도를 "신라 때에 우산국이라 일컬었는데, 한편으로 무릉武陵이라고 하고 한편으로 우릉羽陵이라고 하였다."는 기록이 있으므로, 여기에서 말하는 무릉이 울릉도를 가리키는 것은 너무도 당연하다고 하겠다. 또 실제로 세종 때에는 울릉도란 말은 거의 사용되지 않았고, 무릉도란 말이 많이 사용된 것도 이런 사실과 무관하지 않을 것이다.

그러므로 위의 자료에서 밑줄을 그은 "두 섬은 서로 거리가 멀지 않아 바람이 불어 날씨가 청명하면 가히 바라볼 수 있다."고 한 문장에서의 두 섬은 울릉도와 독도가 분명하다. 바꾸어 말하면 '무릉도'라고 한 것은 울릉도이고, '우산도'라고 한 것은 독도를 지칭했다는 것이다. 만약에 이런 상정이 타당하다고 보는 경우에는, 적어도 『세종실록』 지리지가 편찬된 1432년부터는 우산도가 독도를 가리키는 명칭으로 정착되었다고 보아도 아무런 지장이 없을 것으로 생각된다.

이렇게 되면 가와카미 겐죠川上健三가 지적한 것처럼, 자료 1에서 "김인우가 우산도로부터 돌아와 토산물 ……"운운한 것과 상치되지 않느냐고 물을 수도 있다. 하지만 『세종실록』 지리지가 편찬되기 이전에는 우산국의 무릉도로 인식되었었고, 이 과정에서 '우산도'란 지명이 혼란을 야기한 적도 있었던 것이 아닌가 한다. 그 대표적인 예가 바로 『태종실록』 태종 17년(1417년) 2월 임술(壬戌, 5일) 조에 나오는 자료 1의 기록이다. 여기에서 말하는 '우산도'는 독도가 아니라 울릉도를 가리킨다고 보는 것이 합리적이다. 그렇지만 같은 태종 17년의 8월 기축(己丑, 6일) 조에, "왜적이 우산 무릉에서 도적질을 하였다."[34]라고 하는 기록에 나오는 우산은 우산국의 무릉도를 가리킨다고 볼 수 있다.

그런데 이와 같은 『세종실록』 지리지에 나타난 우산도, 곧 독도에 대한 지리적인 인식과는 달리 『신증 동국여지승람』 강원도 울진현 조에 전해지는 우산도 관련 기사에서는 현지의 실제적인 상황과는 다소 다른 기술을 하고 있어, 이 섬을 둘러싼 지리적인 인지認知 문제에 혼란을 불러일으키고 있는 것도 사실이다.

〔자료 12〕

「**우산도·울릉도** : 무릉이라고도 하고, 우릉이라고도 한다. ① 두 섬이 현의 정 동쪽 바다 가운데 있다. ② 세 봉우리가 높이 솟아 하늘에 닿았는데, 남쪽 봉우리가 약간 낮다. 바람이 불어 날씨가 청명하면, 산봉우리의 수목과 산 밑의 모래톱을 역력히 볼 수 있으며, 바람을 이용하면 이틀에 갈 수 있다. ③ 일설에는 우산·울릉이 본래 한 섬으로서, 지방이 백리라고 한다. 신라 때에 (거기에 사는 사람들이) 지세가 험함을 믿고 항복하지 않았다. 지증왕 12[13]년(AD 512년)에 이사부가 하슬라주의 군주가 되어 이르기를, "우산국 사람들은 어리석고 사나워서, 위엄으로 복종시키기는 어려우나 계교로써 항복시킬 수는 있다."라고 하면서, 이에 나무로 사자를 많이 만들어 전함에 나누어 싣고, 그 나라에 가서 속여 말하기를 "너희들이 만약 항복하지 않으

34 "倭寇于山·武陵."
『太宗實錄』 太宗 17年 8月 己丑(6日)條.

면 곧 이 맹수들을 풀어놓아 밟아 죽이리라."라고 하자, 나라 사람들이 두려워하여 와서 항복했다.
고려 태조 13년(AD 930년)에 그 섬사람들이 백길과 토두를 시켜 특산물[方物]을 바쳤다. 의종 13[11]년(AD 1157년)에 왕이 울릉도가 땅이 넓고 토지가 비옥하여 백성들이 가히 살 만하다는 것을 듣고, 명주도 감창 김유립을 보내어 가서 보게 하였는데, 유립이 돌아와서 이르기를 "섬 가운데에 큰 산이 있어, 산봉우리에서 동으로 향해 가면 바다까지 1만여 보가 되고 서로 향해 가면 1만 3천여 보가 되며, 남으로 향해 가면 1만 5천여 보가 되고 북으로 향해 가면 8천여 보가 된다. 마을의 터가 7곳이 있고, 간혹 석불·철종·석탑이 있으며, 멧미나리[柴胡]·호본蒿本·석남초石南草 등이 많이 난다."라고 하였다. 후에 최충헌이 의견을 드리어[獻議], 무릉도에 토지가 비옥하고 진기한 나무·해산물이 많이 난다고 하면서, 사신을 보내어 보게 하였는데, 집터와 깨어진 주춧돌이 완연하나 어느 시대에 사람이 살았는지는 알지 못한다. 이에 동쪽 고을 백성들을 옮겨다가 채웠다. 사신이 돌아오면서, 진기한 나무와 해산물을 많이 가져다 헌납하였다. 후에 자주 풍파로 인하여 배가 엎어지고 사람이 많이 죽으니, 인하여 (거기에) 살던 백성들을 돌아오게 했다.
본조 태종 때에 유민들이 그 섬으로 도망하여 들어가는 사람이 심히 많다는 말을 듣고, 다시 삼척 사람 김인우에게 명하여 안무사로 삼아서 사람들을 쓸어내어 그 땅을 비우게 하였다. 인우가 말하기를 "토지가 비옥하고, 대나무의 크기가 깃대와 같으며, 쥐의 크기가 고양이와 같고, 복숭아씨의 크기는 되[升]보다 큰데, 모든 물건이 이에 길맞다"고 하였다.
세종 20년(AD 1438년)에 울진현 사람 만호 남호를 보내어서, 수백 사람을 거느리고 가서 도망간 백성들을 수색하여, 김환 등 70여 인을 다 잡아 돌아오니, 그 땅이 드디어 비었다. 성종 2[3]년(AD 1472년)에 따로 삼봉도가 있다고 알리는 자가 있어, 이에 박송원을 보내어 가서 찾아보게 하였는데, 풍랑으로 인해서 배를 대지 못하고 돌아왔다. 같이 갔던 배 한 척이 울릉도에 정박하였다가, 큰 대나무와 큰 전복을 가지고 돌아와서 아뢰기를 "섬 가운데에 사는 사람이 없습니다."라고 하였다.[35]

---

35 "于山島 鬱陵島 一云 武陵. 二島在縣正東海中. 三峯岌嶪撑空. 南峯稍卑. 風日淸明則峯頭樹木及山根沙渚 歷歷可見. 風便則二日可到. 一說于山·鬱陵本一島 地方百里.

이 기사에서도 우산도와 울릉도 “두 섬이 현의 정 동쪽 바다 가운데에 있다.”고 한, 밑줄을 그은 ①에서의 기록은, 『고려사』 지리지에 일설로 전해지는 것(자료 10의 ㉡문장)과 『세종실록』 지리지에 본문으로 전해지는 것(자료 11에서 밑줄을 그은 문장)과 같은 맥락에서 기술을 하고 있으므로, 별다른 이견異見이 있을 수 없다.

그러나 ②에서 말하는 “세 봉우리가 높이 솟아 하늘에 닿았는데, 남쪽 봉우리가 약간 낮다. 바람이 불어 날씨가 청명하면 산봉우리 수목과 산 밑의 모래톱을 역력히 볼 수 있으며, 바람을 이용하면 이틀에 갈 수 있다.”라고 한 것은, 자료 10이나 11의 두 섬에 대한 기록, 곧 “두 섬은 서로 거리가 멀지 않아 바람이 불어 날씨가 청명하면 가히 바라볼 수 있다.”라고 한 것과 전혀 다른 것을 기술한 것이어서 혼란을 야기하고 있다. 다시 말하면 『신증 동국여지승람』에 있는 ②의 기술은 울진현 쪽에서 울릉도를 바라본 기록이고, 『고려사』 지리지나 『세종실록』 지리지의 기술은 울릉도에서 우산도, 곧 독도를 바라본 기록이라는 것이다.

이 문제를 보다 더 자세하게 살펴본다면, “세 봉우리가 높이 솟아 하늘에 닿았는데, 남쪽 봉우리가 약간 낮다.”고 한 기술은 육지에서 멀리 시야에 들어오는 울릉도를 바라본 것이다. 그리고 “바람이 불어 날씨가

新羅時恃險不服　智證王十二年　伊斯夫爲何瑟羅州軍主　謂于山國人愚悍　難以威服　可以計服. 乃多以木造獅子　分載戰艦　抵其國誑之曰　汝若不服　則卽放此獸踏殺之. 國人恐懼來降. 高麗太祖十三年　其島人使白吉土豆　獻方物. 毅宗十三年　王聞鬱陵地廣土肥　可以居民. 遣溟州道監倉金柔立往視. 柔立回奏云　島中有大山　從山頂向東行　至海一萬餘步　向西行一萬三千餘步　向南行一萬五千餘步　向北行八千餘步. 有村落基址七所. 或有石佛鐵鐘石塔. 多生柴胡·蒿本·石南草. 後崔忠獻獻議　以武陵土壤膏沃多珍木海錯, 遣使往觀之. 有屋基破礎宛然　不知何代人居也. 於是移東郡民以實之, 及使還　多以珍木海錯進之　後屢爲風濤所蕩覆舟　人多物故. 因還其居民. 本朝太宗時　聞流民逃其島者甚多　再命三陟人金麟雨爲按撫使　刷出空其地. 麟雨言　土地沃饒　竹大如杠　鼠大如猫　桃核大於升　凡物稱是. 世宗二十年　遣縣人萬戶南顥　率數百人往搜逋民, 盡俘金丸等七十餘人而還. 其地遂空. 成宗二年有告　別有三峯島者　乃遣朴宗元往覓之　因風濤不得泊而還　同行一船　泊鬱陵島. 只取大竹大鰒魚　回啓云　島中無居民矣. 『新增東國輿地勝覽』 卷45, 蔚珍縣條.

청명하면 산봉우리 수목과 산 밑의 모래톱을 역력히 바라볼 수 있으며"라는 기술에서, "바람이 불어 날씨가 청명하면風日淸明"이라고 한 것은 『고려사』 지리지나 『세종실록』 지리지의 그것과 같은 문구이지만, 그 뒤에 이어지는 "산봉우리 수목과 산 밑의 모래톱을 역력히 바라볼 수 있으며"라고 한 기술은 육지에서 울릉도를 바라본 것의 기록이다. 또 이렇게 육지 쪽에서 문장을 서술하고 있다는 것을 단적으로 나타내는 것이 "바람을 이용하면 이틀에 갈 수 있다."라고 한, 인용문의 마지막 문장이라는 것은 누가 보아도 인정하지 않을 수 없는 사실이다.

그러니까 같은 "바람이 불어 날씨가 청명하면"이라는 조건 절條件節이라고 하더라도, 그 뒤에 이어지는 문장이 전혀 다르다는 것을 확인할 수 있다. 곧 『세종실록』 지리지나 『고려사』 지리지에서는 울릉도에서 우산도가 가히 바라볼 수 있다는 것이고, 『신증 동국여지승람』에서는 육지에서 울릉도가 역력히 보인다는 것이다.

그렇지만 이와 같은 차이를 인정하지 않는 가와카미는 세 문헌의 자료들을 비교하면서 아래와 같은 지적을 하고 있다.

「이렇게 울릉도를 1도로 취급하고 있는 『고려사』 지리지는 물론, 우산과 무릉(울릉)을 2도라고 하고 있는 『세종실록』 지리지와 『신증 동국여지승람』의 경우에도, 그 주기注記의 내용은, 오로지 울릉도 1도에 관한 것만으로, '우산도'에 관해서는 아무런 구체적인 기술도 없다. 더욱이 이들 세 책을 거듭 비교 대조하여 보면, 『실록』 지리지와 『여지승람』의 기사는, 다음과 같이 『고려사』 지리지의 (1)로부터 (7)까지를 문해하여, 그 순서를 바꾸고, 이에 수반한 약간의 수식을 행한 것에 지나지 않는다는 것이 이해되는 것이다.」[36]

36 川上健三 : 앞의 책, 101-102쪽.

이와 같은 지적을 하면서 그가 제시한 표는 아래와 같은 것이다.

『고려사』지리지	『세종실록』 지리지	『신증동국여지승람』
鬱陵島 (1) 在縣正東海中 (2) 新羅時稱于山國 (3) 一云武陵一云羽陵 (4) 地方百里 (5) 一云于山 武陵本二島 (6) 相去不遠 (7) 風日淸明則可望見	于山 武陵二島 (1) 在縣正東海中 二島 (6) 相去不遠 (7) 風日淸明則可望見 (2) 新羅時稱于山國 (3) 一云鬱陵島 (4) 地方百里	于山島 鬱陵島 (3) 一云武陵一云羽陵 二島 (6) 在縣正東海中 三峰岌嶪撑空 南峰稍卑 (7) 風日淸明則峰頭樹木及 山根沙渚歷歷可見 風便則二日可到 (5) 一說于山 鬱陵本一島 (4) 地方百里

가와카미가 한국의 자료들을 어떻게 왜곡하고 있는가 하는 것을 해명하기 위해서, 그가 만든 대조의 한문을 그대로 옮겨 적었다. 이것을 보면 그는 같은 문구라면 모두 같은 맥락에서 파악하는 무리한 해석을 하고 있다는 것을 알 수 있다. 실제로 『고려사』 지리지나 『세종실록』 지리에 나오는 "바람이 불어 날씨가 청명하면 가히 바라볼 수 있다風日淸明則可望見."라고 한 (7)과, 『신증 동국여지승람』의 "바람이 불어 날씨가 청명하면 산봉우리 수목과 산 밑의 모래톱을 역력히 바라볼 수 있다."라고 한 (7)은 전연 그 내용이 다른 것이다. 그럼에도 불구하고 같은 어구만 찾아내어 약간의 수식을 가했다는 식으로 사료를 폄하하면서, 궁극적으로 우산도와 무릉도(울릉도) 2도설을 부정하고 울릉도 1도설만을 주장하는 것은 사료의 객관적인 해석이 아니라, 임의적인 조작 내지는 왜곡이라는 사실을 만천하에 공개하는 치졸한 말장난 그 이상도 이하도 아니라고 할 수 있다.

4. 고찰의 의의

이제까지 '우산도'란 명칭이 독도를 가리키는 섬의 이름으로 정착되기까지의 과정을 고찰하였다. 이런 고찰을 시도한 이유는 일본의 가와카미 겐죠가 조선시대에 편찬된 지리지地理志에 실린, 독도를 지칭하는 우산도에 대한 해석을 교묘하게 왜곡하였으므로, 이를 바로잡을 필요성을 느꼈기 때문이다.

그래서 먼저 조선 초기에 우산도가 독도를 지칭하는 섬 이름으로 정착되는 과정을 살펴보았다. 우산도란 명칭이 실록에 처음으로 사용된 것은 태종 17년인 1417년이었다. 『태종실록』에 전해지는 이때의 기록은 우산도가 울릉도를 가리키고 있었다. 하지만 그렇다고 해서 이 우산도란 명칭이 그 뒤에도 사용되었던 흔적은 찾아볼 수 없었다.

그리고 『세종실록』 지리지가 편찬되어, 우산도란 이름이 독도를 가리키게 되기까지에는 상당한 세월이 걸렸다는 것을 확인하였다. 그렇지만 이 지리지가 만들어지기 이전의 『태종실록』이나 『세종실록』에서도 울릉도를 지칭하는 것으로 '무릉도'라는 명칭은 사용되었으나, '우산도'의 경우는 섬이란 뜻의 도島란 글자가 붙여진 자료는 발견되지 않았다. 태종 16년인 1416년에 처음으로 김인우가 '무릉 등 처 안무사'라는 직책을 임명받았나. 이때만 하더라도 '우산 무릉 등 처 안무사'가 아니라, '무릉 등 처 안무사'였다.

그런데 여기에서 '등 처'라고 한 것을 보면, 무릉도와 같은 격의 섬이 존재한다는 인식이 작용되었을 것이라고 보았다. 그리고 그 섬은 "무릉도의 둘레가 7식息이고 곁에 소도小島가 있으며"라고 한 표현이 사용된 것으로 보아, 무릉도와 이 소도의 안무사로 임명되었을 것이라는 추정을 하였다.

또 그 다음부터 등장하는 '우산 무릉 등 처 안무사'란 직책에서 말하는 우산은 섬을 의미하는 '도島'가 쓰이지 않은 것으로 보아, 옛날 '우산국의 무릉 등 처'로 해석하는 만용을 부렸다. 이렇게 만용을 부리는 데 무리가 있다는 것은 솔직하게 인정한다. 하지만 『태종실록』 태종 12년 4월 을사(乙巳, 15일) 조의 기록에 나오는 "강원도 관찰사가 보고하기를, 유산국의 섬사람 백가물 등 12명이 고성의 어라진에 와서 정박하며 말하기를 '우리들은 유산국에서 생장하였는데'라는 서술에서 시사를 받아, 여기에서 말하는 '유산국'은 '우산국'의 와전으로 보아서, 이것을 '우산국의 무릉도'란 의미로 파악하였다. 그리하여 '우산 무릉 등 처'를 '우산국의 무릉도 및 그 곁에 있는 섬'이라고 해석하였다. 이와 같은 해석은 왜 '우산'이란 명칭 뒤에는 섬을 뜻하는 도島란 글자가 붙어 있지 않는가 하는 소박한 물음에서 비롯되었다는 것은 밝혀둔다.

이상과 같이 조선시대의 초창기에는 아직 우산도란 이름이 독도를 지칭하는 용어로 정착되지 않은 채 지내다가, 『세종실록』 지리지가 편찬되면서 "우산과 무릉 두 섬이 (울진)현의 정 동쪽 바다 가운데에 있다. 두 섬은 거리가 멀지 않아 바람이 불어 날씨가 청명하면 가히 바라볼 수 있다."라고 기술됨으로써, 비로소 오늘날의 독도를 가리키는 섬 이름으로 정착되었을 것이라는 추정을 하였다.

울릉도 쟁계와 독도

Chapter 05

1. 일본의 울릉도 점취 야욕

15세기에 접어들어 현지에서 제공한 정보들을 바탕으로 하여 『세종실록』 지리지가 편찬되면서 우산도가 실질적으로 조선의 영토로 인지되었다는 것은 이미 앞장에서 고찰한 바 있다. 하지만 일본 측은 울진 앞 바다에 위치한 울릉도에 대해 상당한 관심을 가지고 있었다. 그리하여 숙종 19년(1693년)에 조선의 어부 박어둔朴於屯과 안용복安龍福을 납치해감으로써, 울릉도의 어업권과 영유권 문제를 두고 조선과 일본의 막부幕府 사이에 벌어진 분쟁, 곧 '울릉도 쟁계鬱陵島爭界'가 발생했다.

그러나 그런 일이 벌어지기 이전부터 일본 측이 울릉도를 점취하려고 했었다. 이런 사실은 『태종실록太宗實錄』 태종 7년(1407년) 3월 경오庚午 조에 "대마도對馬島 수호守護[1] 소 사다시게宗貞茂가 타이라 마사다케平道全를 보내와서 토산물을 바치고, 잡혀 갔던 사람들을 돌려보냈다. 사

---

1 이 '수호(守護)'란 가마쿠라(鎌倉), 무로마치(室町)시대에 각 지방의 경비와 치안 유지를 담당하다가 뒤에 세력화함으로써 영주화(領主化)되었으나, 여기에서는 '카미(守)'라고 하여 지방의 장(長), 곧 한국말로 하면 대마도의 태수를 일컬었던 것이 아닌가 한다.

다시게가 무릉도武陵島를 청하여 여러 부락을 거느리고 가서 옮겨 살고자 하였다."[2]라는 기록과, 『광해군일기光海君日記』 광해 6년(1614년) 9월 신해辛亥 조에 비변사備邊司에서 "울릉도에 왜노倭奴의 왕래를 금지하라는 뜻으로 전일 예조의 서계 가운데 이미 사리에 근거하여 회유하였습니다. 그런데 지금 대마도의 왜인이 아직도 울릉도에 와서 살고 싶어 하여 또 서계를 보내었으니 자못 놀랍습니다."[3]라는 기록들에 잘 나타나 있다.

물론 이러한 대마도 측의 요청은 조선 조정의 거절로 일단락이 되었다. 특히 전자에서 태종이 "그 경내境內에서는 예사 일로 여기지만, 만일 경계를 넘어오게 되면[越境] 저쪽에서 반드시 말이 있을 것이다."라고 하여, 울릉도를 조선의 경계 안에 있음을 명확하게 했다는 것을 확인할 수 있다. 그리고 후자에서 비변사는 "본도(울릉도)가 우리나라에 소속되었음은 『(신증 동국)여지승람』에 기록되어 있으며, 토산물을 거두기도 하고 섬사람을 조사 정리하기도 한 전고가 명확히 있습니다."[4]라고 하여, 울릉도가 조선의 영토인 근거를 확실하게 하였음을 알 수 있다.

이렇게 울릉도가 조선의 영역 안에 존재하는 섬이란 사실은 분명하게 하면서도, 동해안 어민들의 이주는 허락하지 않는 '해금정책海禁政策'에는 변함이 없었다. 쉽게 말해 조선의 땅이기는 하지만, 왜구들의 준동에 노출되는 것을 꺼리어 주민의 거주는 허락하지 않았다는 것이다.

바로 이런 틈을 이용한 것이 일본 호키국伯耆國의 요나고米子 주민들

---

2 "對馬島守護宗貞茂 遣平道全 來獻土物 發還俘虜. 貞茂請茂陵島欲率其衆落徙居."
『太宗實錄』 太宗 7年 3月 庚午(16日)條.

3 "鬱陵島禁止倭奴來去之意 前日禮曹書啓中 已爲據理回諭矣. 今者島倭猶欲來居鬱陵島 又送書契 殊爲可駭."
『光海君日記』 光海 6年 9月 辛亥(2日)條.

4 "本島之屬於我國 在輿地勝覽, 或收方物 或刷島民 明有典故."
『光海君日記』 光海 6年 9月 辛亥(2日)條.

이었다. 그곳의 주민 무라카와 이치베에村川市兵衛와 오타니 진기치大谷甚吉[5]는 1614년(겐나(元和) 4년)에 막부로부터 '죽도(울릉도) 도해 면허竹島渡海免許'를 받아 울릉도에서의 독점적인 어채漁採 활동을 하기 시작하였다. 이것은 말하자면 남의 나라 땅에 건너오는 허가를 받은 다음, 이것을 이용하여 울릉도에 임의로 드나들면서 불법적인 어로 활동을 했었다는 것이다.

그런데도 조선의 조정에서는 이런 사실을 전혀 모르고 있었던 것 같다. 그러다가 박어둔과 안용복의 불법적인 납치로 인해, 울릉도의 어로권漁撈權과 영유권領有權 문제가 제기되면서 울릉도에 관심을 가지게 되었다. 이렇게 시작된 '울릉도 쟁계[6]'는 울릉도뿐만 아니라, 독도에 대한 인식도 새롭게 했다고 볼 수 있다. 이런 점에서 '울릉도 쟁계'는 한국 영토사에 있어서 매우 중요한 위치를 차지한다고 하겠다.

2. 울릉도 쟁계의 발생과 그 경과

2-1. 울릉도 쟁계의 발생

조선에서 일본인들에 의한 박어둔과 안용복의 연행 사실은 『승정원일기承政院日記』 숙종 19년(1693년) 10월 무술(戊戌, 28일) 조의 기록에 처음으로 등장한다.

〔자료 1〕

「목내선이 말하기를 "동래부사가 죽도竹島에서 표류한 사람들을 차왜가 올 때 데려온다는 뜻을 이미 왜관에 머물고 있는 왜인이 언급했다고 합니다.

---

5 '오타니(大谷)'는 성이고, '오야(大屋)'은 옥호이므로, 다음부터는 '오야'로 통일하기로 한다.

6 영조 20년(1744년) 이맹휴(李盟休)가 지은 『춘관지(春官志)』에 '울릉도 쟁계'란 용어가 사용되었으며, 일본에서는 이 사건을 '죽도 일건(竹島一件)'이라고 한다.

> 오래지 않아 올 것이니 접위관을 미리 차출하여 기다리는 것이 어떻겠습니까?"라고 하였고, 민암은 말하기를 "금번에 곧 반드시 다투어 따지려고 하는 일이 있을 것이니, 접위관을 각별히 골라 차출함이 어떻겠습니까?"라고 하니, 임금께서 말씀하시기를, "장계를 보건대, 반드시 다툼의 소지가 있을 것이니, 접위관을 (각별히) 골라서 보내는 것이 옳을 것이다."라고 하였다.[7]

이 자료는 동래부사로부터 일본에서 말하는 죽도, 곧 울릉도에 표류했던 사람들을 차왜가 대마도에서 데려온다는 보고가 있었다는 것을 드러내고 있다. 이것은 그 전에 이미 동래 지방에서는 이들이 일본에 어떤 형태로든 연행되었다는 사실을 알고 있었음을 나타내는 것이 아닌가 한다. 그렇지만 조정에서 이 일을 확인한 것은 1693년 10월이었던 것 같다.

그런데 이때까지만 해도 조선의 조정에서는 이들을 피랍된 것으로 보지 않고, 죽도에 표류했다가 귀국하는 것으로 간주하고 있었다. 이는 쇄환정책을 취하고 있어 울릉도에 건너가는 것을 금지하고 있었기 때문에, 이렇게 파악했을 가능성이 짙다.

그러나 이런 인식을 가지고 있었으면서도 당시 우의정이었던 민암은 "금번에 곧 반드시 다투어 따지려고 하는 일이 있을 것"으로 생각을 했었다. 이런 인식은 그들이 단순한 표류가 아니라 다른 복잡한 문제가 게재되어 있다는 사실을 예측하는 것이어서 주목을 끈다.

어쨌든 한국에서는 이 사건을 계기로 하여 울릉도의 영유 문제가 제기되었으므로, 이때부터 '울릉도 쟁계'가 시작된 것으로 보고 있다. 하지만 박어둔과 안용복이 울릉도에서 일본 호키국 요나고의 오야 집안 어부들에게 피랍된 것은 1693년 3월 18일이었다.[8]

---

7 "來善曰 東萊府使 以竹島漂人等 差倭出來時率來之意 旣已言及於留館倭處云. 不久當出來 接慰官豫爲差出以待之 何如. 黯曰 今番則必有爭詰之事 接慰官各別擇差何如. 上曰 以狀啓見之 將必有爭持之弊, 接慰官擇差以送 可也."
『承政院日記』 肅宗 19年 10月 戊戌條.

그런데 일본 측의 기록을 보면, 무라카와 집안의 어부들은 그 전해인 1692년에도 울릉도에서 조선의 어부들을 조우했었던 것으로 되어 있다. 이러한 사정은 돗토리번鳥取藩의 『비망록控帳』[9]에 기록되어 있다.

〔자료 2〕

「겐로쿠元祿 5년(1692년) 2월, 무라카와·오야의 도해선이 요나고를 출발하여, 3월 28일 죽도에 닿았다. 이때 처음으로 동 섬에서 조선의 출어자들을 발견하였다. 섬 안의 둘레에 쳐둔 어구와 어선은 그들 때문에 빼앗기고, 전복도 대부분 거둬들인 뒤였으므로, 4월 상순에 요나고로 돌아와, 곧 아라오荒尾씨에게 호소하였고, 돗토리에 있어서도 도사공 두 사람을 동내의 공무 담당자의 집회소[會所]에 불러서 사태를 검토하여, 그것을 막부에 보고하였다.」[10]

여기에는 그들이 막부로부터 도해면허란 것을 받아 출어를 하고 있던 울릉도에서 조선의 어부들을 만났었고, 그로 인해 그들의 독점적인 어로 활동이 불가능하게 되었음을 깨달았다. 그리하여 이 문제를 공론화하기 위해, 1693년에는 의도적으로 박어둔과 안용복을 연행했다는 것이 드러나 있다. 이 당시의 상황을 비교적 자세하게 기술하고 있는 것이, 1693년 3월 27일자로 당시지인 오야 쿠우에몽大谷九右衛門 배의 도사공이었던 히라베에平兵衛와 구로베에黑兵衛 두 사람의 연명으로 제출했던 「겐로쿠 6년 죽도로부터 하구슈에 조선인 연행 귀환의 취시 오야

8 오야 쿠우에몽(大谷九右衛門) 배의 도사공(都沙工)이었던 구로베에(黑兵衛)와 히라베에(平兵衛)의 「구상서(口上書)」에 의하면, 1693년 3월 18일 이들 조선인이 울릉도에서 피랍된 것으로 되어 있다.
內藤正中 : 『竹島(鬱陵島)をめぐる日朝關係史』 (東京, 2000, 多賀出版), 68쪽.

9 이 『비망록(控帳)』는 돗토리번(鳥取藩) 현지의 가로(家老, 重臣)가 기록한 것으로 『오야구라일기(御櫓日記)』 또는 『가로일기』라고도 불리고 있다.
박병섭 : 『안용복 사건에 대한 검증』 (서울, 2007, 한국해양수산개발원), 9쪽.

10 內藤正中 : 위의 책, 62쪽.

쿠우에몽 도사공 구상서[元祿六年竹島より伯州に朝鮮人連歸趣大谷九右衛門船頭口上覺]」이란 제목의 보고서이다.

〔자료 3〕

「하쿠슈의 요나고를 2월 15일 출선하여, 동 17일의 아침에 이즈모(出雲 : 시마네현의 동부)의 쿠모쯔(雲津 : 시마네현의 미호세키정(美保關町))에 도착하였고, 3월 2일에 쿠모쯔를 출항하여, 오키국隱岐國[11]의 도젠島前의 끝 마을에 도착하여, 3월 9일까지 동 지방國에 머물다가, 다음 10일에 도고嶋後의 후쿠우라福浦에 도착했습니다.

3월 16일에 후쿠우라를 출발하여, 동 17일 오후 2시 무렵에 죽도 내의 도센가사키에 도착해서 섬에 올라가 본즉, 해조류海藻類들을 상당히 말리고 있었으므로, 이상하게 생각하여 주변을 보았더니, 외국인唐人의 짚신이 있기에, 더욱 이상하게 생각했습니다만, 해가 저물었기 때문에, 그 날 밤은 그대로 버려두었다가, 다음 18일에는 작은 배[小船]에 수부水夫 5인과 우리 둘, 이상 7인이 타고, 서쪽 포구에 가보았으나, 외국인이 보이지 않았으므로, 그로부터 북쪽 포구에 가본즉, 외국배 한 척이 있었으며, 가건물이 지어져 있고, 외국인 한 사람이 있었습니다. 가건물의 안을 보았더니, 전복과 해조류가 상당히 거둬들여져 있었으므로, 그 외국인에게 사정을 문의하였지만, 통역이 없었기에 사정을 들을 수가 없어, 위[12]의 외국인을 작은 배에 태워, 오탠구라고 하는 곳으로 찾아갔더니, 외국인 10인 정도가 어렵漁獵을 하고 있었습니다. 그 가운데에 통역 한 사람이 있어, 이쪽의 소선에 태우고, 북쪽 포구에서 태웠던 외국인을 배로부터 실어, 그 외 한 사람, 이상 두 사람을 태우고 사정을 물었더니 (뜻이) 통했습니다. 죽도의 일은 거친 해변이기 때문에, 이쪽의 배는 흔들린다고 생각하여, 두 사람의 외국인을 태우고, 이쪽

---

11 '쿠니(國)'는 나라를 의미하기도 하지만, 옛날부터 근대까지 일본의 행정 구획을 의미하기도 하였기 때문에, 본고에서는 구체적으로 어떤 곳을 지칭할 때는 '국'이라고 하였고, 그 이외에는 '지방'으로 번역하였다는 것을 밝혀둔다.
新村出 編 : 앞의 책, 691쪽.

12 이 글이 세로로 쓰인 문장이어서 '우(右)'로 기록되어 있으나, 본 논고는 가로로 쓰기 때문에 '위'라고 하였음을 밝혀둔다.

원래의 배(큰 배)로 돌아왔습니다.

(그런 다음) 위의 외국인을 데리고 귀환했습니다. 그 연유는 작년에도 이 섬에 외국인이 있었으므로, 거듭 이 섬에 건너와서 어렵을 하는 것은 절대로 안 된다고, 위협하고 나무라면서 여러 번 말했는데도, 또 금년에도 외국인이 어렵을 하고 있었기 때문에, 그렇게 한다면 이후에 섬에서 어렵을 할 수가 없습니다. 아주 성가신 일이라고 생각하여, 황송하지만 무엇인가 양해를 구해야 한다고 생각하고, 위의 외국인 두 명을 연행하여, 4월 18일에 죽도를 출항해서, 오키국 후쿠우라에 동 20일에 도착했습니다.

그런데 오키의 번소番所[13]에서 우리들을 불러, 외국인의 구상서를 받으라는 명령이 있었기 때문에 우리들이 말씀드린 것은, 즉 외국인들이 있으므로 직접 물어보실 것을 말씀드리자, 다음과 같은 뜻으로 외국인들을 불러내어 사정을 들었으며, 그 위에 여러 곳의 촌장[庄屋]들이 입회하여, 외국인의 구상서를 쓰고, 우리들에게도 위 외국인의 구상서에 날인을 하게 하려고 했지만, 강하게 거절하여 날인하지 않았습니다. 그 후에 번소에서 외국인에게 술 한 통을 보냈습니다. 동 23일에 후쿠우라를 출항하여 도젠에 도착하였고, 동 26일 도젠으로부터 출항해서, 동 26일 낮에 운슈(雲州 : 이즈모)의 나가하마長濱에 도착하였으며, 동 27일에 요나고에 들어왔습니다.

당 4월 27일

도사공 구로베에 동 히라베에」[14]

이것은 간단하게 요약하면, 2월 15일에 요나고를 출발하여, 오키를 거쳐 3월 17일에 울릉도에 도착하였다. 그런 다음 18일에 북쪽 포구에서 조선인 한 명을 배에 태웠고 오텐구라는 곳에서 일본어가 통하는 사람을 하나 태워서, 4월 18일 울릉도를 출발하여 오키의 후쿠우라에 동 20일에 귀환했다는 것이다. 이러한 이 문맥에는 조선과 일본의 어부

13 '번소'는 에도시대에 교통의 요충지에 설치하여, 통행인과 선박 등을 지키며 징세 등을 행한 곳을 말한다.
新村出 編 :『廣辭苑』(東京, 1983, 岩波書店) 1986쪽.

14 內藤正中 : 위의 책, 67-68쪽에서 재인용
번역은 권오엽 공역 :『독도와 죽도』(서울, 2005, 제이앤씨), 93-94쪽을 참조했다.

들 사이에 아무런 충돌이 없었던 것으로 기술되어 있다.

그러나 이런 진술이 사실일까 하는 데는 의문을 가지지 않을 수 없다. 당시에 조선의 어부들은 40여 명이 울릉도에 건너간 것으로 되어 있다.[15] 이렇게 많은 인원들이 있었음에도 불구하고, 위에서 이야기하고 있는 것처럼 아무 저항도 없이 순순히 박어둔과 안용복이 그들을 따라나섰다고 생각하기는 어렵다. 이와 같은 의문에 얼마간의 해답을 주는 것이 『변례집요邊例集要』에 전해지는 경상감영의 장계이다.

여기에는 박어둔과 같이 갔던 6인을 붙잡아 와서 문초를 받았는데, "무릉도에 닿아서 김득생 등 여섯 사람은 뭍에 내려 숨었는데, 박어둔 등 두 사람은 미처 배에서 내리기 전에 왜인 여덟 명이 배를 타고 갑자기 이르러 칼과 조총으로 두 사람을 위협하여 잡아갔다."[16]는 것이다. 이와 같은 그들의 진술을 액면 그대로 믿을 수는 없다. 그 이유는 그들이 조정에서 울릉도에 가지 못하게 하는 해금정책을 펴고 있다는 것을 너무나도 잘 알고 있었으므로 표류하였다고 하였으나, 『죽도기사竹島紀事』에서는 분명하게 전복과 미역을 따려고 건너갔던 것으로 기록되어 있기 때문이다.

2-2. 일본 측의 쟁의 및 울릉도·독도에 대한 인식

박어둔과 안용복의 연행을 계기로 하여, 일본의 막부는 조선 조정에 대해 자기들의 죽도에 어부들의 출어를 막아달라는 요청을 하는, 이른바 울릉도의 어업권과 영유권 문제를 제기한다. 그런데 일본 측에서는 이 문제의 제기를 위해 상당히 많은 준비를 하였다는 점에 주목할 필

15 『肅宗實錄』 肅宗 20年 2月 辛卯(23日)條 참조.

16 "漂到武陵島, 金得生等六人, 下陸隱匿, 朴於屯二人, 未及下船之前, 倭人八名, 乘船忽到, 以刀釼·鳥銃, 威脅兩人, 執捉以去事."
禮曹 典客司 :『邊禮集要』 肅宗 20年 8月條.

요가 있다. 그래서 『죽도기사』를 통해서, 우선 박어둔과 안용복의 처리에 얽힌 일본 측의 조처를 살펴보기로 하겠다.

〔자료 4〕

「계유 겐로쿠 6년(1693년) 5월 13일에 에도에서 로츄老中 쯔찌야 사가미노카미土屋相謨守로부터 (돗토리번저의) 유수거留守居[17]에 분부가 시달된 것은, ㉮ 작년에 조선인이 죽도라고 하는 곳에 고기를 잡으러 온 것을, 마쓰타이라 호키노카미松平伯耆守로부터 확인하고, 다시는 오지 않게 하도록 알아듣게 이야기했습니다만, 금년에 또 다시 조선인 40인 정도가 와서, 고기잡이를 했으므로, 그 가운데 두 사람을 붙잡아두고, 막부公儀에 알린 것에 대해, 곧 나가사키長崎 봉행소奉行所[18]로 보내어, 대마도 주에 도착하게 하라는 명령이 내려졌습니다. 자세히 나가사키 봉행소에 오는 사이에, ㉯ 향후에는 (죽도에) 오지 않도록 대마도에 말하게 할 것을 분부하였습니다.」[19]

위와 같은 내용이 실린 『죽도기사』는 대마도 번정 자료對馬島藩政資料로서 1726년 대마도 번사藩士[20] 고시 쓰노우에몽越常右衛門에 의해 편집된 '죽도 일건竹島一件', 곧 한국에서 말하는 '울릉도 쟁계' 관련의 사료집이다. 따라서 이것은 박어둔과 안용복 연행 사건이 있은 지 30여 년이 지난 다음에 정리한 중요한 공적인 기록이라고 하겠다.[21]

---

17 유수거는 에도 막부의 직명으로 로츄(老中)의 지배 아래 있어, 오오쿠(大奧 : 에도성에 부인이 있던 곳)를 단속하며, 가사 하녀의 제 문의 출입, 제국 관소의 여자 증서 등의 사무, 또 장군 부재의 때는 에조 성중의 경호를 담당했다.

18 봉행소는 에도 시대에 행정을 담당하던 곳이다.

19 "癸酉元祿六年五月十三日於江戶, 御老中土屋相模守より御留守居江 被仰渡候者, 去年朝鮮人竹島与申所江漁として罷越候を松平伯耆守方より見屆. 重而不罷越候様ニ与被申含候所, 當年又又朝鮮人四十人罷越, 漁いたし候故其内貳人召捕치, 公儀江及御案内候ニ付, 則長崎奉行所江送屆, 對州江被相屆候様ニ被仰出候. 委細長崎奉行所より可申參候間, 向後不罷越候様ニ与對州江申遣候得之由被仰渡也."
越常右衛門 :「竹島紀事」『독도연구(4)』(경산, 2008, 영남대 독도연구소), 239쪽.

20 '번사'란 제후에 속하는 무사(武士)를 말한다.

21 박병섭 : 앞의 책, 8쪽.

이런 점에서 조선의 예조 전객사典客司에서 정리한 『변례집요邊例集要』의 울릉도 조와 비견될 만한 사료라고 보아도 좋을 것이다. 그러므로 울릉도 쟁계에 대한 연구를 할 때에는 이들 두 자료의 비교 검토가 필요할 것이다. 그렇지만 본 연구에서는 아직 『죽도기사』에 대한 면밀한 검토가 끝나지 않았으므로, 먼저 관련 기사들만 살펴보는 데 그치기로 한다.

여하간 이와 같은 『죽도기사』의 첫머리에 기록된 윗글의 내용을 보면, 먼저 마쓰타이라 호키노카미가 거짓말을 하고 있다는 것을 알 수 있다. 곧 ㉮에서 자신이 조선 어부들에게 죽도에 "다시는 오지 않게 하도록 알아듣게 이야기했다."고 한 것은 사실이 아니다. 앞에서 고찰한, 당시 당사자였던 돗토리번의 가로家老가 작성한 『비망록』에서 인용한 자료 2를 보면, 오히려 요나고의 어부들이 "섬 안에 둘레에 쳐둔 어구漁具와 어선은 그들(조선인 어부들을 말함) 때문에 빼앗기고 전복도 (그들이) 대부분 거둬들였다."고 한 것으로 보아, 일본 측의 어부들이 이런 말을 할 수 있는 상황이 아니었던 것으로 판단된다. 더욱이 마쓰타이라 호키노카미가 울릉도에 오지도 않았었는데, 그가 ㉮와 같은 말을 했다는 것은 아무리 보아도 말이 되지 않는다.

그럼에도 불구하고 이렇게 문서를 조작한 것을 보면, 그들이 조선 측과의 교섭에서 유리한 고지를 점령하기 위한 방편으로 이런 거짓말을 했을 것으로 상정된다. 환언하면 그들이 연행해갔던 박어둔과 안용복을 돌려보내면서 노렸던 것은, 조선 조정으로 하여금 ㉯에서와 같이 어부들에게 "향후에는 (죽도)에 오지 않도록" 하는 조치를 취하게 하려고 했다는 것이다. 그래서 그렇게 하기 위해서는 그들의 연행에 정당성을 부여할 필요가 있었다. 그러다 보니, 그 전해에도 그들을 만났던 적이 있었는데, 그때에 다시는 오지 말라고 하였으나 또 왔기 때문에 박어둔과 안용복을 연행했다고 하지 않았는가 한다. 그러므로 막부에서는 몰라도 마쓰타이라 호키노카미가 거짓 보고를 하였을 가능성이 농후하다고 하겠다. 만약 그것이 아니라면 막부에서 울릉도를 빼앗기 위해 이와 같은 거짓말을 할 수도 있었을 것이다.

그런데 『죽도기사』 1693년(元祿 6년) 8월 23일자의 기록을 통해서, 이런 명령이 하달된 5월 13일보다 8일이나 앞선 5월 5일에 이미 대마도의 가로였던 스기무라 우네메杉村采女가 동래 왜관에 머물고 있던 역관 나카야마 가베에中山加兵衛에게 죽도의 일에 관해 은밀하게 조사를 명했다는 사실을 확인할 수 있다.

〔자료 5〕

1. 죽도라는 것을 조선에서는 부룬세미라고 한다는 것으로 전해 들었습니다. 죽도라고 쓰고 조선에서 읽기를 부룬세미라고 하는 것입니까? 부룬세미란 어떻게 쓰는 것입니까? 울릉도라고 하는 섬이 있다고 합니다, 이것을 일반 사람들이 부룬세미라고 하는 것은 아닙니까? 일본에서는 울릉도의 건을 기죽磯竹이라고 합니다. 울릉도와 부룬세미는 다른 섬이 있는 것입니까? 부룬세미를 일본인은 죽도라고 말한다고 하는 것은 누가 말하는 것을 들었습니까?
1. 죽도에는 재작년부터 처음으로 건너갔습니까? 이전부터 건너갔으면서도 (그것을) 숨기고, 재작년부터 건너갔다고 말하는 것 아닙니까? 조선인들이 자기들의 돈벌이를 위해 몰래 건너갔다고 하는 것은 아닙니까? 또 다시 관아에서 시키어서 건너간 것은 아닙니까? 금년에도 거듭 건너간 일이 있습니까?
1. 죽도에 일본으로부터 12·3단端[22]의 배 2·3척씩 매년 건너가, 그 섬에서 기다란 오두막 3·4채를 지어둔다고 하는 것을 들었는데, 지금까지도 그대로 하는 것입니까? 일본인은 어느 지방國의 사람들인 것입니까?
1. 죽도는 조선국에서 어느 방향에 해당되고, 어디로부터 어떤 바람으로 이용한다고 하는 것이며, 해로는 얼마 정도이고 (섬의) 크기는 어느 정도입

22 '단'은 18척 또는 20척(尺)을 말한다.

니까? 그러고 그 지방お國[23]에서는 어느 방향에 해당되며, 대개 해로로는 어느 정도에 있는 것입니까? 더욱이 당신貴殿으로부터의 구상서에 적혀 있기는 하나, 또다시 신중하게 들어야 할 것입니다.」[24]

이런 부탁을 하면서, 그는 "위의 각 항목들을 구체적으로 듣는 상황에 따라, 막부에도 알리어 분부를 들어야 하는 것이기에, 참으로 간절한 뜻으로 조선인에게 은밀하게 물어, 문서를 빨리 받을 수 있도록 해야 하므로, 확실한 이야기는 아니더라도 일반 사람들이 말하는 것을 들은 대로 자세히 문서로 보내야 합니다."[25]라는 당부를 잊지 않고 있다.

이러한 스기무라 우네메의 질문으로부터 당시 일본 측에서 '울릉도 쟁계'를 일으키기 전에 그들의 어디에 관심이 있었는가 하는 것을 어느 정도 추정할 수 있다. 우선 일본에서 죽도라고 하는 섬을 조선에서 '부룬세미'라고 하느냐 하는 문제의 제기이다. 곧 스기무라는 대마도에서

---

23 여기에서는 나카야마 가베에가 있던 왜관(倭館)의 소재지 동래를 가리키는 것 같다.

24 "1. 竹島之儀朝鮮ニ而ハブルンセミト申候由被申越候, 竹島与書候而朝鮮讀ニブルンセミト申候哉. ブルンセミとハ如何様ニ書申候哉. 鬱陵島与申嶋有之候, 是を下下之詞ニブルンセミと不申候哉. 日本ニ而者鬱陵島之儀を磯竹と申候, 鬱陵島とブルンセミハ別之嶋ニ而有之候哉.　ブルンセミを日本人ハ竹島と申候与申儀者, 誰之咄ニ而被承候哉.

1. 竹島江ハ去去年より初而罷渡候哉. 以前より渡候得共隱シ候而, 去去年より罷渡候与申候哉. 朝鮮人共自分之挊之爲密密罷渡申事ニ候哉. 又又 公儀より差圖ニ而罷渡候哉. 當年も又又罷渡たる事ニ候哉.

1. 竹島江日本より十二三端之船弐三艘宛每歲罷渡. 被嶋江長小屋を三四軒茂掛置候由被申越候, 于今其通ニ仕候哉. 日本人者何之國之者共ニ而有之候哉.

1. 竹島者朝鮮國より何方江當り, 何之所より何風ニ而承候与之儀, 海路何程之大キサ如何程有之候哉. 尤御國より者何方江當り, 凡海路何程可有之候哉. 尤貴殿より口上書ニ書載有之候得共, 又又得与可被承候."

越常右衛門 : 앞의 책, 242쪽.

25 "右之段段委細ニ承度候様子ニより 公儀江茂御案內被仰上事ニ候間, 何とそ懇志之朝鮮人江密ニ相尋, 書付早早可被差越, 慥成咄ニ而無之候共, 下下之咄ニ而茂被承候通, 委書付可被差越候."

越常右衛門 : 앞의 책, 242-243쪽.

'울릉도'를 '부룬세미'라고 지칭하는 것을 들었던 모양이다. 그리하여 일본에서는 울릉도를 기죽도라고 하는데, 그것과 '부룬세미'는 다른 섬이냐고 물은 것이라고 생각된다.

다음으로 조선에서 어부들이 재작년(1691년)에 처음으로 건너간 것이 사실이냐는 확인을 하고 있다. 그리고 그것이 돈벌이를 위해서 건너간 것인지, 아니면 관아官衙에서 시켜서 건너간 것인지, 또 박어둔과 안용복이 연행된 금년(1693년)에도 건너간 일이 있느냐는 질의를 병행하였다. 이와 같은 질문은 울릉도에 건너가는 어부들의 활동 상황을 파악하기 위한 것이었을 가능성이 높다.

세 번째로 물은 것은 일본 어부들의 울릉도 출어에 관한 것이다. 대마도로서는 그 때까지 호키국의 요나고 사람들이 막부로부터 도해 면허를 받아 울릉도에 건너가 어채를 하고 있었던 사실을 몰랐던 것이 아닌가 한다. 그 때문에 어느 지방 사람들이 건너가느냐고 물었을 것으로 상정된다.

마지막으로 자기들이 죽도라고 하는 곳이 조선에서는 어느 방향에 해당되고, 어디에서 어떤 바람을 이용하며, 해로가 어느 정도인가를 묻고 있다. 그리고 이와는 구분하여 일본어로 '오쿠니お國'라고 하여, 거기에서는 어느 방향에 죽도가 있으며, 해로가 얼마인지를 알아보라는 것이다. 이 말은 역관인 나카야마가 있던 동래를 가리키는 것이므로, 동래로부터의 거리를 물은 것이다. 이런 질의는 안용복을 조사할 때에 그가 동래 사람이라고 했던 것과 관련을 가지는 것이 아닌가 한다.

그런데 이미 그 전에 역관인 나카야마 가베에로부터 구상서가 전달되었다는 것이 위의 질의서에 그대로 드러나 있다. 단지 그 구상서가 자세하지 못했던 탓에 보충적인 질문을 한 것으로 보인다. 그래서 이루어진 스기무라 우네메의 질의에 대해, 같은 해 6월 13일에 나카무라는 아래와 같은 답신을 보냈다.

〔자료 6〕

「올해에도 그 섬에 벌이를 위해 부산포에서 장사배가 3척 나갔다는 것을 들었으므로, 한비차구라고 하는 부산포의 이국인을 붙이어, 섬의 형편이나 크기 등을 확인하고 해로에 이르기까지 꼼꼼하게 보도록 말했으며, 특별히 위의 사람들에게 붙이어 보냈기에 돌아오는 대로 자세하게 들은 것을 아뢰겠습니다. 우선 대충 들은 대로 별지에 적어서 올립니다.

곧 두려워하면서 적은, 구상의 각서

1. 부룬세미라고 하는 섬은 다르다고 합니다. 구체적으로 들은 바 우루친도라고 하는 섬이 있습니다. 부룬세미란 것은 우루친도라고 하는 섬이 있는데, 부룬세미란 것은 우루친도에서 동북에 위치하며 희미하게 보인다고 하는 것을 들었습니다.
1. 우루친도의 크기는 하루 반 정도 돌아볼 정도에 있는 것이라고 합니다. 더욱이 높은 산에 논밭, 큰 나무가 있는 것으로 들었습니다.
1. 우루친도는 강원도 내 에구하이라는 포구에서 남풍을 (이용하여) 출범한다고 들었습니다.
1. 우루친도에 왕래하는 것은 재작년부터라고 하는 것이 틀림없습니다.
1. 우루친도에 건너가는 일은 관아에서 안다고 하지 않으며, 자기들의 벌이를 위해 몰래 건너가는 것입니다.」[26]

---

26 "當年も被嶋江爲拵, 釜山浦より商賣船三艘罷越候由承届候付, ハンビチヤグ与申釜山之唐人相加, 嶋之様子庄大夫具見届, 海路ニ至迄入念候様ニ申付, 態右之者共ニ相加差越候, 歸着次第具承, 追而可申上候, 先荒增承候通別紙書付差上候.

1. ハブルンセミ之儀嶋違ニ而御座候, 具承屆候處, ウルチントウト申嶋ニ而御座候, ハブルンセミ之儀者ウルチントウト申嶋ニ而御座候, ハブルンセミ之儀者ウルチントウより北東ニ當かすかに相見申由承候事.
1. ウルチントウ嶋の大サ一日半廻り程有之由ニ御座候, 尤高山ニ而田畑大木等有之候由承及候事.
1. ウルチントウ江者江原道之内エグハイと申浦より南風ニ出帆仕候由承及候事.
1. ウルチントウ江通申候事去去年より罷渡候儀相違無御座候事.
1. ウルチントウ江罷渡候儀, 公儀江相知不申, 自分之爲拵密密ニ罷渡候事.

右之外之儀ハンビチヤグ歸着次第具承届, 重而委細可申上候."

이러한 답신을 통해서 전혀 상상을 할 수 없는 일이 당시에 벌어지고 있었음을 확인할 수 있다. 곧 부산포에서 장사배 3척이 울릉도로 나갔다는 것이다. 이것은 울릉도가 전복이나 미역을 따는 어채지로서가 아니라, 상거래를 하는 지역이었다는 사실을 말해준다. 이렇게 울릉도가 장사를 하는 곳이었다고 한다면, 그것은 조선 조정에서 알지 못하는 밀무역, 즉 잠상潛商의 온상이었을 가능성이 제기되는 것은 당연한 귀결이다.[27]

이런 추정은 상당한 설득력을 가진다. 왜냐하면 조선과 일본 막부와의 공식 통로는 대마도를 통해서만 이루어졌다. 그러므로 일반 상인들이 이 통로를 이용하는 것이 쉽지 않았을 것이다. 그러다 보니 울릉도가 민간 차원에서 밀거래가 이루어지는 장소가 될 수 있다는 것은 쉽게 상정할 수 있기 때문이다. 실제로 일본 사람들이 인삼을 좋아하였고, 또 울릉도에서는 산삼山蔘과 같은 것이 생산되었다는 것은 이와 같은 잠상의 문제를 고려할 필요성을 제기해주고 있다.[28]

어쨌든 이곳에서 스기무라가 물었던 부룬세미에 대해, 나카야마의 답변이 조금 다르다는 것을 알 수 있다. 다시 말해 전자는 죽도, 곧 울릉도를 부룬세미라고 하지 않느냐고 물은 데 대해, 후자는 "부룬세미란 것은 우루친도에서 동북에 위치하며 희미하게 보인다고 하는 것을 들었습니다."라고 대답했던 것이다. 이렇게 그 차이가 나는 경우에는, 대

越常右衛門. 앞의 책, 243쪽.

27 실제로 김호동은 안용복을 역관으로 장사를 하는 사람이었을 것이라는 추정을 한 바 있다.
김호동:「조선 숙종조 영토분쟁의 배경과 대응에 관한 검토」『대구사학(94)』(대구, 2009, 대구사학회), 84쪽.

28 영조 때에 강원감사 홍명환이 울릉도 수토관인 삼척영장 홍우보와 결탁하여, 울릉도 인삼을 몰래 채취하여 잠상에게 판 사건이 있었다.
『英祖實錄』 英祖 45年 11月 丁未 및 12月 丁巳 條:
김호동: 앞의 논문, 65쪽에서 재인용.

마도에 있었던 스기무라보다는 동래의 왜관에 있었던 나카야마의 답변이 더 신뢰할 수 있음은 두 말할 나위도 없다.

그렇지만 박어둔과 안용복이 돗토리로부터 나가사키長崎 봉행소로 옮겨진 다음에 행해진 조사에서는, 이들이 "이번에 우리가 전복을 따러 온 섬은 항상 조선에서는 무루구세무라고 하며, 일본 내에서는 죽도라고 하는 것을 이번에 들었습니다."[29]라고 하였다는 것이 『죽도기사』 1693년(元祿 6년 7월 1일) 조에 기록되어 있다. 또 대마도에 도착한 동년 9월 4일 에는 "그 섬의 이름은 조선에서는 '무루구세무'라고 합니다."[30]라고 했다는 기록이 남아 있다.

이와 같은 기록에 착안한 이케우치 사토시池內敏는, "여기에서 부룬세미의 '세미'와 무루구세무의 '세무'는 아마도 '섬'을 나타내는 조선어에 틀림없다. '부룬'은 "울릉鬱陵" 내지 '무릉武陵'의, 또 무루구는 '무릉'의 조선 독음으로 보아 큰 잘못은 없을 것이므로, 결국에는 부룬세미든 무루구세무든 울릉도를 가리키고 있다. 그리하여 죽도에서 붙잡힌 조선인은, 그 섬을 무루구세무라고 명언했다."[31]라는 견해를 피력하였다.

만약에 이와 같은 이케우치의 견해를 그대로 받아들인다면, 나카야마 가베에가 답신 가운데 "우루친도에서 동북에 위치하며 희미하게 보인다고 하는 것을 들었습니다."라고 하는 구절은 그 의미를 잃어버리게 된다. 단순히 발음이 비슷하다고 하여, 이들 두 섬을 다 같이 울릉도라고 보는 것은 쉽게 납득이 되지 않는다.

---

29 "此度我我共蚫取ニ參候嶋之儀, 常ニ朝鮮國にてハムルグセム与申候. 日本之內竹嶋与申所之由ハ此度承申候御事."
越常右衛門 : 앞의 책, 245쪽.

30 "彼嶋之名を朝鮮ニ而ムルグセム与申候."
越常右衛門 : 앞의 책, 253쪽.

31 池內敏 : 『大君外交と武威 - 近世日本の國際秩序と朝鮮觀』 (名古屋, 2006, 名古屋大出版部), 281쪽.

이러한 문제점에 대해 박병섭朴炳涉이 찾아낸 다가와 고조田川孝三의 「우산도에 관해서」라는 논고의 아래와 같은 결론은 상당히 타당성을 가지고 있어 관심을 불러일으킨다.

「요컨대 다카세 하치우에몽高勢八右衛門에게 말한 조선 역관의 이야기에 있는 그 방향에 3개의 섬이 있다고 하는 것과, 안용복의 말과, 그리고 나카야마 역관이 물은 조선인의 말, 이 세 가지가 문제가 되는 셈이다.

(A) 역관의 말은 세 개의 섬이 있다고 했을 뿐, 그 원근이나 방위는 전혀 말하지 않고 있다. 다만 여기서 확실한 것은 3개의 섬 가운데 하나는 울릉도, 하나는 우산도라고 했다고 하는 것이다.

(B) 나카야마 역관이 물어서 조선인의 말로는 그 명칭이 틀렸다고 생각되지만, 울릉도에서 희미하게 보이는 섬이 동북에 존재했다는 것이다.

(C) 안용복 등은 울릉도의 동북에서 실재로 두 번 목격한 섬을 우산도라고 듣고, 그 거리는 대개 하룻길이며, 큰 섬이라고 했다는 것이다.

이상 B·C는 섬 이름은 다르지만, 방향 및 '희미하게' 볼 수가 있다고 하는 점에서는 일치하고, A·C는 우산도가 있다고 하는 점에서 부합된다. ① <u>어쨌든 이상으로부터 울릉도 이외에 희미하게 볼 수 있는 섬이 존재하고, 그것이 우산도라고 불리고 있었던 것은 인정하지 않을 수 없다.</u>

오늘날 울릉도 주변의 섬을 보면, 울릉도 본도의 주변에 죽도(竹嶋 : 죽서(竹嶼))·서항도(鼠項島·관음도)의 2도가 있으나, 죽도는 본도의 동방 약 2킬로미터의 바다 가운데에 외로이 서 있는 거대한 언덕[巨岸]으로, 주위 2킬로미터, 최고지점 해발 150미터, 주위 거의 100미터에 미치는 암벽으로써 둘러싸여, 올라가기 지극히 어렵다. 단지 섬 위는 평탄하여 경작이 가능하다고 한다(『일본지리풍속대계』 권 17, 조선 하, 교토대 이학부 강사 하루모토 도쿠덴(春本篤天) 집필). 이것을 토지 임시 조사국 편의 조선 지지 자료朝鮮地誌資料에 관해서 보면, 본도 남서에 속하는 것으로, 명칭은 죽도, 해안선 연장 2킬로미터(0.18리(里)), 면적 6방리方里, 최고 지점 106미터라고 한다.

서항도鼠項島에 대해서는, 『한국수산지』에, "주위에 수많은 바위 섬岩嶋가 있다. 제일 큰 것은 북동쪽에 떠 있는 죽도라 하고 …… 여기에 이어지는 것은, 그 북방 즉 본도 동북방의 첨단에 접해 떠 있는 서항도이다."라고 하는 것으로, 전게 조선 지지 자료에는, 본도 북면北面에 속하는 섬 이름 관음도이다. ② 단적으로 만약에 이들 3도를 가지고 앞에서 적은 역관의 말에 비정한다면, 울릉도는 말할 것도 없이 우산도는 죽도(竹島, 다케시마/독도)로 생각하지 않으면 안 된다.

③ 우산도는 앞에서 말한 (B), (C)라고 하는 것에 의하면, 이 죽서竹嶼는 너무 가깝다. 북동이라고 하는 방향에 구애되지 않고 동방의 섬을 찾는다면, 동남에 우리가 오늘날의 죽도(다케시마/독도), 옛날의 송도 곧 리양쿠-르 도가 존재할 뿐이다. 더욱이 이것은 동서 2섬으로 되어 있고, 서도는 해발 약 157미터, 각 섬을 합쳐서 총 면적 68,990평의 바위섬이다. 그러므로 (C)에서 말한 것처럼 '큰 섬'이라고는 결코 말할 수 없다. 하지만 바다의 섬으로 있어서 희미하게 먼 곳에서 바라볼 때, 그 방향이나 크기가 틀리기 쉬운 것은, 당시의 지식으로 판단한다면 우선 있을 수 있는 일이라고 하지 않을 수 없다. 울릉도에서 이 죽도(리양쿠-르 섬)을 바라볼 수 있는 것은, 나카이中井 교수 등의 1919년(大正8년) 울릉도 식물 조사서에 의하면, "울릉도 제일 높은 봉우리 상봉에서 날씨가 청명한 날 난도(卵島, 리양코르-도)를 멀리서 바라볼 수 있다."고 한다. (C)의 말이 완전히 틀린 것이 아니라고 한다면, 대개 이 조건에 맞는 것으로서는 죽도(리양쿠-르 도) 이외에는 찾을 수가 없다. 즉 우산도는 죽도로 비정하지 않으면 안 된다.」[32]

인용이 조금 길어졌으나, 이 논문은 '취급주의'라는 도장이 찍혀 있는 것으로 보아 당시에 일부 사람들만 볼 수 있었던 특별한 연구였을 것으로 생각된다. 이런 의미에서 다가와의 이 연구는 어느 의미에서는 상당히 양심적인 논문이었다는 평가를 받을 수 있다.

사실 그는, 당시로서는 죽도 문제에 대해 아주 객관적인 견해를 피력하였다. 곧 위의 밑줄 친 ①에서 보는 것처럼, 나카야마 가베에의 답신

32 田川孝三 :「于山島について」『竹島資料10』 (松江, 1953, 島根縣圖書館所藏), 100-103쪽.

에 "우루친도에서 동북에 위치하며 희미하게 보인다고 하는 것을 들었습니다."라고 한 것을, 우산도라고 인정한 것은 사료를 제대로 해석했다고 볼 수 있다는 것이다.

그러나 다가와 고죠는 그 후의 발표된 「죽도 영유에 관한 역사적 고찰」이란 논문에서는 이것과는 미묘한 차이가 있는 견해를 제시하고 있어 주목을 끈다.

「(A) 역관의 말은, 2도 혹은 3도가 있다고 할 뿐, 그 원근, 방향에는 언급하지 않고 있으나, 그 하나는 울릉도, 하나는 우산도라고 한다.[33]

(B) 나카야마 역관이 물은 조선인의 말에, 울릉도에서 동북으로 희미하게 섬이 보인다고 하는 것.

(C) 안용복은 울릉도의 동북에, 거리 하루 정도의 큰 섬을 두 번 바라보았는데, 사람들로부터 그 이름은 우산도라고 들었다.

이상 (B), (C)에서는 울릉도 이외에, 동북으로 희미하게 보이는 섬이 있다고 하는 것에 일치하지만, b는 그것을 부룬세미, (C)에서는 우산도라고 하고 있다. 또 (A)는 하나에는 2도라고 하고, 하나는 3도라고 하는데 더욱이 3도 가운데 1도는 이름을 알 수 없는 섬이라고 하는 점을 합쳐서 생각한다면, 앞에서 말한 울릉 본도·죽서竹嶼 및 서항도(鼠項島 : 관음도)의 3도라고도 생각할 수 있다. 그리고 그 우산도는 죽서를 가리키는 것은 아닐까? 여하간 결정적은 아니지만 여전히 혼란이 보이지만, 울릉도 본도와 별개로 우산도라는 섬이 알려지고, 또 위치는 정확하지 않으나, 혹은 1도에 명명되었다는 것은 사실이었던 것이다. 게다가 그것은 반드시 먼 시기가 아니라, 이 1692·3년경부터의 일로 생각된다」[34]

---

33 이 글에서도 다가와는 알파벳을 대문자로 표기하였지만, 구분을 위해서 인용문에서는 소문자로 하였음을 명기해둔다.

34 田川孝三 : 「竹島領有に關する歷史的考察」『東洋文庫書報(20)』 (東京, 1988, 東洋文庫), 23-24쪽.

이와 같은 다가와의 주장은 그 전에 발표했던 「우산도에 관해서」라는 논문에서의 견해를 이상하게 바꾸었다는 것을 지적하지 않을 수 없다. 환언하면 1953년에 나왔던 후자에서는 ②에서 "우산도는 죽도(다케시마/죽도)로 생각하지 않으면 안 된다."라고 했다가, ③에서는 "이 죽서는 너무 가깝다. 북동이라고 하는 방향에 구애되지 않고 동방의 섬을 찾는다면, 동남에 우리가 오늘날의 죽도(다케시마/죽도), 옛날의 송도, 곧 리양쿠-르 섬이 존재할 뿐이다."라고 하여, 자료 6에 나오는 '부룬세미'를 우산도, 곧 독도로 보았었다. 하지만 1988년의 논문에서는 밑줄 그은 부분에서 보는 것처럼 "우산도는 죽서를 가리키는 것은 아닐까?"라고 하여, 우산도가 송도였다는 견해를 완전히 바꾸고 있다는 것을 알 수 있다. 이런 견해의 변화는 그가 죽은 다음에 이 논문이 발표되었다는 이케우치의 추정[35]을 받아들인다면, 다가와 자신이 고쳤을 수도 있고, 아니면 편집자가 바꾸었을 수도 있다. 하지만 일단은 전자에 무게를 두는 것이 사리에 맞는 것 같다.

그렇다고 보는 경우, 희미하게 보인다고 했던 부룬세미를 울릉도 코앞에 있는 죽도로 간주한 것은 무리한 주장이라는 점에서 일본 사람들 특유의 사료 왜곡의 일단을 엿볼 수 있다고 하겠다. 이런 점에서는 앞에서 소개한 이케우치 사토시의 견해도 이와 같은 범주에서 크게 벗어나지 않는 것이라고 할 수 있다.

그러나 다가와가 위의 (C)에서 언급한, 안용복의 다음과 같은 진술은 이 문제를 해결하는 중요한 단서가 된다.

---

35 이 논문이 발표된 것은 1988년이지만, 이것이 작성된 것은 그보다 훨씬 이전일 것으로 추정하고 있다. 그 이유는 그가 1988년 10월에 죽은 다음, "미발표 논문 가운데에서 한 편을 골라서" 『동양문고서보(東洋文庫書報)』에 발표했다고 보고 있기 때문이다.
池內敏 : 앞의 책, 401쪽.

〔자료 7〕

「인질이 여기에 머물러 있는 사이 질문을 하였을 때에 말한 것은, "이번에 간 섬의 이름은 알지 못합니다. 이번에 갔던 섬보다 북동에 해당되는 큰 섬이 있습니다. 그 곳에 머무는 사이에 잠깐 동안 두 번 보았습니다. 그 섬을 아는 자가 말하기는 우산도라고 말한다고 들었습니다. 끝끝내 가 본 적은 없습니다. 대개 하루 정도 (거리에) 있는 것이 아닐까라고 보인다."고 말하고 있습니다. 울릉도라고 하는 섬의 건은 일찍이 알지 못한다고 말하고 있습니다. 하지만 인질의 말하는 것의 허실을 가리기 어렵다고 말할 수 있기 때문에, 마음을 아뢰는 것입니다. 거기에서 잘 들어두어야 한다는 것을 말씀드립니다.」[36]

이 자료에서 안용복이 자기들이 갔던 섬의 이름을 알지 못하고, 울릉도도 잘 모른다고 한 것은 그럴 만한 이유가 있었다. 곧 그들은 울릉도에 가서는 안 되며, 거기에 가면 처벌을 받는다는 사실을 너무도 잘 알고 있었으므로, 이렇게 모르는 체하면서도 우산도에 대한 정보는 정확하게 진술하고 있었다는 것을 말해준다.

그러나 그는 대마도에 오기 전에 행해진 조사에서는 그 섬의 이름을 '무루구세무'라고 표현했었다. 이것은 앞에서 이미 살펴본 『죽도기사』 1693년 7월 1일 조에 남아 있다. 그 때문에 이게우치는 이것을 울릉도로 보기도 하였다. 하지만 다가와가 「울릉도에 관해서」란 논문에서 밝힌 것과 같이, 북동이라고 하는 방향에 구애되지 않고 하루 정도의 거리에 있는 섬은 세종 이후에 우산도로 불려오던 독도밖에 없다는 것은 너무도 자명하다.

---

36 "質人奚許逗留之內相尋候節申候ハ, 今度參候嶋之名者不存候. 今度參候嶋より北東ニ當り大キ成嶋有之候. 彼地逗留之內漸二度見江申候. 彼嶋を存たるもの申候ハ, 于山嶋与申候通申聞候. 終ニ參りたる事ハ無之候. 大方路法一日路餘も可有之哉与相見江申候由申候. 鬱陵島与申候之儀者曾而不存候由申候. 乍然質人之申分虛實難斗候得共爲御尋得申進候, 其元ニ而能御聞可被成候."
越常右衛門 : 앞의 책, 268-269쪽.

그런데도 일본의 학자들은 안용복이 거짓말을 한다는 데 초점을 맞추어, 그의 말은 전부가 믿을 수 없다고 하는 것은 자기들에게 유리한 것만 취하는, 일본인 특유의 자국 중심주의적인 태도라고 하지 않을 수 없다. 하지만 사실을 무시하고 말을 바꾸어가면서 자기들의 불법적인 독도 강탈을 정당화하는 것이야말로 또 다른 범죄 행위에 해당되는 것이 아닐까?

2-3. 조선 측 대응의 문제점

일본 측은 위에서 살펴본 것처럼 '울릉도 쟁계'에 대해 상당히 치밀한 준비를 하였다. 다시 말해 이나바因幡에서만 조사가 이루어진 것이 아니라, 나가사키長崎와 대마도에서도 박어둔과 안용복을 조사했다. 그러면서 조선 어부들의 울릉도 도해금지를 조선 조정에 요청하기 위해 많은 준비를 했다는 것이다. 그렇지만 그 과정에서 울릉도 문제뿐만 아니라, 오늘날의 독도에 대한 문제까지 대두되었다는 것은 스기무라 우네메와 나카야마 가베에 사이에 오고간 질의와 답신, 그리고 인질로 붙잡혀갔던 안용복의 진술 등을 통해 확인할 수 있다.

이렇게 하여 일본 막부에서 울릉도의 어업권과 영유권을 확보할 의도로 일으킨 '울릉도 쟁계'를 통해서 당시에 일본 측이 노렸던 것은 무엇인가? 일본 측의 자료인 『죽도기사』 권1에 실려 있는, 대마도의 태수太守[37]였던 타이라 요시쓰네平義倫가 조선의 예조 참의에게 보낸 서신을 통해서 이 문제를 살펴보기로 하겠다.

〔자료 8〕

「매서운 추위가 기승을 부리는데, 멀리서 생각하건대, 귀국은 평안하십니까? 본국은 한결같습니다. 이에 말씀드리고자 하는 것은, 귀국의 바닷가 어

37 '카미'라고 읽는 '守'는 지방의 장(長)을 의미하지만, 조선과 일본 측의 문헌에 '태수(太守)'로 쓰고 있으므로, 여기에서도 이 용어를 그대로 습용한다.

민들이 해마다 ㉮ 본국의 죽도竹島에 배를 몰고 와서 몰래 고기잡이를 하는 일이 있으니, 이곳은 지극히 닿을 수 없는 곳입니다. 이런 까닭으로 ㉯ 토관土官이 나라에서 금함을 자세히 타일러 다시는 하지 못하게 단단히 일러주고, 곧 그들을 내쫓아 돌아가게 하였습니다. 그러나 올 봄에 또 다시 40여명이 죽도에 와서 혼잡하게 고기잡이를 했습니다. 이로 말미암아 토관이 그 어민 두 사람을 구류하고 주사州司에게 (그것을) 바탕으로 하여 한 때의 증좌로 삼게 하였습니다. 그래서 본국 이나바주 목사因幡州牧가 서둘러 전후 일의 정상을 동도東都에 급히 아뢰었는데, 그 어민들을 우리 읍에 부여하여 본토로 돌려보내고, 지금부터 이후로는 결단코 그 섬에 어선을 용납하지 말고 더욱더 금제하라는 명을 받았습니다. 제가 이제 동도의 명을 받들어 귀국에 알려 드립니다. 이로 인하여 생각하건대, 무릇 우리 전하께서는 인덕으로 포용하시어 이미 지난 일을 탓하지 않으시고, 오직 은혜로운 돌보심으로 인하여 두 사람의 어민을 지금 고토로 돌려보내는 것입니다. 이 일은 비록 소민의 사사로움에서 나온 것이지만, 그 실제로 관계되는 것은 작지 않습니다. 그리고 가장 쉽지 않는 일이니, 소홀히 여기지 마십시오. 거듭 엄금하여 바닷가 어민들로 하여금 삼가 법제를 지키게 한다면, 좋은 이웃나라의 정의가 더욱더 영원히 좋아질 것입니다. 이에 정관正官 다치바나 마사카네橘眞重와 도선주都船主 타이라 도모사타平友貞를 차출하여 파견하니, 이제 바야흐로 돌려보내는 어민 두 사람의 곡절은 사신의 입에 부쳐 둡니다. 보잘것없는 예물과 유함侑槭은 먼 곳에서 정성을 펴는 것이니 웃으며 받아주시면 다행이겠습니다. 거듭 바라건대 밝게 헤아려주십시오. 이만 줄이옵고 편지의 예식을 다 갖추지 못합니다.

겐로구 6년 계유(1693, 肅宗19) 9월 일

대마도주 태수 습유 타이라 요시쓰네」[38]

---

38 "寒威在近 遐惟 貴國晏淸 本邦同軌. 玆告 貴國邊海漁民 頻年行舟於 本國竹島 竊有漁採者 極是不可到之地也. 以故土官詳諭國禁 固告不再 乃使渠輩逐還矣. 然今春亦復 四拾餘口 來于竹島 沓然漁採 由是土官拘留其漁民貳人 而爲質於州司 以爲一時之證 故本國因幡州牧 速以前後事狀 馳啓東都 蒙令彼漁民附與弊邑以還本土 自今以往 決莫容漁舡於彼島 彌可存制禁 不佞 今奉東都之命 以告報貴國 仍想我殿下包荒仁德 既往不咎 唯緣恩庇 而貳人漁氓 今還故土也 此事雖出于小民之私 而其實所係非小 最不容易 莫敢忽之 荐加嚴禁 使海角漁民 愼守法制則德隣之誼 益惟永好

이것은 대마도의 태수인 타이라 요시쓰네가 박어둔과 안용복을 귀국시키면서 예조에 보낸 서신이다. 이러한 이 서신의 밑줄을 그은 ㉮에서 "본국의 죽도"라고 표현한 것으로 보아, 당시에 타이라 요시쓰네가 '울릉도'에 자기들이 부르는 '죽도'라는 이름을 붙여, 일본의 땅으로 만들려고 했다는 사실을 확인할 수 있다. 이것은 한국이 우산도 또는 자산도子山島, 석도石島 등으로 불러오던 독도에 '죽도'라는 이름을 붙여서 탈취를 강행했던 것을 정당화시키고 있는 현재의 상황과 너무도 흡사한 발상이어서, 역사가 반복되고 있다는 것을 절감하게 하고 있다.

여하간 그들은 죽도가 자기네 영토이기 때문에 조선의 어부들이 고기잡이를 위해 이곳에 들어와서는 안 된다고 하면서, 도해금지를 요청하기에 이르렀다. 그러면서 무라카와·오야 두 집안에 고용되었던 어부들을 ㉯에서 보는 것처럼 토관土官, 곧 지방의 관리라고 사칭하였다. 그들은 실제로 아무런 관직도 가지지 않은, 일개 어부에 불과한 존재들이었다. 그런데도 여기에서 토관이란 용어를 사용한 것은 박어둔과 안용복의 강제 연행을 정당화시키기 위한 방편의 하나가 아니었는가 한다. 이런 추정을 하는 까닭은 이들의 연행을 계기로 울릉도에서의 어업권을 확보하고, 나아가서는 울릉도를 점취하기 위해서는 같은 어부 출신이라고 하기보다는 지방의 관리를 사칭하는 것이 바람직하였을 것으로 생각되기 때문이다. 이처럼 일본의 막부와 대마도 태수는 치밀한 계획 아래, 울릉도에서 납치해갔던 박어둔과 안용복을 귀국시키면서, 조선측 어부들의 도해금지를 요청했던 것이다.

이에 대해 조선 조정의 태도는 울릉도에 대해, 1도 2명설一島二名說의 어정쩡한 태도를 취했다. 이런 태도는 당시 예조禮曹 참판參判이었던 권

茲差遣正官橘眞重都船主平友貞　今方回還漁民貳人曲折　附在使舌　薄儀侑械　庸申遐忱　莞留爲幸　更希氷照　肅此不宣　元祿六年癸酉九月日　對馬州太守拾遺　平義倫."
岡嶋正義 :『竹島紀事(1)』『독도연구』(경산, 2008, 영남대독도연구소), 259-262쪽.

해權瑎의 답서에 잘 나타나 있다.

〔자료 9〕

「배를 타고 사신이 오심에 보내주신 편지가 함께 이르니, 진실로 위로가 되고 감사드립니다. 우리나라에서는 해금海禁이 지극히 엄하여 바닷가 어민들을 규제하고 단속하여 먼 바다로 나가지 못하게 합니다. 비록 우리 영토인 울릉도라고 하더라도 아득히 멀리 있는 까닭으로 절대로 임의로 왕래하는 것을 허락하지 않는데, 하물며 그 밖에 있어서이겠습니까? 이번에 어선이 감히 귀 지역의 죽도에 들어가서 번거롭게 다스려 환송하는 데에 이르게 했는데, 멀리서 정성스럽게 글로써 깨우쳐 주시니, 이웃나라와 우호를 쌓는 정의에 진실로 기쁘고 감사드리는 바입니다. 바닷가 어민들은 고기를 잡아서 생계를 삼기 때문에, 혹 바람을 만나서 표류하는 근심이 없지 않습니다. 그러나 국경을 넘어 깊이 들어가 어지럽게 고기잡이를 한 것은 법으로 마땅히 크게 징벌해야 할 것입니다. 이제 범인들은 법률에 따라서 죄를 주고, 차후엔 연해 등의 곳에 과조을 엄하게 세워 각별히 경계하겠습니다. 보내주신 예물은 잘 받았으며 감사드립니다. 보잘것없는 예물과 유함侑緘은 바라건대 밝게 헤아려주십시오. 편지의 예식을 다 갖추지 못합니다.

계유(1693, 숙종19) 12월

예조 참판 권해」[39]

권해의 이러한 회신은 앞의 자료 8에서 대마도 태수 타이라 요시쓰네가 말한 "본국의 죽도"란 표현을 인정해주는 것 같은 인상을 받는다. 그러면서도 "우리나라의 울릉도"라는 표현도 아울러 사용하고 있어, 울릉도가 우리나라 땅임을 명확하게 하였다. 이와 같은 양시론兩是論적인

39 "槎便鼎來 惠翰隨至 良用慰荷. 弊邦海禁至嚴 制束濱海漁民 使不得出于外洋 雖弊境之蔚陵島 亦以遼遠之 故切不許任意往來 況其外乎. 今此漁船 敢入貴界竹島 致煩領送, 遠勤書諭 隣好之誼 實所欣感. 海氓獵魚以爲生理 或不無遇風漂轉之患. 而至於越境深入雜然漁採 法當痛懲. 今將犯人等依律科罪, 此後沿海等處 嚴立科條 各別申飭. 佳貺領謝. 薄物侑緘 統惟照亮 不宣. 癸酉年十二月 日 禮曹參判 權瑎." 岡嶋正義 :『竹島紀事(1)』『독도연구』(경산, 2008, 영남대독도연구소), 282-282쪽.

태도는 사건을 적당하게 무마하려고 했던, 당시 관리들의 얄팍한 발상에서 기인된 것이 아닌가 한다.

이에 비해, 숙종은 대마도 왜인들이 말하는 죽도가 울릉도인 것 같다는 동래부사의 장계를 그대로 받아들이고 있었다. 이것은 『승정원일기』 숙종 20년 1월 15일 계축癸丑 조에 기록되어 있다.

〔자료 10〕

「상께서 말씀하시기를, "어제 동래부사의 장계를 보니, 이른바 죽도라고 하는 곳은 울릉도인 것 같다고 하였다."라고 하니, 내선(來善 : 당시 좌의정이었던 목내선을 말함)이 말하기를, "각각 사람들의 초사(招辭 : 죄인의 진술 내용)를 살펴보건대, 그 중 한 사람이 도착한 섬은 또한 다른 섬이라고 하니, 이 섬이 과연 왜인이 말하는 죽도인지 알지 못하겠습니다."라고 하였으며, 암(黯 : 당시 우의정이던 민암을 말함)이 말하기를, "그들에게 속한 섬이 죽도인 듯합니다."라고 하였다.」[40]

이와 같은 기록들을 통해서, 당시의 집권층이 울릉도에 대해 가지고 있던 인식의 일단을 엿볼 수 있다. 곧 왜관이 있어 대마도의 왜인들과 접촉을 하고 있던 동래부사는 죽도가 울릉도인 것 같다는 장계를 올렸고, 또 숙종 자신도 그것을 사실로 믿었었다. 그렇지만 막부와의 교섭을 책임지고 있던 예조에서는 일본의 '죽도설'을 인정해주는, 애매한 태도를 취하고 있었다는 것이다.

그런데 예조의 이와 같은 불확실한 태도는 대마도 측에게 울릉도가 일본 땅이 될 수 있다는 환상을 심어주기에 충분했던 것 같다. 당시의

---

40 "上曰, 昨見東萊府使狀啓, 則所謂竹島, 似是蔚陵島矣. 來善曰, 考見各人招辭, 其中一人所到之島, 又是別島矣. 未知此島, 果是倭人所謂竹島乎? 黯曰, 渠之所屬之島, 似是竹島矣."
『承政院日記』 肅宗 20年 1月 15日 癸丑條.

정황을 엿볼 수 있는 것이 『변례집요』 숙종 20년 2월 조의 기록에 남아 있다.

〔자료 11〕

「같은 달(1694년 2월) 서울의 접위관의 별단(別單 : 정식이 아닌 별도의 예단(禮單))은 대략 이번에 차왜가 찾아온 일입니다. 진실로 하나의 섬에 두 가지 이름의 의심이 있으니 옳고 그름을 밝힐[辨覈] 뜻이 없지 않으나, 파도가 아득한 가운데 섬의 하나둘을 분명하게 알기는 어렵고, 분명히 알기 어려운 일로 화친을 맺어 사이가 좋은 이웃나라와 틈이 생기는 실마리를 내는 것은 두루 살펴 깊이 삼가는 도리가 아닙니다. 그러므로 우선 둘로 나누는 논의를 해서 울릉도임을 보이면 우리 땅의 모양이 될 것입니다. 그래서 바야흐로 조정에 돌아가자마자 아뢰어야 할 말들을 별도로 아래에 기록합니다.」[41]

여기에서 말하는 서울의 접위관은 당시에 조정에서 파견하였던 홍중하를 가리킨다. 그러니 홍중하의 위에서와 같은 보고는 대마도에서 파견된 다치바나 마사카네가 찾아와서 '울릉도'란 어구의 삭제를 요구한 것에 대해 자신의 견해를 밝힌 것이다. 따라서 이와 같은 견해를 통해 홍중하 역시 1도 2명의 사실을 해명하려는 의지가 미약했다는 것을 드러내고 있다. 즉 울릉도와 죽도가 한 섬의 두 이름이란 사실을 밝히는 것이 일본과의 화친을 저해할 수 있으므로, 울릉도임만을 강조하자고 하였다는 것이다. 그러면서 그는 아래와 같은 별도의 기록을 덧붙였다.

41 "同月, 京接慰官別單, 大略今此差倭出來之事, 固有一島二名之疑, 非無卞覈之意, 而海濤微茫之中, 島之一與二, 難可以明知, 以難明之事, 至發釁端於和好之隣邦, 有非周愼之道, 故姑爲分而二之之論, 以示蔚島則爲吾土之狀, 而方當還朝所聞說話, 別爲開錄于左."
禮曹 典客司 :『邊禮集要』 肅宗 20年 2月條.

〔자료 12〕

「(1694년 2월) 제1조, 차왜가 혹시 우리나라가 다투어 시비를 가릴 일이 있을까 염려하여 따로 문자를 효해曉解하는 왜인을 데려와서 이로써 규명하려 하니, 차왜가 또한 그 하나의 섬이 두 가지 이름을 가짐을 아는 듯합니다. 제2조, 통사왜通事倭[42]가 역관에게 물어 말하기를, "죄인들을 어찌 다시 문초하지 않습니까?"라고 하기에 "당신 나라에서 이미 죽도에 들어갔다고 말했으니, 어찌 믿지 못하고 다시 문초할 수 있겠습니까?"라고 대답하니, 통사왜가 말하기를, "참으로 그렇습니다. 어둡고 못난 죄인들이 그들이 들어간 섬이 죽도와 울릉도가 됨을 어찌 기억할 수 있겠습니까?"라고 했습니다. 이로 규명하니 죄인들이 울릉도에 들어간 것을 저들에게 말한 듯합니다. 제3조, 차왜가 갑자기 말하기를, "울릉도가 진실로 귀국의 땅임을 압니다만, 임진년(1592년, 선조25년) 뒤로 일본이 차지하게 된 것은 지봉(芝峯 : 이수광(李睟光))의 말 중에 있지 않습니까?"라고 하여 역관이 대답하기를, "임진년에 약탈된 것이 다만 울릉도뿐이겠습니까? 결국은 일본이 차지한 것은 비록 하나의 풀과 나무라 하더라도 우리나라로 다시 되돌아오지 않은 것이 없으니, 울릉도는 저절로 다시 되돌아온 것 중에 있습니다. 지봉만필芝峯謾筆이 어찌 참으로 근거할 만한 글이 된다고 감히 이것을 원용하여 말하십니까?"라고 하니, 차왜가 머리를 숙이고 대답을 하지 못했습니다. 차왜가 지봉이 기록한 것으로 일찍이 시험해 보려는 계획을 삼았는데, 역관의 대답이 그 속마음을 꿰뚫어 보았습니다. 그래서 차왜가 곧 울릉도와 죽도는 각각 자기의 섬이 된다는 말로써 그의 말끝을 맺고, 끝내 '1도 2명一島二名'을 감히 말하지 못한 것은 대개 스스로 돌이켜보아 위축되지 않아서인 것 같습니다.

제4조, 차왜가 데려온 사람인 소베에가 말하기를, ㉠ "울릉도와 죽도를 따지지 말고 바다 섬 가운데에 두 국민들이 서로 왕래하며 몰래 장사를 하는 폐단이 없지 않으니, 울릉도는 귀국에서 들어가는 것을 금지하고, 죽도는 일본에서 그 왕래하는 것을 금지한다면, 뒷걱정이 없을 것입니다."라고 하니, 역관이 대답하여 말하기를, "당신들은 마땅히 죽도도 금지시킨다는 뜻

42 통사왜(通事倭)는 왜인으로 숙종 19년 계유(1693)에 처음으로 통역을 담당하기 위해 왔으며 3년마다 교체되었다. 『增正交隣志』 제2권, 지(志), 차왜(差倭) 참조.

으로 에도江戶에 말해야 할 것입니다."라고 하였습니다. 소베에摠兵衛가 말하기를, "죽도엔 큰 대나무가 많아서 그것을 베어서 필요한 곳에 쓰기 때문에 비록 모두 금하여 못하게 하기는 어려우나, 자주 왕래하는 것을 허락하지 않는다면, 근심거리는 되지 않을 듯합니다."라고 하였습니다.

제5조, 소베에가 말하기를, "회답서계 중에 '울릉'이란 글자가 반드시 들어간 것엔 깊은 뜻이 있는 듯한데, 어찌 말하지 않습니까?"라고 하니, 역관이 말하기를, "글을 지을 때 우리나라가 해금을 엄격히 함을 밝히고, 우리 섬도 금지한다는 뜻을 증명하여 말하고자 하는 뜻이니, 어찌 다른 뜻이 있겠습니까?"라고 하였습니다. 소베에가 말하기를, "우리들은 울릉도가 귀국의 땅임을 이미 알고 있으나, 에도에서 스스로 어떤 말을 둘 만한 것이고, 귀국이 이 두 글자를 서계 중에 먼저 넣어서 보내니, 뒤에 차례로 의심나는 것에 대해 옳고 그름을 가리는 일이 다시 있을까 두려워할 뿐입니다. 혹시 이와 같다면 도주께서 어찌 에도에 거듭 죄를 얻지 않겠습니까? 걱정이 되는 것이 여기에 있습니다."라고 하니, 역관이 말하기를, "의심나는 것에 대해 옳고 그름을 가린다는 말은 실로 뜻밖이며, 장차 무슨 말을 증명하고 무슨 일의 옳고 그름을 가려서 바로잡음을 말한 것입니까?"라고 하였습니다. 소베에가 말하기를, "사람의 생각은 알지 못하는 것이 없는 까닭으로 말한 것입니다. 반드시 증명할 만한 말과 옳고 그름을 가려서 바로잡을 만한 일이 있음을 말한 것은 아닙니다."라고 하였습니다.

제6조, 차왜가 역관에게 "울릉도가 어느 쪽의 바다에 있습니까?"하고 물으니, 역관이 "울진과 삼척 땅의 건너편에 있습니다."라고 말했습니다. 차왜가 "죽도는 울릉도로부터 거리가 얼마쯤입니까?"라고 말하니, 역관이 "다만 울릉도만 알 뿐이고, 죽도가 어느 곳에 있는지는 듣지 못하였습니다. 공은 울릉도가 죽도로부터 거리가 얼마쯤인지 알고 있습니까?"라고 말했습니다. 차왜가 "나도 죽도만 알 뿐입니다."라고 하고, 차왜가 다시 "울릉도는 산의 형세가 어떠합니까?"하고 물으니, 역관이 "공들은 『(신증 동국)여지승람』을 보지 못했습니까? 세 봉우리가 있다고 합니다."라고 하였습니다. 차왜가 웃으며 "죽도도 세 봉우리가 있다고 합니다. 두 섬의 봉우리 수가 우연히 서로 같으니, 또한 괴이한 일입니다."라고 했습니다.

제7조, 이제 왜인이 앞뒤로 말한 뜻을 살펴보니, ㉡ <u>그들이 '1도 2명一島二名'</u>

의 형상을 미루어 알고, 조정에서 '울릉' 두 글자로 서계 중에 거론한 것을 비록 사물을 꿰뚫어 보고 일의 옳고 그름을 가리어 당사자가 있는 그 자리에서 나무라고 배척하는 통쾌함만 같지는 못하지만, 그들이 다른 날에 증신證信의 자료로 삼으면, 증명하는 문서로 이용할 만하다고 여긴 것이니, 일은 비록 순조로우나, 뜻은 실로 심원합니다. 차왜가 삭제하기를 청한 것은 또한 이것을 헤아린 것 같으며, 곧바로 함께 다투어 시비를 가리는 것보다 오히려 낫다고 여긴 까닭입니다. 마침내 아주 순순히 받아들이고 돌아갔습니다.」[43]

43 第一條, 差倭, 或慮我國有爭卞之事, 別爲帶來曉解文字之倭人, 以此推之, 似是差倭, 亦知其爲一島二名, 第二條, 通事倭, 問於譯官曰, 罪人等, 何不更推耶, 答以, 爾國旣云, 入往竹島, 則何可不信而更推乎, 通事倭曰, 誠然矣, 迷劣罪人等, 其所入往之島, 爲竹島與蔚陵島, 何能記得乎云云, 以此推之, 似是罪人等, 以入往蔚陵島, 爲言於彼中, 第三條, 差倭忽發言曰, 蔚陵島, 固知其爲貴國地, 而壬辰後, 爲日本占據者, 芝峯說中, 不有之乎, 譯官答, 以壬辰之被掠, 其獨蔚島而已, 畢竟日本之所占據者, 雖一草一木, 莫不復歸於我國, 蔚島自在復歸之中矣, 芝峯謾筆, 豈爲眞的可據之文, 而乃敢援此爲言耶, 差倭低頭不答, 差倭以芝峰之所記, 欲爲嘗試之計, 譯官所答, 破其肝膽, 故差倭, 乃以蔚·竹各自爲島之說, 畢其言端, 而終不敢以一島二名發說者, 盖緣自反而不縮, 第四條, 差倭率來人摠兵衛曰, 毋論蔚與竹, 海島之中, 兩國民之互相往來, 不無潛商之弊, 蔚島, 則自貴國禁其入往, 竹島則, 自日本禁其往來, 可無後慮, 譯官答曰, 爾等宜以竹島亦禁之意, 爲言於江戶矣, 摠兵衛曰, 竹島多大竹, 爲其伐取需用, 雖難一切禁斷, 不許頻數往來, 則似無逢着之患矣云云, 第五條, 摠兵衛曰, 回書中, 必入蔚陵文字, 似有深意, 何不言之耶, 譯官曰, 作文之際, 欲明我國海禁之嚴, 而證言我島亦禁之意也, 豈有他意, 摠兵衛曰, 吾等, 旣知蔚島之爲貴國地, 自可有言於江戶, 而但恐貴國, 先入此二字於書中以送之, 後復有次第卞問之擧矣, 倘或如此, 則島主豈不重得罪於江戶乎, 所慮在此云云, 譯官曰, 卞問之言, 實是意外, 將謂證何說卞何事耶, 兵衛曰, 人之思慮, 無所不知故云, 非必謂有可證之說可卞之事也云云, 第六條, 差倭問於譯官曰, 蔚陵島, 在於何邊海中耶, 譯官曰, 在於蔚珍·三陟等地越邊矣, 差倭曰, 竹島自蔚陵島相距幾何云耶, 譯官曰, 但知蔚陵而不聞竹島在何處耳, 公則知蔚陵島自竹島相距幾何耶, 差倭曰, 吾亦但知竹島耳, 差倭復問曰, 蔚島山形何如, 譯官曰, 公等, 不見輿地勝覽乎, 有三峯云矣, 差倭笑曰, 竹島亦有三峯云, 兩島峯數, 偶然相同, 亦是怪底事云云, 第七條, 今以倭人前後語意觀之, 則其爲一島二名之狀, 可以推知, 朝家以蔚陵二字, 擧論於書契中, 雖未若洞卞直斥之爲快, 而其爲他日證信之資, 則足可爲明文, 事雖巽順, 而意實深遠, 差倭之請刪, 盖亦揣此, 而以其猶愈於直與爭卞之故, 終至順受而歸.

이와 같은 별단은 접위관 홍중하가 역관과 함께 대마도에서 파견된 정관 다치바나 마사카네와 그가 데려온 소베에, 그리고 일본 측의 통사와 대화를 나누면서 받은 느낌을 적은 것이다. 홍중하는 이 별단에서 다치바나가 1도 2명의 사실을 알고 있으며, 이 문제를 두고 그들 사이에 많은 의견 교환이 있었다고 하였다. 여기에서 관심을 끄는 것은 다치바나가 울릉도란 섬이 조선의 소속임을 알고 있었다는 사실이다. 그러면서도 임진왜란 이후에 일본이 점취했다는 것을 강조하고 있다는 것은 당시에 이미 울릉도를 자기들의 영토로 만들려고 했었음을 나타낸 것이었다고 볼 수 있다.

그런데 서로 의견 교환을 하는 과정에 있어서 제4조의 ㉠에서와 같이 대마도 측도 역시 1도 2명설을 제시하고 있었다는 것은 그들의 목적을 달성하기 위한 사술詐術이었다는 점에 주목할 필요가 있다. 왜냐하면 조선 조정에서 보낸 서계에 있는 '울릉'이란 어구를 삭제하기 위한 하나의 방안으로 그런 말을 했다고 판단되기 때문이다.

그렇지만 홍중하는 이와 같은 대마도 측의 속내를 꿰뚫어 보고 있었다. 즉 제7조의 ㉡에서 "다른 날에 증신의 자료로 삼으면, 증명하는 문서로 이용할 만하다고 여긴 것이니, 일은 비록 순조로우나 뜻은 실로 심원하다."라고 한 것은 상대편이 다음에 어떻게 나올 가능성이 있는가를 예측하였다는 것이다.

그런데 이상과 같은『변례집요』의 기술을 토대로 편찬되었을 것으로 생각되는『숙종실록』에서, 이와 관련된 기록이 다음과 같이 되어 있다.

〔자료 13〕

「계유년 봄에 울산의 고기잡이 40여 명이 울릉도에 배를 대었는데, 왜인의 배가 마침 이르러, 박어둔과 안용복, 2인을 꾀어내 잡아서 가버렸다. 그 해 겨울에 대마도에서 정관 다치바나 마사카네로 하여금 박어둔 등을 거느려 보내게 하고는, 이내 우리나라 사람이 죽도에서 고기 잡는 것을 금하기를 청하였는데, 그 서신에 이르기를, "귀역의 바닷가에 고기 잡는 백성들이 해마다 본국의 죽도에 배를 타고 왔으므로, 토관이 나라에서 금한다는 것을 상세히 알려 주고서 다시 와서는 안 된다는 것을 굳이 알렸는데도, 올봄에 어민 40여 명이 죽도에 들어와서 난잡하게 고기를 잡으므로, 토관이 그 2인을 잡아두고서 한때의 증거의 인질로 삼으려고 했는데, 본국에서 이나바주 목사[(因)幡州牧]가 동도東都에 빨리 사실을 알림으로 인하여, 어민을 폐읍弊邑에 맡겨서 고향에 돌려보내도록 했으니, 지금부터는 저 섬에 결단코 배를 용납하지 못하게 하고 더욱 금제를 보존하여 두 나라의 교의交誼로 하여금 틈이 발생하지 않도록 하십시오."하였다.

예조에서 회답하는 서신에 이르기를, "폐방에서 어민을 금지 단속하여 바깥 바다에 나가지 못하도록 했으니 비록 우리나라의 울릉도일지라도 또한 아득히 멀리 있는 이유로 마음대로 왕래하지 못하게 했는데, 하물며 그 밖의 섬이겠습니까? 지금 이 어선이 감히 귀경貴境의 죽도에 들어가서 번거롭게 거느려 보내도록 하고, 멀리서 서신으로 알리게 되었으니, 이웃 나라와 교제하는 정의는 실로 기쁘게 느끼는 바입니다. 바닷가 백성이 고기를 잡아서 생계로 삼게 되니 물에 떠내려가는 근심이 없을 수 없지마는, 국경을 넘어 깊이 들어가서 난잡하게 고기를 잡는 것은 법으로서도 마땅히 엄하게 징계하여야 할 것이므로, 지금 범인들을 형률에 의거하여 죄를 과하게 하고, 이후에는 연해 등지에 과조를 엄하게 제정하여 이를 신칙하도록 할 것이오." 라고 하였다.

이내 교리 홍중하를 접위관으로 임명하여 동래의 왜관에 이르게 했는데, 다치바나 마사카네가 우리나라의 회답하는 서신중에 '우리나라의 울릉도란 말'을 보고는 매우 싫어하여 역관에게 이르기를, "서계에 다만 죽도라고만 말하면 좋을 것인데, 반드시 울릉도를 들어 말하는 것은 무슨 이유인가?"라고 하면서, 이내 여러 번 산개刪改하기를 청하고는, 사사로이 그 따라온 왜인을 보내어 대마도에 통하여 의논하기를 거의 반달이나 되면서 시일을 지체하여 결정하지 않으므로, 홍중하가 역관으로 하여금 이를 책망하니, 따라온 왜인이 사사로 통역관에게 이르기를, "도주는 반드시 울릉이란 두 글자를 깎아 버리려고 하고 있으니 난처한 일이 있는 듯하며, 또한 자세히 고치기를 청하는 정관의 서신을 받아야 하기 때문에 저절로 이와 같이 되었다." 라고 하고는, 또 번갈아 근거 없는 말을 하면서 다투므로, 우리 조정에서 마침내 들어주지 않았다. 다치바나 마사카네가 꾀가 다하고 사실이 드러나게 되어 그제야 서계를 받고서 돌아갔다. 이에 울릉도에 배를 정박했던 사람을 치죄하여 혹은 형신刑訊하기도 하고, 혹은 귀양 보내기도 하였다.

후에 승지 김만귀金萬龜가 강연講筵에 모시고 있다가 임금에게 아뢰기를, "신이 옛날에 강원 도사江原都事가 되었을 때, 바닷가에 이르러 거주하는 사람에게 울릉도를 물었더니 가리켜 보이므로, 신이 일찍이 일어나 멀리서 바라보니 세 봉우리가 뚜렷했는데, 해가 뜰 때에는 전혀 볼 수가 없었습니다. 이로써 영암의 월출산에서 제주를 바라본 것에 비한다면 오히려 가까운 편입니다. 신은 마땅히 이 섬에 진을 설치하고서 뜻밖의 변고에 대비해야 된다고 생각합니다. 지난번에 고기 잡는 사람을 귀양 보낸 일은 아마 지나친 듯합니다."라고 하니, 임금이 말하기를, "그대의 말이 또한 소견이 있도다." 라고 하였다.」[44]

---

44 "癸酉春 蔚山漁採人四十餘口 泊船於鬱陵島. 倭船適到 誘執朴於屯·安龍福二人而去. 及其冬 對馬島使正官橘眞重 領送於屯等, 仍請禁我人之漁採於竹島者. 其書曰 貴域瀕海漁氓 比年行舟於本國竹島, 土官詳諭國禁 固告不可再. 而今春漁氓四十餘口 入竹島雜然漁採, 土官拘其二人 爲一時證質. 本國因幡州牧 馳啓東都, 令漁氓附與弊邑 以還故土. 自今以後 決莫容船於彼島 彌存禁制, 使兩國交誼 不坐釁郄. 自禮曹覆書曰 弊邦禁束漁氓 使不得出於外洋 雖弊境之鬱陵島 亦以遼遠之故, 不許任意往來 況其外乎. 今此漁船 敢入貴境竹島, 致煩領送 遠勤書諭 隣好之誼. 實所欣感. 海氓獵漁 以爲生理, 不無漂轉之患 而至於越境深入, 雜然漁採 法當痛徵. 今將犯人等 依律科罪, 此後沿海等處 嚴立科條而申勅之. 仍以校理洪重夏 差接慰官 至東萊倭館. 則橘眞重 見覆書中弊境鬱陵之說 甚惡之. 謂譯官曰 書契只言竹島固好, 必奉鬱陵者 何也. 仍屢請刪改 而私送其從倭, 通議於馬島 殆至半月 遷延未決. 重夏使譯官責之. 從倭私謂譯官曰 島主必欲刪鬱陵二字 而如有難處者, 亦許受書正官之委曲請改 自爾如此. 又迭爲游辭以爭之 朝廷終不聽. 橘眞重計窮情露 乃受書以歸. 於是 治泊船鬱陵島人 或刑訊或編配. 後承旨金龜萬侍講筵 白上曰
臣昔爲江原都事 至海上 問居人以鬱陵島, 則爲指示之 臣早起遙望 三峰歷歷, 及日出都不可見矣. 以此比之於靈巖月出山之望濟州 則尙爲近矣. 臣謂當置鎭于此島 以備不虞. 向者漁採人之謫配 恐爲過也. 上曰 爾言亦有見矣."
『肅宗實錄』 肅宗 20年 2月 辛卯 條.

이것은 『숙종실록』 숙종 22년(1694년) 2월 신묘(23일) 조의 기록이다. 이 기사의 내용은 조선과 일본 사이에 오고간 문서들은 바탕으로 하여 하였다. 그런 기술의 단적인 예가 바로 자료 8에서 제시한 타이라 요시 쓰네의 서신 내용, 곧 "본국의 죽도"니 "토관"과 같은 용어의 기록이다. 이와 같은 사실은 조선 조정의 사관들이 당대의 기록을 근거로 사초史草를 만들고, 그에 따라 실록을 기록하였다는 것을 말해준다.

하지만 이들 사관은 어떤 사건의 진실성 여부를 식별하지 못하는 경우도 있었다. 이렇게 말하는 까닭은 타이라가 오야 집안에서 고용했던 일개 어부를 "토관"이라고 사칭했던 것까지 그대로 옮겨 적었기 때문이다.

그러나 이런 문제점이 있기는 하지만, 전혀 근거가 없는 것을 조작하여 기록하지 않았다는 것은 명백하다. 이와 같은 사실의 확인은, 다음 장에서 살펴볼 안용복의 진술 문제와 깊은 관련을 가지고 있다.

여하간 이러한 실록의 기사를 통해서, 자료 9에서 제시한 예조 참의 권해의 답신이 조선 조정의 공식적인 견해였으며, 당시에는 1도 2명설의 입장을 취하고 있었다. 그러면서도 "울릉"이란 말은 끝까지 삭제하지 않으려고 했었다는 것을 알 수 있다. 그렇지만 이와 같은 어중간한 태도에 입각한 1도 2명설의 서계 - 앞에서 제시한 자료 9의 권해權瑎의 답신을 의미한다. - 는 남구만南九萬에 의해 주달奏達되어 그 반환이 숙종에 의해 승인되었다.

〔자료 14〕

「이 해의 여름에 남구만이 임금에게 아뢰기를, "동래부사의 보고에 왜인이 또 말하기를, '조선 사람은 우리의 죽도에 마땅히 다시 들어오는 것을 금지해야 할 것이다.'라고 하는데, 신이 『지봉유설』(고(故) 판서 이수광이 저술한 책으로, 지봉은 그의 호이다.)을 보니, 왜놈들이 의죽도礒竹島를 점거했는데, 의죽도는 곧 울릉도이다.'라고 했습니다. 지금 왜인의 말은 그 해독이 장차 한정이 없을 것인데, 전일 왜인에게 회답한 서계가 매우 모호했으니, 마땅히 접위관을 보내어 전일의 서계를 되찾아 와서 그들이 남의 의사를 무시하고 방자하게 구는 일을 바로 책망하는 것이 좋겠습니다. 신라 때 이 섬을 그린 그림에도 또한 나라 이름이 있고 토공을 바쳤고, 고려 태조 때에 섬사람이 방물을 바쳤으며, 우리 태종 때에 왜적이 침입하는 근심을 견딜 수가 없어서 안무사를 보내어 유민을 찾아 내오게 하고는, 그 땅을 텅 비워두게 했으나, 지금 왜인들로 하여금 거주하게 할 수는 없습니다. 조종의 강토를 또한 어떻게 남에게 줄 수가 있겠습니까?"라고 하였다.

신여철申汝哲은 아뢰기를, "신이 영해의 어민에게 물으니, '섬 가운데 큰 물고기가 많이 있고, 또 큰 나무와 큰 대나무가 기둥과 같은 것이 있고, 토질도 비옥하다.'고 하였는데, 왜인이 만약 점거하여 차지한다면 이웃에 있는 강릉과 삼척 지방이 반드시 그 해를 받을 것입니다."라고 하니, 임금이 남구만의 말을 들어 써서 전일의 서계를 돌려오도록 명하였다.」[45]

이것 역시 『숙종실록』 숙종 22년(1694년) 월 신묘(23일) 조의 기사이다. 하지만 모두冒頭에 "이 해의 여름"이라고 한 것으로 보아, 서계 반환에 관한 논의는 그 해 여름에 있었던 것이 이 날짜에 기록된 것이 분명하다. 실제로 남구만의 건의는 『승정원일기』 숙종 24년 윤5월 경인(24일) 조에 실려 있다는 것을 밝혀둔다.

여하간 이처럼 2월 23일의 기사로 기록된 것이기는 하지만, 그 해에 영의성이 된 남구반의 주달로 ㅗ 선에 1도 2멍설을 쉬했던 조정에서는

---

45 "是夏 南九萬白上曰 東萊府使報 倭人又言, 朝鮮人入於吾竹島 宜禁其更入也. 臣見『芝峰類說』(故判書李晬光所著, 芝峯卽其號.) 倭奴占據礒竹島 礒竹 卽鬱陵島也. 今倭人之言 其爲害 將無窮. 前日答倭書 殊模糊 宜遣接慰官, 推還前書 直責其回賓作主可也. 新羅圖 此島亦有國名 納土貢. 高麗太祖時 島人獻方物. 我太宗朝 不勝倭患 遣按撫使 刷出流民而空其地 今不可使倭居之. 祖宗疆土 又何容與人乎. 申汝哲曰 臣聞寧海漁人 島中多大魚, 又有大木大竹如杠, 土且沃饒, 倭若據而有之, 旁近江陵, 三陟必受其害. 上用九萬言 命還前書."
『肅宗實錄』 肅宗 20年 2月 辛卯 條.

울릉도가 죽도라는 확실한 인식을 가지게 되었다. 그리고 그로 인해 그 전해에 보냈던 예조 참의 권해의 답신을 다시 찾아오라는 숙종의 어명이 내려졌다.

이와 같은 과정을 거치면서, 조선 측과 일본의 막부, 그리고 조선과의 관계를 담당하고 있던 대마도 사이에는 몇 번인가의 교섭이 진행되었다. 그러면서 일본의 막부도 그 나름대로 자료를 조사하여 이 문제에 대한 결단을 내렸다.

2-4. 울릉도 쟁계의 타결

1696년(숙종 22년) 정월 28일, 에도 막부는 로츄老中[46] 오쿠보 카가노카미大久保加賀守와 아베 붕고노카미阿部豊後守, 토다 야마시로노카미戸田山城守, 쓰치야 사가미노카미土屋相模守 등 4명의 연서로 요나고의 주민 두 명에게 허가했던 죽도 도해를 금지하는 뜻을, 돗토리 번주에게 전달하였다.

〔자료 15〕

「몇 해 전에 마쓰타이라 신타로가 이나바주와 호키주를 다스리고 있었을 때, 무라카와 이치베에와 오야 진기치가 상태를 살피려 죽도에 도해하였으나, 지금에 이르러 고기잡이를 한다고 하더라도, 향후 죽도로 도해하는 것을 금지해야 한다고 (막부가) 명하셨기 때문에, 그 뜻을 받들어야 할 것이다. 외람되게 삼가 아룀.」[47]

---

46 '로츄'는 에도 막부에서 쇼군(將軍)에 직속하여 정무를 총괄하고 다이묘(大名)를 감독하던 직책으로 정원은 4·5명이었다고 한다.

47 "先年松平新太郎因州伯州領知之節 相窺之因伯州米子之町人村川市兵衛, 大屋甚吉竹島へ渡海, 至于今雖致漁候, 向後竹島へ渡海之儀制禁可申付旨被仰出之候間, 可被存其趣候. 恐恐謹言."
內藤正中 : 위의 책, 84쪽에서 재인용.

이것이 마쓰타이라 호키노카미松平伯耆守에게 하달된 도해 금지령인데, 기타자와 세이세이北澤正誠의 『죽도고증竹島考證』에도 이와 비슷한 내용이 기록되어 있다.

〔자료 16〕

「겐로쿠 9년 정월 28일 소宗 게이부刑部 타이후大輔[48]가 (대마도)국國으로 돌아가면서, 에도 성에 갔을 때 로츄 4인이 나란히 앉은 가운데 토다 야마시로노카미로부터 죽도의 건에 관해 각서 한 통을 건네받았다. 몇 해 전 이래 호키주의 요나고 주민 두 명이 죽도에 가서 어로를 해왔는데, 조선인도 그 섬에 와서 일본인과 뒤섞여 무익한 일이 되었으므로, 향후 요나고의 주민이 도해하는 것을 금지한다는 명령이었다.」[49]

이 도해 금지령은 호키주의 태수에게만 하달된 것이 아니라, 대마도에서 파견되어 있던 게이부 타이후였던 소宗에게도 통보되었다는 것을 말해준다. 이것은 전자가 도해 면허와 직접적인 관련을 가지는 곳이고, 후자는 조선과의 교섭을 담당하는 창구였기 때문이었을 것이다.

그런데 이런 결정을 내리게 되기까지는 막부에서 죽도 문제에 대해 상당한 검토를 거쳤을 것으로 추정된다. 이런 추정은 1695년 12월에 로츄 아베 붕고노카미가 12월 24일 돗토리번에 아래와 같은 질문서를 보낸 것이 확인되기 때문이다.

---

48 게이부(刑部)의 차관(次官) 가운데에서 쇼후(少輔) 위에 있던 자를 말한다.
松村明 監修: 『大辭泉』 (東京, 1995, 小學館), 1611쪽.

49 "九年正月二十八日　宗刑部大輔歸國御暇トシテ, 登城老中四人列坐戶田山城守ヨリ竹島ノ義ニ付, 覺書一通被相渡. 先年以來伯州米子ノ町人兩人竹島へ罷越致漁獵所, 朝鮮人モ彼島ヘ參リ日本人入交リ, 無益ノ事ニ候間, 向後米子ノ町人渡海ノ義ヲ差留旨下令アリ."
北澤正誠 編 : 『竹島考證』 (東京, 1996, エムティ出版), 83쪽.
번역은 정영미 역 : 『죽도고증』 (서울, 2006, 바른역사정립기획단), 161쪽 참조.

〔자료 17〕

「동년(1695년) 12월 24일 마쓰타이라 호키노카미의 가신家臣을 불러, 호키주로부터 죽도에 어민이 건너간 이래 고기잡이를 하는 유래를 들은 것에 관해, 글로써 물은 각서.

1. 이나바주와 호키주에 딸린 죽도는, 언제부터 양국에 부속한 것인가? 선조에게서 영지가 내려진 이전부터의 일인가? 또는 그 후의 일인가 하는 사항.
1. 죽도는 대개 어느 정도의 섬인가? 사람이 살고 있는지 없는지에 관한 사항.
1. 죽도에 고기 잡으러 사람이 간 것은 언제부터 갔는가? 매년 가는가? 또는 가끔 가는가? 어떻게 (고기를) 잡는가? 어선의 수도 많이 가는가 하는 사항.
1. 3·4년 전에 조선인이 와서 고기잡이를 하고, 그 때 두 사람을 인질로 잡아왔다고 하는데, 그 이전에도 때때로 왔었는가? 종내 오지 않다가 위의 2년에만 계속하여 왔다는 것인가에 관한 사항.
1. (최근) 1·2년은 (죽도에) 가지 않았는가 하는 사항.
1. 전년에 왔을 때는 어선 수는 어느 정도였고, 사람은 어느 정도 왔는가에 관한 사항.
1. 죽도 외에 양국(이나바주와 호키주)에 부속하는 섬이 있는가? 아울러 이에 고기 잡으러 양국의 사람이 가는가에 관한 사항.

위의 상황을 알고 싶으니, 글로 써서 받고 싶습니다. 이상」[50]

---

50 "同年十二月二十四日松平伯岐守家來召寄, 伯州より竹島江漁民相越年來漁採仕候由相聞候付, 書付を以尋候覺.

1. 因州伯州江附候竹嶋者, いつの頃より両國江附属候哉, 先祖領地被下候以前より之儀候哉. 但其以後より之儀候哉之事.
1. 竹嶋者大方何程はかりの嶋候哉, 人居無之候哉之事.
1. 竹嶋者漁採ニ人参候儀何頃より相越候哉, 年々参候哉, 又者折節参候哉, 如何様之猟仕候哉, 舟数も多参候哉之事.
1. 三四年以前朝鮮人参致猟候, 其砌人質ニ両人被捕候, 其以前も折々ハ参候哉, 終不参右之節両年打續参候哉之事.
1. 一両年者不相越候哉之事.
1. 先年参候時分者, 船数何程斗, 人も何程参候哉之事.
1. 竹嶋之外両國江附属之嶋有之候哉, 是又漁採ニ両國之者参候哉之事.

右之通承度候書付可被差越候", 以上

에도 막부는 이 질의서에서, "이나바주와 호키주에 딸린 죽도는, 언제부터 양국에 부속한 것인가? 선조에게서 영지가 내려진 이전부터의 일인가? 또는 그 후의 일인가?"라고 물었다. 이런 막부의 질문은, 죽도가 이나바국와 호키국을 관할하는 돗토리번에 속하는 것으로 생각하고 있었다는 것을 드러내는 것이다.[51]

이에 대한 돗토리번의 답변서는 그 다음달 25일에 에도에 있던 (돗토리)번주의 저택으로부터 막부에 바로 제출되었다. 이렇게 빨리 아래와 같은 답변서가 제출된 것에 대해, 나이토 세이츄內藤正中는 그 전에 막부로부터 조회가 있었고, 사료에 바탕을 둔 조사를 영지에서 행하는 등의 준비를 하고 있었던 것으로 보고 있다.[52]

〔자료 18〕

「1. 죽도는 이나바·호키의 부속이 아닙니다. 호키국 요나고의 주민 오야쿠우에몽·무라카와 이치베에라고 하는 자가 도해한 건은, 마쓰타이라 신타로가 영주였던 시절, (막부가) 봉서로써 명령을 하였다는 것을 들었습니다. 그 이전에도 도해하고 있었다는 것은 듣고있습니다마는, 그 건은 잘 알지 못한다고 말씀드리는 것입니다.

1. 죽도의 둘레는 대개 8·9리쯤 되고, 사람은 살지 않는다는 것입니다.

1. 죽도에 고기를 잡으러 가는 계절은 2·3월경이고, 요나고에서 배가 나가서 매년 건너갑니다. 그 섬에서 전복 등의 고기를 잡는 배의 숫자는 대소 2척이 가는 것입니다.

1. 4년 이전인 신년(壬申年 : 숙종 18년, 1692년)에 조선인들이 그 섬에 와 있을 때, 도사공都沙工들이 만났던 일은 그 때에 말씀을 드렸으며, 다음 유년(癸酉年 : 숙종 19년, 1693년)에도 조선인들이 왔기에, 우리 도사공들이 만난 조선인 두 사람을 연행하여 요나고로 돌아왔고, 그 건도 보고를 올리

中村元起 ;「磯竹嶋事略(坤)」『독도연구(3)』(경산, 2007, 영남대독도연구소), 343쪽.

51 內藤正中 : 앞의 책, 86쪽.

52 內藤正中 : 앞의 책, 85쪽.

고 나가사키長崎로 보냈습니다. 술년(甲戌年 : 숙종 20년, 1694년)에는 조난 풍파로 고난 풍파로 어쩔 수 없이 그 섬에 착안한 건도 보고하였습니다. 올해에도 도해하였더니, 이국인이 많이 보였기에 착안着岸하지 못하고 돌아올 때, 송도(松島 : 독도)에서 전복을 조금 잡아왔다고, 위의 건을 보고 드리는 것입니다.

1. 신년(壬申年, 1692년)에 조선인들이 왔을 때, 배 11척 가운데에서 6척은 난풍을 만나고, 남은 6척이 그 섬에 머물렀는데, 사람 수는 53명이었습니다. 유년(癸酉年, 1693년)에는 배 3척에 사람 수 42명이 와 있었습니다. 금년에는 배의 숫자도 많고 사람들도 보였으므로, 착안하지 못하여 분명하게 알지 못하는 것입니다.
1. 죽도·송도 이외에 양국에 부속하는 섬은 없다는 것입니다.

12월 25일」[53]

그러나 이 답신에서 마쓰타이라 호키노카미는 "죽도는 이나바·호키의 부속이 아닙니다. 호키국 요나고의 주민 오야 쿠우에몽·무라카와 이치베에라고 하는 자가 도해한 건은, 마쓰타이라 신타로가 영주였던

---

53 1. 竹嶋者, 因幡伯耆附属ニ而者無御座候, 伯耆國米子町人大屋九右衛門, 村川市兵衛と申者渡海漁採仕候儀, 松平新太郎領國之節御奉書を以被仰付候旨承候, 其以前渡海仕候儀も有之候様承候得共, 其領相知不申候事.
1. 竹嶋廻凡八九里程有之由人居無之候事.
1. 竹嶋江漁採参候節者, 二月三月比米子出船毎年罷越候, 於彼地蚫みちの魚猟仕候, 船大小弐艘参候事.
1. 四年以前申年, 朝鮮人彼嶋江参居節, 船頭共参逢候儀, 其節御届申上候, 翌酉年も朝鮮人参居申內, 船頭共参逢, 朝鮮人弐人連候而, 米子江罷帰, 其段茂御届申上長崎江相送申候, 戌年者, 逢難風 着岸不仕段御届申上候, 当年茂渡海仕候処, 異国人数多見へ申候間, 着岸不仕相帰候節, 松嶋にて蚫少々取申ヌ候, 右之段御届申K 上候事.
1. 申年朝鮮人参候節, 船拾一艘之内六艘逢難風, 残五艘者, 彼嶋ニ留り, 人数五十三人居申候, 酉年者, 船三艘. 人四拾弐人参居申乙候, 当年者, 船枚餘多人も多相見
1. 竹嶋松嶋其外両國江附属之嶋無御座候事

十二月廿五日

中村元起 ;「磯竹嶋事略(坤)」『독도연구(3)』(경산, 2007, 영남대독도연구소), 344쪽.

시절, (막부가) 봉서로써 명령을 하였다는 것을 들었습니다. 그 이전에도 도해하고 있었다는 것은 듣고 있습니다마는, 그 건은 잘 알지 못한다고 말씀드리는 것입니다."라고 하여, 막부에서 죽도가 돗토리번에 속한다는 인식이 잘못되었다는 사실을 명확하게 하였다. 이러한 그의 태도는 2005년에 독도가 자기네 땅이라고 '죽도의 날'이란 조례를 제정한 시마네현 의회와 그것을 공포하면서 "돌아와라 죽도여."라는 입간판을 세운 시마네현 지사의 처사와는 너무도 대조적인 태도였다.

그리고 이와 같은 답신에도 분명하게 하지 않은 것이 있어서인지는 몰라도, 마쓰타이라 호키노카미는 「호키노카미에게 여러 가지 물은 것에 대해, 또 다시 글로 써서 보내는 각서」를 별도로 작성하여 제출하였다. 이것이 막부에서 호키주 어부들로 하여금 울릉도에 도해를 금지하게 만드는 데 결정적인 역할을 했던 것으로 판단된다.

〔자료 19〕

「1. 죽도(竹嶋 : 울릉도) 외에 송도(松嶋 : 독도)라고 하는 섬이 있어, 이나바국·호키국에 부속하는 섬이냐고 물은 것에
위 건에 송도는 두 곳에 속하지 않습니다. 죽도에 도해하는 길에 있는 섬입니다.

1. 죽도에서 이나바국 호키국으로부터 거리가 얼마나 되느냐고 물은 것에,
이나바국에서 죽도에는 도해하지 않습니다. 호키국으로부터 뱃길로 160 리[54] 정도에 있습니다.

1. 죽도에서 조선국에의 거리가 얼마나 되느냐고 물은 것에,
해상의 거리는 알지 못하지만, 대개 40 리 정도에 있다고 도사공들은 말합니다.

(겐로쿠 9년(1695년) 12월 25일 마쓰타이라 호키노카미」[55]

---

54 '리(里)'는 거리를 헤아리는 단위로 36丁(町 : 3.9273킬로미터)에 상당한다. 옛날에는 300보, 곧 지금의 6丁(町)의 거리였다.
新村出 編 : 《廣辭苑》(東京, 1983, 岩波書店), 2501쪽.

이것은 시마네현에서 설립했던 죽도 문제 연구회에서 새로 발굴한 자료라고 공개한 『기죽도사략磯竹島事略』에 실려 있는 것이다. 이러한 이 자료를 통해서, 막부가 울릉도뿐만 아니라 '송도'라고 부르던 독도에 대해서도 관심을 가지고 있었다는 사실을 확인할 수 있다. 곧 당시 막부는 조선과 그 어업권 및 영유권 다툼을 벌이고 있는 울릉도와 함께, 거기에 부속되었다고 생각하던 송도에 대한 정보도 수집하고 있었다는 것이다. 이와 같은 사실은 막부가 울릉도와 독도를 하나의 세트로 인식하고 있었음을 드러낸 것이었다.

그리고 이처럼 에도 막부에서 하나의 세트로 생각하고 있던 울릉도를 조선의 영토로 인정하게 되는 계기가 바로 이 섬에 대한 조선과 일본에서의 거리였다는 점에 주목할 필요가 있다. 바꾸어 말하면 일본의 호키에서 울릉도까지는 160 리인데 비해, 조선에서의 거리는 40 리라는 사실이 울릉도를 조선의 영토로 인정하는 이유가 되었다는 것이다. 이런 사실을 보다 명확하게 알 수 있는 자료가 1876년 시마네현이 죽도 외 1도를 지적 편찬에 넣어야 할 것인가 아닌가를 문의한 「일본해 내 죽도 외 1도 지적 편찬 방침에 관한 질의」에 첨부된 부속 문서 제 1호이다.

〔자료 20〕

「덴류인天龍院 공이 에도성江戶城에 가서 작별 인사를 한 후, 하쿠서원白書院에서 로츄 4명이 나란히 앉았는데, 토다 야마시로노카미戶田山城守가 죽도

---

55 「伯耆守江段々相尋候付 又々書付差出候覺
1. 竹嶋之外松嶋与申嶋 因幡國伯耆國江附屬之嶋ニ候哉之事,
右, 松嶋兩國江附屬ニ而ハ無御座候, 竹嶋江渡海之筋ニ在之嶋ニ而御座候
1. 竹嶋江因幡國伯耆國より道程何程有之候哉之事
因幡國より竹嶋江渡海ハ不仕候. 伯耆國より船路百六拾里程有之候.
1. 竹嶋より朝鮮國江道程何程在之候哉之事.
海上道程難知候., 凡四十里餘茂可在御座哉与, 船頭共申候.
(元祿九年) 十二月 二十五日 松平伯耆守.」
中村元起 ;「磯竹島事略」『독도연구(3)』(경산, 2007, 영남대 독도연구소), 345쪽.

건에 관한 각서 한 통을 건네주었습니다. 몇 해 전 이래 호키주 요나고의 주민 두 명이 죽도에 가서 어채를 하고 있는 바, 조선인도 그 섬에 가서 일본인과 뒤섞이어서 무익한 일이 되었으므로, 앞으로는 요나고 주민의 도해를 금지한다는 분부를 내렸습니다.

이보다 앞서 정월 9일, 미사와 기치사에몽三澤吉左衛門으로부터 지키우에몽直右衛門에게 용건이 있어 나오도록 하라는 건에 대하여 찾아뵙고 붕고노카미豊後守를 만나 뵈었더니, 바로 분부하신 것은 "죽도의 건을 나카마오 데와노카미中間衆出羽守와 우쿄右京[56] 대부大夫와도 비밀리에 이야기를 하였던[內談] 바, 죽도는 원래부터 알지 못합니다."라고 말했습니다.

① 호키로부터 도해하여 어채해왔다고 하기에, 마쓰타이라 호키노카미에게 문의하였던 바, "이나바 호키에 부속되었다고 말할 수는 없습니다."라고 합니다. 요나고 주민 두 명이 전년대로 배로 도해하고 싶다고 청원하였기에, 그 당시 영주 마쓰타이라 신타로로부터 알림이 있어, 이전과 같이 신타로에게 봉서로써 말을 전했다는 것입니다. 사카이 음악장酒井雅樂頭, 도이 요리장土井大炊頭, 이노우에 회계장井上主計頭, 나가이 신노노카미永井信濃守가 연판連判하였으므로, 생각하건대 대략 타이도쿠인台德院 대가 아닐까 합니다. 몇 해 전이라고 하지만 햇수는 알 수가 없습니다.

위[右][57]와 같은 경위로 도해하여 어채를 해온 것으로, 조선의 섬을 일본에서 빼앗았다고 할 수도 없고, 일본인이 거주한 적도 없습니다. ② 길의 이수里數 건에 관해 물어보았더니, 호키로부터는 160 리 정도에 있으며, 조선에서는 40 리 정도에 있다는 것이라고 합니다. 그러니 조선국의 울릉도이지 않겠습니까? 또한 일본인이 거주했다거나 이쪽(일본)에서 빼앗은 섬이라고 한다면 새삼스럽게 돌려주기는 어렵지만, 아래左[58]와 증거도 없다고 하므로, 이쪽에서 상관하지 않는다고 말하도록 되는 것이 어떻겠습니까?

또한 대마도 태수가 울릉도라고 기재한 것을 삭제하여 답장을 써달라고 (조선에) 요구해놓고 답장도 받지 않은 채 죽었습니다. 그러므로 위의 답서가 조선에 보류된 것이라고 합니다. 아래와 같이 말한다면 게이부刑部 (타이후(大

56 '우쿄'는 교토(京都)에서 즈자쿠 대로(朱雀大路)의 서쪽 지역을 가리킨다.

57 주 10과 같은 경우이다.

58 본문은 세로로 쓴 문장이기 때문에 '좌'를 아래로 옮긴다는 것을 밝혀둔다.

輔))로부터 울릉도 건으로 분부를 보낼 수는 없습니까? 또는 어쨌든 죽도 건에 관해 대강을 게이부 (타이후)로부터 서한이라도 보내야 한다고 생각하지는 않습니까? 위와 같이 잘 판단하여 의견을 자세히 들려주기 바랍니다. 전복을 채취하러 가기 전까지는 쓸모없는 섬이었던 바, 이 건이 해결되지 않아, 몇 년 전부터[年來]의 통교가 단절되는 것도 어떨까 합니다.

③ (막부의) 위광威光 또는 무위武威를 내세워 억지를 부리려 해도 말이 되지 않는 것을 주장하는 것은 소용없는 일입니다. 죽도 건은 원래 확실하지 않으며, 해마다 가지도 않았습니다. 이국인이 도해하므로 앞으로 도해하지 않도록 분부하라고 사가미노카미相模守로부터 지시가 있었습니다. 원래 금제해왔던 것으로, 무익한 일로 인해 세월이 지나가는 것도 어떨까 하고 생각됩니다. 게이부 (타이후)에게는 마음가짐으로 말한다면 이와 같이 말해두고 싶은 바, 지금 새삼스럽게 그와 같이 말하는 것이 어떨까 하고 망설임이 있는 것이 아닌가 하고 생각합니다. 그것은 조금도 곤란한 일이 아닙니다. 우리들이 잘 판단하겠으므로, 생각하는 대로 기탄없이 말해주기 바랍니다. 그대들도 생각하는 바를 기탄없이 말해야 할 것입니다. 같은 것을 몇 번이나 말하는 것이 집요하게 생각되지만, 이국에 전달해야 하는 것이라서 몇 번이고 의견을 말한 것이니, 생각하는 바를 몇 번이고 말해주었으면 합니다. 사안이 복잡하기 때문에, 지금 조금 논리를 세운 후 전달하려고 합니다.

위에서 구두로 말한 내용을 그 쪽에서 기억하게 하기 위해 적어서 보내는 일로, 각서를 곧 바로 보내도록 하겠습니다. 그러므로 받아서 보고 지금의 취지에 덧보태어 해결을 할 수 있을 것으로 생각합니다. 아래와 같이 되면, '앞으로 일본인은 그 섬에 건너가서는 안 된다고 생각하십니까?'하고 묻는 자가 있겠지만, 과연 그대로입니다. 거듭 일본인은 건너가지 않도록 생각하시는 것이 막부의 뜻입니다. 그래서 '죽도를 돌려준다고 하는데 아무런 이익이 없지 않습니까?'라고 말한다면 그대로입니다. 원래가 빼앗은 섬이 아닌 다음에야 돌려준다고 말할 성질의 것도 아닙니다. 이쪽에서 상관할 일이 아니며, 이쪽에서 잘못이라고 말할 수도 없는 것입니다.

위에서 말한 것과는 약간 차이가 있지만, 일이 (해결이 되지 않고) 세월이 흘러가기보다 조금 다른 데가 있다고 하더라도, 가볍게 해결하는 것이 좋을 것이므로, 이 점을 잘 판단하도록 하라는 것이었습니다. 이제 잘 해결하겠으며, 돌아가서 게이부 타이후에게 보고하겠다고 말한 후 물러났습니다.

겐루쿠 9년 병자 10월 일

대마도 봉행 타이라 사네아키 등」[59]

---

59 "天龍公御登城御暇御拜領被遊上於御白書院御老中御四人列坐ニテ戸田山城守樣竹島之儀ニ付御覺書壹通御渡被成. 先年以來伯州米子之町人兩人竹島江罷越致漁候處朝鮮人モ被島江參致漁日本人入交リ無益之事ニ候間向後米子之町人渡海之儀被差留候与之御儀被仰渡候也. 同是ヨリ前正月九日三澤吉左衛門ヨリ直右衛門儀御用ニ付罷出候樣ニ与之儀ニ付參上仕候處豊後守樣御逢被成御直ニ被仰聞候ハ竹島之儀中間衆出羽守樣殿右京大夫殿へも遂內談候竹島元志ヶと不相之事ニ候伯耆ヨリ渡リ漁いたし來候由ニ付松平伯耆守殿へ相尋候處因幡伯耆へ附屬ト申ニテモ無之候米子町人兩人先年之通リ船相渡度之由願出候. 故其時之領主松平新太郎殿ヨリ案內有之, 如以前渡海仕候樣ニ新太郎殿へ御奉書申遣候酒井雅樂頭殿,土井大炊頭殿,井上主計頭殿,永井信濃守殿連判ニ候故考見候得ハ大形台德院樣御代ニテモ可有之哉ト存候先年ト有之候得共年數ハ不相知候. 右之首尾ニテ罷候リ漁仕來候迄ニテ朝鮮之島ヲ日本へ取候ト申ニテモ無之, 日本人居住不仕候道程之儀相尋候得ハ伯耆ヨリハ百六拾里程有之朝鮮へハ四十里程有之由ニ候. 然ハ朝鮮國ノ蔚陵島ニテモ可有之候哉. 夫共ニ日本人居住仕候歟. 此方江取候島ニ候ハヽ今更遣しかたき事ニ候得共 左樣之證據等モ無之候間 此方ヨリ構不申候樣ニ被成如何可有之哉. 右ハ對馬守殿ヨリ蔚陵島ト書入候儀差除返簡仕候樣被仰遣返事無之內對馬殿死去ニ候. 故右之返簡彼國江差置たる由ニ候. 左候得ハ刑部殿ヨリ蔚陵島之儀被仰越候ニ及申間敷歟. 右ハ兎角竹島之儀ニ付一通リ刑部殿ヨリ書翰ニテモ可被差越ト思召候哉. 右ニ樣之御了簡被成思召寄委可被仰聞候鮑取ニ參り候迄ニテ無益島ニ候處此儀むすぼられ年來之通交絶申候モ如何ニ候. 御威光或ハ武威ヲ以申勝ニいたし候テモ筋もなき事申募リ候儀ハ不入事ニ候. 竹島之儀元志ヶと不仕事ニ候例年不參候異國人罷渡候故, 重テ不罷越候樣ニ被申渡候樣ニト相模守殿ヨリ被申渡候元ばつといたしたる事ニ候無益之儀ニ事おもくれ候ても如何ニ存候, 刑部殿ニハ御律儀ニ候間始如此申置候處, 今更ヶ樣ニハ被申間敷与之御遠慮モ可有之歟ト存候. 其段ハ少モ不苦候我等宜樣ニ了簡可仕候間思召之通リ無遠慮可被仰聞候. 其方達モ存寄無遠慮可被申候同し事を幾度モ申進候段くどき樣ニ存候得共異國江申遣候事ニ候故度度存寄申遣候間思召寄幾度モ被仰聞候樣ニト存候御事繁內ニ候故今少し筋道をも付候上ニテ達上聞可申ト存候. 右申渡候口上之趣其方覺之爲ニ書付遣候与之御事ニテ御覺書御直ニ御渡被成候故請取拜見仕候テ只今之御意之趣有増落着申候存樣ニ存候. 左候ハヽ以來日本人者彼島江御渡被遊間敷与之思召ニ候哉ト伺申候得者如何ニモ其通ニ候. 重テ日本人不罷渡候樣ニト思召候由御意被成候. 故竹島儀返し被遣候ト申ニテモ無御座候哉と申上候得共其段も其通リニ候. 元取候島ニテ無之候上ハ返し候ト申筋ニテモ無之候. 此方ヨリ構不申以前ニ候此方ヨリ誤リ候共不被申事ニ候. 右被仰遣候趣とハ少しくい違候得とも事おもくれ可申より少しくい違ひ候とも輕く相濟申候方宜候間此段御了簡被成候樣ニ与之御事故とくと落着新候罷歸リ刑部大輔へ可申聞よし申上候テ退座仕ル. 元祿九年 丙子 對馬奉行 平眞顯 等."
송병기 편:『독도영유권자료선』(춘천, 2004, 한림대출판부, 137-139쪽.

위 부속문서의 첫 번째 단락은 앞의 자료 15에서 제시한 도해금지령을 언급하고 있다. 이로 미루어 보아, 막부에서 도해금지령을 마쓰타이라 호키노카미와 대마도의 봉행이었던 타이라 사네아키平眞顯에게 하달하였다는 앞에서의 추정이 사실이었음이 입증되었다. 그리고 이러한 이 문서가 시마네현에서 올린「일본해 내 죽도 외 1도 지적 편찬 방침에 관한 질의」의 증빙자료로 들어가 있다는 것은 이것이 사마네현에도 보관되어 왔다는 것을 드러내는 증거라고 하겠다.

그런데 이 문서 안에서, 당시 일본에서 죽도라고 부르던 울릉도의 영유권이 조선에 있다는 사실을 인정하게 된 계기들 가운데에서 가장 중요했던 것으로 상정되는 것이 밑줄을 그은 세 곳이다. 우선 ①에서 마쓰타이라 호키노카미가 "(울릉도가) 이나바, 호키에 부속되었다고 말할 수는 없습니다."라고 말했다는 사실이다. 따라서 당시의 호키노카미는 사실을 사실대로 보고했었다. 이런 사실은 2005년 시마네현 의회가 2월 22일을 '죽도의 날'로 정하는 조례안을 통과시키자, 동 현의 지사가 이를 즉각 공포한 것과는 너무나 큰 차이를 보여주는 것이다. 그때 시마네현이 그런 조치를 취한 것은 제국주의적 침략으로 인해 강탈했던 독도에 대한 향수가 작용한 탓이 아닐까 한다.

그리고 ②에서는 아베 붕고노카미가 앞서 자료 19에서 제시하였던 마쓰타이라 호키노카미의 보고 내용을 인용하면서, "그러니 조선국의 울릉도이지 않겠습니까?"라고 해서, 이수를 근거로 하여 울릉도를 조선의 영토로 인정했다는 사실이다.[60] 그리고 이와 함께 "일본인이 거주했

번역은 송병기 편 : 앞의 책, 145-148쪽 참조.

60 이와 같은 사실은 『통항일람(通航一覽)』 권137에도 "지금 그 지리를 헤아려보니, 이나바를 떨어지기 160리 정도, 조선을 떨어져서 40리 정도이다. 이것은 일찍이 그들의 지계(地界)임이 의심할 수 없는 것 같다."라고 한 것으로 보아, 거리를 가지고 섬의 소유를 결정했다는 것을 확인할 수 있다.
早川純三郎 編 : 『通航一覽』 (京都, 1913, 淸文堂), 卷137, 27쪽.

다거나 이쪽(일본)에서 빼앗은 섬이라고 한다면 새삼스럽게 돌려주기 어렵지만"이라고 하여, 그들이 살지도 않았으며 또 점령하지도 않았다는 사실을 솔직하게 인정했다.

다음으로 ③에서 나란히 앉았던 아베 붕고노카미가 "(막부의) 위광 또는 무위를 내세워 억지를 부리려 해도 말이 되지 않는 것을 주장하는 것은 소용없는 일입니다."라고 말했다는 사실이다. 사실 당시의 막부로서는 그 전에 도요토미 히데요시豊臣秀吉가 임진왜란을 일으켰을 정도로 세력을 가졌었기 때문에, "범하기 어려운 위엄[威光] 또는 무력의 위엄[武威]"로 조선을 협박할 수도 있었을 것이다, 그렇지만 말이 되지 않는 것을 주장하지 않겠다는 깔끔한 입장을 취했었다. 그리고 사가미노카미가 "죽도 건은 원래 확실하지 않으며, 해마다 가지고 않았습니다. 이국인이 도해하므로 앞으로 (일본인은) 도해하지 않도록 분부하라."고 한 것도 대단히 적확한 판단에 입각한 조언이었다고 생각된다.

3. 울릉도 쟁계의 타결과 독도

일본의 막부가 그 거리의 멀고 가까움에 대한 마쓰타이라 호키노카미로부터의 보고를 근거로 하여, 울릉도가 조선의 땅임을 인정한 것[61]은 1696년 1월 28일이었다. 하지만 그 사실을 조선 조정에 공식적으로 통보된 것은, 죽은 전 대마도 태수의 조문을 가 있던 동래부의 역관 변동지卞同知와 채판사采判事에게 같은 해 10월 16일에 신 태수가 「구상서口上書」로 전달하는 형태를 취했다.

이 구상서는 두 종류가 남아 있는데, 여기에서는 1881년(메이지(明治)

61 김화경 : 「섬의 소유를 둘러싼 한·일 관습에 관한 연구」 『독도연구(7)』 (경산, 2009, 영남대 독도연구소), 5-45쪽 참조.

14년)에 기타자와 세이세이北澤正誠가 정리한 『죽도고증』 중권에 실려 있는 것을 소개하기로 하겠다.

〔자료 21〕

「예전에 대마도의 태수께서 사자를 보내 죽도의 건에 관해 말한 적이 있는데, 그때 그 말을 전해준 사람이 사자에게 들려준 취지를 나에게 말하였으므로, 에도에 가서 그 취지를 로쥬에게 들려주었더니, "그 섬은 이나바와 호키에 속하는 섬이라고 할 수도 없고, 일본이 취한 섬이라고 할 수도 없으며, 빈 섬이기 때문에 호키 사람이 건너가서 어로를 하고 있을 뿐이다. 그런데 요즘에 조선인이 건너와서 (일본인과) 뒤섞이니 어떻게 되느냐고 조금 전에 말한 것을 대마도 태수로부터도 말하였지마는, (그 섬이) 조선에 거리도 가깝고 호키로부터는 상당히 (거리가) 멀다고 하니, 거듭 이쪽의 어민이 도해하지 않도록 명령하라는 분부가 계셨다."는 말씀을 하셨으므로 황송하게 받아들였다.」[62]

이것은 『죽도고증』에 실려 있는 문서 번호 제 8호의 구상서로, 대마도의 태수가 막부로부터 호키국 요나고의 오야·무라카와 두 집안에게 죽도(울릉도) 도해를 금지령을 내렸다는 것을 조선 측에 전한 것이다. 이런 이 구상서에서 주목을 끄는 것은, 대마도의 태수가 자신이 노력하여 로츄가 이와 같은 도해 금지령을 내렸다는 식으로 이야기하고 있다는 점이다.[63]

---

62 "先年同氏對馬州守方ヨリ竹島ノ儀ニ付以使者中達候處, 其節趣取次之人使者へ被申聞候趣歸國之刻, 拙者へ申聞候故, 其趣於江戸御老中迄御物語申上候得ハ 彼島ノ儀因幡伯耆へ附屬ト申ニテモ無之, 日本へ取候ト申事ニテモ無之, 空島ニ候故 伯耆之者罷渡致漁候迄ニ, 然處近年朝鮮人罷渡入交如何ニ付, 最前之通對馬守方ヨリ申遣候得共, 朝鮮へ道程モ近ク伯耆ヨリハ程遠キ由ニ候間, 重テ此方ノ漁民渡海不仕候樣ニ可被仰付トノ御事ニ候間 御誠信之段忝可被存候."
北澤正誠 : 앞의 책, 85-86쪽.

63 이 문제에 대해서는 나이토 세이츄(內藤正中)도 같은 지적을 한 바 있음을 밝혀 둔다.

그러나 사실은 그와 정반대였다. 막부에서 조선의 어부들이 죽도에 건너오지 않도록 하라는 명령을 내린 것은 사실이다. 하지만 조선 조정의 예조에서 1도 2명설一島二名說을 취하자, '울릉'이란 단어의 삭제를 위해 상당한 노력을 경주한 것은 대마도의 태수였다. 이 말만 삭제된다면, '죽도'라고 부르는 호칭으로 인해, 울릉도가 그들의 땅이 될 수 있다는, 얄팍한 꾀를 부렸다는 것을 부정할 수 없다.

그런데도 막부에서 울릉도를 조선의 영토로 인정하고 거기에 도해금지령을 내리자, 마치 자기의 노력으로 그렇게 된 것처럼 거짓말을 하는 것을 보면, 대마도가 조선과 막부 사이에서 어떤 일을 하고 있었는가 하는 것을 미루어 짐작할 수 있을 것이다.

어쨌든 이렇게 하여 막부에서 요나고 주민들의 '죽도(울릉도) 도해 금지령'이 내려졌다는 것을, 대마도 태수의 「구상서」로 받은 역관들이 조선에 돌아온 것은 그 이듬해인 1697년 1월이었다. 그리고 대마도 태수는 같은 해 2월에 아히루 소베에阿比留惣兵衛 등을 조선에 보내어, 동래부사 이세재李世載에게 글로써 이 사실을 통고했다.

그렇지만 가와카미 겐죠川上健三는 "막부의 명에 의해 일본인의 울릉도 출어를 금한다는 취지를 통고했다. 단지 울릉도와 죽도가 동일한 섬이라는 것 및 그 조선 령이라는 것을 승인한 건에 관해서는 언급하지 않았다."[64]라고 하였다. 이것은 울릉도에 대한 일본인의 출어만 금지했을 뿐이지, 울릉도를 조선의 영토로 인정한 것은 아니란, 해괴한 논리라고 보지 않을 수 없다.

만약에 가와카미의 논리대로라면, "울릉도는 조선 땅이므로, 일본의 어민은 도해해서는 안 된다."고 명확하게 못을 박아야 한다는 것이다.

內藤正中 : 앞의 책, 111쪽.

64 川上健三 : 앞의 책, 159쪽.

그렇지만 그렇게 명확하게 하지 않더라도, 앞에서 제시한 자료 14의 밑줄을 그은 부분에서 보는 바와 같이, "(그 섬이) 조선에 거리도 가깝고, 호키로부터는 상당히 (거리가) 멀다고 하니, 거듭 이쪽의 어민이 도해하지 못하도록 명령하라는 분부가 계셨다."라고 한 표현은 울릉도를 조선의 영토로 인정한 것이 아니란 말인가? 어업권과 영유권 문제로 두 나라가 다투다가, 한쪽에서 자기 나라 어민의 도해를 금지했다는 사실은 그 섬이 상대방의 땅임을 인정한 것이 아니고 무엇이란 말인가? 이런 식의 말장난을 가지고 따진다면, 대마도도 한국의 영토라고 얼마든지 주장할 수 있다. 그렇지만 한국의 학자들은 그런 식의 논리는 전개하지 않고 있다.

실제로 『숙종실록』 숙종 23년(1697년) 2월 을미乙未 조의 기사에서는 『죽도고증』에 실려 있는 자료 24보다 더 직접적으로 조선의 영토란 사실을 밝힌 곳이 있어, 그것을 인용하기로 한다.

〔자료 22〕

「관왜館倭[65]가 말하기를, "전의 도주가 죽도의 일로 두 번이나 대차大差[66]를 보냈으며, 그가 죽은 뒤에 이르러서는 현재의 도주가 에도에 들여보내어 관백關白에게, '죽도는 조선에 가까우니 서로 다툴 수 없다.'는 것을 말하게 하고, 인하여 왜인들의 왕래를 금하였으니, 주선한 힘이 많았습니다. 이로써 계문啓聞하여 서계를 만들어 보내는 것이 어떻겠습니까?'하고, 또 묻기를, '지난 가을에 귀국의 사람이 단자(單子)를 바친 일이 있었는데, 조정의 명령에서 나온 것입니까?'라고 하기에, 신이 말하기를, '만약 분변할 수만 있다면 한 사람의 역관을 에도에 보낼 터인데, 돌아보건대 무엇을 꺼려하여 미치광스럽고 어리석은 포구의 백성[浦民]을 보내겠는가?'라고 하니, 관왜가 말하기를, '도중(島中 : 대마도)에서도 이와 같이 헤아리고 차왜를 보내지 않은

65 '관왜'는 왜관(倭館)을 관장하던 왜인을 말한다.
66 '대차'는 일본에서 보내오는 지위가 높은 사신을 지칭한다.

것이니, 이것도 따로 서계를 만들어 답을 해야 한다.'라고 하였습니다."라고 하였는데, 서계를 보내는 것이 타당한지 않은지를 묘당으로 하여금 품처하게 하였다. 비변사에서 회계回啓하기를, "죽도는 바로 울릉도의 다른 이름이며, 이는 우리나라의 땅으로 『동국여지승람』에 기재되어 있는 것을 일본에서도 분명하게 알고 있는데, 전후에 차왜를 보내어 서계의 내용을 고쳐 달라고 청하니, 그간의 실정과 폐단을 모르겠습니다. 그러나 지금 왜인들을 왕래하지 못하도록 금하는 것을 현재의 도주에게 공을 돌리니, 인책하는 의도가 두드러지게 나타나 있으나, 조정의 대체로 보아 지난 일을 다시 책망할 필요는 없습니다. 그리고 풍랑에 표류된 어리석은 백성에 이르러서도 설사 저지른 것이 있다고 하더라도 역시 조정에서 알 바가 아니니, 모두 서계를 만들어 보낼 일이 아닙니다. 청컨대 이것을 관왜에게 말하도록 하소서." 하니, 그대로 윤허하였다.」[67]

이것은 일본 대마도 태수의 「구상서」를 받고 올린 장계로, "죽도는 조선에 가까우니, 다툴 수 없다."라고 한 것은, 울릉도를 조선의 영토로 인정하였다는 것을 말해준다. 따라서 일본의 막부는 울릉도가 조선의 영토임을 확인하고, 일본 어민들에게 도해를 금지했다고 할 수 있다.

이와 같이 울릉도를 조선의 영토로 보았다면, 이 섬에 부속된 독도, 일본에서 이 당시까지 송도라고 불렀던 섬은 어떻게 인식되었는가 하는 것도 당연히 짚고 넘어가야 할 문제이다. 우선 대마도의 가로였던 스기무라 우네메의 질의에 대해 동래 왜관에 머물고 있던 나카야마 가

67 "館倭言　前島主以竹島事,再送大差　及其死後　時島主入去江戶　言于關白以竹島近朝鮮　不可相爭. 仍禁倭人之往來　周旋之力多矣. 以此啓聞　成送書契如何. 又問　去秋貴國人有呈單事　出於朝令耶. 臣曰　若有可辨　送一譯於江戶　顧何所憚　而乃送狂蠢浦民耶. 倭曰　島中亦料如此　不送差倭　此亦別作書契答之. 云　書契當否　令廟堂稟處. 備邊司回啓曰　竹島卽鬱陵島一名　是我國地　載於『輿地勝覽』 日本亦所明知., 而前後送差　請已書契措語　未知其間情弊. 今乃以禁勿往來　歸功於時島主　顯有引咎之意, 朝家大體　不必更責前事. 至於漂風愚民　設有所作爲　亦非朝家所知, 俱非成送書契之事　請以此言及館倭. 允之."
『肅宗實錄』 肅宗 23年 2月 乙未條.

베에의 답신 가운데에서, “부룬세미란 것은 우루친도의 동북에 위치하며 희미하게 보인다고 들었습니다.”라고 한 것이 중요한 의미를 지니고 있다는 것은 누구나 인정하지 않을 수 없지 않을까 한다. 그리고 이것을 다가와 고죠田川孝三가 인용한, 안용복 등은 “울릉도의 동북에서 실재로 두 번 목격한 섬을 우산도라고 듣고, 그 거리는 하룻길이며, 큰 섬이라고 했다.”고 한 것과 더불어 생각할 필요가 있다. 그렇게 한다면 다가와 교조가 1953년 ‘취급 주의’라고 하는 도장이 찍힌 「우산도에 관해서」라는 논문에서 언급한, “북동이라고 하는 방향에 구애되지 않고 동방의 섬을 찾는다면, 동남에 우리가 오늘날의 죽도, 옛날의 송도 곧 리양쿠르-섬이 존재할 뿐이다.”라고 한 것은 매우 타당한 견해였다고 할 수 있다.

따라서 조선의 세종 때에 『세종실록』 지리지가 만들어지면서, 인지되었던 우산도, 곧 오늘날 독도에 대한 인식은 이 시대에도 그대로 계승되었다고 보아도 크게 잘못을 없을 것이다. 또 이와 같은 인식의 계승은 일본 막부에서도 인지하고 있었다는 사실을 확인할 수 있었다. 다시 말해 자료 22에서 본 바와 같이 막부에서, “죽도(울릉도) 외에 송도(독도)라고 하는 섬이 있어, 이나바국·호키국에 부속하는 섬이냐고 물은 것에” 대해, 마쓰타이라 호키노카미가 “위 건에 송도는 두 곳에 속하지 않습니다. 죽도에 도해하는 길에 있습니다.”라고 답신을 한 것은 울릉도와 독도가 하나의 세트, 즉 독도를 울릉도에 부속된 섬으로 보았음을 나타낸다는 것이다.

그리고 이렇게 이들 두 섬을 하나의 세트로 생각하는 현상은 메이지 시대에 들어와서도 계속되었다는 것은 결코 독도가 임자가 없는 땅이라고 말할 수 없다는 것을 증명하는 것이 아닐까 한다. 곧 1870년에 「조선국 교제 시말 내탐서朝鮮國交際始末內探書」에 “죽도와 송도가 조선의 부속이 된 시말"[68]이라고 한 것이라든지, 1877년 「태정관太政官 문서」에서 "문의한 죽도 외 한 섬에 대하여 우리나라와는 관계가 없다는 것을 주지할 것"[69]이라는 결정을 내린 것[70]이 모두 이러한 역사적인 맥락을 이어받은 것이라고 보아야 한다는 것이다.

---

68 신용하 : 『독도의 민족 영토사적 연구』 (서울, 1996, 지식산업사), 160쪽.

69 "伺之趣竹島外一嶋之義本邦關係無之義ト可相心得事."
송병기 편 : 앞의 책, 155쪽.

70 그러나 시모죠 마사오(下條正男)는 "태정관이 '관계없다.'고 한 '죽도 타 1도'는, 두 개의 울릉도를 가리키고 있으며, 현재의 죽도와는 관계가 없었던 것이다."라고 하였다.
下條正男 : 「竹島の日條例から二年」 『最終報告書』 (松江, 2007, 竹島問題硏究會), 4쪽.
필자는 이처럼 말도 되지 않는 시모죠의 논리에 대하여 그 문제점을 지적한 바 있다.
김화경 : 「끝없는 위증의 연속-시마네현 죽도문제연구회 『최종보고서』의 문제점」 『독도연구(3)』 (경산, 2007, 영남대독도연구소), 1-36쪽.

안용복의 2차 도일과 독도

Chapter 06

1. 안용복의 2차 도일

일본 호키국의 요나고에 사는 오야 집안의 어부들이 울릉도에 고기잡이를 나갔던 박어둔과 안용복을 납치해감으로써, '울릉도 쟁계' 곧 일본에서 말하는 '죽도 일건'이 발생했다. 하지만 이 사건은 일본 측이 의도한 대로 끝나지 않았다. 처음에는 대마도 도주가 울릉도에 자기들이 부르는 '죽도'라는 이름을 붙여, 조선 측 어부들로 하여금 그 섬에 도해하지 못하도록 해달라는 요청을 했었다.

이에 대해 조선의 예조에서는 사건을 무마하기 위해 1도 2명설一島二名說, 곧 조선에서는 울릉도라고 하고 일본에서는 죽도라고 한다는 어정쩡한 태도를 취했었다. 이것이 빌미가 되어 대마도 측으로부터 '울릉도'란 말의 삭제를 집요하게 요구받는 어려움을 겪었다. 그러다가 일본에서 말하는 죽도가 조선의 울릉도란 사실이 밝혀지고,[1] 또 거리에 따

1 『肅宗實錄』 肅宗 20年 2月 辛卯條.

라 섬의 소유를 결정하는 조선과 일본의 관습에 의거하여,[2] 일본의 막부는 울릉도가 조선의 땅이란 사실을 인정하게 되었다.

이런 일련의 사건을 연대에 따라 정리하면 아래와 같다.

(1) 1692년 울릉도에서 조선 측 어부들과 일본 측 어부들이 조우함으로써, 일본 호키국 요나고의 무라카와 집안의 어부들이 제대로 어채를 하지 못했다.

(2) 1693년 또 다시 울릉도에서 조선의 어부들을 만난 호키국 요나고의 오야 집안 어부들은 박어둔과 안용복을 납치해갔다.

(3) 1693년 11월에 이들을 조선 측에 넘겨주면서, 자기들이 '죽도'라고 칭하는 '울릉도'에 조선 어부들의 출어를 금지해달라는 하는 '울릉도 쟁계'가 발생했다.

(4) 1694년 2월 권해의 답신 내용이 모호하다고 하여, 서계를 찾아오게 했다.

(5) 1696년 1월 28일 일본 막부에서 요나고 어부들에게 '죽도(울릉도) 도해금지령'을 내렸다.

(6) 1696년 8월 1일 이 도해금지령이 요나고의 오야·무라카와 집안에 전달되었다.

(7) 1696년 10월 16일 대마도에 조문하러 가 있던 역관 변동지와 채판사에게 「구상서」의 형태로 이 사실을 알렸다.

(8) 1697년 1월 그들의 귀국과 함께 「구상서」가 전달되었다.

(9) 1697년 2월에 대마도에서 아히루 소베에阿比留惣兵衛 등을 조선에 보내, 동래부사 이세제李世載에게 이 사실을 공식적으로 통보했다.

이상과 같은 일련의 과정을 거쳐 조선 측과 일본 측 사이에 울릉도의 어업권과 영유권을 둘러싸고 벌어졌던 '울릉도 쟁계'는 일단락을 짓게 되었다. 그런데 이런 과정에 돌출적으로 뛰어든 인물이 있다. 그가

---

2 김화경:「섬의 소유를 둘러싼 한·일 관습에 관한 연구」『독도연구(8)』(경산, 2009, 영남대독도연구소).

바로 일본으로부터 독도 문제에 대한 도발이 있을 때면 반드시 등장하는 안용복이란 사람이다. 안용복은 앞장에서 이미 살펴본 것처럼, 1693년에 박어둔과 함께 울릉도에 갔다가 일본 어부들에 의해 납치됨으로써, 울릉도 쟁계가 벌어지게 하는 계기를 만든 장본인들 중의 한 명이었다.

그런 안용복이 1696년에 다시 자의로 일본에 건너감으로써, 후세에 울릉도와 독도를 수호한 위대한 인물로 숭앙받는 대상이 되었다. 하지만 그의 2차 도일에 대한 자료는 국내에 그렇게 많이 남아 있지 않다. 단지 이익李瀷의 『성호사설星湖僿說』이나 원중거元重擧의 『화국지和國誌』, 이만운李萬運 등이 편찬한 『증보 문헌비고增補文獻備考』와 같은 책들 속에 그의 행적이 기록되어 있기는 하지만, 그것이 너무 단편적인 것이어서 자세한 실상을 파악하기란 그렇게 쉽지가 않다.[3]

게다가 이들 기록이 안용복에게 유리하게만 서술되어 있어, 과연 객관적인 사실을 기록한 것인가 하는 의문까지 제기시키고 있다. 그렇지만 그가 2차로 도일渡日을 하여, 일본 - 보다 정확하게 말한다면 돗도리번 - 과 울릉도 및 독도의 귀속 문제를 둘러싸고 어떤 형태로든 문제를 제기했다는 것은 사실인 것 같다. 이와 같은 사실은 나이토 세이츄가 일본에 남아 있는 자료들을 중심으로 사건을 재구성하여 어느 정도 밝혀졌다.[4] 그리고 국내에서는 송병기가 상당히 치밀한 연구를 통해서, 아래와 같이 안용복의 공적을 정리하였다.

3 최근에 진재교의 「원중거의 '안용복전' 연구」라는 논문이 발표되어 그에 대한 기록들의 비교가 시도되기도 하였다.
진재교 : 「원중거의 '안용복전' 연구」 『진단학보(108)』 (서울, 2009, 진단학회), 231-261쪽.

4 內藤正中 : 『竹島(鬱陵島)をめぐる日朝關係史』 (東京, 2000, 多賀出版), 91-110쪽.

「울릉도 쟁계(죽도일건)에서 안용복이 끼친 공로로는 (1) 조선이 일본 (막부)과 교섭함에 있어서는 대마도가 아닌 다른 길이 있을 수 있으며, (2) 대마번에서 울릉도를 죽도로 가칭하고 막부의 명임을 빙자하여 조선 어민의 왕래를 금지시키려 하는 등, 이 섬을 가로채려고 중간에서 기만 조롱한 정황을 다 드러냈다는 것이 지적되었다. 그리고 (3) 후술하는 바(이것은 '쟁계의 타결' 이란 항에서 말하고 있는 내용을 가리킨다.: 인용자 주)와 같이, 대마도가 갑자기 일본인의 울릉도에서의 어채를 금한다는 통지를 해 온 것도 정부에서는 안용복의 공으로 보았다. 국왕 숙종의 생각도 그러하였다. 그의 일본에서의 활동은 확실히 영유권 분규의 해결을 촉진시켰던 것이다. 이 밖에 (4) 안용복이 조취번으로부터, 비록 뒤에 대마번에 탈취당하기는 하였지만, 울릉도와 자산도가 조선 령임을 인정하는 서계를 발급받은 사실(1693, 6월), 조취번주 송평강청松平綱淸이 소장을 막부에 납입하지 않았지만, 그 대신 안용복은 그(번주)가 보낸 고위 관원을 통하여 두 섬이 조선 령임을 확인받은 사실(1696, 8월)도 그의 또 다른 공로라 할 것이다. 이런 공로들이 참작되어 1697년(숙종 23) 3월에 안용복을 감사減死 정배하는 조처가 취해졌던 것이다. 소장을 작성한 이인성李仁成도 종범從犯으로 인정되어 정배되었을 것이다. 그 밖의 사람들은 이미 전년(1696) 10월에 모두 석방되었다.

앞에서 열거한 것처럼 안용복이 울릉도 쟁계(죽도일건)에서 끼친 공로는 적지 않다. 그러나 우리가 간과한 그의 대단히 중요하고 각별한 공로를 하나 더 들어야 할 것 같다. 그것은 (5) 안용복이 피랍되었을 때 울릉·자산도가 조선 령임을 조취번에 설득하였고, 이것이 조취번에 의하여 받아들여졌다는 사실이다. 그리하여 조취번은 막부에 죽도·송도 영유를 부인하는 보고를 하였으며, 이 보고가 결정적인 요인이 되어 막부는 죽도(울릉도)가 조선 령임을 인정, 대곡大谷·촌천村川 양가이 죽도 출어를 금제하는 '죽도(울릉도) 도해 금지령'(1696)을 내렸던 것이다. 안용복은 울릉도 쟁계 해결의 기틀을 마련하는 데 크게 기여하였던 것이다.」[5]

5 송병기:『개정판 울릉도와 독도』(서울, 2007, 단국대출판부), 94-95쪽.
송병기는 일본의 지명이나 인명을 일본 독음으로 읽지 않고, 한국 독음으로 읽고 있으므로, 인용문에서는 필자의 견해를 존중하여 그대로 인용한다는 것을 밝혀둔다.

이상과 같은 송병기의 연구는 한국 측의 안용복에 대한 평가를 집대성한 것이라고 보아도 좋을 것이다. 사실 한국 측에서는 개인적으로 안용복이 일본의 돗토리번에 도항하여 당국으로부터 울릉도와 독도가 조선의 영토라는 문서를 받아냈다고 하는 그의 진술에 대해, 그것을 진실로 받아들이고 있는 것이 현실이다. 또 실제로 그와 같은 연구들이 수행되기도 하였다. 그렇지만 이 문제는 일본이라는 상대가 있다는 것을 상기하지 않으면 안 된다. 그러므로 한국에 남아 있는 자료들만을 가지고 논의할 것이 아니라, 그것들과 일본에 남아 있는 자료들과의 대조를 통해서 어디까지가 진실이고, 어디까지가 허구인가 하는 것을 규명하는 것이 바람직한 방법이라는 것을 지적해둔다. 바꾸어 말하면 한국 측에 유리한 자료들만 가지고 일방적으로 안용복을 평가하는 것으로는 일본이라는 상대를 설득할 수 없다는 것이다.

그래서 본 장에서는 지금까지 제시된 한·일 양국의 자료를 대상으로 하여, 안용복이 왜 일본에 건너갔으며, 거기에서 한 일은 무엇인가, 그리고 당시 조선과 대마도 측에서는 그의 행동을 어떻게 받아들이고 있었는가 하는 문제들을 검토하기로 한다. 이런 연구를 시도하는 이유는 지금까지는 그의 진술이 가지는 진실성 여부에만 초점이 맞추어져 왔다. 하지만 양국의 기록을 검토해보면 그는 경우에 따라 말을 바꾸어 왔다는 것도 확인할 수 있다. 그런데도 한국에서는 울릉도와 독도가 조선의 영토라는 서계를 받았다는 기록에 얽매여, 이 진술의 진실성만 확보하면 독도가 한국 땅이 되는 것처럼 주장하는 연구들이 주류를 이루어 왔다. 그러므로 본 장에서는 한국에서 부추기는 그의 영웅화에 대한 이유를 해명하고, 나아가서는 일본이 그를 거짓말쟁이로만 몰고 있는 원인을 구명하려고 한다는 것을 미리 밝혀둔다.

2. 사건을 보는 한·일 간의 시각 차이

일본의 막부에서는 이미 1696년 1월 28일 호키국 요나고의 오야·무라카와 두 집안에 대해, 죽도(울릉도) 도해의 금지령을 하달하였다. 하지만 이것이 그들에게 직접 전달된 것은 그 해 8월이었고, 조선 측에는 전 대마도 도주의 조문을 가 있던 동래부의 역관 변동지卞同知와 채판사采判事에게 같은 해 10월 16일에 신 도주가 구상서를 건네주는 형태로 전달되었다.[6] 그리고 1697년 2월에 대마도에서 아히루 소베에 등을 조선에 보내, 동래부사 이세제에게 이 사실을 공식적으로 통보하였다.

그 사이에 조선 조정에서는 막부에서 '죽도(울릉도) 도해 금지령'을 내렸다는 사실조차 제대로 파악하지 못하고 있었다. 그러던 숙종 22년(1696년) 8월 임자壬子 조의 『숙종실록』에 느닷없이 안용복 일행의 도일사건 기사가 등장한다.

〔자료 1〕

「동래 사람 안용복과 흥해 사람 유일부, 영해 사람 유봉석, 평산포 사람 이인성, 낙안 사람 김성길, 순천의 승려 뇌헌, 승담, 연습, 영률, 단책, 연안 사람 김순립 등과 함께 배를 타고 울릉도에 가서 일본국 호키주로 들어가 왜인과 서로 송사한 뒤에 양양현의 지경으로 돌아왔으므로, 강원 감사 심평沈枰이 그 사람들을 잡아가두고 치계馳啓하였는데, 비변사備邊司에 내렸다.」[7]

이 기사에는 안용복을 비롯한 11명이 울릉도에 갔다가, 다시 일본의 호키주에 들어가서 무엇인가 송사를 벌이고 양양현의 경내로 돌아왔다

---

6 內藤正中 : 앞의 책, 110쪽.

7 "東萊人安龍福, 興海人劉日夫, 寧海人劉奉石, 平山浦人李仁成, 樂安人金成吉, 順天僧雷憲, 勝淡, 連習, 靈律, 丹責, 延安人金順立等 乘船往鬱陵島, 轉入日本國伯耆州 與倭人相訟後 還到襄陽縣界, 江原監司沈枰 捉囚其人等馳啓 下備邊司."
『肅宗實錄』 肅宗 22年 8月 29日 壬子 條.

가 강원 감사 심평에게 체포되었다는 것이 기록되어 있다. 하지만 그 송사의 내용이 무엇인지는 정확하게 드러나 있지 않다.

그런데 체포된 그들을 심문한 곳은 비변사였다. 비변사에서 안용복을 심문한 내용은 이보다 한 달쯤 뒤인 『숙종실록』 숙종 22년 9월 무인(戊寅, 25일) 조에 실려 있는데, 여기에 적힌 그의 진술이 사실인지 아닌지가 문제의 초점이 되고 있다. 그래서 먼저 그 내용부터 살펴보기로 한다.

〔자료 2〕

「비변사에서 안용복 등을 추문推問하였는데, 안용복이 말하기를, "저는 본디 동래에 사는데, 어머니를 보러 울산에 갔다가 마침 승려 뇌헌 등을 만나서 근년에 울릉도에 왕래한 일을 자세히 말하고, 또 그 섬에 해물이 많다는 것을 말하였더니, 뇌헌 등이 이롭게 여겼습니다. 드디어 같이 배를 타고 영해에 사는 뱃사공 유일부劉日夫 등과 함께 떠나 그 섬에 이르렀는데, 주산主山인 삼봉三峯은 삼각산보다 높았고, 남에서 북까지는 이틀길이고 동에서 서까지도 그러하였습니다. 산에는 잡목雜木과 매[鷹]·까마귀·고양이가 많았습니다.

(또) ⓐ 왜선倭船도 많이 와서 정박하여 있어 뱃사람들이 다 두려워하였으므로, 제가 앞장서서 말하기를, '울릉도는 본디 우리 지경인데, 왜인이 어찌하여 감히 지경을 넘어 침범하였는가? 너희들을 모두 포박하여야 하겠다.'라고 하고, 이어서 뱃머리에 나아가 큰소리로 꾸짖었습니다. 그랬더니 왜인이 말하기를, '우리들은 본디 송도에 사는데 우연히 고기를 잡으러 나왔으나 이제 본소本所로 돌아갈 것입니다.'라고 하므로, ⓑ '송도는 자산도로서 그것도 우리나라의 땅인데 너희들이 감히 거기에 사는가?'라고 하였습니다.

드디어 이튿날 새벽에 배를 몰아 자산도에 갔는데, 왜인들이 막 가마솥을 벌여 놓고 고기 기름을 다리고 있었습니다. 제가 막대기로 쳐서 깨뜨리고 큰 소리로 꾸짖었더니, 왜인들이 거두어 배에 싣고서 돛을 올리고 돌아가므로, 제가 곧 배를 타고 뒤쫓았습니다.

그런데 ⓒ 갑자기 광풍을 만나 표류하여 옥기도(玉岐島 : 오키도)에 이르렀는데, 도주가 들어온 까닭을 물으므로, 제가 말하기를, ⓓ '근년에 내가 이곳에 들어와서 울릉 자산 등의 섬을 조선의 지경으로 정하고, 관백의 서계를 받았는데, 이 나라에서는 정식이 없어서 이제 또 우리 지경을 침범하였으니, 이것이 무슨 도리인가?'라고 하자, 마땅히 호키주에 전보하겠다고 하였으나, 오랫동안 소식이 없었습니다.

제가 분완을 금하지 못하여 배를 타고 곧장 ⓔ 호키주로 가서 '울릉 자산 양도 감세장鬱陵子山兩島監稅將'이라 가칭하고 사람을 시켜 본도本島에 통고하려 하는데, 그 섬에서 사람과 말을 보내어 맞이하므로 ⓕ 저는 푸른 철릭[帖裏]를 입고 검은 포립布笠을 쓰고 가죽신을 신고 교자轎子를 타고 다른 사람들도 모두 말을 타고서 그 고을로 갔습니다. ⓖ 저는 도주와 청廳 위에 마주 앉고, 다른 사람들은 모두 중간 계단에 앉았습니다. 도주가 묻기를 '어찌하여 들어왔는가?'하므로, 답하기를 '전일 두 섬의 일로 서계를 받아낸 것이 명백할 뿐만이 아닌데, 대마도주가 서계를 빼앗고는 중간에서 위조하여 두세 번 차왜를 보내 법을 어겨 함부로 침범하였으니, 내가 장차 관백에게 상소하여 죄상을 두루 말하려 한다.'고 하였더니, 도주가 허락하였습니다.

드디어 이인성李仁成으로 하여금 소疏를 지어 바치게 하자, ⓗ 도주의 아비가 호키주에 간청하여 오기를, '이 소를 올리면 내 아들이 반드시 중한 죄를 얻어 죽게 될 것이니 바치지 말기 바란다.'고 하였으므로, 관백에게 품정稟定하지는 못하였으나, 전일 지경을 침범한 왜인 15인을 적발하여 처벌하였습니다. 이어서 저에게 말하기를, ⓘ '두 섬은 이미 너희 나라에 속하였으니, 뒤에 혹 다시 침범하여 넘어가는 자가 있거나 도주가 혹 함부로 침범하거든, 모두 국서를 만들어 역관을 정하여 들여보내면 엄중히 처벌할 것이다.'하고, 이어서 양식을 주고 차왜를 정하여 호송하려 하였으나, 제가 데려가는 것은 폐단이 있다고 사양하였습니다."하였고, 뇌헌 등 여러 사람의 공사供辭도 대략 같았다. 비변사에서 아뢰기를, "우선 뒷날 등대登對할 때를 기다려 품처하겠습니다."하니, 윤허하였다.[8]

---

8 "備邊司推問安龍福等 龍福以爲 渠本居東萊 爲省母至蔚山. 適逢僧雷憲等 備說境年往來鬱陵島事. 且言本島海物之豊富. 雷憲等心利之 遂同乘船. 與寧海篙工劉日夫等 俱發到本島. 主山三峰 高於三角 自南至北 爲二日程. 自東至西歷然. 産多雜木鷹烏猫 倭船亦多來泊. 船人皆恐渠倡言 鬱陵本我境. 倭人何敢越境侵犯. 汝等可共泊之 仍進船頭大喝 倭言吾等 本住松島. 又因漁採出來. 今當還往本所. 松島卽子山島. 且亦我國地.

이상과 같은 『숙종실록』의 기록에서 한국 연구자들의 관심을 끈 것은 밑줄은 그은 ⓓ와 ⓘ의 내용이었다. 안용복의 이러한 진술 내용이 사실이었다고 한다면 독도의 영유권이 한국에 있다는 것이 명백해진다고 생각하기 때문이었다.

그래서 이 진술을 바탕으로 하여, 신용하愼鏞廈는 "안용복의 담판에 의하여 울릉도(일본 명 : 竹島)와 우산도(독도, 일본 명 松島)의 '양도兩島'를 조선지계朝鮮之界로 정한 서계를 1693년에 관백이 호키주伯耆州 태수를 시켜 써주었으며, 1696년에 호키주 태수도 '양도(울릉도와 우산도 = 일본 명 竹島와 松島)가 이미 당신네 나라에 속했다兩島旣屬爾國之後.'고 인정하고 울릉도에 침범한 일본인들을 처벌했다는 사실이다."[9]라는 주장을 하였다.

또 송병기宋炳基가 "그(안용복 : 인용자 주)는 다시 옥기도(玉岐島 : 隱岐島)를 거쳐 호키주伯耆州로 가 주수州守에게 울릉도와 자산도는 관백이 서계까지 발급하여 인정한 조선의 영토임을 주장하였고, 마침내 주수로부터 전날 범경犯境한 15명의 적발 처벌과 앞으로의 일본인의 울릉도·자산도로의 범월犯越을 금지시키겠다는 등의 다짐을 받고 8월에 강원도 양양현으로 돌아왔다."[10]고 한 것도, 이와 같은 관점에서 나온 견해임에

汝敢住此耶. 遂於翌曉 拖舟入子山島 倭等方列釜鬵煮魚膏. 渠以杖撞破 大言叱之. 倭等收聚載船 擧帆回去. 渠仍乘船追趂. 粹遇狂飆 漂到玉岐島. 島主問入來之故. 渠言頃年吾入來此處. 以鬱陵子山等島 定以朝鮮之界. 至有關伯書契 而本國不有定式. 今又侵帆我境 是何道理云爾. 則謂當轉報伯耆州. 而久不聞消息. 渠不勝憤惋 乘船直向伯耆州. 假稱鬱陵子山兩島監稅將 使人通告本島. 送人馬迎至. 渠服青帖裏 着黑布笠. 穿皮鞋乘轎. 諸人並乘馬 進往本州. 渠與島主 對坐廳上. 諸人並下坐中階. 島主問何以入來. 答曰 前日以兩島事 受出書契. 不啻明白. 對馬島主 奪取書契 中間僞造. 數遣差倭非法橫侵. 吾將上疏關伯 歷陳罪狀. 島主許之. 遂使李仁成 構疏呈納. 島主之父 來懇伯耆州曰 若登此疏 吾子必重得罪死. 請勿捧入 故不得稟定於關伯. 而前日犯境倭十五人 摘發行罰. 仍謂渠曰 兩島旣屬爾國之後. 或有更爲犯越者. 島主如或橫侵 並作國書定譯官入送 則當爲重處. 仍給糧定差倭護送 渠而帶去有弊. 辭之云 雷憲登諸人 供辭略同. 備邊司啓請姑待後日登對稟處允之."

『肅宗實錄』 肅宗 22年 9月 戊寅條.

9 신용하 : 『독도의 민족영토사 연구』 (서울, 1996, 지식산업사), 109쪽.

틀림이 없다.

그러나 한국 측 연구자들의 이와 같은 태도와는 달리, 일본 측의 연구자들은 『숙종실록』의 이 기사가 사실이 아니라 허구에 지나지 않는다는 것을 강조하고 있다. 먼저 일본에서 독도를 본격적으로 연구하기 시작한 가와카미 겐죠川上健三는 이에 대해, "비변사에서의 조사에 대한 안용복의 진술을 검토하면, 대단한 허구와 과장으로 가득 차 있다. 그 가운데에서도 가장 결정적이고 또 명확한 거짓말은 그가 뇌헌 등을 꾀어서 울릉도에 갔을 때, 동 섬에는 '왜선도 많이 와서 정박하고 있었다倭船亦多來泊.'고 진술하고 있는 점이다. 하지만 이 해, 즉 겐로쿠元祿 9년(1696년)에는 오야·무라카와 두 집안은 어느 쪽도 울릉도에는 도항하지 않았던 것이다."[11]라고 하여, 안용복의 진술을 거짓이라고 단정하였다. 그리고 그는 일본에 남아 있는 자료들과 위의 자료 2의 내용을 대조한 다음, "그가 울릉도로부터 오키를 경유하여 이나바와 호키에 도항한 것 및 가로加路에서 돗토리로 가는 사이에 가마에 타고, 다른 사람들은 말을 탔다는 것만은 일본 측의 기록과 일치하고 있으나, 그 외는 어느 것도 그의 조작과 관련되는 완전히 허구에 지나지 않는다."[12]라고 하여, 안용복에 대한 『숙종실록』의 기술 그 자체를 믿으려고 하지 않았다.

또 다가와 고죠는 실록에 실린 안용복의 진술 전체 문장이 과대한 허구에 충만한 것이라고 하면서, "범죄자의 진술서에 나오는 것을 가지고 무비판적으로 마음내로 적어 선재한 섯에 지나지 않는다."[13]라는 극단적인 말까지 서슴지 않았다. 그리고 앞에서 소개한 가와카미의 언급에 공감을 표시하면서, 안용복이 호키번주伯耆藩主와 대좌를 했다고 하

10 송병기 : 울릉도와 독도 : 그 역사적 접근』(서울, 1999, 단국대출판부) 61쪽.

11 川삼健三 : 竹島の歷史地理學的硏究』(東京, 1966, 古今書院) 167쪽.

12 村上健三 : 앞의 책, 173쪽.

13 田川孝三 : 「竹島領有に關する歷史的考察」『東洋文庫書報(20)』(東京, 1989. 東洋文庫) 24쪽.

는 것도 말이 되지 않는다고 보았다.[14]

이렇게 한국의 사료를 부정하는 태도는 시모죠 마사오下條正男에 오면 한층 더 구체화되기에 이른다. 그는 2005년 시마네현이 '죽도의 날'을 제정하면서 설치한 '죽도 문제 연구회'의 최종보고서의 서언序言에 해당되는 「죽도의 날 조례로부터 2년」이라는 글에서 안용복의 도일 사건에 대해 다음과 같은 견해를 피력하였다.

「안용복이 오키도隱岐島에 도항한 것은 1696년 5월 20일. 그렇지만 대마번으로부터 요청을 받아, 에도 막부가 울릉도에의 도해 금지를 명한 것은 4개월 정도 전인 1월 28일. 돗토리번 요나고의 오야·무라카와 두 집안에 주어졌던 도해 면허가 막부에 반환된 것이 2월 9일이었다. 한국의 역사 교과서가 가르치고 있는 것과 같은, 안용복이 울릉도에서 '일본의 어부들과 조우하여, 일본에 건너와 우리 영토인 것을 확인하는' 일은 없었던 것이다. 안용복은, 에도 막부의 지시를 받은 돗토리번에 의해 8월 6일, 가로나다加露灘로부터 추방되었다. 막부의 도해 금지 조치와 안용복의 도일 사건과는 전혀 관계가 없었던 것이다.」[15]

그렇지만 이러한 시모조의 단정적인 언급은 사건의 전후 사정을 전혀 고려하지 않은, 부정을 위한 부정이라는 것을 지적하지 않을 수 없다. 왜냐하면 1월 28일에 에도 막부에서 내려진 울릉도에의 도해 금지령이 바로 오야·무라카와 두 집안에 전달되지 않았다는 사실을 도외시하였기 때문이다.[16] 게다가 그것이 조선 조정에 공식적으로 통보된 것은 1697년 2월이었다는 것도 상기할 필요가 있다. 그럼에도 불구하고

---

14 田川孝三 : 앞의 논문, 36쪽.

15 下條正男 : 「竹島の日條例から二年」 『竹島問題に關する調査研究, 最終報告書』 (松江, 2007, 竹島問題研究會), 6쪽.

16 三田清人 : 「鳥取縣立博物館所藏竹島(鬱陵島) · 松島(竹島)關係資料」 『竹島問題に關する調査研究, 最終報告書』 (松江, 2007, 竹島問題研究會), 42쪽.

안용복의 진술을 허구로 몰아가는, 시모죠의 저의는 그의 진술이 그만큼 독도의 영유권과 밀접한 관련을 가지고 있다는 것을 반영하는 것이라고 볼 수밖에 없다.

이와 같이 안용복에 대한 부정적인 시각은 여기에서 그치는 것이 아니었다. 최근에는 이케우치 사토시池內敏도 한국 측의 '아시아의 평화와 역사교육 연대'와 일본 측의 '어린이들과 교과서 전국 네트 21'이 공동으로 주최한 "죽도/독도 문제의 평화적 해결을 지향하며"라는 한·일 공동 심포지엄에서 발표한 「대화를 성립시키기 위해서」라는 글에서, 아래와 같은 언급을 하여, 자료 2의 진실성을 부정하고 나섰다.

「(자료 2에서) 밑줄 ⓐ~ⓗ 가운데, 그 진술 내용에 객관적인 증명이 되는 것은 ⓔ의 한 곳뿐이다. 그 밖의 일곱 곳[17]은, 실재로는 있을 수 없는 내용이다. 그것을 '위증'이라고 말할까 아닐까는 어떻게 하든, 이러한 안용복의 진술에 있어서 "실제로 있을 수 없는 내용"이, 오키·무라카미 집안 문서 「겐로쿠 9 병자년 조선 배 착안 한 권의 각서(元祿九(丙子)朝鮮舟着岸一卷之覺書)」[18]에 의해 뒤집혀진 것은 하나도 없다. 따라서 '독도는 대한민국 고유의 영토이다.'라고 하는 문서 E[19]는 사실에 반하는 기술이다. 또 오키·무라카미 집

---

17 [자료 2]에서 그은 밑줄 가운데에서 ⓘ만은 필자가 그은 것이고, 나머지는 이케우치가 2009년 2월 21일 메이지대학(明治大學)에서 개최된 '죽도 / 독도 문제 일한 공동 심포지엄'에서 발표한 「대화를 성립시키기 위해서」라는 글에서 그은 것을 그대로 옮겼다는 것을 밝혀둔다.
池內敏 : 「對話を成り立たせるために」 『竹島/獨島問題·日韓共同シンポジウム報告原稿』 (東京, 2009, 子どもと教科書全國ネット21, アジアの平和と歷史教育連帶), 8쪽.

18 다음부터는 「겐로쿠 각서」라고 약칭하기로 한다는 것을 미리 밝혀둔다.

19 "독도는 대한민국 고유의 영토입니다."라고 하는 기술과 관련하여, 이케우치(池內)가 들고 있는 것들 가운데 하나가 E이므로, 그 내용들을 그대로 소개하면 아래와 같다.
A. 한국 정부는, 1900년에 대한제국 칙령 41호를 공포하여, 울릉도를 울도로 개칭하고, 행정상의 위치를 높인 것과 함께, 독도를 현지명(現地名)의 '석도(石島)'로 표기해서 대한제국의 관할구역으로서 거듭 확인했습니다.
B. '석도'라고 하는 이름은, 돌로 된 섬이라고 하는 의미로, 현지(現地)의 사람들

안 문서 「겐로쿠 9 병자년 조선 배 착안 한 권의 각서」에 있어서, 안용복이 F와 같은 주장을 한 적은 일체 없다. 이 문장 F도 잘못이다.」[20]

물론 이와 같은 이케우치의 지적은 사료에 바탕을 두고 사건을 보다 정확하게 재해석함으로써 역사적 사실을 실증적으로 해명하는 데 그 목적이 있다는 것을 부정하지는 않는다. 하지만 한국과 일본에 산재하는 안용복에 대한 기록들 가운데에서 어느 쪽 자료에 더 신뢰성을 부여하느냐 하는 문제는 사건의 실체 파악을 전혀 엉뚱한 곳으로 유도할 수도 있다는 것을 명심하지 않으면 안 된다. 환언하면 한·일 양국의

이 사용하고 있던 명칭인 '독섬'(독은 石, 섬은 島를 나타내는 한국의 방언)을, 그 의미에 따라 한자로 표기한 것입니다. 당시의 일반적인 한자 표기 방식에 의하면, '독섬'은 '石島', '獨島' 어느 것으로도 표기할 수 있습니다.

C. 울도 군수인 심흥택(沈興澤)이 1906년에 강원도 관찰사 앞으로 제출한 보고서 가운데에서 아무 주저도 없이 "본군 소속 독도(本郡所屬獨島)"라고 한 사실로부터, 그 때 이전에 독도는 울도 군수의 관할구역에 포함되어 있고, 울도 군수도 그 사실을 숙지하고 있었습니다.

D. 칙령 41호 이후에 울릉도 관제에 관한 별도의 칙령이 공포된 적이 없기 때문에, 1900년의 칙령 41호에 바탕을 두고 울도 군수가 독도를 계속해서 관할한 것을 알 수 있습니다.

E. 일본 정부는 지금까지 안용복의 진술은 전부 위증이라고 주장해 왔습니다. 그러나 2000년(2005년의 잘못임 : 인용자 주) 5월에 일본의 오키에서 발견된, 안용복에 대한 취조의 기록인 「겐로쿠 9 병자년 조선주 착안 일권지각서」는, 안용복 진술의 증명해 주었습니다.

F. 안용복은, 당시 일본에서 '죽도(竹島)'와 '송도(松島)'라고 불리고 있던 섬이 조선의 강원도에 속하는 '울릉도'와 '독도'인 것을 명확하게 인식하고, 그것을 일본 측에 대하여 주장한 것이, 이 사료에 의해 확인되었습니다.

池內 敏 : 앞의 글, 6-7쪽.

20 池內 敏 : 앞의 글, 8쪽.

그의 이런 주장은 2007년에 발표한 「隱岐·村上家文書と安龍福事件」이란 논문과 2008년에 발표한 「안용복과 돗토리번」이란 논문을 통해서 안용복 사건에 대한 분석에 근거를 두고 있다.

池內 敏 : 「隱岐·村上家文書と安龍福事件」 『鳥取地域史硏究(9)』 (鳥取, 2007, 鳥取地域史硏究會) 3-16쪽.

________ : 「安龍福と鳥取藩」 『鳥取地域史硏究(10)』 (鳥取, 2008, 鳥取地域史硏究會), 17-29쪽.

자료를 어떻게 보느냐 하는 것은 그 관점에 따라 다른 한쪽의 기록이 사실이 아닌 것으로 매도될 수밖에 없다는 것이다. 그러므로 주관적이면서도 일방적인 해석을 배제하고, 두 나라의 기록을 가능한 한 대등한 입장에서 객관적으로 해석하려고 하는 노력이 필요한 것은 두 말할 나위도 없다. 만약에 이렇게 하는 경우에도 일본의 연구자들이 주장하고 있는 것과 같이 안용복의 진술이 전부 거짓말이라고 단정할 수 있을까 하는 의문을 가지게 되는 것은 너무도 당연한 귀결이라고 하겠다.

먼저 그런 객관적 사실을 해명하기 위해서는 안용복에 대한 편견부터 버려야 한다. 그리고 그 당시의 자료들에 대한 주관이 배제된, 엄격한 검증부터 시작해야 한다. 그러고 난 다음에 그 결과를 가지고 안용복을 평가하고 독도 문제에 있어서 그의 역할을 재조명하는 작업이 수행되어야 한다. 이런 지적을 하면서, 일본 측의 연구자들이 주장하고 있는 것처럼 정말로 안용복이 위증만을 일삼는 자였을까 하는 문제부터 따져보기로 하겠다.

먼저 자료 2의 ⓐ에서와 같이 안용복이 울릉도에서 왜인들과 대면했는가 어떤가 하는 것은 단순히 막부의 '죽도(울릉도) 도해 금지령'이 내려진 날짜만의 문제가 아니다. 실제로 나이토 세이츄는 그것이 오야·무라카와 두 집안에 전달된 것을 8월 1일이었을 것으로 추정하고 있다.[21] 이런 추정이 사실이라고 한다면, 이들은 그 해에도 울릉도에 도해하였을 가능성을 완전히 배제할 수는 없을 것이다.

실제로 돗토리 번사인 오카지마 마사요시岡嶋正義가 1844년(덴보(天保) 15년)에 정리한 『죽도고竹島考』의 「막부에서 죽도에 도해를 금지하다幕府禁遏渡海于竹嶋」에서, 울릉도 쟁계가 진행되고 있던 1694년과 1695년에

21 內藤正中 : 「竹島問題補遺-島根縣竹島問題硏究會最終報告書批判」『北東アジア文化硏究(26)』 (松江, 2007, 鳥取短期大學北東アジア文化總合硏究所) 12쪽.

도 이들 두 집안에서 울릉도에 도해를 계속하고 있었다는 사실을 확인할 수 있다.

〔자료 3〕

「그런데 오야·무라카와는 겐로쿠元祿 5년(1692년) 이래 조선인 때문에 본업을 방해당하여 크게 어찌할 바를 몰라 자주 한탄하고 호소했다. (번의) 분부를 청하여 동 7년(1694년) 8년(1695년)에도 배를 죽도(울릉도)에 보냈으나, 조선인이 그들보다 먼저 도해하고 있었으며, 해마다 인수가 증가하여 후에는 이쪽에 30명, 저쪽에 50명의 무리가 형성되어 방어를 엄중히 하니, 만약에 이쪽의 배를 무리하게 착안시킨다면 큰일이라도 일어날 것 같아, 이에 배를 철수시키지 않을 수 없었다는 것을 갖추어 알리어, 다음 9년(1696년) 막부의 태수 집에 말씀드리어 향후 죽도에 도해하는 것을 금하는 것이 옳다는 뜻의 분부를 이때에 받은 봉서의 글 왼편과 같다.」[22]

오카지마 마사요시는 이렇게 기록하면서, 그 옆에 '죽도(울릉도) 도해 금지령'의 원문을 싣고 있다. 이와 같은 그의 글을 보면, 울릉도 쟁계가 벌어진 1693년 이후에도 오야·무라카와 두 집안에서는 울릉도에 도해를 계속하고 있었다는 것이 분명해진다. 그렇지만 위의 자료에서 그가 기록한 것을 액면 그대로 믿을 수 없는 것도 사실이다. 왜냐하면 울릉도 쟁계 때에 이들 두 집안에서 막부의 태수 집 - 에도의 돗토리 번저藩邸였을 것으로 추정된다. - 에 보고했다는 기록은 찾을 수가 없었는데도, 여기에서는 그들이 보고를 올림으로써 도해 금지령이 내려진 것처럼 서술하

22 "サテモ大谷村川ハ元祿五年ヨリ以來朝鮮人ノ爲ニ本業ヲ妨ラレ大ニ當惑ニ及ビ頻リニ歎訴ヲ捧ゲ　御下知ヲ請, 同七年八年モ船ヲ竹島ヘ遣シ朝鮮人吾ヨリ先テ渡海致シ年年ニ人數ヲ增加シ後ニハ此處ニ三十人彼處ニ五拾人ト屯ヲ構ヘ守禦ノ儀嚴重ニシ, 若此方ノ船押テ着岸シナハ大事ニモ及不免分野ケレバ無是非退船シ事ノ備エ上啓シ, 一向翌九年幕府太守家ヘ仰セテ向後竹島ヘ渡海スルノ禁止セラル可ノ旨被仰出此時一賜リタル御奉書ノ文如左."
岡嶋正義 :『竹島考(下)』「幕府禁遏渡海于竹嶋」

고 있기 때문이다. 또 울릉도에 건너가면 많은 이득을 얻을 수 있다는 사실을 알고 있는 처지에서, 박어둔과 안용복을 연행해 감으로 인해 야기된 울릉도 쟁계가 진행 중이라고 해서, 출어를 포기하는 것이 과연 가능할 수 있을까 하는 문제도 생각하지 않을 수 없다.

그리고 막부의 '죽도(울릉도) 도해 금지령'이 내려졌다고 해서, 그것이 엄격하게 지켜졌었는가 하는 문제도 짚고 넘어가지 않으면 안 된다. 막부로부터 요나고 주민들에게 '죽도(울릉도) 도해 금지령'이 내려지고, 조선 조정에서 수토정책을 실시하고 있던 숙종 36년(1710년)에도 "왜선이 자주 울릉도에 들어가 어물을 채취하니 참으로 한심하다."[23]라는 기록이 『숙종실록』에 남아 있는 것으로 보아, 그 후에도 일본의 어민들이 부단히 울릉도에 드나들었다는 사실을 확인할 수 있다. 또 일본 측의 기록인 『통항일람通航一覽』을 보더라도, 막부의 도해 금지령을 무시하고 교호享保 연간(1716년부터 35년 간)까지는 오키隱岐와 나가토長門 등으로부터 울릉도에 건너가서 대나무를 베어서 돌아오기도 하였고, 또 섬에는 조선 사람이 있어 배가 가까이 가면 대포를 쏘아 상륙하지 못하도록 하고 있었음을 확인할 수 있다.[24] 따라서 막부의 금지령으로 인해서 일본인들의 울릉도 출입이 완전히 금지되었었다고 단정하기 어렵다는 것이다.

그리고 나아가서 일본에 남아 있는 안용복에 관한 문헌들을 문맥 그대로 신뢰할 수가 있을까 하는 것도 한번쯤은 생각해보아야 한다. 그래서 자료 2의 ⓑ에서 "송도는 자산도로서 그것도 우리나라의 땅인데 감히 거기에 사는가?"라고 했다는 부분의 진위 여부를 검토하지 않을 수 없다. 여기에서 문제가 되는, 이 문장은 ⓓ의 "근년에 내가 이곳에

---

23 "倭船比比漁採於鬱陵島 誠可寒心."
『肅宗實錄』 肅宗 36年 10月 3日 甲子 條.

24 大西俊輝 : 『日本海と竹島-日韓領土問題』 (東京, 2003, 東洋出版), 218쪽.

들어와서 울릉 자산 등의 섬을 조선의 지경으로 정하고, 관백의 서계를 받았는데"라고 한 부분과 관련이 있다. 여기에서 ⓓ에 대한 사실 여부에 의문을 제기하는 것은 당연할지도 모른다. 환언하면 박어둔과 안용복이 오야 집안의 어부들에게 연행되었을 때에 과연 에도에 사는 관백이 이런 글을 써주었는가 하는 문제에 대해서는 보다 면밀한 자료의 검토가 요청된다는 것이다.

그렇지만 이 사건을 계기로 울릉도에 조선 어부들의 출어出漁를 막아달라고 하는 '울릉도 쟁계'가 발생한 것은 명백한 사실이다. 그러므로 돗토리번은 그들의 연행 사실을 에도의 막부에 보고하였고, 그에 대한 답신이 있었다는 것은 쉽게 짐작할 수 있다. 그것이 비록 안용복이 말하는 것과는 직접적인 관련이 없다고 하더라도 답신의 존재는 인정해야 마땅하다.

따라서 2차로 단행된 안용복 일행의 도일도 어떤 형태로든 이 1차의 연행 사건과 관련을 가지진다는 것은 부정할 수 없을 것이다. 하지만 그렇다고 해서 이케우치 사토시가 주장하고 있는 것처럼, 과연 안용복이 1차 연행 시에 있었던 대마번에서의 문제를 돗토리 번주에게 소송을 하기 위해서 도일을 했던 것일까 하는 것은 보다 심도 깊은 고찰이 요청되는 문제라고 하지 않을 수 없다. 그래서 우선 이케우치의 견해부터 살펴보기로 한다.

> 「돗토리번으로부터 주어졌던 '은화 및 문서'를 대마도번의 사람에게 모조리 빼앗겼다고 하는 기술은, 모두 허구라고 하기보다는 일정한 사실에 근거를 둔 것일 것이다. 이번(2차 도일)의 소송 일건은 '대마도번에 관계되는 것 같다.'고 파악되고 있기 때문이다. 돗토리번이 장악한 소송 내용과도 아울러 생각하는 한에서는, 안용복의 내항來航 목적은, 전번의 송환 시에 대마도로부터 받은 냉대에 대한 불만을 소송하고 싶었던 것에 있기 때문에 지적 ①과 ⑦은 잘못이다.」[25]

그가 여기에서 지적하고 있는 ①은 나이토 세이츄內藤正中가 "(안용복) 일행이 소지한 조선 팔도의 지도를 '죽도와 송도를 조선의 영토로 주장하기 위해서 특별히 만든 것'이라고 상정하면서, 울릉도竹島·송도(竹島/獨島)의 위치 관계에 대한 인식도 정확했다고 하는 것과 더불어, 죽도/독도가 조선 령인 것을 소송하는 데 있었다고 이해하는 것"[26]이고, ⑦은 시모죠 마사오下條正男가 아마정海士町의 구가舊家 무라카미村上 집에서 작년 봄(2005년)에 발견된 고문서에 의하면 "안용복은 울릉도와, 당시 송도라고 부른 현재의 죽도를 조선 령이라고 하여, 돗토리번에게 인정을 받으려고 소송하는 것이 다시 일본에 온 목적이라고 한 것"[27]을 가리키는 것이다.

그러므로 이케우치의 이와 같은 견해를 따르는 경우에는, 자료 2의 ⓑ에서 말한 것이 사실이 아닌, 거짓이 되어 버린다. 이 문제의 해결을 위해서 먼저 일본의 학자들이 많이 이용하고 있는 『죽도고竹島考』의 「조선국 통사박 우본번朝鮮國通使船于本藩」의 내용을 살펴보기로 한다.

〔자료 4〕

「겐로쿠 9년(1696년) 6월 4일, 호키국 아카사키나다赤崎灘에 조선국의 배가 들어왔다는 연락이 있었고, 또 그보다 앞서 오키국 대관代官 – 에도 시대에 직할의 토지를 관할하고, 그곳의 민정을 맡아보던 지방관 – 고도 쓰노우에몬後藤角右衛門의 부하들이 보고하는 바에 의하면, 5월 20일 조선 배 한 척이 해안에 닿았으므로 그 자세한 내용을 물어보았던 바, 이번에 그 나라의 배 32척이 죽도에 도해했는데, 그 가운데 한 척이 ㉠ <u>호키국에 소송을 위해서 도해했다는 것을 알려 왔으므로</u>, 반드시 그 배일 것이라고 하여, 도사공都沙

25 池內敏 : 2007, 앞의 논문, 8-9쪽.

26 內藤正中 : 「隱岐の安龍福」 『東北アジア文化硏究』 (松江, 2005, 鳥取短期大學東北ア.ジア文化硏究所), 5-9쪽에서 요약한 듯함.

27 下條正男 : 「論点整理 - 安龍福の登場」 『フォトしまね(161)』 (松江, 2006, 島根縣), 5쪽.

工인 야마자키 슈마山崎主馬의 명령이 있어, 서둘러 거기로 달려갔던 바, 그 조선 배는 벌써 게다군氣多郡 나가오하나長尾鼻를 돌아서, 배가 이소노나다磯灘에서 마주쳤으나, 이곳은 배가 계류하기에는 어려웠기 때문에, 따라서 예인선曳引船 수척을 내어 아오야青谷에 되돌아가게 하여, 이국異國의 배를 항구로 끌어들여서 경비선을 붙여서 이를 지키게 하였다.

그 사이에 ㉡ 히라이 긴자에몽平井金左衛門을 보내어, 배의 손님船客에게 죽도의 건으로 온 것이냐고 물었으나, 통역이 없어 자세하게 알 수가 없어, ㉢ 그러므로 유학자 쯔찌 곤미치辻權允에게 필담筆談을 하게 하려고 아오야青谷에 보내, 안 동지(安同知 : 안용복) 외 1인을 센넨사千念寺로 초청하여 대담을 하게 하였으나, 죽도의 일로 인해서 사자使者의 배로 왔느냐고 하는 것도 명확하게 되지 않고 끝을 맺었다.

그런데 일의 처리에 관해 지급至急의 격문(羽檄 : 지급의 뜻을 나타내기 위해 새의 깃털을 붙인 격문)으로 막부에 보고하였다. 동 8일에는 후신 봉행普請奉行 – 무가시대武家時代에 건축·토목 공사를 담당하던 관리 – 인 기타무라 하치베에北村八兵衛가 그 수하의 직원을 끌고 가, 동 12일 이국의 배異船를 가로加路로 맞아들여, 도센사東仙寺를 잠시 머무는 곳으로 하였다.

동 21일 역마驛馬 9필을 보내어, 도타 이치우에몽戶田市右衛門, 마키노 이치로우에몽牧野市郎右衛門, 오카지마 도베에岡嶋藤兵衛가 도중에 경호를 하여 이국사람異客들을 본부本府의 마을회관[町會所]에 있게 하고, 거기에 머무는 사이에 접대를 하게 하라고 하네하라 덴고베에羽原伝五兵衛에게 명하였다. 그런데 ㉣ 막부에서 이국 사람이라면 상륙시키지 말고, 그대로 배에 있게 하라는 명령이 있었으므로, 서둘러 고야마湖山의 아오시마青嶋에 임시 거처를 만들고, 사자들의 배는 호수 가운데 끌어들여 그곳에 매어두었다. 지금도 이 섬의 남쪽 구석에 외국 선원이 머문 집의 흔적이 있는데, 그 때의 자취라고 들었다. ……

그 후에 ㉤ 막부에서 거듭 분부가 있은 것으로 말하면, 대마도 태수의 가신家臣 1인과 통역 2인을 당해 지역으로 파견하는 사이에, 조선인이 원하는 것이 있다면 히젠국備前國 나가사키長崎에 관청이 있으므로, 그 쪽으로 배를 돌려 거기에 소원을 제출할 수 있다는 것을 말하고, 다른 곳에 있어서는 이국異國의 소원을 처리하는 것을 정부의 금하는 바여서 결코 이루어질 수 없다는 뜻을 아주 부드럽게 타일러서, ⓑ 만약에 받아들이지 않는 형색이 보인다면 당장 돌아가야 한다는 것을 말해주고, 그 안에 이의가 없이 나가사키로 뱃길을 연다면, 이쪽의 가신과 대마도 태수의 가신을 조선 배에 같이 태워서 갈 수 있게 하라는 명령을 받았으나, 이번 이 일의 결말은 분명하지가 않다.」[28]

여기에서 밑줄을 그은 ㉠의 문장을 보면, 분명하게 안용복 일행이 호키국伯耆國에 무엇인가를 소송하기 위해서 도해했다는 사실을 밝힌 것으로 되어 있다. 그렇지만 그 다음의 ㉡과 ㉢ 문장에서는 풀리지 않는

---

28 "元祿九年六月四日, 伯耆國赤崎灘へ朝鮮國ノ船着船セル由及注進, 又其レヨリ前, 隱岐國御代官後藤角右衛門手代共ヨリ報告セルニハ, 五月二拾日朝鮮船一艘着岸セル故, 其仔細備詳相尋候處, 今後彼國船三拾二艘죽도へ도해シケルガ, 其內ノ一艘, 伯耆國へ訴訟ノ爲カ渡來セル由, 申侍ル旨相達居ケレバ, 定メテソノ船ナラメト, 御船手山崎主馬へ命アツテ急ギ彼地へ馳向ケル處, 件ノ朝鮮船ハ早氣多郡長尾鼻ヲ承廻シ, 船磯ノ灘ニテハタト行逢タリ, 此處ハ船繫リ難相成, 依ツテ引船數艘ヲ出シテ青谷へ漕戾サセ, 異船ヲ溱ノ內へ引入シ, 番船堅ク付置ケル是ヲ警衛ス. 其內平井金左衛門ヲ被遣, 客船ニ對シ竹島ノ義ニ付來船セルヤト相尋ケルニ, 通詞無レバ仔細分明ナラズ, 依之御儒者辻權允筆談被仰付, 青谷ニ向候テ安同知外ニ一人ヲ專念寺へ請シ, 對談ニ及ケルニ, サラバ竹島ノ義ニ依テ使船ヲ通ゼシトモ明白セズシテ止ケシトカヤ, サテ事ノ由羽檄ヲ以テ幕府へ御達ニ相成, 同八日ニハ御普請奉行北村八兵衛, ソノ手ノ役人ヲ引領シテ赴之ニ, 同十二日異船ヲ加路へ迎へラレ, 東善寺ヲ須臾ノ旅館トセラレタル. 同二十一日傳馬九疋ヲ被遣, 戶田市右衛門, 牧野市郎右衛門, 岡嶋藤兵衛, 途中ヲ警護シ, 異客ヲ本府ノ町會所へ被差置, 逗留中ノ馳走ヲ羽原傳五兵衛へ被命シ, 然ル處ニ從幕府異客アラバ上陸サセズ, 其儘船へ可差置ノ御沙汰相聞エリシカバ, 急ギ湖山ノ青嶋ニ仮廠ヲ營ミ, 使船ヲ湖中ニ引入テ此所ニ被繫置, 今ニ此島ノ南片ニ唐人船屋ノ名殘アルハ, 其時ノ舊蹤ナリト聞エケル……. 其後從幕府重テ御下知有之候ニハ, 對馬候ノ御家來一人, 通詞御兩人御當地へ被差越ルルノ間, 朝鮮人願ノ筋有之バ肥前國長崎官廳有之故, 其表へ廻船シ其コデ願出可申, 他ノ國國ニ於テ異國ノ願取扱義ハ政府ノ大禁ナレバ, 決シテ難相成旨隨分穩ニ申シ論シ, 若シ不許容ノ體見エ候ハバ, 直ニ歸帆スベキノ旨可申渡, ソノ內無異儀長崎へ帆ヲ開キナバ, 此御方ノ御家來竝對州候ノ御家來朝鮮船ニ附添送リ可參旨被仰出ケルトゾ, 今此擧ノ落着詳カナラズ."
원문은 因府岳良 編述 : 竹島考』(文政 11년의 자서(自序)가 있고, 오카지마 마사요시(岡嶋正義)의 저술로 되어 있다. - 鳥取縣立博物館藏)에 실려 있으나, 본고에서는 內藤正中 : 앞의 책, 97쪽에서 재인용한 것임을 밝혀둔다.

의문이 제기된다. 곧 호키국에서 히라이 긴자에몽을 보내어, 죽도의 건을 소송하기 위해서 온 것이냐고 물었으나, 통역이 없어 자세하게 알 수 없었다고 하였다. 그러자 이번에는 유학자 쯔찌 곤미치를 보내서 필담을 시도했으나, 그것도 명확하게 소송의 내용을 파악하지 못한 것으로 되어 있다. 앞에서도 오카지마 마사요시가 쓴 『죽도고』의 표현에 문제가 있다는 것을 지적한 바 있으나, 이런 기술이 정말로 사실이었을까 하는 의문을 가지지 않을 수 없다. 이렇게 말하는 이유는 당시에 안용복은 일본어를 알고 있었고, 필담에 참여한 이인성 역시 글자를 아는 사람이었기 때문이다.

먼저 안용복이 일본어를 알았다는 사실은 숙종 19년(1693년) 5월 11일의 돗토리번의 『비망록控帳』에 오야 집안의 어부들에게 연행되어 갔을 때의 "안빈슌은 일본어 통역이었다."[29]라고 하는 기록을 들 수 있다. 여기에서 말하는 안빈슌은 바로 안용복을 가리킨다. 그런데도 오카지마는 왜 그가 일본어를 모르는 것으로 기술하였는가 하는 것은 쉽게 이해가 되지 않는다. 특히 이 일이 있고 난 3년 뒤인 숙종 22년(1696년)에 도일을 했으므로, 그를 알고 있는 일본 사람들도 있었을 가능성이 높다.

이와 같은 추정은 타당성을 지닌 것이다. 위의 인용문 말미에 "아오야青谷의 차야 효노스케茶屋兵助가 자기에게 그때 온 이국 배[異船]의 인원의 기록, 그리고 선박 표시의 그림을 소지하고 있는데 아래와 같다."[30]라고 하면서, 도해한 사람들의 이름을 적고 있다. 그리고 "그 중의 한 사람을 안핀챠, 토라헤이라고 한다. 그를 이때에 돌려보내 주었다."[31]라는 표

---

29 「アンビンシュン和語通詞なり」
内藤正中 : 앞의 책, 55에서 재인용.

30 "青谷ノ茶屋兵助ガ許ニ, 其時ニ來リシ異船ノ人員之記, 竝ニ船驗ノ圖ヲ所持セリ, 如左."
岡嶋正義 : 앞의 책,

현이 있는 것으로 미루어 보아, 안용복이 3년 전에 연행되어 왔던 조선인이었던 것을 알고 있는 것 같은 표현을 찾을 수 있기 때문이다.[32]

그리고 다음 페이지에서 보는 것과 같이, 차야 큐노스케茶屋九助가 모사模寫했다고 하는 장대의 윗부분에는 "조울 양도 감세장 신 안동지기朝鬱兩島監稅將臣安同知騎"란 묵서墨書를 달고 있었고, 그 뒷면에는 "조선국 안동지 승주朝鮮國安同知乘舟"라고 적혀 있었다는 것이다. 또 그 아래에는 "배의 말미에서 일어나 무르익은 가을을 보니, 다시 돌아갈 고향의 농사철이 생각나네起船尾見盛秋 又歸古鄕思農時"라는 시구詩句도 쓰여 있었다. 그런 다음 그 선박의 표시도船驗圖에, "다음에 그리는 표지는 겐로쿠 9년(1696년) 6월 5일에 조선인 11인이 탄 배로, 아오야 포구에 도착하였을 때 표지를 그린 것이다. 조울 양도는 울릉도(일본에서는 이것을 죽도라고 부른다.), 자산도(일본에서 이것을 송도라고 부른다.)인 것이다. 그 때의 선장을 안동지라고 한다."[33]라는 설명이 있다고 한다.

이러한 글들은 전부 이인성李仁成이 쓴 것이 분명한 것 같다. 이것은 앞에서 인용한 자료 2의 마지막 단락에는 그가 상소문을 지어서 바쳤

---

31 "其內ノ一人ヲアンピンチヤン, トラヘイト云ケレトソ, 其ヲ此度御返シ下サレシト云."
內藤正中 : 앞의 책, 100쪽에서 재인용.
나이토 세이츄는 이 글을 인용하고 있으나, 필자가 가지고 있는 『죽도고』에는 이런 구절이 없다는 것을 밝혀둔다

32 나이토 세이츄도 이런 가능성을 인정하고 있다.
內藤正中 : 앞의 책, 100쪽.

33 "次ニ圖スル船驗ハ元祿九年六月五日, 朝鮮人十一人騎ノ船, 靑屋ノ津ヘ着ケルトキ船驗ノ寫ナリ. 朝鬱兩島ハ鬱陵島(日本ニテ是ヲ竹島ト称ス), 子山島(日本ニテ是ヲ松島ト称ス)是ナリ. 其トキ船長ヲ安同知ト呼フ."
內藤正中 : 앞의 책, 100쪽에서 재인용.
나이토 세이츄는 이것을 인용하고 있으나, 필자가 가지고 있는 『죽도고』에는 주30에서와 마찬가지로 이런 구절이 없다. 같은 시마네 현립 도서관에 보관되어 있는 『죽도고』가 이본이 있는지는 모르겠지만, 그렇지 않은 경우에는 나이토가 연구할 때에 있었던 기록이 지금은 없어졌다고 볼 수 있어, 일본 측에서 자료의 왜곡에 착수한 것이 아닌가 하는 추측을 불러일으키는 것도 사실이다.

다고 기록한 것으로 보아, 틀림없는 사실이라고 보아도 무방할 것이다. 더욱이 이인성은 아래 그림에 보는 바와 같이 마을 사람들에게 달필의 묵적墨跡까지 써주었다.

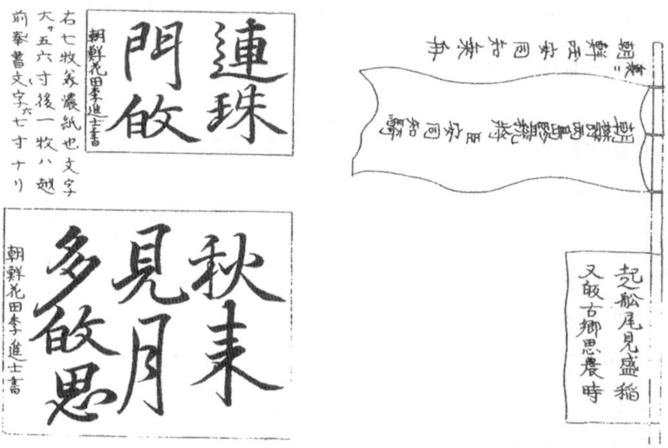

(이인성의 글씨) 34

이처럼 일본어를 아는 안용복이 있었고, 또 글을 잘하는 이인성이 있었는데도 말이 통하지 않았고, 필담으로도 도해의 뜻을 파악하지 못했다는 것은 쉽게 납득이 되지 않는다. 그리하여 우선 생각할 수 있는 것이 안용복 일행이 관직을 사칭하였으므로, 의도적으로 일본어도 모르고 문자도 모르는 체했을 가능성이 있다.[35] 만약에 이것이 아니라면, 안용복이 도일하였다가 돌아간 다음에 일본 측에서 의도적으로 그 일행의

34 内藤正中 : 앞의 책, 101에서 인용.

35 송병기는 이 부분에 대하여, 안용복이 일본어 사용을 절제하였기 때문이라고 보았다.
송병기 : 앞의 책(2007), 83쪽.

행적을 왜곡 내지는 축소하려고 했던 것이 아닐까 하는 의심을 가질 수도 있다. 이 문제를 해명하기 위해, 오키도에서 작성하여, 막부의 오쿠보 카가노카미에게 제출한 구상서의 내용을 소개하기로 한다.

〔자료 5〕

「조선의 배 한 척이 5월 20일 오키국에 착안했습니다. 따라서 대관代官 고도 쓰노우에몽後藤角右衛門의 대리인인 나카세 히키우에몽中瀨彈右衛門, 야마모토 기요시우에몽山本淸右衛門이 상황을 물어보았던 바, 이번에 조선의 배 32척이 죽도竹島에 도해하였는데, 그 중의 한 척 11인이 건너왔습니다. 이는 호키국에 소원訴願하려는 것이 있어 도해했다는 뜻을 말하고, 위右 양인으로부터 파발꾼을 보내 이런右 취지를 이 달 2일에 영지鳥取藩의 하인에게 알렸습니다. 동 4일 호키주의 아카사키赤崎라고 하는 항구에 위右 조선의 배가 도착하였습니다. 곧 파수꾼 등의 사람을 붙여두고, 자세히 들은 다음에 보고하도록 하라고, 영지에서 오는 파발마로 연락해왔기에, 우선 보고 드립니다. 이상.」[36]

이 문서를 보면, 안용복 일행이 오키도에 도착한 것은 1696년 5월 20일(실제는 5월 18일이었다.)이었으며, 이미 여기에서 그들이 무엇인가 소송을 하기 위해 왔다는 사실을 알고 있있음이 명백하게 나타나 있다. 그런데도 왜 『죽도고』에서는 그들이 일본에 온 이유를 명확하게 파악할 수 없었다고 했을까 하는 의심을 가지게 되는 것은 당연한 귀결이라고도 할 수 있다. 특히 돗토리번의 『어재부일기御在府日記』에서는 아래와 같이 그 도항 목적을 기록하고 있다.

---

36 鳥取藩 : 『御在府日記』 元祿 9年 6月 13日條.
內藤正中 : 앞의 책, 98쪽에서 재인용.

〔자료 6〕

「오키국으로부터 온 보고는 죽도의 일로 소송하러 왔다고 하는 내용의 보고였기 때문에, 사정을 들어보라고 히라이 긴자에몽에게 일러 보냈으나, 통역이 없어 일이 진전되지 않았으므로, 쯔찌 반안辻晩庵을 아오야로 보냈습니다. 반안이 아오야에 도착하여 센넨사千念寺로 안 동지와 그 외의 양인을 불러 대담하여 상황을 물었더니, 확실히 죽도의 건을 소송하러 온 것 같이 들리지 않는다는 내용을 히라이 긴자에몽이 반안에게 듣고 돌아왔습니다.」[37]

여기에서도 오키도에서는 분명하게 안용복 일행이 죽도의 일을 송사하러 왔다고 보고하였음에도 불구하고, 호키에 이르러서는 그 뜻이 흐려지고 있다는 것을 알 수 있다. 하지만 안용복이 당시에 일본 사람들이 '죽도'라고 부르든 울릉도와 '송도'라고 부르든 독도의 영유권을 확실히 해두기 위하여 돗토리번으로 도항을 했던 것은 분명하다고 보아야 하는 것 같다.

이런 견해의 정당성을 뒷받침하기 위해서, 2005년 3월에 오키도에서 발견된 「겐로쿠 각서」의 내용을 살펴보기로 한다.

〔자료 7〕

「안용복이 말하기를 대나무 섬竹嶋을 죽도라고 합니다. 조선국 강원도 동래부 안에 울릉도라는 섬이 있는데, 이것을 대나무의 섬이라고 합니다. 곧 8도의 지도八道之圖에 적혀 있는 것을 가지고 있습니다.

송도는 오른쪽 같은 도右同道[38] 안에 자산(子山 : 소우산)이라는 섬이 있는데, 이것을 송도라고 하는데, 이것도 팔도의 지도에 적혀 있습니다.」[39]

---

37 鳥取藩 : 『御在府日記』 元祿 9년 6월 22일조.
内藤正中 : 앞의 책, 99쪽에서 재인용.

38 세로로 쓴 문장이기 때문에 이런 표현을 했음을 밝혀둔다.

39 "安龍福申候ハ竹島ヲ竹ノ島と申候. 朝鮮國江原道東萊府ノ内ニ鬱陵島ト申島御座候. 是ヲ竹ノ島と申由申候. 則八道ノ圖ニ記之所持仕候. 松島ハ右同道之内子山(ソウサン)と申島御座候. 是ヲ松島と申由. 是も八道之圖ニ記申候."

이러한 안용복의 진술에서는 강원도의 동래부라고 하여 동래부가 강원도에 속한 것처럼 되어 있어, 이 기록의 신뢰성에 의문을 가지게 하는 것도 사실이다. 그렇지만 그가 동래 사람이었음을 생각하면, 그의 말을 기록하는 과정에서 이와 같은 오류가 발생하였을 가능성도 있을 것이다.

그런데 이 진술에서 특이한 것은 그가 당시에 일본에서 '송도'라고 부르고 있던 독도를 자산子山[40]이라고 하여, 그 전에 사용된 적이 없는 이름을 붙였다는 사실이다. 일본 사람들이 읽은 자산의 음이 소우산ソウサン으로 되어 있어, 이것이 '작은 우산도'라는 의미로 쓰였을 가능성도 있다. 아니면 울릉도를 모도母島, 곧 어머니 섬이라고 보고, 이에 딸린 아들 섬이란 뜻으로 자산이란 명칭을 사용하였을 가능성도 배제할 수는 없다.

그렇지만 이 섬을 '소우산'이라고 하여 '작은 우산도'로 해석한다면, '우산도'가 독도라고 주장하는 종래의 견해와 상충되는 것이 아닌가 하는 의문을 가질지도 모른다. 이런 의문에 대해서는 그런 오해가 생길 수 있기 때문에 안용복이 '자산도'라고 하였고, 이 새로운 이름은 '작은 우산도'를 가리킨다는 생각을 가지고 이런 명칭을 사용한 것이 아닌가 한다.

여하간 이 자산이란 명칭에 대해서, 송병기는 "울릉도와 독도는 모자관계에 있는 섬들이다 가령 독도의 옛 이름은 우산도이지만 혹은 자산도라고도 하였는데, 이는 모도母島인 울릉도의 자도子島라는 뜻도 함

樋野俊晴 :「元祿九丙子年朝鮮舟着岸一卷之覺書」『독도연구(창간호)』(경산, 2005, 영남대독도연구소), 254-255쪽.

40 이 "자산도"란 명칭은 앞에서 차야 큐노스케(茶屋九助)가 모사했다고 하는 선박의 표시도(船驗圖)의 설명에서도 조울 양도에서 자산도를 "일본에서 이것을 송도라고 부른다."라고 한다는 것을 기록하고 있었음을 지적해둔다.
內藤正中 : 앞의 책, 100쪽에서 재인용.

축되어 있는 것이다. 뿐만 아니라 독도는 오랫동안 무인도로 있었다. 그러므로 독도의 역사는 울릉도와 관련지어 가면서 살피지 않으면 안 된다."[41]는 지적을 한 바 있다.

이처럼 당시의 조선에서는 이미 울릉도와 독도를 모자 관계를 가지는 섬으로 파악하고 있었다. 그렇다고 한다면, 일본이 독도와 울릉도가 전연 관계가 없다고 하는 주장은 설득력을 잃게 된다. 즉 에도 막부는 울릉도가 한국의 영토란 사실을 인정하여, 오야 집안과 무라카와 집안에게 '죽도(울릉도) 도해 금지령'을 내렸다. 따라서 이들 두 섬이 안용복의 주장과 같이 모자 관계로 인식되던 섬이었다고 한다면, 이미 에도 막부가 울릉도는 말할 것도 없이 독도도 조선의 영토임을 인정했다는 해석이 가능하게 된다.

그런데 이 「겐로쿠 각서」에는 "조선 8도의 지도 여덟 장으로 된 것을 가지고 있는 것을 내놓았습니다. 즉 8도를 각각 베껴 그리고, 조선말로 적었습니다."[42]라고 하여, 안용복 일행이 울릉도와 자산도가 그려진 지도를 가지고 있었다는 것이 기록되어 있다. 그렇지만 그 지도는 발견되지 않고 있어, 궁금증을 자아낸다. 하지만 현재 전해지고 있는 『천하도天下圖』에 조선 팔도의 지도가 실려 있고, 또 강원도 지도에는 울릉도와 자산도가 그려져 있으므로, 그가 이와 비슷한 지도를 가지고 일본에 건너갔을 가능성이 높다고 하겠다. 그리하여 참고로 대구광역시 수성구 파동에서 고서관古書館을 운영하는 김정원金正元이 소장하고 있는, 강원도 지도를 아래에 제시하기로 한다.

---

41 송병기 : 『한국민족문화대백과사전(7)』 (성남, 1991, 한국정신문화연구원) 49쪽.

42 "朝鮮八道之圖ヲ八枚ニ(シメ)所持仕候ヲ出シ申候則八道ノ各ヲ書寫朝鮮ノ詞ヲ書付申候."
樋野俊晴 : 앞의 탈초문, 254쪽.

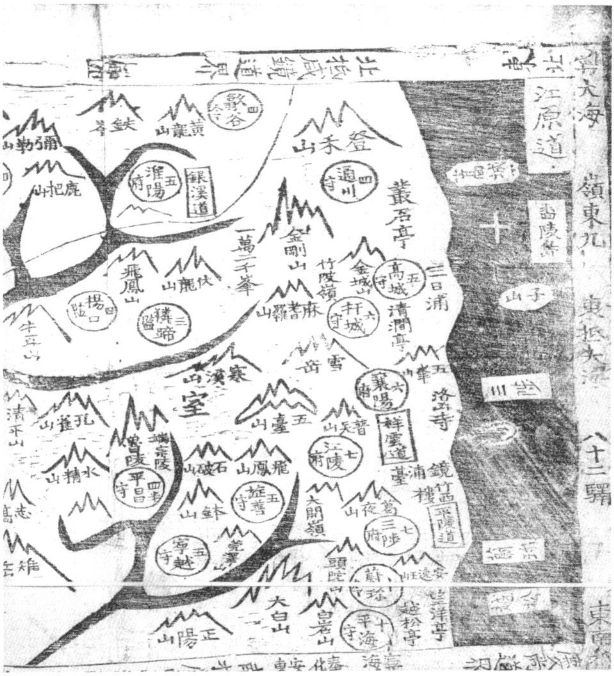

(강원도 지도)43

이 지도에는 안용복이 지정한 자산도가 울릉도 하단의 왼쪽으로 조금 치우쳐 그려져 있다. 그렇지만 이것은 강원도에 속하는 지역을 전부 한 면에 넣기 위해서는 육지를 중시하는 방법을 취했으므로 바다를 좁게 그리게 되었고, 그러다 보니 울릉도의 동남쪽에 자리한 자산도가 아래쪽으로 옮겨질 수밖에 없었던 것으로 추정된다.[44]

그리고 위에서 제시한 지도가 방각되어 목판본으로 인쇄되었다는 사실은, 안용복이 일본에 가서 독도에 '자산도'라는 이름을 붙였던 것이

43 김정원이 제공한 「천하도」의 '강원도 지도'.

44 김화경 : 「한국의 고지도에 나타난 독도 인식에 관한 연구」 『인문연구(55)』 (경산, 2008, 영남대 인문과학연구소), 45-46쪽.

널리 알려지게 되었음을 말해준다고 보아도 좋을 것이다. 왜냐하면 그렇지 않고 그가 단순히 일본에 가서 울릉도와 독도가 조선의 땅이란 사실만 주장하는 데 그쳤다고 보는 경우에는, 이와 같은 지도가 방각될 수 없었을 것으로 생각되기 때문이다.

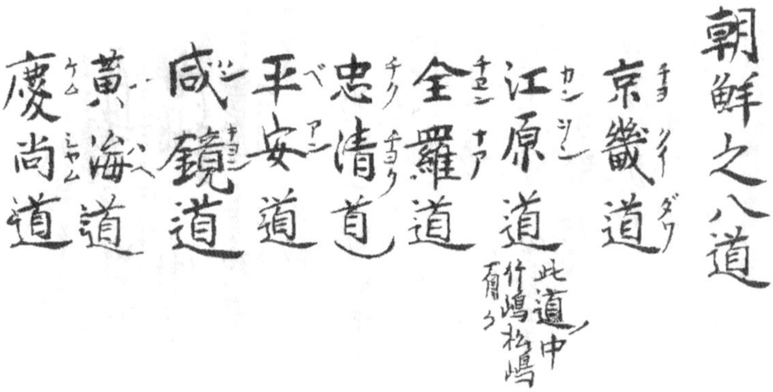
朝鮮之八道
京畿道
江原道
此道中竹嶋松嶋有之
全羅道
忠清道
平安道
咸鏡道
黄海道
慶尚道

(조선 팔도의 명칭)

이 문제는 어찌 되었든, 「겐로쿠 각서」에는 지도가 남아 있지 않는 대신에, 위에서 제시하는 것과 같은, 강원도 밑에 "이 도 가운데에 죽도와 송도가 있음"[45]이라고 적힌 문서가 남아 있다. 여기에서 다른 도에도 섬들이 많이 있는데도 불구하고 유독 강원도에 죽도와 송도가 있다는 것을 기록한 것으로 보아, 안용복이 이 두 섬의 영유권을 주장하기 위해 특별히 만든 것일 가능성이 높다.[46]

그리고 이렇게 강원도 지도에 그려 넣고 문서에 표기한 죽도와 송도의 위치에 대해, 「겐로쿠 각서」에는 안용복이 다음과 같이 말했다고 적혀 있다.

---

45 김정원 번역 : 「겐로쿠 9(병자)년 조선 배 착안 한 권의 각서」『독도연구(창간호)』(경산, 2006, 영남대 독도연구소), 299쪽.

46 內藤正中 : 앞의 논문(2005), 11쪽.

〔자료 8〕

「5월 15일 죽도에서 출선하여 같은 날 송도에 도착하였고, 16일 송도를 출발하여 18일 아침에 오키섬의 서쪽 마을 물가에 이르렀다. ……중략 …… 죽도와 조선 사이는 30리이고, 죽도와 송도 사이는 50리라고 말했다.」[47]

이와 같은 거리의 인식은, 나이토 세이츄內藤正中가 지적한 것처럼 조선 본토와 죽도 사이가 30 리이고, 죽도와 송도가 50리라고 하는 것은 정확하지 않다. 그렇지만 5월 15일에 죽도를 출발하여 같은 날 송도에 도착하였고, 16일에 송도를 출발하여 18일 아침에 오키에 닿았다는 것은 사실과 합치하고 있다. 1667년 사이토 후센齊藤豊宣이 쓴 『인슈시청합기隱州視聽合記』에서도 오키의 서북 방향으로 1박 2일을 가면 송도에, 더 하루를 가면 죽도에 도착한다고 되어 있다는 것과 같기 때문이라고 보았다.[48]

이렇게 안용복이 지도를 지참하고, 또 그의 거리에 대한 명확한 인식이 표현되어 있는 「겐로쿠 각서」에 대해, 김병렬金炳烈은 "당시에 제작되었던 지도에는 일반적으로 거제도, 완도, 강화도 등 많은 섬들이 포함되어 있으며 심지어 경상도에는 대마도까지 그려져 있었음에도 불구하고 이러한 섬들은 하나도 표기되지 않고 유독 울릉도(죽도)와 독도(송도)만 문제시되어 표기되었다는 점이다. 이는 안용복이 두 섬이 조선의 영토라는 주장을 했기 때문인 것임에 의심의 여지가 없다."[49]라고 하여, 위에서 제시한 자료들을 가지고 안용복이 울릉도와 자산도가 조선의 땅임을 주장했다는 견해를 피력하였다.

---

47 「五月十五日竹嶋出船 同日松嶋江着 同十六日松嶋ヲ出 十八日之朝隱伎嶋之內西村之磯へ着. ……中略 …… 竹嶋と朝鮮之間三十里 竹嶋と松嶋之間五十里在之由申候.」 樋野俊晴 : 앞의 탈초문, 256쪽.

48 內藤正中 : 앞의 논문(2005), 12쪽.

49 김병렬, 나이토 세이츄 공저 : 『한일 전문가가 본 독도』 (서울, 2006, 다다미디어), 46쪽.

이에 대해 이케우치 사토시는 다음과 같은 반론을 제기하여, 안용복의 활동을 다른 각도에서 조명하려는 견해를 밝히고 있어 주목을 끌고 있다.

「안용복이 소지한 '조선팔도도'에 이러한 섬들이 하나도 그려져 있지 않았는지 어떤지는, 실은 무라카미 가村上家 문서에서는 알 수가 없다. 무라카미 가 문서 ㉮ '조선지팔도(朝鮮之八道 : 앞 페이지에서 복사하여 보인 팔도의 명칭)'는 안용복이 제시한 '조선팔도도朝鮮八道圖'를 본 오키의 대관 대리가 강원도 부분에 "이 도에 가운데에 죽도와 송도가 있다."고 써 넣은 것은, "조선국 강원도 동래부 안에 울릉도라는 섬이 있는데, 이것을 대나무의 섬이라고 하는 것", "동 도同道의 안에 자산子山이라고 하는 섬이 있는데, 이것을 송도라고 하는 것"이라고 하는 안용복의 발언에 바탕을 두고 있다. 그리고 이들 안용복의 발언 그 자체가 지리적 인식을 나타내기까지는 하지만, "죽도·송도를 조선령이라고 주장"한 것까지는 해석할 수 없다. '지적 ⑨(위에서 인용한 김병렬의 주장을 가리킨다. : 인용자 주)는 타당성이 결여된 주장이다.

그런데 김병렬은 또, ㉯ 겐로쿠 죽도(울릉도) 도해 금지령이 돗토리번 영지[國元]에 전해진 것이 겐로쿠 9년(1696년) 8월 1일이기 때문에, 같은 해 봄에 오야·무라카와 양 집안이 죽도 도해를 행했을 가능성이 있다는 것을 언급한다.[50] 따라서 겐로쿠 9년의 죽도(울릉도)에서 일본 어민과 조우, 추방하는 과정에서 오키에 이르렀다고 하는 조선 관헌에서의 안용복 진술에도 증거

50 김병렬의 이런 주장에 대해서는 오해가 생길 수 있으므로, 한글로 된 책의 원문을 인용한다면 아래와 같다.
"에도에 있던 마쓰타이라 태수에게 죽도 도해 금지령이 전달된 것은 1월 28일이었다. 이 죽도(울릉도) 도해 금지령이 호키(伯耆)에 전달된 것은 8월 1일이었다. 따라서 안용복 일행이 오키(隱岐)에 도착했던 5월에는 호키는 물론 오키에서도 죽도 도해가 금지되었다는 사실을 전혀 모르고 있었던 상태였다. 그렇다면 예년의 예에 다라 이해 역시 순번대로 무라카와의 어부들이 2, 3월에는 울릉도에 도착한 후 어로 작업을 시작했을 것이다. 도해를 하여 어로 작업을 하고 있는 중에 8월 1일자로 도해 금지령이 알려지게 되었고 봉서 상에 도해가 금지된 날짜가 1월 28일이었음을 알게 되자 금지 이후에 도해를 했다는 사실을 막부에서 알게 될 것을 우려하였고 막부의 문책을 우려한 마쓰타이라 태수의 요구에 의해 이해 무라카와 가의 도해와 관련된 모든 기록은 재작성될 수밖에 없을 것이다."
김병렬, 나이토 세이츄 공저 : 위의 책, 54-55쪽.

가 있다고 추정한다.[51] 그러나 가령 그렇다고 한다면, 무라카미 가 문서에 그러한 진술이 하나도 나타나지 않는 것은 왜일까? 조선 관헌에 대한 안용복의 진술에 의하면, 죽도(울릉도)에서 만난 일본인 어민들은 돗토리번 영지의 백성들이 아니다. 그들은 송도(죽도/독도)에 사는 사람이라고 말하고 있으며, 그것을 추적하여 오키에 이르렀다고 ㉰ 안용복은 말한다. 무라카미 가 문서로부터 아는 것은, 안용복이 이상과 같이 어민을 추적한 형적도, 오키에서 고발한 형적도, 미진微塵도 없다는 것이다. 무라카미 가 문서에 의하면, 조선 관헌에 대한 안용복 진술을 뒷받침할 수 없기 때문에 지적 ⑩(울릉도에서 왜선을 만났다는 사실의 증거로 제시하는 ㉯의 입장)도 성립되지 않는다.」[52]

조금 인용이 길어졌으나, 이케우치 사토시가 자료에 근거를 두고 철저하게 실증적으로 논리를 전개하고 있으므로, 혹이나 그의 견해를 잘못 전달할 수도 있다는 우려를 불식시키기 위해서 김병렬의 주장에 대한 반론 부분을 거의 전부 인용하였다. 물론 무라카미 가 문서인 「겐로쿠 각서」에는 이케우치가 지적하고 있는 것처럼, 안용복의 진술 내용을 오키의 대관 대리가 그대로 기록한 것은 사실이다.

그러나 『어재부일기』에서 인용한 자료 6에서 밑줄을 그은 부분, 곧 "죽도의 일로 소송하러 왔다고 하는 내용의 보고"가 있었다는 사실을 염두에 둔다면, 그가 강원도 지도를 가지고 이런 설명을 했을 수도 있지 않았을까? 그리고 조선에서는 세종 때에 『세종실록』 지리지가 편찬되면서 '우산도'란 이름으로 불리고 있었고, 일본에서는 송도라고 부르는 섬에 '자산도'라는 이름까지 붙인 것도 이 섬이 울릉도의 속도라는 사실을 증명하기 위한 수단이 아니었을까? 이렇게 보는 경우에도 안용복의 도일 목적을 ㉮에서 이케우치가 지적하고 있는 것과 같이 단순한

---

51 이케우치의 이와 같은 지적은 주 47에서 인용한 부분을 가지고 이런 해석을 한 것이 아닌가 한다. 실제로 김병렬과 나이토 세이츄가 공저한 책에서는 이케우치가 주로 표시한 곳에 이런 직접적인 표현이 없다는 것을 밝혀둔다.

52 池内敏 : 앞의 논문(2008), 9쪽.

발언으로 그치지는 않을 것이다.

안용복이 정삼품正三品 당상관堂上官을 사칭하면서,[53] 나름대로 준비를 하여[54] 돗토리번으로 도일을 했다고 한다면, 미리 정한 어떤 목적이 있었다고 보는 것이 순리가 아닐까 한다. 특히 동래에 사는 안용복으로서는 울릉도 쟁계가 타결이 되지 않고 있었다는 사실을 너무도 잘 알고 있었을 것이다. 게다가 대마도가 조선 조정이 처음에 1도 2명설을 취하자, 이것을 이용하여 '울릉'이란 지명을 삭제함으로써 울릉도를 일본의 땅으로 만들겠다는 저의 때문이라는 것도 알고 있었다고 보는 편이 무난한 것 같다. 그렇다면 안용복이 생각해낸 타개책이란 것이 대마도 이외의 경로가 있다는 것을 과시하는 것이 아니었을까? 따라서 도일의 목적이 오키에서 밝혔던 울릉도 문제였다고 보아도 크게 잘못은 없지 않을까 한다.

그렇지만 대마도로 넘겨져서는 안 된다는 것을 1차 피랍 때에 경험하였던 그로서는 돗토리번에 가까워질수록 의사가 통하지 않는 것처럼 처신할 수밖에 없었을 것으로 추정된다. 쉽게 말해 그는 자신이 당상관의 사신으로 행동하면서 울릉도 쟁계에서 어떤 역할을 하려고 한 것은 사실이지만, 돗토리번에서 넌지시 냄새만 풍기는 형태를 취했던 것이 아닌가 한다.

이런 의미에서 이케우치 사토시가 주장하고 있는, 안용복의 아래와 같은 도일 목적은 그야말로 하나의 추정에 지나지 않는다는 것을 지적하지 않을 수 없다.

---

53 岡嶋正義 : 앞의 책, 「朝鮮國通使船于本藩」의 말미에 기록된 11명의 명단 참조.

54 자료 2에서 본 것처럼, 뇌헌(惱憲)으로 하여금 자금을 제공하게 하였고, 또 글을 잘 하는 이인성(李仁成)을 데리고 갔으며, 죽도(울릉도)와 자산도(독도)가 그려진 강원도 지도를 지참하였으므로 준비를 했다고 보는 것이 타당할 것이다.

「그런데 그렇다면 안용복 등이 죽도(울릉도)·송도(독도)를 기재한 '조선팔도지도'를 지참하고, 더욱이 최초 대담의 모두冒頭에서 제시한 것은 왜일까 하는 것에 의문이 생길 것이다. 답은 간단하다. 겐로쿠 6년(1693년) 에 죽도에서 포박되어 오키 경유로 돗토리번에 연행된 안용복은, 돗토리번에서는 여러 가지 신변의 물건들을 지급받아 후대되었다. 그런데 대마도번에 인계된 뒤에 냉대를 받게 되었다. 그 냉대를 받은 사실을 돗토리번에 호소하기 위해서는, 자신이 이상과 같은 경험을 한 당사자라는 것을 돗토리번 측에 보일 필요가 있었다. 죽도에서 포박되고부터 송도와 오키를 거쳐 돗토리의 요나고로 연행되었다고 하는, 이른 바 '당사자만이 알 수 있는 비밀의 시작'은, 당시에 있어서는 어떻게 하면 성취될 수 있었을까? 산인山陰 지방에서 사용되고 있던 섬 이름 = 송도와, 실제로 자신이 포박된 섬 = 죽도가 기재된 '조선팔도지도'를 지참하는 것은 마치 그러한 증명서가 될 수 있는 유일한 길이었던 것이다.

이상을 근거로 한다면, 안용복의 내항 목적이 죽도/독도가 조선 령이라는 것을 소송하는 것에 있다고 하는 지적 ①과 ⑦, ⑨는 명백한 잘못이며, 무라카와 집안 문서를 가지고 죽도/독도가 조선 령이라고 일본에 주장한 사료로 평가하는 것은 불가능한 것이다.」[55]

만약에 이와 같은 이케우치의 주장이 사실이라고 한다면, 『죽도고』의 「조선 통사박 우본번朝鮮通使舶于本藩」에서 인용한 자료 4 ㉠에서 호키에 소송을 하러 왔다고 하였고, ㉡에서 죽도의 건이냐고 물었으나 통역이 없어 알 수 없다고 한 것이나, 『어재부일기』에서 인용한 자료 6에서 밑줄을 그은 "죽도의 일로 소송하러 왔다고 하는 내용의 보고"를 했다는 것은 사실을 왜곡한 기록이 될 수밖에 없다. 아무리 자료에 바탕을 둔 실증적인 태도를 취하는 것이 중요하다고 하더라도 하나의 자료에만 매달리는 것은 위험하기 그지없다고 하겠다. 그러므로 그보다는 여러 자료들을 종합하여 앞뒤를 헤아려 타당성 있는 결론을 이끌어내

55 池內敏 : 앞의 논문(2008), 10쪽.

는 것이 바람직한 실증적 태도가 아닐까 한다.

이런 의미에서 「겐로쿠 각서」만의 사료를 근거로 하여, 대마도에서 받았던 냉대를 호소하기 위해서 일부러 도일을 단행했다고 추정하는 이케우치 사토시의 견해는 재고되어야 마땅하다고 할 수 있다. 그래서 이에 대한 나이토 세이츄의 견해를 인용하여 당시에 그가 어떤 일을 했는가 하는 문제를 정리함으로써, 일본 학자들이 안용복을 거짓말쟁이로 몰고 있는 것이 얼마나 잘못되었는가 하는 것을 증명하려고 한다.

> 「오키에 온 안용복이 울릉도인 죽도, 자산도인 송도가 다 같이 조선의 영토인 것을 명시하고, 일본 측의 관리에게 기록하게 한 것은, 영유권 문제를 둘러싼 안용복의 역할을 결정하는 의미를 가진다. 일본 측의 기록 가운데에는, 무라카미 집안 문서인 「(겐로쿠) 각서」만이 그것을 기록하고 있으며, 돗토리번의 관계 문서에서는 볼 수가 없는 것이다. 따라서 안용복에게 자산도(독도)가 조선의 영토라고 일본 측에 주장한 사실을 확인할 수 있는 것은, 『조선왕조실록』 등의 한국 측 사료가 아니라, 오키에서의 언동을 기록한 이 「(겐로쿠) 각서」라고 해야만 할 것이다.」[56]

3. 조선에서의 안용복 논죄

안용복의 진술을 액면 그대로 받아들일 수 없다는 것은 너무도 분명한 것 같다. 하지만 앞에서도 지적한 것처럼 그가 상당한 준비를 한 다음, 돗토리번으로 도항을 하여 문제를 제기한 것은 명백한 사실이다. 그렇다면 실제로 그는 어떤 행동을 취했을까 하는 문제를 한번 정도 짚고 넘어가야 하지 않을까 한다.

우선 조선의 조정에서 안용복 사건을 어떻게 보고 있었는가 하는 문제부터 알아보기 위해, 그에 대한 죄를 논의한 『숙종실록』 숙종 22년(1696년) 9월 경진(庚辰 : 27일) 조의 기사 내용부터 고찰하기로 한다.

---

56 內藤正中 : 앞의 논문(2005), 12쪽.

〔자료 9〕

「대신과 비국備局의 제신을 인견하였다. 영의정 유상운柳尙運이 말하기를, "㉠ 안용복은 법금을 두려워하지 않고 다른 나라에서 일을 일으켰으므로 죄를 용서할 수 없습니다. 또 저 나라에서 표해인을 보내는 것은 반드시 대마도에서 하는 것이 규례인데, 곧바로 그곳에서 내보냈으니, 이것을 명백히 언급하지 않을 수 없으나, 안용복은 도해 역관이 돌아온 뒤에 처단하여야 하겠습니다."라고 하였는데, 좌의정 윤지선尹趾善도 그렇게 말하였다. 형조판서 김진귀金鎭龜가 말하기를, "신이 영상의 말에 따라 우의정 서문중徐文重에게 가서 물었더니, '㉡ 이 일은 관계되는 바가 가볍지 않다. 예전부터 교린에 관한 일은 처음에는 작은 것처럼 보이다가 끝에 가서는 매우 커진다. 대마도에서 안용복의 일을 들으면, 우리나라에 원한을 품을 것이니 먼저 통보하고, 안용복 등을 가두고서 저들의 소식을 기다린 뒤에 논단해야 할 것이다.'하고 판부사 신익상申翼相은, '㉢ 대마도에 통고하는 것은 그만둘 수 없을 듯하나, 그 말을 들은 뒤에 처치하면 품령稟令과 같으니, 한편으로 통고하고 한편으로 처단하는 것이 마땅할 듯하다.'하였습니다."라고 하였다. (그러자) 임금이 제신에게 물었다. 제신이 다 말하기를, "㉣ 안용복의 죄상은 용서하기 어렵습니다. 먼저 도주에게 통고한 뒤에 다시 사기事機를 보아서 처단하는 것이 마땅하겠습니다."라고 하니, 임금이 말하기를, "㉤ 안용복의 죄는 결코 용서할 수 없고, 대마도에 통고하지 않을 수도 없다. 도해 역관이 돌아온 뒤에 처치하는 것이 옳겠다."라고 하였다. 유상운이 남구만·윤지완에게 문의하기를 청하니, 윤허하였다. 유상운이 말하기를, "㉥ 이인성李仁成은 소疏를 지었으므로 그 죄가 또한 무거우나, 수범首犯·종범從犯을 논한다면 이인성은 종범이 되니, 차율次律로 결단하여야 마땅합니다. 그 나머지는 고기잡이하러 갔을 뿐이니 버려두고 논하지 않는 것이 마땅합니다."하니, 임금이 윤허하였다.」[57]

---

57 "引見大臣備局諸臣, 領議政柳尙運曰 安龍福不畏法禁 生事他國 罪不可容貸. 且彼國解送漂海人 必自對馬島 例也. 而直自其處出送 不可不以此明白言及 而龍福姑待渡海譯官還來後 置斷宜矣. 左議政尹趾善亦以爲然. 刑曹判書金鎭龜曰 臣以領相之言往問右議政徐文重 以爲 此事所關不輕. 自古交隣之事 初似微細 末或至大. 對馬島若聞龍福之事 必憾怒我國. 宜先通報 而囚龍福等 以待彼中消息 然後論斷. 判府事申翼相以爲 通告對馬島 似不可已 而聽其所言後處置 有同稟令, 一邊通告 一邊處斷 似

이것은 『숙종실록』에서 일본에 도항했다가 돌아온 안용복 일행에 대해 죄가 논의된 첫 번째의 기사이다. 여기에서 보면, 전반적으로 조정의 대신들이 대마도가 앞으로 어떻게 나오느냐 하는 문제에 상당히 신경을 쓰고 있다는 사실을 알 수 있다. 먼저 영의정인 유상운의 사태에 대한 인식이다. 그는 ㉠에서 보는 것처럼 안용복의 도일이 법금을 어긴 것이므로 용서할 수 없다는 것이다. 이런 인식은 당연한 것이라고 볼 수밖에 없다. 일반 백성이 나라에서 금하는 해금海禁을 어겼을 뿐만 아니라, 일본에 건너가서 관리를 사칭한 것은 마땅히 처벌되어야 한다. 그러면서 일본 막부와의 통로가 대마도였던 관계로 표해인도 당연히 대마도를 통해서 돌아와야 하는데, 그것이 아니고 바로 돗토리번에서 양양으로 돌아왔으니 문제가 된다고 생각했던 것이다. 그리고 이와 함께 당시에 안용복의 귀국과 더불어 도해 역관을 대마도에 파견했었다는 사실도 드러나 있다. 이로 보아 당시의 조선 조정은 대마도 측이 이 문제에 대해 어떤 자세를 보이느냐 하는 데에 매우 우려를 하고 있었다고 하겠다.

이러한 조정의 인식은 거의 보편적인 것이었다는 데 문제가 있다. 이것은 ㉡에서 말한 우의정 서문중의 말에 그대로 표현되어 있다. 그는 대마도의 소식을 기다려서 안용복의 죄를 논단해야 된다고까지 주장하였다. 적어도 우의정의 자리에 있었던 사람의 이와 같은 인식은 안용복의 도일 사건을 능동적으로 처리하지 못하고 일본 막부의 통교 창구인 대마도를 의식하는 피동적인 자세를 취하려고 했다는 사실을 부정하지 못할 것이다.

當. 云矣. 上問諸臣 諸臣皆以爲 龍福罪狀難貸, 先通島主後 更觀事機而處斷爲宜. 上曰 龍福之罪 決不可貸 亦不可不通告馬島. 渡海譯官還來後處之可矣. 尙運請問議于南九萬·尹趾完 允之. 尙運曰 李仁成製疏 其罪亦重 而若論首從 仁成爲從 宜斷以次律. 其餘只爲漁採而去 當置而不論矣. 上可之."
『肅宗實錄』 肅宗 22年 9月 庚辰條.

그러나 중추부의 판부사였던 신익상만은 조금 달랐던 것 같다. 그는 ㉢에서와 같이 대마도 측의 의견을 들어서 처리하면 그들의 명령에 따르는 것처럼 보이기 때문에, 한편으로 통고하고 한편으로는 처단하자는 안을 내었다. 하지만 이 안은 그야말로 하나의 안으로 그치고 말았다.

그 대신에 다른 여러 신하들은 ㉣에서처럼 대마도 도주에게 통고를 하고 일이 되어 가는 기틀을 보아가면서 처리할 것을 제안하였다. 그리하여 숙종도 ㉤에서 보는 것과 같이 역시 도해 역관이 돌아온 다음에 안용복을 처단하자는 결정을 내렸다. 그리고 ㉥에서처럼 숙종은 소疏를 지은 이인성만을 제외하고 전부 석방을 하자는 건의를 받아들여 그것을 윤허했던 것이다.

이와 같은 일련의 과정으로 보아, 당시에 무단으로 일본에 도일했다가 돌아온 안용복의 처벌에 대해서는 조선 조정에서 대마도 측을 상당히 의식하고 있었음을 알 수 있다. 이런 처사는 대마도의 교묘한 태도와 밀접한 관련을 가지는 것이 아닌가 한다. 곧 대마도 측이 막부의 무위武威를 등에 업고 조선의 조정을 상대하면서 적지 않은 이익을 챙겼을 것으로 생각된다는 것이다.

그러나 이보다 보름쯤 뒤에 기록된 『숙종실록』 숙종 22년(1696년) 10월 병신(丙申 : 13일) 조의 기사에서는 매우 달라진 대신들의 모습을 엿볼 수 있다.

〔자료 10〕

「대신과 비국의 제신을 인견하였다. 좌의정 윤지선尹趾善이 말하기를, "안용복의 일을 외방外方에 있는 대신에게 물었더니, 영돈녕 윤지완尹趾完은 말하기를, '㉮ 안용복은 사사로이 다른 나라에 가서 외람되게 나라의 일을 말하였는데, 그가 혹 조정에서 시킨 것처럼 하였다면 매우 놀라운 일이니, 그 죄를 논하면 마땅히 죽여야 하는 데 의심할 바가 없습니다. 단지 대마도 사람이 전부터 속여 온 것은 우리나라에서 에도와 교통하지 못하였기 때문인데, 이제 다른 길이 따로 있는 것을 알았으니 반드시 크게 두려움이 생길 것이나, 안용복이 주살되었다는 말을 들으면 또 그 길이 영구히 막힌 것을 기뻐할 것입니다. 우리나라에서 안용복을 죽이는 것이 법으로는 옳겠지만 계책으로는 그릇된 것이므로, 법을 폐기하는 것은 진실로 불가不可하나 계책을 잃는 것도 아까운데, 대마도에 통보하고 왜관 밖에 효시梟示하여 교활한 왜인의 마음을 시원하게 하는 데 이르러서는 스스로 손상하는 데로 돌아가는 것을 면하지 못할 것입니다.'라고 하고, 영부사 남구만南九萬은 말하기를, '㉯ 안용복이 계유년에 울릉도에 갔다가 왜인에게 잡혀 호키주에 들어갔더니, 본주에서 울릉도는 영구히 조선에 속한다는 공문을 만들어 주고 증물贈物도 많았는데, 대마도를 거쳐서 나오는 길에 공문과 증물을 죄다 대마도 사람에게 빼앗겼다 하나, 그 말을 반드시 믿을 만하다고 여기지는 않았습니다마는, 이제 안용복이 다시 호키주에 가서 정문呈文한 것을 보면 전의 말이 사실인 듯합니다. ㉰ 안용복이 금령을 무릅쓰고 다시 가서 사단을 일으킨 죄는 진실로 주살하지 않을 수 없습니다. 그러나 대마도의 왜인이 울릉도를 죽도라 거짓 칭하고, 에도의 명이라 거짓으로 핑계대어 우리나라에서 사람들이 울릉도에 왕래하는 것을 금지하게 하려고 중간에서 속여 농간을 부린 정상이 이제 안용복 때문에 죄다 드러났으니, 이것은 또한 하나의 쾌사입니다. 안용복에게 죄가 있고 없는 것과 죽여야 하고 죽이지 말아야 하는 것은 우리나라에서 천천히 의논하여 처치할 것이고, 대마도에 주는 쌀·베·종이를 줄이는 자질구레한 일은 다 거론하는 것이 마땅하지 못하나, 울릉도를 변환變幻하고 속인 정상에 관계되는 일에 이르러서는 이 기회로 인하여 동래부로 하여금 대마도에 글을 보내어 조목으로 열거하여 힐문해서 명확하게 분별하여 매우 배척하지 않을 수 없습니다. 저들이 만약에 다시 교묘히 꾸며서 승복하여 말하지 않는다면, 우리나라에서 또 글을 보내어 묻기를,' '㉱ 너희가 두 나라 사이에 있으면서 모든 일에 이렇게 신의가 없으니, 안용복이 풍랑에 표류한 잔약한 백성으로서 국서가 없이 스스로 정문呈文한 것은 진실로 믿을 수 없으므로, 조정에서 따로 사신을 일본에 보내어 그 허실을 살피게 하려는데, 너희는 장차 어떻게 처치하겠는가?'라고 하면, 대마도의 왜인이 반드시 크게 두려움이 생길 것입니다. 그런 뒤에 안용복의 죄를 우리나라에서 그 경중을 의논하여 처치하고, 울릉도의 일은 왜인이 감히 다시 입을 열지 못하게 하면, 교활한 왜인이 시험하여 보려는 생각을 조금 줄일 수 있을 것이니, 이것이 상책입니다. ㉤ 그렇게 할 수 없다면, 또한 동래부로 하여금 도주에게 글을 보내어 먼저 안용복이 마음대로 정문한 죄를 말하고, 다시 본도에서 죽더라고 거짓 칭한 잘못을 말하되, 이치를 가려서 타이르고 자세히 조사措辭하고서 그 회답을 기다란 뒤에 처치하는 것이 옳겠고, 안용복을 단죄한다는 뜻은 결코 서계 가운데에 말하여서는 안 되니, 이것이 중책中策입니다. ㉥ '대마도에서 간사한 술책으로 우리를 속인 정상은 힐문하지 않고서 버려두고, 안용복이 정문하여 변정辨正한 죄는 먼저 논하여 죽인다면, 도주의 원한을 면하고자 하는 것으로 매우 약한 것을 보이는 것입니다. 또 도주의 뜻은, 속으로는 원한을 푼 것을 다행스럽게 여기더라도 겉으로는 반드시 분명하게 우리에게 감사해 하지 않을 것이니, 이 뒤로 모든 일에 조금이라도 뜻대로 되지 않는 것이 있으면, 반드시 안용복의 일을 핑계거리로 삼아 우리나라를 모욕하고 협박하는 말의 근본을 삼으면서 오래지 않아 울릉도의 일로 말을 고집하여 잇달아 차인差人을 보낼 것인데, 우리가 어떻게 감당하겠습니까? 이것은 하책下策일 듯합니다.'라고 하였습니다. 외방에 있는 대신의 뜻은 다 안용복을 죽이는 것을 옳지 않다 하나, 남구만의 상책은 쉽사리 의논하기 어려울 듯합니다. 안용복을 죄주지 않고 오로지 대마도를 꾸짖으면, 마치 국가에서 시킨 것인 듯할 것이니, 안용복·이인성李仁成은 우선 그대로 가두어 두었다가 수상이 출사하기를 기다린 뒤에 처치하고, 그 나머지 위협 때문에 따른 자는 이미 살리는 의논에 붙였으니, 먼저 석방하여야 하겠습니다."하니, 임금이 말하기를, "영상이 출사한 뒤에 상의하여 품처하고, 사람들은 먼저 놓아 보내도록 하라."라고 하였다. 지사 신여철申汝哲이 말하기를, "㉦ 안용복의 일은 매우 놀랍기는 하나, 국가에서 못하는 일을 그가 능히 하였으므로 공로와 죄과가 서로 덮을 만하니, 일죄一罪로 결단할 수 없겠습니다."라고 하고, 윤지선이 말하기를, "㉧ 안용복을 죽이지 않으면, 말세의 간사한 백성 중에 반드시 다른 나라에서 일을 일으키는 자가 많아질 것이니, 어찌 죽이지 않을 수 있겠습니까?"라고 하니, 임금이 말하기를, "영상이 출사한 뒤에 처치하라."라고 하였다.」[58]

이상과 같은 안용복에 대한 논죄를 보면서, 대마도에 대한 정확한 인식이 필요하다는 사실을 인정하지 않을 수 없다. 당시의 에도 막부는 소위 쇄국정책이란 것을 취하면서 나라의 문호를 굳게 닫고 있었다. 그러면서 두 나라에 대해서만은 통로를 열어놓았었다. 즉 나가사키長崎는 네덜란드와의 교역 창구로 열어두었고, 대마도는 조선과의 연결 창구로 열어둔 것이 그것이었다. 그러니 조선의 조정은 대마도를 거쳐서 막부와 통교를 할 수밖에 없는 처지였다.

이런 처지를 이용한 것이 대마도 도주, 이른 바 일본에서 말하는 쓰

58 "引見大臣備局諸臣, 左議政尹趾善曰 安龍福事 問于在外大臣 則領敦寧尹趾完以爲龍福私往他國, 猥說國事. 彼或認爲朝廷所使 則事甚可駭. 論其罪犯 當殺無疑 而但念馬島之人 從前欺詐者, 以我國不得通江戶之故耳. 今知別有他路 則必將大生恐怯, 而聞龍福之被誅 則又喜其路之永塞矣. 我國之誅龍福 以法則是 以計則非. 廢法固不可 失計亦可惜. 至於通報島中 梟示館外, 以快狡倭之心 未免爲自損之歸 云. 領府事南九萬以爲 龍福癸酉年往鬱島 被虜於倭人, 入去伯耆州 則本州成給鬱島永屬朝鮮公文 且多有贈物, 出來時 路由馬島 公文贈物 盡爲馬島人所奪云, 而不以其言爲必可信矣. 今見龍福 再往伯耆州呈文 則前言似是實狀. 龍福之冒禁再往 挑出事端之罪 固不容誅矣. 然而對馬倭之假稱鬱陵以竹島 虛托江戶之命, 欲使我國 禁人往來於鬱島 其中間欺誑操弄之狀 今因龍福而畢露 此則亦一快事也. 龍福之有罪無罪 當殺不當殺, 自我國徐當議處 馬島之米·布·紙 減分細瑣之事 皆不當擧論矣. 至於事係鬱島 變幻欺謾之狀 不可不因此機會, 使萊府送書馬島 條列詰問 明辨痛斥. 彼若更有巧飾不服之言 自我又送書以問曰 汝居兩國間 凡事之無信如此. 龍福以漂風殘氓 無國書而自爲呈文 不可取信 固也. 自朝廷將欲別遣使臣於日本 審其虛實 汝將何以處之. 云爾則馬島倭 必大生恐怯. 服罪哀乞然後 龍福之罪 自我議其輕重而處之. 鬱島事 使倭人不敢更有開口 則狡倭嘗試之計 庶可少縮 此乃上策. 如不能然 亦宜使萊府 送書島主先陳龍福擅自呈文之罪, 更陳本島虛稱竹島之失 分數開說 委曲措辭 待其回答後處之可也. 龍福斷罪之意 決不可語及於書契中 此爲中策. 至若馬島用奸欺我之狀 則不問而置之 龍福呈文辨正之罪 則先論而殺之, 惟救得免於島主之憾恨 其示弱甚矣. 且島主之意 雖內以快其讎爲幸 外必不肯釋然感謝於我 今後凡事 少有不如意者, 必以龍福藉口 爲侮脅我國之語柄 不久將以鬱島執言 而連續送差, 我何以堪之乎. 似是下策. 云. 在外大臣之意 皆以殺龍福爲不可 而南九萬之上策, 似難輕議. 不罪龍福而專責馬島 則有若自朝家使爲者然矣. 安龍福·李仁成姑爲仍囚 待首相出仕後處之 其餘脅從, 旣傅生議 先爲放釋乎. 上曰 領相出仕後 商議稟處 諸人先爲放送. 知事申汝哲曰 龍福之事 雖極痛駭 國家所不能爲之事 渠能爲之 功過足以相掩 不可斷以一罪也. 趾善曰 不殺龍福 則末世奸民 必多生事於他國者 何可不殺也. 上曰 待領相出仕後處之." 『肅宗實錄』 肅宗 22年 10月 丙申條.

시마노카미對馬守였다. 곧 그는 독점적인 자기의 처지를 이용하여 에도 막부에는 공을 과시하려고 하였고, 조선 조정에 대해서는 갖은 이권을 이용하여 치부를 하고 있었을 것으로 짐작된다. 이런 과정에서 벌어진 것이 바로 '울릉도 쟁계'였다.

돗토리번의 요나고에 사는 오야大谷 집안의 어부들에게 연행되었던 박어둔과 안용복으로 말미암아 '울릉도 쟁계'가 벌어지자, 당시 도주였던 타이라 요시쓰네는 막부의 명령을 구실로 삼아 "본국의 죽도"라는 표현을 사용하면서 조선의 "울릉도"란 말을 삭제시켜 일본의 영토로 만들려고 했었다. 이런 책략으로 인해 이미 1696년에 1월에 내려진, 요나고의 오야·무라카와 두 집안에 대한 '죽도(울릉도) 도해 금지령'을 조선 조정에 알리지 않고 있었다. 그 와중에 안용복의 도일 사건이 일어났다. 그런데 이 사건에서 조선과의 교섭 창구라고 생각하고 있던 자기들이 도외시되고, 안용복 일행이 바로 돗토리번에서 양양으로 돌아가고 말았다. 그 때문에 대마도 측은 상당히 적극적으로 항의를 했을 것으로 추정된다.

이러한 일련의 과정 속에서 안용복에 대한 논죄가 이루어졌다. 당시 돈녕부의 영돈녕이었던 윤지완의 말 ㉮에 대마도 도주의 폐단이 잘 드러나 있다. 다시 말해 안용복이 관리인 것처럼 행세하면서 정문呈文을 한 것은 죽여서 마땅하지만, 대마도 측이 지금까지 속여 온 사실을 알게 되었으니 죽이는 것이 계책으로는 옳지 못하다는 것이었다. 이와 같은 윤지완의 말은 안용복이 조선의 조정에 어떻게 받아들여지고 있었는가 하는 문제를 어느 정도 상정할 수 있게 한다.

바로 이런 상정을 그대로 표현하는 것이 영중추부사였던 남구만의 건의였다. 그는 우선 ㉯에서 1693년에 일어났던 박어둔과 안용복 연행 사건 때에 그의 진술에 대한 진위 문제부터 들고 나왔다. 말하자면 그 당시 안용복이 호키주에서 울릉도는 조선에 속한다는 공문을 만들어 주었고 또 증물贈物도 주었지만, 대마도 사람들에게 이것들을 빼앗겼다고 한 주장에 대해 의심을 가져왔으나, 안용복이 다시 돗토리번에 가서 정문呈文한 것을 보면 이 진술이 사실인 것 같다는 것이다. 그렇지만 남구만의 이 표현은 앞에서 살펴보았던 자료 1에서의 기술과 약간의 차이를 보이고 있다는 것을 알아둘 필요가 있다. 곧 후자에서는 관백의 서계, 곧 막부의 쇼군將軍이 작성해주었다고 하는 서계라고 되어 있는데 반해, 남구만은 호키주에서 써준 공문으로 보고 있다. 이와 같은 차이는 안용복의 진술이 사실일 것이라는 추정에 바탕을 둔 것이지, 그것이 사실이라고 하기는 어려운 것 같다. 이렇게 말하는 까닭은 일본에 1차로 강제 연행을 당했다가 귀국한 다음에 이루어진 심문 과정에서는 이 서계 이야기가 나오지 않고 있으므로, 사실이 아닐 가능성을 배제할 수 없기 때문이다.

그러나 이 당시에 조선의 예조와 대마도 사이에 오간 서신을 통해서 박어둔과 안용복이 귀국을 할 때에 물건을 받았던 것은 사실이라고 하겠다. 이것은 1694년 9월에 예조 참판이었던 이여李畬가 보낸 답신에서, "귀국의 대군께서 사정을 밝게 살피어 특별히 가자加資하여 보내주시는 은혜를 입었으니, 이것은 교린의 정이 보통이 아님을 볼 수 있어 몹시 칭찬하는 바입니다."[59]라고 한 것을 보아, 그 말의 진실성을 확인할 수 있다.

어쨌든 이 서계 문제는 앞으로 한국 측의 학자들이 해결해야 할 과제의 하나인 것만은 분명하다. 그 이유는 안용복이 경우에 따라 말을 바꾸는 인물이었으므로, 그의 진술이 모두 사실이라고 단정하기는 어렵

---

59 "大君 明察事情 優加資遣 此可見交隣之情出於尋常欽歎."
越常右衛門 : 「竹島紀事」 『독도연구(4)』 (경산, 2008, 영남대 독도연구소), 237쪽.

다. 그렇지만 일본의 학자들이 주장하고 있는 것처럼 안용복의 진술이 전부 거짓말이었다고 몰아붙이는 것도 문제가 아닐 수 없다. 이것은 위에서 지적한 바와 같이 그가 물건을 받았던 것은 사실이었음이 증명되기 때문이다.

그리고 여기에서 남구만이 이와 같은 추정을 하면서, 안용복이 취한 행위의 재평가를 시도하고 있다는 것에 대해 주목하지 않을 수 없다. 곧 그는 ㉰에서 금령을 무릅쓰고 일본에 가서 사단을 일으킨 것은 주살할 죄에 해당되지만, 대마도의 농간을 밝힌 것은 통쾌한 일이라는 것이다. 실제로 앞장의 자료 6에서 본 것과 같이 로쥬 쯔찌야 사가미노카미土屋相謨守가 지시한 것은 "향후에는 (죽도에) 오지 않도록 대마도에 말하게 하는 것"이었다. 하지만 대마도의 도주는 울릉도를 "본국의 죽도"라고 표현하여 자기 나라 땅인 것처럼 표현을 했던 것은 사실이었다. 이것이 안용복으로 인해서 밝혀졌다고 한, 남구만의 지적은 사실에 대한 올바른 인식이었다고 볼 수 있다.

이런 인식을 바탕으로 하여, 그는 안용복에 대한 조치의 상책과 중책, 하책을 제시하였다. 즉 ㉱에서는 조정에서 막부에 사신을 보내어 대마도 측이 중간에서 농간을 부린다는 사실을 알린다고 한 다음에 안용복이 지은 죄의 경중을 논의하는 것이 상책이라고 하였다. 이와 같은 방안은 당시에 대마도 측이 취하고 있던 병폐를 논의의 대상으로 하겠다는 뜻이었으므로, 대마도 측도 조선의 조정을 이제까지와는 달리 볼 수 있게 만드는 계기를 제공할 수 있는 것이었다고 하겠다. 다음으로 ㉲에서는 안용복의 자의적인 정문呈文 사실은 알리고 난 다음, 그 회답을 기다려 처치하지만 단죄 사실은 언급하지 않는 것이 중책이란 것이다. 또 ㉳에서는 당시까지 대마도 측이 취해온 술책에 대한 힐문도 하지 않은 채, 안용복을 논죄하여 죽이는 것은 하책이라고 보았다.

그러면서 그는 이러한 하책을 취하면, "이 뒤로 모든 일에 조금이라도 뜻대로 되지 않는 것이 있으면, 반드시 안용복의 일을 핑계거리로 삼아 우리나라를 모욕하고 협박하는 말의 근본을 삼으면서 오래지 않아 울릉도의 일로 말을 고집하여 잇달아 차인을 보낼 터인데, 우리가 어떻게 감당하겠습니까?"라고 했다는 점에 눈을 돌릴 필요가 있다. 군기軍機의 일을 맡아보던 중추부에서 가장 높은 직책에 있던 영부사가 대마도 측의 태도에 대해 이 정도의 우려를 하고 있었다는 사실은 당시에 대마도가 어떤 태도로 조선의 조정에 대하고 있었는가를 짐작하게 한다.

그런데 남구만의 말을 통해서 이런 논의가 진행되고 있는 가운데에서도 조선의 조정에서는 막부로부터 "죽도(울릉도) 도해 금지령"이 내려졌다는 사실을 알지 못하고 있었다는 것을 확인할 수 있다. 그리고 대마도 측이 또 안용복의 도일 사건을 계기로 해서 "울릉도의 일로 말을 고집하여" 차인을 보내올 것을 예상하고 있었다는 것은 그들이 계속적으로 주장하던 '울릉도'란 단어의 삭제를 지칭하는 것이었을 가능성이 짙다.

만약에 그렇다고 한다면 조선 조정에서도 일본에서 말하는 죽도가 조선의 울릉도라고 강하게 주장을 하면서도, 그것을 설득시키기 위해 상당히 고민을 하고 있었다고 추정할 수 있다. 다시 말해 대마도 측의 울릉도란 단어의 삭제 요청이 안용복의 돗토리번에서의 정문呈文 사건을 빌미로 하여 재발하는 것이 아닐까 하고 두려워하고 있었다는 것이다.

이런 의미에서 안용복이 일본 막부와의 교섭 창구로 대마도 이외의 지역이 있음을 일깨워주었고, 또 당시까지 행해오던 대마도 측의 행패를 그 일부나마 알게 해 주었다는 것은 매우 중요한 의의를 가지고 있다. 그리하여 ㉮에서 윤지선尹趾善과 같이 안용복을 죽이자는 의견이 제기되기는 하였지만, ㉳에서 신여철申汝哲이 "국가에서 하지 못하는 일을 그가 능히 하였으므로 공로와 죄과를 서로 덮을 만하니, 일죄로 결단할 수 없겠습니다."라고 여 그에 대한 공과 문제가 논의되었던 것이다. 이와 같은 후자의 인식은 그 후의 안용복 찬양론으로 이어지는 계기를 마련해주었다고 볼 수 있다.

이렇게 볼 때, 대마도 측은 이미 '죽도(울릉도) 도해 금지령'이 호키주 요나고의 오야·무라카와 두 집안에 내려졌다는 사실을 안용복이 도일하기 이전에는 조선 측에 알리지 않고 있었다. 그 사이에 안용복이 일본에 건너가서 돗토리번에 정문呈文을 한 것 - 그 내용이 무엇이었는지는 확실하지 않지만 - 은 사실이었고, 그러한 행위에 대해 조정의 대신들이 처음에는 대마도를 의식하는 태도를 취했었다. 그렇지만 그 뒤에는 대마도가 조선과 막부 사이에서 농간을 부리고 있다는 사실을 알게 되면서, 안용복에 대한 평가도 달라졌다는 것을 확인하였다고 할 수 있다.

4. 대마도 측 태도의 문제점

이제까지 고찰한 것처럼, 안용복의 도일과 돗토리번에의 정문呈文 사건은 대마도 측이 요나고의 어민들에게 '죽도(울릉도) 도해 금지령'이 내려졌다는 사실을 조선 측에 통보하지 않고 있는 사이에 일어났다. 그리고 안용복 일행이 대마도를 통하지 않고 강원도 양양으로 귀국하자, 조선 조정에서 이루어진 그에 대한 논죄 과정에서는 대신들의 태도 변화가 있었음을 확인하였다. 곧 처음에는 그들이 대마도 측을 상당히 의식하는 태도를 취하였으나, 대마도 측이 중간에서 장난을 치고 있다는 사실을 파악하고 난 다음부터 안용복의 정문 사건에 대한 인식의 전환이 있었다는 것이다.

그렇다면 조선의 조정에서 이런 논의가 진행되고 있는 사이에 대마도 측은 어떤 자세를 취했으며, 어떻게 이 문제에 대처하였는가 하는 문제를 살펴보지 않을 수 없다. 하지만 지금까지 이 문제에 관심을 가진 연구는 수행되지 않았다. 그래서 외무성의 지시를 받아서 집성된 기타자와 세이세이北澤正誠의 『죽도고증竹島考證』에 실려 있는 기록을 중심으로 이 문제를 살펴보기로 한다.

이 책의 제 7호에 실린 일련의 글들 마지막 부분에 비로소 안용복의 도일 사건이 등장하는데, 그 내용은 아래와 같다.

〔자료 11〕

「(1) 정관正官 스기무라 우메네杉村采女와 부관이 로쿠우에몽六右衛門에게 몇 번이고 돌아오라는 명령을 내렸다. 이 명령은 7월이 되자 보류되었다.

(2) 겐로쿠 9년(1696년) 정월 28일 게이부刑部 타이후大輔 소 씨宗氏가 대마도로 돌아가면서 인사차 에도 성江戶城에 갔을 때 로츄老中 4명이 열좌한 가운데 야마시로노카미山城守 도다戶田로부터 죽도竹島에 대한 '각서' 한 통을 건네받았다. 예전부터 호키 요나고의 주민 두 명이 죽도에 가서 어로를 해왔는데, 조선인도 그 섬에 와서 일본인과 섞여 어로를 하게 되어 일본인의 어로가 무익한 것이 되었으므로 향후 요나고의 주민이 도해하는 것을 금지한다는 명령이었다.

(3) 5월 20일에 이르러 조선인 11명이 오키를 통해 이나바에 소송할 것이 있음을 말한 후 8월 6일 출범하여 귀국했다.

(4) 10월에는 소 씨의 태수 직 승계식을 축하하기 위한 사자로서 두 명의 역관 변동지와 채판사가 일본에 왔다. 16일 형부대보가 그 두 사신을 대면하여, 죽도는 이나바나 호키에 속한 섬이 아니고 빈 섬이기 때문에 호키 사람이 그곳에 가서 어로를 했을 뿐인데, 요즘에 조선인이 와서 일본인과 섞여 어로를 하고 있음을 우려하여, 이쪽 어민이 그 섬에 도해하지 않도록 명령하라는 분부가 에도로부터 내려왔다는 말을 하고 그 내용을 적은 구상서를 전달하였다.」[60]

이것이 대마도 측에서 조선 조정에 호키의 요나고 어민들에게 '죽도(울릉도) 도해 금지령'을 내렸다는 사실의 통보를 기록한 최초의 문서이다. 그런데 이 자료의 단락 (1)에서는 대마도의 정관이었던 스기무라 우네메가 동래에 가서 조선 어부들의 울릉도 도해 금지를 요청하고 있던 로쿠우에몽六右衛門[61]에게 귀국을 하라는 명령을 내렸고, 이 명령은 7월이 되자 보류되었다고 기록하고 있다.

그런 다음, 단락 (2)에서 '죽도(울릉도) 도해 금지령'이 내려진 사실을 언급하고, 이어서 단락 (3)에서 안용복 일행이 이나바에 소송을 하러 왔다가 돌아간 사건을 서술하고 있다. 그리고 10월에 태수의 승계식에 참석하러 온 역관들에게 구상서의 형태로 그 사실을 알렸다는 것이 서술되어 있다.

이와 같은 서술의 순서로 미루어 본다면, 안용복의 정문呈文 사건이 대마도 측으로 하여금 '죽도(울릉도) 도해 금지령'이 내려졌다는 사실을 조선 조정에 전달하게끔 하는 계기를 마련했을 가능성이 높다. 말하자만 안용복의 정문 사건은 미루어 오던 조선 조정에의 '죽도(울릉도) 도해 금지령'의 통보를 재촉하는 역할을 했다는 것이다.

그러나 대마도 측은 명분상으로는 자기들이 취했던 조치, 곧 통보를

---

60 "正官杉村采女副官幾度六右衛門ニ渡海ノ命アリ. 七月ニ至リ見合トナル. 九年正月二十八日宗刑部大輔歸國御暇トシテ, 登城老中四人列坐戶田山城守ヨリ竹島ノ義ニ付覺書　通被相渡, 先年以來伯州米了ノ町人兩人竹島へ罷越致漁獵所, 朝鮮人モ彼島へ參リ日本人入交リ無益ノ事ニ候間, 向後米子ノ町人渡海ノ義ヲ此留旨下令アリ. 五月二十日ニ至リ朝鮮人十一名隱岐ヨリ因幡ニ至リ訴訟アル趣ヲ述フ. 八月六日出帆歸國ス. 十月宗氏代替ノ使者トシテ譯官兩使卞同知采判事渡海十六日刑部大輔兩使ニ對面竹島ノ義因幡伯耆ノ所屬ニモ無之空島ニテ伯耆ノ者罷越漁仕候迄ニ候所. 近年朝鮮人罷越入交リ候段如何ニ候間, 重テ此方ノ漁民渡海不仕候樣ニ可被仰付江戶ヨリ被仰渡候旨兩使ヘ口上書ヲ以テ渡サル."
北澤正誠 編:『竹島考證』(東京, 1996, エムティ出版), 83-84쪽.
번역은 정영미 역:『죽도고증』(서울, 2006, 바른역사정립기획단), 161쪽 참조.

61 다치바나 마사카네(귤진중)를 말한다는 주가 붙어 있다.
정영미 역:『죽도고증』(서울, 2006, 바른역사정립기획단), 161쪽.

미루어 온 것을 인정하지 않고 있다. 그렇지만 자료 10에서 본 것처럼 안용복의 정문 사건이 대마도 이외에도 막부와의 교류 창구를 만들 수 있다는 가능성을 제시한 것에 대해서는, 대마도 측도 상당히 긴장을 하고 있었던 것 같다. 이런 사실은 자료 11과 같은 구상서의 형태로 된 문서에 그대로 표현되어 있다.

〔자료 12〕

「올 여름 조선인 11명이 한 척의 배를 타고 소송할 것이 있다고 하면서 이나바로 왔는데, 조선에 관계된 공무는 모두 이쪽(대마도를 가리킴 : 인용자 주)에서 도맡는 것으로 명령을 받았고, 다른 곳에서는 취급하지 않는 것이 국법이므로, 소송하는 이유를 듣지 않고 돌려보냈다는 말을 로츄老中가 저희에게 들려주셔서 놀랐습니다. 예로부터 서로 합의한 말이 있는데, 이쪽을 제쳐두고 다른 곳에 가서 소송할 것이 있다고 말한 것에 대해, 윗분들도 도대체 어떤 생각을 가지고 계신 것인지 염려되어 안절부절 못하고 있습니다. 이 일이 조정에서 공식적으로 소송을 위하여 보낸 것이라면 부당하기 그지없는 처사라고 생각합니다. 반드시 사자를 통해 양해를 구해야 했을 일이었으나, 혹 아랫사람들이 꾸민 일일지도 모른다고 생각하여 참고 있습니다. 앞으로 그러한 일이 있으면 조선국을 위해서도 결코 좋지 않을 터이니 이 뜻을 조정에 반드시 전해주셔야 합니다.」[62]

62 "當夏朝鮮人十一人船一艘ニ乗組訴訟之儀有之由ニテ因幡へ罷渡候處朝鮮節之御用之儀ハ此方一手ニ被仰付. 他國ニテ曾テ御取次無之國法ニテ候故, 訴訟之分ヶ不被聞召被追還候由, 御老中ヨリ此方へ被仰聞令樣知驚入候. 古來ヨリ之申合モ有之事ニ候處, 此方ヲ差置他國へ罷越訴訟有之由申入候段.　上之思召之程如何可有之哉ト無心元存候. 此段朝廷方御出入ヲ以爲被差渡儀ニ候得ハ不屆千萬ノ御仕形ト存候故, 急度以使者可申斷儀ニ候得共若下下ノ仕態ニテモ可有之哉ト存候故差扣候. 向後ヶ樣之儀有之テハ朝鮮國ノ爲ニモ決シテ宜ケル間敷候間, 此旨朝廷方へ急度可被申達候."
北澤正誠 編:『竹島考證』(東京, 1996, エムテイ出版), 87-88쪽.
번역은 정영미 역:『죽도고증』(서울, 2006, 바른역사정립기획단), 168-169쪽 참조.

이러한 구상서에 대해서는 역관들이 한문으로 작성해줄 것을 요청하였으므로, 제11호에서 한문으로 번역한 것을 그대로 싣고 있다. 이와 같은 위의 구상서에서 특히 우리의 주목을 끄는 것은, 로츄가 소송하는 이유를 듣지 않고 돌려보낸 이유를 대마도만을 조선과의 교류 통로로 이용하는 것이 국법이었다고 한, 밑줄을 그은 부분이다.

이런 서술은 절반은 진실이고 절반은 거짓이라고 할 수 있다. 즉 대마도만을 통로로 한다는 것은 사실이지만, 그렇다고 해서 소송하는 이유를 듣지 않고 귀국시켰다는 것은 아무리 보아도 납득이 가지 않기 때문이다. 안용복 일행이 정문呈文을 했고, 그 내용이 죽도, 곧 울릉도와 관련을 가진다는 것은 이미 앞에서 제시한 1696년 6월 22일자의 『어재부일기』에 "오키국으로부터 온 보고는 죽도의 일로 소송하러 왔다고 하는 내용의 보고"였다는 것을 확인한 바 있다.

그리고 기타자와 세이세이의 『죽도고증』에 실려 있는 제17호의 글에서도 안용복이 글을 올렸다는 사실도 아울러 확인이 된다.

〔자료 13〕

「지난해의 표류민에 대한 말씀입니다만, 그들은 바닷가에 사는 자들로서 고기를 잡으러 배를 타고 나갔는데 갑자기 바람이 불어 폭풍이 되니 배가 휩쓸려가서 먼 바다로 나가 귀국으로 들어가게 된 것입니다. 이를 어찌 약정을 위반하여 다른 길로 들어간 것이라고 할 수 있겠습니까? 만일 <u>그들이 올린 서신이 실로 거짓된 말로 꾸민 죄가 있다면</u> 벌을 내리겠습니다. 연해 지방에 별도로 조서를 내려 금지령에 대해 명확히 말하겠습니다.」[63]

---

63 "上年漂氓事　濱海之人　率以舟楫爲業　颿風焱忽　易及飄盪　以至冒越重溟　轉入貴國　豈可以此有所致　疑於違定約而由他路乎.　若其呈書　誠有妄作之罪　故已施幽殛之典　以爲懲戢之地方　勅沿海申明禁令."
北澤正誠 編:『竹島考證』(東京, 1996, エムティ出版), 104-105쪽.
번역은 정영미 역:『죽도고증』(서울, 2006, 바른역사정립기획단), 197-199쪽 참조.

이것은 제 17호의 일부로, 예조참의 박세준朴世儁이 1697년 울릉도 쟁계가 끝이 난 다음에 대마도의 게이부刑部 타이후大輔에게 보낸 서신에서 안용복과 관련을 가진 부분만을 옮겨 적은 것이다. 이곳의 밑줄을 그은 부분에서 보는 것처럼, "그들이 올린 서신"이라고 한 것이 바로 이나바주에 소송을 하였던 정문呈文을 가리킨다.

그런데도 이것이 남아있지 않은 것은 무엇인가 그들에게 불리한 내용이 들어 있기 때문이 아니었을까 한다. 그리고 이런 추정을 하게 하는 이유 가운데 하나가 바로 기타자와가 『죽도고증』을 편집하면서도 안용복 일행이 소송한 내용을 듣지 않고 돌려보냈다고 한 거짓말을 하고 있기 때문일 것으로 추정된다. 그러므로 안용복의 2차 도일에서 울릉도와 관계가 되는 문제를 이나바에 가서 제기한 것 같기는 하지만, 그 정확한 실상은 파악되지 않고 있다고 하겠다.

5. 고찰의 의의

지금까지 안용복은 울릉도와 독도가 조선의 영토라는 사실을 일본으로부터 인정받은 인물로 평가되어 왔다. 하지만 이런 사실은 한국 측의 기록에만 의존한 것이어서 일본의 논자들로부터 집중적으로 부정되어 왔다. 또 실제로 한국에서 수행된 안용복에 대한 연구는 일부의 기록을 이용하여 확대 해석을 일삼는 것이었음을 솔직하게 인정한다.

그러나 이 문제는 일본에 남아 있는 자료들을 연구의 대상에 넣어야 하며, 독도 영유권을 주장하는 일본이라는 상대가 있다는 것을 고려하여야 한다. 그렇지 않고 한국의 기록만을 바탕으로 안용복을 일방적으로 우상화하는 일은 웃음거리만 만들 뿐이라는 사실을 명심하지 않으면 안 된다.

그래서 본 연구에서는 그가 왜 도일을 하였으며, 그것이 당시에 어떤 영향을 끼쳤는가 하는 문제들을 객관적으로 해명하려고 하였다. 그리하여 우선 일본의 논자들이 『숙종실록』에 남아 있는 그에 관한 기록을 부정하려고 하는 부정적인 입장에 대한 고찰을 하였다. 그리고 조선 조정에서 그의 죄를 논하는 과정에서 어떤 논의들이 이루어졌으며, 대마도 측은 어떤 자세를 취했는가, 또 그의 행동은 어떤 결과를 가져왔는가 하는 문제들을 살펴보았다. 그 내용을 간단하게 요약하여 정리한다면 다음과 같다.

첫째 그가 울릉도에서 만났다고 하는 왜인들에 대한 기록은 일방적으로 부정할 것이 아니란 사실을 확인하였다. 이 문제는 단순히 울릉도 쟁계의 전개 과정에 입각하여 날짜만을 문제 삼을 것이 아니라, 앞뒤의 사정을 다 고려해야 한다는 것을 알아냈다. 그래서 오카지마 마사요시의 『죽도고』를 보면 1694년과 1695년에도 요나고의 오야·무라카와 두 집안에서 출어를 했었고, 1710년경에도 왜인들이 울릉도에 출어를 했으며, 그 이후에도 출어가 계속되었다는 사실을 종합하면 1696년에도 충분히 만났었을 수 있는 가능성이 있다는 추정을 하였다.

둘째 안용복 일행이 무엇인가 소송할 문제가 있어, 돗토리 번주에게 정문呈文을 한 것은 부정할 수 없다는 것을 확인하였다. 이케우치 사토시는 이것이 대마도에 받았던 처우에 관한 것이었을 가능성이 있다고 보았으나, 당시의 『어재부일기』를 근거로 하여, 울릉도 및 독도와 관련을 가지는 것이 아니었을까 하는 상정을 하였다. 하지만 오키도에서는 소송의 내용이 어느 정도 분명했으나, 호키에 이르러서는 말이 통하지 않는다든지 필담도 제대로 되지 않았다고 하여, 그 소송 내용을 흐지부지하게 만들고 있다는 것을 확인하였다. 이와 같은 사실은 후대에 안용복의 도일 및 정문 사건을 기록하면서 가능한 한 그의 행적을 왜곡 내지는 축소하려고 한 것이 아니었을까 하는 상정을 하였다.

셋째 안용복이 울릉도와 독도 문제로 도일을 했다는 것은 「겐로쿠 각서」를 통해서도 확인할 수 있는 것이 아닌가 하는 추정을 하였다. 곧 그가 당시까지 '우산도'라고 불러오던 섬에 '자산도'라는 명칭을 붙였고, 또 그 섬이 그려진 강원도의 지도를 지참했다는 사실로 미루어 보더라도 이런 짐작을 하기에 충분한 자료라고 할 수 있다.

넷째 안용복이 양양으로 귀국하고 난 다음, 처음에 이루어진 그에 대한 논죄 과정에서는 대마도의 대응 태도를 상당히 의식하는 논의들이 진행되었다. 그렇지만 그 후에 막부와의 통로 역할을 하는 대마도 측이 중간에 들어서 농간을 부린다는 사실이 알려지고 난 뒤로부터는 안용복에 대해 상당한 인식의 전환이 있었으며, 특히 울릉도 쟁계의 타결에 그가 어느 정도 역할을 했다고 보는 경향이 생겨났다는 것을 확인할 수 있었다.

다섯째 대마도 측은 안용복이 이나바주에의 정문 사건을 계기로 하여 미루어 오던, 막부의 '죽도(울릉도) 도해 금지령'을 조선 측에 알려주게 되었다는 사실을 확인하였다. 두루 알다시피 막부의 금지령이 내려진 것은 1696년 1월 28일이었다. 그리고 그것이 요나고의 오야·무라카와 두 집안에 전달된 것은 그 해 8월 1일이었다. 그렇지만 그 당사자에 해당되는 조선 측에는 그 사실을 알리지 않고 있었다. 그러다가 안용복의 정문 사건이 문제가 되면서, 1696년 10월 16일에 대마도에 전 도주의 장례식에 조문 차 참석하고 있던 조선 측 역관인 변동지卞同知와 채판사采判事에게 구상서의 형태로 전달하였다. 그리고 그것을 정식으로 조선 측에 통보한 것은 1697년 1월이었다. 그 때서야 대마도 도주는 아히루 소베에阿比留惣兵衛 등을 조선에 파견하여, 동래부사 이세재李世載에게 글로써 이 사실을 알렸던 것이다. 이렇게 보면 대마도 측이 10개월 가까이 유보하고 있던 '죽도(울릉도) 도해 금지령' 하달 사실을 안용복

사건을 계기로 해서 조선 측에 통보했다고 보아도 좋을 것이다.

마지막으로 대마도 측이 조선의 조정과 일본의 막부 사이에 통로 역할을 하면서 여러 가지로 좋지 않은 농간들을 부렸고, 그 일부가 안용복 사건으로 조선 측에 알려지게 되었다는 것을 구명한 것도 하나의 성과라고 할 수 있다. 사실 대마도 측은 그 이전에도 울릉도를 자기네 땅으로 만들려고 얕은꾀를 부렸었다는 것을 상기한다면, 울릉도 쟁계를 꼬투리로 하여 차제에 울릉도를 일본의 땅으로 만들려고 했다는 것은 그렇게 놀랄 만한 일도 아니다. 하지만 그 울릉도의 속도인 독도의 영유권 문제를 두고 국제적인 분쟁 지역으로 만들려고 하는, 현금의 일본 측 태도를 보면, 그 당시 울릉도 쟁계가 일어나지 않았었다고 한다면 지금쯤은 독도뿐만 아니라 울릉도마저도 일본 땅이 되었을지도 모른다는 생각을 떨쳐버릴 수 없다.

조선 후기의 독도 인식

Chapter 07

1. 계승된 우산도 인식

1693년에 발생했던 '울릉도 쟁계'는 일본 요나고의 오야 집안 어부들이 박어둔과 안용복을 납치해간 것이 그 단초가 되었다. 그리하여 조선과 일본 사이에 울릉도의 어업권과 영유권을 둘러싼 문제가 제기되었던 것이다. 이 문제의 해결 과정에 있어서 대마도 태수는 막부의 무위武威를 앞세워 울릉도를 강탈하려는 음모를 획책했었고, 그로 말미암아 조·일 간의 교섭은 한 동안 교착상태에 빠지기도 했었다.

그런 가운데에서 막부는 울릉도가 조선의 영토라는 사실을 인정하고, 1696년 1월 28일에 오야·무라카와 두 집안에게 '죽도(울릉도) 도해 금지령'을 하달하였다. 하지만 대마도 측은 이 사실을 곧 바로 조선 조정에 통보하지 않고, 거의 10개월 가까운 기간을 지체하였다. 그 사이에 안용복 일행의 제2차 도일이 이루어지자, 대마도 태수는 어쩔 수 없이 이 사실을 조선 조정에 통보하기에 이르렀다. 그것도 바로 통보를 한 것이 아니었다. 대마도에 전 태수의 장례식에 조문 차 가 있던 동래의 역관 변동지와 채판사에게 1696년 10월 16일에 구상서의 형태로 전달하였다. 그리고 새로 취임한 태수는 1697년 1월이 되어서야 비로소 아히루 소베에 등을 조선에 파견하여, 동래부사 이세재에게 글로써 이 사실을 알렸던 것이다.

이처럼 안용복 사건이 대마도 측으로 하여금 조선 조정에 '죽도(울릉도) 도해 금지령'의 하달 사실을 전달하게 한 데는 그 나름의 이유가 있었다. 곧 조선과 일본 사이에 유일하게 공식적인 통로로 인정되어 오던 대마도가, 그 밖에 호키국이 속했던 돗토리번과 같은 곳이 새로운 통로로 이용될 수도 있다는 위기감을 자아내게 했던 것이 이 사실을 조선에 알리는 계기가 되었을 것으로 추정된다.

또 실제로 안용복의 제2차 도일과 정문呈文 사건으로 인해, 조선 조정에서도 대마도 측이 막부와의 사이에 들어서 농간을 부리고 있다는 것을 알게 되었다. 이것은 숙종 때 영부사였던 남구만南九萬이 "대마도의 왜인이 울릉도를 죽도라고 거짓 칭하고, 에도의 명이라 거짓으로 핑계대어 우리나라에서 사람들이 울릉도에 왕래하는 것을 금지하게 하려고 중간에서 속여 농간을 부린 정상이 안용복 때문에 죄다 드러났으니, 이것은 또한 하나의 쾌거입니다."[1]라고 했던 것에 잘 나타나 있다.

더욱이 안용복과 거의 같은 시대를 살았던 이익李瀷의 『성호사설星湖僿說』에는 "우리나라에서 해마다 보내는 쌀[歲輸米]은 반드시 한 석石이 열다섯 말[斗]이고, 면포 한 필匹은 서른다섯 자[尺]이며, 종이 한 권卷은 스무 장張이었는데, 대마도에서 빼먹고 쌀 한 석은 일곱 말, 면포 한 필은 스무 자, 종이는 세 권으로 절단하여 에도로 올려 보냈으니, 내가 장차 이 사실을 관백關伯에게 곧장 전달하여 그 속인 죄상을 다스리게 하겠습니다."[2]라고 했다는 안용복의 말이 인용되어 있는 것을 보면, 대

1 "對馬倭之假稱鬱陵以竹島 虛托江戶之命, 欲使我國 禁人往來於鬱島 其中間欺誑操弄之狀 今因龍福而畢露 此則亦一快事也."
『肅宗實錄』 肅宗 22年 丙申條.

마도 측이 조선 조정과 막부 사이에 유일한 교류 통로임을 내세워 여러 가지 이득을 취하고 있었던 것은 사실인 듯하다.

이처럼 대마도 측이 중간에 들어 농간을 부리기는 하였으나, '죽도(울릉도) 도해 금지령'으로 사건이 일단락되면서, 조선 조정에서는 울릉도는 말할 것도 없이 당시에 '우산도'와 '자산도子山島'로 불리던 독도가 대해서도 그 인식을 새롭게 했다는 것은 이미 앞장에서 고찰한 바 있다. 그리고 이 사건을 계기로 하여 그 당시의 조선 사회에서 울릉도와 우산도에 대한 인식이 확실해졌다는 사실은 그 후의 여러 가지 정황 증거들을 통해서도 확인이 된다.

그러나 이때에 이르러 울릉도에 대한 이러한 인식이 새삼스럽게 형성된 것은 아니란 점에 유의하지 않으면 안 된다. 비록 이 시대에 접어들어 울릉도에 대한 관심이 높아지기는 하였지만, 그것은 어디까지나 이미 세종 시대부터 확립되었던 인식의 재확인이었다고 보아야 한다는 것이다. 다시 말해 『세종실록』 지리지가 편찬되면서 이미 울릉도와 우산도(독도)가 조선의 영토라는 인식이 확실하게 뿌리를 내리고 있었다. 그러다가 '울릉도 쟁계'로 인해서 이들 섬에 대한 중요성이 재인식되었다는 표현이 더 적절하다는 것이다.

그렇지만 이들 섬에 대한 인식이 '울릉도 쟁계'를 전기로 해서 한층 더 분명하게 각인되었다는 것은 사실이다. 이렇게 말하는 이유는 이때부터 울릉도에 대한 수토搜討가 정기적으로 행해졌고, 또 우산도에 대한 기술이 한층 더 구체화되었기 때문이다.

또 일본의 일부 논자論者들 가운데에는 독도가 한·일 간의 분쟁의 씨앗이 된 책임이 마치 '울릉도 쟁계' 발생에 있어서 장본인의 한 사람

---

2 "我國歲輸米一石必十五斗 綿布一匹三十五尺 紙一卷二十張 馬島偸損謂米石七斗 布匹二十尺 截紙謂三卷 吾將欲直達于關伯 治欺誑之罪."
李瀷 :『星湖僿說(1)』(서울, 1978, 민족문화추진회), 85쪽. 번역은 289-290쪽 참조.

이었던 안용복에 있는 것처럼 그를 매도하고 있는 것도 이와 무관하지 않다. 시마네현島根縣의 '죽도 문제 연구회' 좌장을 맡고 있는 시모죠 마사오下條正男는 『숙종실록』 숙종 22년(1696년) 9월 22일 조에 안용복이 '울릉 우산 양도 감세'라고 하는 실재하지 않는 관직을 사칭하였다고 하면서,[3] "안용복이 말하는 바의 우산도가 장래 일조日朝의 영토 인식을 혼란시키는 원흉이 되어, 현재의 죽도 문제를 논하는 위에서의 핵심어(key word)로도 되는 것이다."[4]라고 하여, 그가 마치 오늘날 한·일 간에 첨예한 대립을 보이고 있는 독도의 영유권 문제를 불러일으킨 원흉처럼 보고 있는 것도, 역설적으로 그 당시 형성된 울릉도와 우산도에 대한 인식이 그만큼 중요했다는 것을 의미하는 것이라고 보아도 좋지 않을까 한다.

하지만 그가 안용복이 '울릉 우산 양도 감세鬱陵于山兩島監稅'라고 사칭하였다고 한 것은, 실재는 '울릉 자산 양도 감세鬱陵子山兩島監稅'[5]라고 한 것이었다. 여기에서 그가 '자산도子山島'라고 기록된 것을 '우산도于山島'라고 옮겨 적은 것은 그의 독특한 사료 왜곡의 한 예라고 하지 않을 수 없다. 시모죠가 이처럼 사료를 마음대로 바꾼 것[6]은 안용복에 대한 평가와 밀접한 관련을 가지고 있다. 사실 안용복이 그 당시에 우산도라고 부르던 독도에 '자산도'라는 명칭을 붙인 것은, 그 나름의 특별한 의미를 가지는 것이었다. 그것은 '자산도'란 이름을 '소우산'이라고 하여[7] '작은

---

3 下條正男 : 『竹島は日韓どちらのものか』 (東京, 2004, 文藝春秋) 65쪽,

4 下條正男 : 위의 책, 66쪽.

5 「假稱鬱陵子山兩島監稅.」
『肅宗實錄』 肅宗 22年 9月 22日條.

6 시모죠 마사오가 사료를 자기 입맛대로 읽고 짜집기한다는 것은 이미 필자의 「끝없는 위증의 연속」이란 논고 속에서 자세히 논한 바 있다.
김화경 : 「끝없는 위증의 연속」 『독도연구(3)』 (경산, 2007, 영남대 독도연구소), 22-32쪽.

7 김정원 역 : 「겐로쿠(元祿) 9(병자)년 조선 배 착안 한 권의 각서」 『독도연구 (1)』

우산도'라는 의미로 사용하였고, 또 그 후에 조선에서 제작된 『천하도天下圖』와 같은 지도[8]에서 '우산'이라고 하지 않고 '자산'이라고 방각한 지도들이 제작되었다는 것을 감안하면, 시모죠는 이런 사실 자체를 인정하고 싶지 않았다는 것을 쉽게 유추할 수 있다.

이렇게 일본의 논자들과 같이 어떤 사실을 인위적으로 부정할 것이 아니라, '울릉도 쟁계'를 전후하여 조선 사회가 울릉도와 우산도를 어떻게 인식하고 있었는가 하는 것을 객관적으로 고찰할 필요가 있다. 왜냐하면 이 문제는 독도를 어느 나라가 먼저 자국의 영토로 인정하고 있었는가 하는 문제와도 긴밀한 관련을 가지기 때문이다. 그래서 이 '울릉도 쟁계' 이후에 조선 사람들이 가졌던 독도에 대한 인식을 살펴보도록 하겠다.

2. 16·7세기의 독도 인식

근래 독도에 대한 연구가 활발해지면서 새로운 자료들이 속속 발굴되어 소개되고 있다. 그 가운데 하나가 김기혁金基赫과 윤용출尹用出에 의해 그 대체적인 내용만 소개되었다가,[9] 유미림柳美林에 의해 본격적으로 주석註釋 작업이 이루어지고[10] 또 그 연구가 수행된 박세당朴世堂의 『서계잡록西溪雜錄』[11]에 실린 「울릉도」[12]조의 기록이다.[13]

(경산, 2005, 영남대독도연구소), 293쪽.

8 김정원 소장 『천하도』 중의 강원도 지도 참조.

9 김기혁·윤용출 : 『울릉도·독도 역사지리 사료연구』 (서울, 2006, 한국해양수산개발연구원,) 124쪽.

10 유미림 : 『「울릉도」와 「울릉도 사적」 역주 및 관련기록의 비교연구』 (서울, 2007, 한국해양수산개발연구원), 5-39쪽.

11 이 자료는 서계 박세당의 11대손인 박찬호 씨가 장서각에 '서계 종택 고문서(西溪宗宅古文書)'를 기증하면서 알려진 것으로 필사본에는 책명(册名)이 나와 있지 않은 것으로 보아, 『서계잡록』이라고 한 것은 '장서각(藏書閣)'에서 임의로 붙였을

이 「울릉도」는 크게 네 부분으로 구성되어 있다. 첫 번째는 『신증동국여지승람』에서 인용해 적은 것이고, 두 번째는 승려로부터 전해들은 이야기를 기록한 것이며, 세 번째는 1694년 9월 2일 영장營將 장한상張漢相이 비변사備邊司에 치보한 것이고, 네 번째는 같은 해인 1694년 9월 19일부터 10월 6일까지 장한상이 수토하고 돌아온 상황을 비변사에 보고한 내용을 그대로 적은 것이다.[14]

여기에서 관심을 끄는 것은 두 번째 이야기인 승려로부터의 전문傳聞 부분이다. 이것은 임진왜란 때에 일본으로 붙잡혀갔던 승려가 울릉도를 거쳐서 강원도 영해寧海 땅으로 돌아오면서 보고들은 것들에 대한 기록이다. 우선 이 부분의 내용을 그대로 소개한다면 아래와 같다.

〔자료 1〕

「(1) 일찍이 한 중을 만났는데, 스스로 다음과 같이 말하였다. "임진년(1592)의 난리 때 사로잡혀 일본으로 들어갔다가 병오년(1606)에 왜선倭船을 따라 울릉도鬱陵島에 이르니, 섬에 큰 산이 있었으며, 세 봉우리가 더욱 높이 솟아 있었습니다. 섬은 삼면이 모두 만 길의 절벽이었으며, 남쪽은 조금 확 트여 있었습니다. 어지러운 산들이 마치 개의 이빨과 같이 물밑으로 늘어서 있었으며, 뱃길이 몹시 험하고 좁아서 들어가기가 어려웠습니다. 해안에 올라서니 흰 모래가 평평하게 깔려 있었으며, 긴 소나무가 나란히 심어져 있었습니다. 산은 앞이 트여 멀리 바라볼 수

것으로 추정하고 있다.
유미림 : 위의 보고서, 4쪽의 각주1과 25쪽 참조.

12 이 「울릉도」조가 실린 이 책은 박세당 친필의 잡록으로 저술 시기가 1659년으로 되어 있으나, 울릉도 관련 기록이 1694년에 있었던 일임을 감안한다면, 말년의 작품도 포함되어 있는 듯하다고 한다.
유미림 : 위의 보고서 26쪽.

13 유미림 : 「'우산도 = 독도'설 입증을 위한 논고 - 박세당의 「울릉도」와 장한상의 「울릉도 사적」을 중심으로」 『한국정치외교사논총(29-2)』 (서울, 2008, 한국정치외교사학회), 82-87쪽.

14 유미림 : 위의 보고서, 24쪽.

있었고, 강물이 흘러나오고 있었으며, 강을 따라 십여 리를 가니, 운당篔簹[15]이 숲을 이루어 하늘의 해가 보이지 않을 정도인데, 큰 것은 대들보와 기둥 만하였고, 작은 것도 서까래와 강목杠木보다 작지 않았습니다. 또 운당의 숲을 뚫고 십여 리를 가니, 대나무 숲이 있었는데, 그 중 긴 대나무는 크기가 운당과 같았습니다.

(2) 대나무 숲을 지나자 들판이 넓게 펼쳐져 있었고, 사람이 살던 마을 터가 있었습니다. 산에는 좋은 나무와 약초가 많아 왜인이 한창 대나무를 베고 약초를 캐고 있었습니다.

(3) 거기(배가 있는 곳)에 남아서 배를 지키고 있었는데, 이웃 배에 마침 같이 사로잡힌 7~8명이 있어서 밤에 함께 이야기를 나누다가 하늘이 밝아올 무렵에 배를 출발시켜 돌아왔는데, 날이 저물 무렵에야 영해寧海 땅에 도착했습니다."라고 하였다.

(4) <u>무릇 두 섬은 여기에서 그리 멀지 않아 한번 큰 바람이 불면 닿을 수 있습니다. 우산도于山島는 지세가 낮아서 바다 기운이 아주 맑지 않거나 가장 높은 정상에 오르지 않으면, 볼 수 없으며, 울릉鬱陵은 조금 높아서 풍랑이 그치면 언제나 볼 수 있습니다.</u>

(5) 사슴[麋鹿]과 곰과 노루가 가끔씩 바다를 건너오고, 아침 해가 세 길의 높이로 뜰 즈음에는 섬 안의 누런 참새[黃雀]들이 무리지어 죽변 곶竹邊串으로 날아옵니다.(섬 안에 있는 대나무 열매[竹實]가 가끔씩 바닷물에 떠내려 오는데, 모양이 큰 바둑돌 같아서 해녀들이 그것을 주워서 잡패(雜佩)로 삼습니다. 운당과 대나무도 혹 바닷물에 떠내려 오는데, 한 마디가 몇 자쯤 되는 것이 있어 전통(箭筒)으로 쓰기에 알맞은 것이 많이 있습니다.)[16]

---

15 '운당(篔簹)'은 대나무이 일종으로 물가에서 나는데, 키가 수십 자, 주위가 한 자 대여섯 치로, 대나무 중에서 가장 큰 것을 말한다.

16 "嘗遇一僧 自稱. 壬辰之亂 俘入日本, 丙午 隨倭船至鬱陵島. 島有大山 三峯尤峻發. 島三面皆壁立萬仞, 南邊稍開豁然. 亂山若犬牙, 撐列水底 舟道極險狹難入. 登岸則白沙平鋪, 長松列植. 山開望闊, 而江水流出, 緣江行十餘里, 則篔簹作藪 不見天日, 大若梁柱 小不減椽杠. 又穿藪行十餘里, 則有竹林. 其脩大若篔簹. 竹林旣窮 而原野夷曠 有村居墟落. 山多珍木藥草 倭方伐竹採藥. 留渠守船 鄰船適有同俘七人 夜與相語 天將曉 發船以來 日纔晡 已到寧海地面云. 盖二島去此不甚遠 一飄風可至 于山島勢卑 不因海氣極清朗 不登最高頂 則不可見. 鬱陵稍峻 風浪息則尋常可見. 麋鹿熊獐 往往越海出來. 朝日纔高三丈 則島中黃雀 群飛來投竹邊串一島中竹實 時時漂

이상과 같은 전문傳聞은 박세당이 일본에 붙잡혀갔다가 돌아온 승려로부터 직접 들은 내용은 아닌 것이 분명하다. 왜냐하면 그가 살았던 17세기 후반까지 임진왜란 때에 포로로 잡혀갔던 승려가 생존해 있었다고 보는 것은 아무래도 무리이기 때문이다. 따라서 그가 「울릉도」 조의 기사를 쓰면서, 『신증 동국여지승람』의 기록을 인용한 다음, 장한상의 치보馳報 내용을 보완하는 형태로 자신이 전해들은 그 승려의 이야기를 기록했다고 보는 것이 자연스럽지 않을까 한다.

이러한 이 자료는 그 내용상 다섯 개의 단락으로 구분된다. 곧 (1) 울릉도의 형상과 (2) 울릉도에서의 왜인들 활동, (3) 영해로의 귀환, (4) 울릉도와 우산도의 관계, (5) 울릉도와 강원도 해안과의 관계 등이 그것이다. 이와 같은 다섯 단락의 전문은 울릉도와 독도 연구에 매우 중요한 자료들을 제공해주고 있다.

우선 단락 (1)은 임진왜란 때에 붙잡혀 갔던 조선 사람들이 왜인들의 울릉도 도해에 동행했다는 사실을 말해주고 있다. 여기에서는 이런 사실을 전해준 승려 외에 7명의 조선인들이 왜인들의 울릉도 행에 동행했다는 점이 명백하게 드러난다. 그렇지만 그들이 왜 울릉도 행에 동참했는지는 분명하게 나타나 있지 않다. 해로海路의 안내일 수도 있고, 아니면 노를 젓는 일을 맡았을 수도 있으며, 울릉도에서 조선인들을 만나는 경우를 대비한 것일 수도 있었다. 하지만 마지막의 경우는 너무 그 인원이 많았다는 점을 고려한다면, 노를 저으면서 해로를 안내했을 가능성이 높았던 것이 아닌가 한다.

만약에 이런 추정이 허용된다고 한다면, 왜인들은 포로로 잡아갔던 조선인들을 자기들의 울릉도 산물 탈취에까지 이용하고 있었다고 보아

出 形如大博棊 海女拾之 爲雜佩 篔簹及竹 亦或漂出 一節有數尺者 宜箭筒 比多有之."

유미림 : 위의 보고서, 18쪽.

도 좋을 것이다. 이와 같은 사실은 조선 조정에서 울릉도에 사람들을 살지 못하게 하는 쇄환정책을 실시하는 동안, 일본 측이 그곳의 산물들을 마음대로 도적질해 가고 있었음을 말해주는 것이어서 관심을 불러일으킨다.

그리고 단락 (2)를 통해서 이미 '울릉도 쟁계'가 발생하기 이전에도 일본인들이 울릉도에 와서 약초를 캐고 대나무를 채취했었다는 사실을 확인할 수 있다. 이런 사실은 조선 조정에서 울릉도에 살던 사람들을 쇄환刷還시킨 다음, 섬이 비게 되자 그 틈을 이용하여 일본 사람들이 울릉도의 산물을 탈취해가고 있었다는 것을 말해준다.

이러한 위의 전문傳聞들 가운데에서 우리의 주목을 끄는 것은 밑줄을 그은 단락 (4) "무릇 두 섬은 여기에서 그리 멀지 않아 한번 큰 바람이 불면 닿을 수 있습니다. 우산도于山島는 지세가 낮아서 바다 기운이 아주 맑지 않거나 가장 높은 정상에 오르지 않으면 볼 수 없으며, 울릉鬱陵은 조금 높아서 풍랑이 그치면 언제나 볼 수 있습니다."라고 하는 부분이다. 이 단락은 박세당이 제삼자로부터 울릉도에 왜인들을 따라갔던 승려의 경험담을 전해들은 내용의 기술이었다. 그런데 이 문장은 세 부분으로 나누어 해석을 해야 그 의미가 분명해진다. 곧 ㉮ "무릇 두 섬은 여기에서 그리 멀지 않아 한번 큰 바람이 불면 닿을 수 있습니다."라고 한 문장과 ㉯ "우산도는 지세가 낮아서 바다 기운이 맑지 않거나 가장 높은 정상에 오르지 않으면 볼 수가 없으며"라고 한 문장, 그리고 ㉰ "울릉은 조금 높아서 풍랑이 그치면 언제나 볼 수 있습니다."라고 문장으로 구분해야 한다는 것이다.

이렇게 세 부분으로 구분되는 이 단락의 ㉮에서 말하는 여기가 어디일까 하는 의문이 제기되는 것은 지극히 당연하다. 유미림은 이 글을 역주譯註하면서 여기를 "위에서 영해를 이야기하고 있었으므로 영해 일대를 가리키는 것으로 추정되나 정확한 곳은 모른다."[17]라고 하였다. 하지만 (5)단락에서 "사슴과 곰, 노루가 가끔씩 바다를 건너오고, 아침 해가 세 길의 높이로 뜰 즈음에는 섬 안의 누런 참새들이 무리지어 죽변竹邊 곶으로 날아옵니다."라고 한 것으로 미루어 보아, 강원도 동해안의 죽변 일대를 가리키는 것이 분명하다. 그러므로 ㉮에서 "무릇 두 섬은 여기에서 그리 멀지 않아 한번 큰 바람이 불면 닿을 수 있습니다."라고 한 것은 죽변으로부터 이들 두 섬과의 거리 관계를 언급한 것이라고 보아야 하지 않을까 한다.

다음으로 ㉯에서 "우산도는 지세가 낮아서 바다 기운이 맑지 않거나 가장 높은 정상에 오르지 않으면 볼 수가 없으며"라고 한 것은 죽변에서 바라본 우산도가 아니라, 울릉도에서 바라본 우산도에 대한 기술이라고 보아야 한다. 그 이유는 우산도는 울릉도보다 낮은 곳에 위치해 있으므로 바다 기운이 맑거나 가장 높은 정상에 오르지 않으면 보이지 않는다고 한 것은 울릉도에서 바라보이는 우산도, 곧 독도를 지칭하는 것이 분명하기 때문이다.

그리고 마지막으로 ㉰에서 "울릉은 조금 높아서 풍랑이 그치면 언제나 볼 수 있습니다."라고 한 것은 다시 죽변에서 건너다 본 울릉도에 대한 기술이다. 이렇게 두 섬에 대한 기술의 관점이 달라졌다고 하면, 승려로부터 전해들은 위의 자료 1 그 자체에 대해서도 의문을 제기할지 모른다. 아니 일본의 학자들은 이와 같은 분제점만 찾아내는 데 혈안이 되어 있으므로, 반드시 신뢰성에 의문을 제기할 것이다. 하지만 이 문제는 그 뒤에 이어지는 장한상張漢相이 비변사에 치보한 「울릉도사적鬱陵島事蹟』의 기록과 무관하지 않다는 점에 유의할 필요가 있다.

17 유미림 : 앞의 보고서, 6쪽.

〔자료 2〕

「무릇 섬 주위를 이틀 동안에 다 돌아보니, 그 사이에 있는 길의 이수里數가 150~160리의 땅에 지나지 않았으며, 남쪽 해변에는 세 곳에 황죽篁竹밭이 있고, 동쪽·서쪽·북쪽 세 곳에도 황죽篁竹밭이 있어 11곳이고, ㉠ <u>동쪽 5리쯤에 하나의 작은 섬이 있는데, 그리 높고 크지 않았으나, 바다 장죽長竹이 한 쪽에 무리지어 자라고 있었습니다.</u> 비가 개고 구름이 걷힌 날에 산으로 들어가 중봉中峰을 오르니, 남북의 두 봉우리가 우뚝 솟아 마주하고 있었는데, 이것이 이른바 삼봉三峯이라는 것입니다. ㉡ <u>서쪽으로 대관령의 구불구불한 모습을 바라보고,</u> ㉢ <u>동쪽으로 바다를 바라보니 한 섬이 있어 아득히 동남쪽에 있는데, 그 크기가 울릉도의 3분의 1이 못되고 멀기가 300여 리에 지나지 않았으며,</u> 남북 양쪽은 아득히 끝이 없어 물과 하늘이 한빛이었습니다.」[18]

이것은 박세당의 『서계잡록』「울릉도」조의 네 번째 기사인 장한상이 당시에 비변사에 보고한 글 속에 포함되어 있는 『울릉도 사적鬱陵島事跡』이다. 두루 알다시피 그는 숙종 20년(1694년) 수토사搜討使로 울릉도를 다녀온 사람으로, 그의 이 글은 죽서竹嶼와 우산도를 명확하게 구분하고 있다는 특징을 가지고 있다. 그리고 『숙종실록』에 의하면, 장한상은 같은 해 8월 14일 삼척 첨사三陟僉使로 임명을 받아 9월에 배를 타고 울릉도에 들어갔다가 10월에 돌아와서, "왜인倭人들이 왔다 갔다 한 자취는 정말 있었지만 또한 일찍이 거주하지는 않았습니다."[19]라는 보고를 한 것으로 되어 있다.

---

18 "盖其周回　二日方窮　則其間道里不過百五六十里之地是乎旀　南邊海濱　有篁竹田三處　東西北三方　亦有篁竹田十一處是遣　東方五里許　有一小島　不甚高大　而海長竹叢生於一面是齊　雨霽雲捲之日　入山登中峰　則南北兩峯岌嶪相向　此所謂三峯也　西望大關嶺逶迤之狀　東望海中　有一島杳在辰方　而其大未滿鬱島三分之一　遠不過三百餘里　而南北兩方　則杳茫無際　水天一色是齊."
유미림 : 앞의 보고서, 47-48쪽.

19 "倭人往來固有迹, 而亦未嘗居之."
『肅宗實錄』 肅宗 20年 8月 己酉(14日)條.

이러한 그가 ㉠에서 "동쪽 5리쯤에 하나의 작은 섬이 있는데, 그리 높고 크지 않았으나, 바다 장죽長竹이 한 쪽에 무리지어 자라고 있었습니다."라고 한 것은 일본 측이 『조선실록』이나 지리지에 나오는 우산도는 모두 '죽도'라고 주장하는 바로 그 '죽서'에 대한 기술이 명백하다.[20] 그리고 ㉡에서는 "서쪽으로 대관령의 구불구불한 모습을 바라보고"라고 하였고, ㉢에서 "동쪽으로 바다를 바라보니 한 섬이 있어 아득히 동남쪽에 있는데, 그 크기가 울릉도의 3분의 1이 못되고 멀기가 300여 리에 지나지 않았으며"라고 하였다. 여기에서 전자는 울릉도에서 바라본 대관령을 말하는 것이고, 후자는 울릉도의 동남쪽에 위치한 '우산도', 곧 독도에 대한 기술이었다고 보는 것이 합리적이다.

그러나 이와 같은 ㉢에서 섬의 크기가 문제가 된다는 것을 인정하지 않을 수 없다. 하지만 이것은 장한상이 바다 저 멀리에 보이는 것을 기술한 것이었으므로, 그 크기에 대해서는 얼마간의 오류가 있을 수 있다는 점을 고려하면, 그렇게 큰 문제가 되는 것도 아니다. 그리고 이들 두 곳을 바라보고 있는 위치가 울릉도의 성인봉, 바꾸어 말하면 울릉도에서 가장 높은 곳에 해당된다. 이처럼 장한상이 비변사에 올린 치보馳報에서는 울릉도에서 서쪽에 있는 강원도의 대관령과 동남쪽에 있는 우산도를 바라본 것으로 되어 있다.

이러한 비변사의 기록을 접한 박세당[21]은 자신이 제삼자로부터 전해

---

20 필자는 고지도에 그려진 '우산도 형'과 '소위 우산도 형'으로 구분한 다음, 숙종 때에 수토사 박석창(朴錫昌)이 소지했던 '울릉도 도형'에서 "해장죽정 소위우산도(海長竹田 所謂于山島)", 곧 "바닷가에 길게 대밭이 있는 이른 바 우산도"라고 한 것은 '독도'가 아니라 '죽서'로 본 바 있음을 밝혀둔다.
김화경 : 「한국의 고지도에 나타난 독도 인식에 관한 연구」 『인문연구(55)』 (경산, 2008, 영남대 인문과학연구소), 54-55쪽.

21 "박세당(1629-1703)은 17세기의 사상계를 풍미했던 석학이다. 그러나 그의 자유분방한 사유체계인 『사변록(思辨錄)』의 저술로 이어졌고, 이는 당시 주자학을 신봉하던 우암(尤庵 : 송시열(宋時烈)) 계열의 노론학계(老論學界)에 의해 사문난적(斯文亂賊)으로 매도되었다."

들은 승려의 전문을 기록하는 과정에서 관점이 왔다 갔다 하는 혼란을 일으켰을 가능성이 높다. 이와 같은 관점의 혼란이 있기는 하지만, 그가 당대에 일어났던 울릉도 관련 사건을 기록한 것은 부정할 수 없을 것이다. 그리고 16세기에 직접 울릉도를 다녀온 승려의 전문을 기록한 것은 확실하게 울릉도에 딸린 우산도(독도)를 인식하고 있었다는 사실을 기록하였다고 보아도 무방할 것이다. 이에 대해 유미림은 아래와 같은 견해를 밝히고 있어, 이런 추정의 타당성을 입증해주고 있다.

「서계西溪의 이 글은 우산도가 독도임을 증명하기에 충분한 몇 가지 사실을 말해준다. 첫째 서계는 울릉도와 우산도 두 섬 간의 거리관계를 밝히고 있는데, 그 결과 여기서 말하는 우산도는 울릉도 인근의 섬이 아님을 알 수 있다. 둘째 서계는 우산도가 울릉도보다 낮은 위치에 있다고 했으므로 우산도가 울릉도에서 쉽게 보이는 섬이 아니라는 점도 알 수 있다는 점이다. 서계는 "우산도는 지세가 낮아 해기海氣가 매우 맑지 않거나 최고 정상에 오르지 않으면 보이지 않는다."고 했다. 이 말은 뒤집어 보면, 울릉도가 우산도보다 좀더 높은 곳에 있으므로 날씨가 맑거나 높은 곳에서는 우산도가 보일 수 있음을 말한다. 셋째 위의 기술은 장한상이 말한 "서쪽으로는 구불구불한 대관령大關嶺의 고개가 보이고 동쪽으로는 바다를 바라보니 동남쪽에 섬 하나가 희미하게 있는데……"라고 하여 우산도를 형상화한 표현에 딱 들어맞는 섬이기도 하다. 장한상이 '섬 하나'가 – 그것이 우산도라고 한다면 – 희미하게 보인다고 했는데, 박세당은 우산도는 매우 맑은 날 높은 곳에서 보인다고 했다. 그렇다면 이 섬은 보통 때는 또렷하게 보이지 않는다는 말이 된다. 따라서 서계가 말한 우산도는 바로 장한상이 말한 그 '희미하게 보이는 섬'에 해당된다.」[22]

유미림 : 앞의 보고서, 25-26쪽.

그러한 박세당이었지만 그가 소론파(小論派)의 영수(領首)였던 남구만(南九萬)과 처남매부 사이이며 동갑나기였던 점을 고려하면, 남구만을 통해서 비변사(備邊司)에 제출되었던 장한상의 『울릉도 사적』을 얻어 보고 난 다음에 이 글을 썼을 가능성도 배제할 수 없을 것이다.

이와 같은 그녀의 상정은 상당한 타당성을 지니고 있다. 실제로 박세당이 승려의 전문을 기록한 것은 장한상의 『울릉도 사적』을 뒷받침하기 위한 방편이었을 것으로 추정되기 때문이다. 그렇다고 한다면 승려의 경험이 장한상의 그것과 일치한다는 사실을 증명하기 위해 자료 1의 단락 (4)에서와 같은 기술을 했을 것이라는 추론이 가능해진다.

이렇게 보는 경우에 승려의 이 전문은 15세기 『세종실록世宗實錄』 지리지가 편찬되면서 형성된 우산도(독도)와 울릉도가 조선의 영토라는 인식이 16세기와 17세기에 걸쳐서도 그대로 계승되었다는 사실을 반영하는 중요한 자료가 된다. 그러므로 우산도가 조선의 영토라는 인식은 시모죠 마사오下條正男가 지적하고 있는 것처럼 안용복의 허언虛言에 의해 갑자기 형성된 것이 아니라, 당시의 조선 사회에 전통적으로 지속되어 오던 것이었다고 보아야 한다는 것을 밝혀둔다.

이런 의미에서 『숙종실록』 보궐 정오편에 실린 다음과 같은 기록은 이 당시 동해안 어민들과 조정의 우산도에 대한 인식을 말해주는 것이어서 관심을 끌고 있다.

〔자료 3〕

「강원도 어사 조석명趙錫命이 영동 지방 바다 방어[海防]가 허술한 상황을 논하였는데, 대략 이르기를, "ⓐ 포구 사람들[浦人]의 말을 상세히 듣건대, '평해平海·울진蔚珍은 울릉도鬱陵島와 거리가 가장 가까워서 뱃길에 조금도 장애障礙가 없으며, 울릉도 동쪽에 섬이 서로 마주 보이는데 (이 섬이) 왜와의 경계[倭境]에 접해 있다.'라고 했습니다. ⓑ 무자년과 임진년에 모양이 다른 배가 고성高城과 간성杆城 지경에 표류漂流해 왔으니 왜선倭船의 왕래가 빈번함을 알 수 있으며, 조가朝家에서는 비록 영해嶺海를 사이에 두고 있어 걱정할 것이 없다고 하지만, 후일의 변란이 반드시 영남에서 말미암지 않고 영동으로 말미암을지 어떻게 알겠습니까? 방어防禦의 대책을 조금도 늦출 수

---

22 유미림 : 앞의 보고서, 31-32쪽.

없습니다."하니, 묘당廟堂에서 그 말에 따라 강원도에 신칙하여 군보軍保를 단속할 것을 청하였다.」[23]

당시 강원도 어사였던 조석명의 위와 같은 보고는 독도가 명확하게 조선의 영토로 인식되었다는 것을 반영하는, 매우 중요한 자료라고 할 수 있다. 우선 밑줄을 그은 ⓐ를 통해서 당시에 이미 울릉도 동쪽에 마주 보이는 섬이 왜와 경계를 이루고 있다는 인식이 민간들 사이에 널리 퍼져 있었음은 말할 것도 없이 조정에서도 그 사실을 인정하고 있었음을 확인할 수 있다. 이런 추정이 가능한 까닭은 포구 사람들이 이와 같은 인식을 가지고 있었다는 것을 조석명이 보고하였고, 그러한 보고를 사관士官들이 실록에 기록하였기 때문이다.

다음으로 ⓑ에서 일본의 배들이 부단히 조선의 동해안에 나타났었다는 사실도 아울러 알 수가 있다. 일본 측에서는 1696년 막부에서 내려진 오야大谷·무라카와村川 두 집안에 대해 내린 '죽도(울릉도) 도해 금지령'으로 인해 일본 어부들의 울릉도 연근해 어업이 중지된 것으로 간주하고 있다. 하지만 ⓑ에서 보는 것처럼, "무자년(숙종 34년, 1708년)과 임진년(숙종 38년, 1712년)에 모양이 다른 배가 고성高城과 간성杆城 지경에 표류漂流해 왔으니 왜선倭船의 왕래가 빈번함을 알 수 있으며"라고 한 것으로 보아, 그 후에도 끊임없이 일본 측 배들이 조선의 동해안에 나타났었다는 것을 사실로 받아들일 수밖에 없다. 특히 여기에서 말하는 무자년戊子年은 숙종 34년으로 1708년이고, 임진년은 숙종 38년으로 1712년이다. 그러므로 1696년에 요나고米子의 오야·무라카와 두 집안에 '죽

23 "江原道御史趙錫命 論嶺東海防踈虞狀. 略曰 詳聞浦人言 平海, 蔚珍 距鬱陵島最近船路無少礙, 鬱陵之東 島嶼相望 接于倭境. 戊子, 壬辰 異樣帆檣 漂到高 杆境, 倭船往來之頻數 可知. 朝家雖以嶺海之限隔 謂無可憂, 而安知異日生釁之必由嶺南, 而不由嶺東乎. 綢繆之策 不容少緩. 廟堂請依其言 飭江原道 團束軍保."
『肅宗實錄』 補遺正誤編 肅宗 40年(1714, 甲午) 7月 辛酉(22日)條.

도(울릉도) 도해 금지령'이 하달되었다는, 단순한 사실 하나만 가지고 일본의 어선들이 조선의 동해안에서 어로를 하지 않았을 것이라고 하는 주장은 사리에 어긋난다고 하겠다.

이렇게 볼 때, 15세기에 형성된 우산도(독도)와 울릉도가 조선의 영토란 인식은 16세기와 17세기를 거치는 동안 더욱 더 확실해졌다고 할 수 있다. 그리고 이러한 인식은 1694년에 박어둔과 안용복을 납치해감으로써 야기된 '울릉도 쟁계'를 통해 한층 더 명확해졌다는 것이다. 따라서 안용복의 위증으로 인해 독도가 한·일 간의 분쟁의 씨앗이 되었다고 하는 일본 학자들의 주장은 사실을 호도하여 독도를 또 다시 강탈하기 위한 거짓말에 지나지 않는다고 할 수 있다.

3. 18·9세기의 독도 인식

이처럼 울릉도에 부속된 우산도于山島, 곧 독도가 조선의 영토란 인식은 18·9세기에도 그대로 계승되었다. 특히 이 시기에 이르러서는 우산도가 일본에서 말하는 '송도松島'라는 사실이 알려지면서, 이러한 인식은 더욱 확고하게 뿌리를 내리게 되었다고 볼 수 있다.

이렇게 우산도에 대한 인식이 확고해졌다는 사실은 신경준(申景濬: 1712-1781)의 『강계고疆界考』 울릉도鬱陵島 조에 잘 나타나 있다.

〔자료 4〕

「살피건대 여지지輿地志에 이르기를 일설에 우산 울릉은 본래 한 섬이라고 하였다. 그러나 여러 도지圖志를 상고해보니 두 섬이다. 하나는 곧 이른 바 송도松島인데, 아마도 두 섬은 다 우산국(땅)이다.」[24]

24 "按輿地志云 一說于山鬱陵本一島, 而考諸圖志二島也. 一則其所謂松島 而蓋二島俱是于山國也."
申宰休 編: 『旅庵全書(6)』 (서울, 1939, 新朝鮮社), 133쪽.

이것은 신경준이 분명하게 우산도는 (왜가 말하는) 송도인데, 이 섬은 울릉도와 더불어 우산국의 땅이라는 사실을 밝혔다는 것을 말해준다. 이와 같이 세종 때부터 우산도라고 불리던 독도가 일본에서 말하는 송도라는 사실을 확인하게 되었다는 것은 15세기에 형성된 영토 인식이 이 시기에 접어들어서 한층 더 확실해졌음을 드러내는 것이어서 주목을 끈다.

그러나 이러한 사실을 문맥 그대로 신뢰할 일본의 학자들이 아니다. 특히 억지로 강탈했던 독도에 대해 미련을 버리지 못하고 있는 일부의 학자들은 신경준의 인성人性까지 들먹이면서, 이 사실의 부정에 혈안이 되어 있다. 이런 사람의 대표적인 예가 바로 사료史料를 자기 마음대로 짜깁기 하여 자기들에게 유리하게 논리를 전개하고 있는, 역사 왜곡의 대가라고 할 수 있는 시모죠 마사오下條正男이다. 그래서 그의 이에 대한 설명을 들어보기로 한다.

「여기에서 신경준이 유형원柳馨遠의 『여지기輿地志』로부터 인용하고 있는 것은, "여지지에 이르기를 일설에 우산 울릉은 본래 한 섬이라고 하였다"는 것만으로, "그러나" 이하는 신경준의 사견私見이다. 즉 이 안기按記로부터 말할 수 있는 것은, ㉮ 오리지날의 『여지지』에서는 "일설에 우산 울릉은 본래 한 섬"이라고 하여 우산도와 울릉도는 같은 섬의 다른 명칭同島異名이라고 하고 있는데, 송도(松島 : 현재의 죽도(竹島))에는 전혀 언급하고 있지 않았다는 것이다.
그러면 왜 신경준은 『강계고』의 안기에 유형원의 『여지지』를 인용한 것일까? 그것은 거기에 기록된 "우산 울릉 1도설"이 옳다고 생각했기 때문이 아니다. 오히려 역으로 잘못되어 있다고 생각하여, 자기 설의 정당함을 논증하기 위해서 인용하고 있었던 것이다.
그것은 역접逆接의 접속사인 "그러나而"가 있다는 것에서도 분명하다. 신경준은 우산도와 울릉도가 같은 섬이 아니고, 게다가 "우산은 곧 왜의 이른바 송도이다."라고 생각하고 있었던 것이다.
그러나 ㉯ 『강계고』의 안기는, "여지지에 이르기를 일설에 우산 울릉은 본래 한 섬이다."라는, 『여지지』의 원형을 유지하고 있었다. 그런데 그 안기가

「여지고」(『동국문헌비고(東國文獻備考)』)의 분주分註가 될 때에는 그 원형을 유지하지 않게 되어 있다. 그것은 다른 사람이 윤색을 했기 때문이다.
㉰ 『승정원일기承政院日記』의 영조 46년(1770년) 윤5월 2일조에 의하면, 『동국문헌비고』의 상전문上箋文을 쓴 김치인金致仁은, 그 편찬 과정에 관해서 "(신)경준이 (문서를) 기초하고, (홍)계희洪啓禧가 윤색하였다."고 진술하고 있다. 「여지고」는 신경준의 『강계고』를 저본底本으로 하고 있는데, 그 편찬의 과정에서는 홍계희라고 하는 인물의 손이 가해져서, 문장에 윤색이 행해졌다고 하는 것이다.
요컨대 유형원의 『여지고』의 "일설에 우산 울릉은 본래 한 섬"이라고 하는 문장은, 먼저 신경준의 『강계고』의 안기에 우산도와 울릉도가 별개의 섬인 것을 주장하기 위해서의 재료로써 인용되었고, 나아가서 「여지고」의 분주에서 홍계희의 손이 더해져서(가필되어), "여지지에 이르기를 우산 울릉은 다 우산국의 땅이다. 우산은 곧 왜의 이른 바 송도이다."라고 하는 형태로 개찬改竄되어 있었던 것이다.
결국 우산도가 송도(현재의 죽도(독도))였다고 하는 것도, 우산도가 울릉도의 속도였다고 하는 것도, 유형원의 『여지지』에 쓰여 있었던 것이 아니라, 신경준으로부터 시작하고 있었던 것이다.」[25]

조금 인용이 길어졌으나, 시모죠가 무엇을 주장하기 위해서 어떤 논리를 전개하고 있는가 하는 것을 해명하기 위해서는 요체要諦가 되는 한 두 문장의 인용만으로는 도저히 그 실상을 제대로 파악할 수가 없다. 다시 말해 그의 주장이 안고 있는 모순을 지적하려고 하는 경우에는 그가 전개하는 논리의 전체적인 흐름을 살펴볼 필요가 있다는 것이다. 그래서 그가 무슨 대단한 발견이라도 한 것처럼 떠들고 있는 사료의 개찬설改竄論에 대한 전모를 구명하기 위하여 상당히 긴 문장을 그대로 인용할 수밖에 없었다는 것을 밝혀둔다.

이러한 시모죠의 논구論究로부터 우선 밑줄 친 ㉮에서와 같이, 유형

25 下條正男 : 앞의 책, 101-102쪽.

원이 저술한 "오리지날의 『여지지』에서는 "일설에 우산 울릉은 본래 한 섬"이라고 하여 우산도와 울릉도는 같은 섬의 다른 명칭同島異名이라고 하고 있는데, 송도(松島 : 현재의 죽도(竹島))에는 전혀 언급하고 있지 않았다는 것이다."라고 하는 언급이 사실인가 아닌가 하는 것부터 짚고 넘어가지 않으면 안 된다. 왜냐하면 이 문제는 그가 주장하는 개찬론의 전제가 되고 있기 때문이다. 그래서 여기에서 말하는 유형원의 『동국여지지東國輿地志』 울진현蔚珍縣 우산도·울릉도 조에 기록되어 있는 내용을 소개하기로 한다.

〔자료 5〕

「① 우산도·울릉도 : 한편으로는 무릉이라고 하고, 한편으로는 우릉이라고 한다. 두 섬이 현의 정 동쪽 바다 가운데 있다. 세 봉우리가 높이 솟아 하늘에 닿았는데, 남쪽 봉우리가 약간 낮다. 바람이 불어 날씨가 청명하면, 산봉우리 수목과 산 밑의 모래톱을 역력히 볼 수 있으며, 바람을 이용하면 이틀에 갈 수 있다. ② 일설에는 우산·울릉이 본래 한 섬으로서, 지방이 백리라고 한다.」[26]

유형원이 이곳에서 기록한 것은 그 자신의 견해가 아니라, 『동국여지승람』에 있는 것을 그대로 옮겨 적은 것이다. 이렇게 전사轉寫한 위의 자료에서 밑줄을 그은 ① "우산도·울릉도 : 한편으로는 무릉이라고 하고, 한편으로는 우릉이라고 한다. 두 섬이 현의 정 동쪽 바다 가운데 있다."라고 한 것이 본설本說이다. 이와 같은 본설은 『고려사』 지리지에 일설로 전해지는 것 및 『세종실록』 지리지에 본설로 전해지는 것과 같

---

26 "于山島 鬱陵島 一云 武陵. 二島在縣正東海中. 三峯岌嶪撑空. 南峯稍卑. 風日清明則峯頭樹木及山根沙渚 歷歷可見. 風便則二日可到. 一說于山·鬱陵本一島 地方百里."
柳馨遠 : 『東國輿地志』 (서울, 2006, 아세아문화사 영인본), 420쪽.

은 맥락에서 기술을 하였다는 데는 별다른 이견異見이 있을 수 없다. 그리고 ②에서 "일설에는 우산·울릉이 본래 한 섬"이라고 한 것은 ①의 본설에 딸린, 그야말로 하나의 이설異說에 불과한 것이다.

그럼에도 불구하고 시모죠가 ㉮에서와 같이 "오리지날의 『여지지』에서는 '일설에 우산 울릉은 본래 한 섬'이라고 하여 우산도와 울릉도는 같은 섬의 다른 명칭同島異名이라고 하고 있는데"라고 한 것은 개찬설을 주장하기 위해, 신경준이 인용한 유형원의 『동국지리지』에 기록된 일설만을 인용하여 자기 논리를 전개하고 있다는 것을 알 수 있다.

하기야 시모죠 마사오는 시마네현에서 '죽도의 날'을 제정하면서 만든 '죽도 문제 연구회'의 좌장을 맡고 있는 사람으로, 일본의 독도 강탈이 정당했다는 억지를 부리고 있다. 그러므로 자기 논리의 정당화를 위해서 조선시대 사관士官들에 의해 엄정한 고증을 거쳐 기록된 『숙종실록』을 일본의 개인이 편집한 『죽도기사竹嶋紀事』보다도 못하다는 평가를 하는,[27] 사료 비판조차 제대로 하지 못하는 사이비 어용학자이기 때문에 흥분할 일은 아닌지도 모른다.

그러나 아무리 자기 논리를 전개하기 위한 수단이라고 하더라도 엄연하게 기록되어 있는 사실까지도 도외시하고 자기 구미에 맞는 문장만 취사선택하는 것은 학자로서의 올바른 태도가 아님은 두 말할 필요도 없다. 이러한 의도적 왜곡은 밑줄을 그은 ㉯를 통해서도 확인이 된다. 여기에서 시모죠는 "『강세고』의 안기按記는, "여지지에 이르기를 일

27 그는 "편년체라고는 하지만, 『숙종실록』의 편찬 자세는 『죽도기사』와는 근본적으로 달리하고 있다. 『죽도기사』가 국서(國書)와 서간 등의 사료를 연대순으로 배열하는 것이어서, 어디가지나 충실하게 과거의 역사를 재현하려고 하고 있는 데 대해, 『숙종실록』은 정치적인 의도로 사료가 취사선택되어 있다. 편찬 당시의 정권의 정치 자세가 반영되어 있으며, 기사 자체를 역사적 사실로 할 수 없는 것이다."라고 하여, 전자의 사료적 가치를 문제 삼고 있다.
下條正男 : 앞의 책, 94쪽.

설에 우산 울릉은 본래 한 섬이다."라는, 『여지지』의 원형을 유지하고 있었다. 그런데 그 안기가 「여지고輿地考」(『동국문헌비고』)의 분주分註가 될 때에는 그 원형을 유지하지 않게 되어 있다. 그것은 다른 사람이 윤색을 했기 때문이다."라고 하여, 『동국문헌비고』의 「여지고」를 편찬하면서 유형원의 『동국여지지』에 기록되어 있던 일설의 원문이 윤색되었다는 것이다. 이와 같은 그의 지적의 사실 여부를 알아보기 위해서 『동국문헌비고』의 분주 부분을 인용한다면 아래와 같다.

〔자료 6〕

「우산도·울릉도 : (울진현의) 동쪽 350리에 있다. 울鬱은 또 울蔚이라고도 하고, 우芋라고도 하며, 우羽라고도 하고 무武라고도 하는데, ㉠ 두 섬의 하나가 바로 우산도이다. …… 중략 ……

성종 2년(1471년)에 이르러, "삼봉도가 따로 있습니다."라고 고하는 자가 있으므로, 곧 박종원朴宗元을 보내어 가보게 하였으나, 풍랑 때문에 가서 이르지 못하고 돌아왔는데, 동행하였던 한 척의 배가 울릉도에 정박하여 다만 큰 대나무와 큰 전복[鰒魚]만을 가지고 돌아와서 아뢰기를, "섬 안에 사는 사람이 없습니다."라고 하였다. ㉡ [『여지지』에 이르기를, 울릉도와 우산도는 우산국의 땅인데, 우산도는 왜인들이 이르는바 송도松島라고 하였다.][28]

이와 같은 분주分註의 내용이 시모죠 마사오가 지적하고 있는 것과 같이, 정말로 『동국여지지』의 내용을 윤색한 것이라고 할 수 있을까? 이 사실을 구명하려고 하는 경우에는 자료 6에서 밑줄을 그은 부분과

---

28 "于山島·鬱陵島 在東三百五十里 鬱一作蔚 一作芋 一作羽 一作武, 二島一卽于山. ……中略…… 成宗二年 有告別三峯島者 乃遣朴宗元往見之 因風濤不得島 而還同行一船泊鬱陵島 只取大竹鰒魚 回啓云 島中無民居矣. [輿地志云 鬱陵·于山 皆于山國地. 于山則倭所謂松島也.]"
申景濬 外 :『東國文獻備考(9)』 輿地考 蔚珍條. (漢陽, 1770, 國立中央圖書館 所藏), 124-127쪽.

자료 5에서 밑줄을 친 ①의 내용을 비교하는 것이 바람직한 방법일 것이다. 그래서 이것들을 다시 정리한다면 아래와 같다.

(가) "우산도·울릉도 …… 중략 …… ① 두 섬이 현의 정 동쪽 바다 가운데 있다. …… 중략 …… ② 일설에는 우산·울릉이 본래 한 섬으로서, 지방이 백리라고 한다." 『동국여지지』

(나) "우산도·울릉도 …… 중략 …… ㉠ 두 섬의 하나가 바로 우산도이다. …… 중략 …… ㉡ [『여지지』에 이르기를, 울릉도와 우산도는 우산국의 땅인데, 우산도는 왜인들이 이르는 바 송도松島라고 하였다.]" 『동국문헌비고』

이들 두 문헌을 이처럼 비교해보면, 후자의 ㉠ 부분은 전자의 ②와는 관계가 있는 것이 아니라 ①을 보다 명확하게 한 것이며, 또 후자에서 ㉡의 분주가 첨가되었다는 것을 알 수 있다. 그런데도 시모죠는 신경준이 의도적으로 일설을 인용하여 『동국문헌비고』를 편찬하면서 『동국여지지』의 기록에 윤색을 가하였다고 주장하고 있다. 그러면서 그는 이와 같은 윤색의 근거로, 『승정원일기承政院日記』의 영조 46년(1770년) 윤5월 2일조에 김치인金致仁이 "(신)경준이 (문서를) 기초하고, (홍)계희洪啓禧가 윤색하였다."고 한 것을 제시하였다. 그리하여 시모죠는 『동국문헌비고』의 "「여지고」는 신경준의 『강계고』를 저본底本으로 하고 있는데, 그 편찬의 과정에서는 홍계희라고 하는 인물의 손이 가해져서, 문장에 윤색이 행해졌다고 하는 것이다."라고 견해를 피력하였다.

그러나 그가 『승정원일기』에서 인용한 문장은 앞뒤의 문맥을 무시하고 자신의 논리 전개에 필요한 부분만 골라서 옮겨 적은 것이다. 이러한 사실을 해명하는 데는 이 부분의 문장 전체를 고찰할 필요가 있다.

〔자료 7〕

「상(임금)께서 (홍)계희洪啓禧에게 물어 말하기를, "경이 신경준과 더불어 상의하여 교정했다고 하는데 과연 어떠한가?"라고 하였다. 계희가 이르기를, "(신)경준의 소견은 심히 해박하나 혹 주저함이 있어서 신과 더불어 결단하여 정하였습니다."라고 대답하였다. (그러자) (김)치인이 이르기를, "(신)경준이 초고草稿를 쓰고, (홍)계희가 윤문潤文했습니다."라고 하였다.」[29]

이 기록을 통해서 신경준이 해박한 지식으로 인해 확정을 짓지 못하고 주저하는 바가 있어, 홍계희와 더불어 결단하여 정했다고 하자, 김치인이 『동국문헌비고』 「여지고」의 초고를 쓴 사람은 신경준이고, 그것을 윤문한 사람은 홍계희였다는 것을 밝혔음을 확인할 수 있다. 따라서 위의 두 문헌에 기록된 것을 대조해보더라도 홍계희가 이 부분을 윤색했다고 단정할 수 있는 근거는 되지 않는다. 이런 의미에서 「여지고」는 신경준의 『강계고』에 의거한 것이라는 『영조실록英祖實錄』 영조 46년(1770년) 윤5월 신유(辛酉, 16일) 조의 기사는 좋은 참고가 된다고 볼 수 있다.

〔자료 8〕

「『문헌비고文獻備考』의 상위고象緯考가 이루어졌다. 임금이 몸소 숭정전에서 받고, 편집청編輯廳의 당상과 낭관에게 차이를 두어 상을 내렸다. 임금이 『문헌비고』가 이루어진 것은 신경준申景濬의 『강역지疆域志』에 의거한 것이라 하여 특별히 가자加資하라고 명하였다.」[30]

---

29 "上問啓禧曰 卿與申景濬相議校正云 果如何. 啓禧曰 景濬所見甚博 而或有赼趄者 與臣斷定矣. 致仁曰 景濬草創 而啓禧潤色矣."
『承政院日記』 英祖 46年 潤5月 丁未(2日)條.

30 "文獻備考象緯考成. 上親受崇政殿 賞編輯堂郎有差. 上以備考之成 基於申景濬疆域志, 特命加資."
『英祖實錄』 英祖 46年 潤5月 辛酉(16日)條.

이 기록을 보면 『동국문헌비고』 「여지고」의 우산도 기록이 신경준의 『강계고』를 기초로 하여 홍계희가 윤색한 것이 아니라, 이것을 그대로 전사하였다고 보는 것이 좋을 것이다. 이런 추정을 확인하기 위해 이들 두 문헌의 기록을 옮겨 적는다면 아래와 같다.

(1) "살피건대 여지지輿地志에 이르기를 일설에 우산 울릉은 본래 한 섬이라고 하였다. 그러나 여러 도지圖志를 상고해보니 두 섬이다. 하나는 곧 이르는 바 송도松島인데, 아마도 두 섬은 다 우산국 (땅)이다." 『강계고』

(2) "『여지지』에 이르기를, 울릉도와 우산도는 우산국의 땅인데, 우산도는 왜인들이 이르는바 송도松島라고 하였다." 『동국문헌비고』 「여지고」

여기에서 보면 전자가 울릉도와 우산도는 두 섬인데 그 하나는 송도로 이들 두 섬은 우산국의 땅이라고 하였고, 후자에서는 울릉도와 우산도는 우산국의 땅인데 우산도는 왜인들이 말하는 송도라고 한 것으로 되어 있다. 하지만 그 기술의 문장 순서가 바뀌어 있고, 또 "왜인들이 이르는 바倭所謂"라는 문구가 삽입되어 있다는 것을 확인할 수 있다. 이와 같은 미미한 차이를 가지고 홍계희가 윤색한 것이라고 단정하기는 어렵다. 따라서 신경준이 후자를 쓰면서 자신의 『강계고』에 기술했던 내용을 이처럼 개찬改撰하였다고 보는 것이 훨씬 더 타당하다고 하겠다. 바꾸어 말하면 이들 두 문헌의 기록은 다 같이 신경준이 기술했다는 것이다.

그렇다면 왜 시모죠 마사오는 『여지지』의 일설을 정설로 제시하면서 이에 대한 개찬론改竄論을 전개하고 있는가 하는 의문이 제기된다. 이것은 앞에서 인용한 그의 주장 그 다음에 이어지는 견해를 보면 그 이유를 알 수 있다.

「그러면 신경준은 무엇에 의거하여, "우산도는 송도이다."라고 억단臆斷했던 것일까? 신경준은 안기 중에, "여러 도지를 상고해보니考諸圖志"라고 하고 있는 바와 같이, 당시 존재하고 있던 문헌을 감안勘案하고 있는데, 그것들은 안용복安龍福의 "송도는 곧 우산도"라고 하는 증언을 무비판적으로 받아들인 것이었다.

이미 보아 온 것처럼(그는 그 앞에서 안용복을 거짓말쟁이라고 누누이 강조한 바 있다.)[31], 안용복의 증언은 허위의 진술이었음에도 불구하고, 사실의 검증을 거치지 않은 채, "대마번對馬藩의 음모를 폭로하여 일본에게 울릉도를 조선 령이라고 인정시킨 사람"이라는 것을 증언으로 절대시하여, "송도 즉 우산도"라고 하는 인식이 일반화하여 있었다(그렇다고 하더라도 송도와 우산도가 어디에 있는 어떤 섬인가를 실지(實地)에서 확인하려고 한 사람은 없었던 것이지만). 신경준의 『강계고』의 원고 완성[定稿]은 1750년대였는데, 이미 그 무렵 영웅으로서의 안용복 상安龍福像은 확립되어 있었던 것이다.

안용복의 일을 기록할 때, 신경준이 안용복의 사적事跡을 참고하고 있었던 흔적은, 『강계고』에 「안용복사」라고 하는 하나의 항목이 있는 것에서도 알 수 있다. 그 『강계고』의 「안용복사」는, 『동국문헌비고』「여지고」에서는 울릉도 관련의 기술 뒤에 인용되어 있는데, 신경준의 「안용복사」에도 문제가 있었다. 신경준의 「안용복사」는, 앞에서도 진술한 이맹휴李孟休의 「울릉도쟁계鬱陵島爭界」(『춘관지(春官志)』 소수(所收))[32]와 문장이 거의 같은 것이다.

안용복의 전기에 관해서는, 성해은成海應이 『연경재전집硏經齋全集』 가운데에 "안용복전, 이맹휴가 저술한 바의 『춘관지』에 실려 있다."[33]라고 한 것과 같

---

31 下條正男 : 앞의 책, 69-91쪽.

32 시묘죠 마사오는 이맹휴가 「울릉도 쟁계」에서 "왜가 지금에 이르기까지 다시 울릉도를 일본의 땅이라고 지칭하지 않는 것은 다 용복의 공이다(倭至今不復指鬱陵爲日本地皆龍福之功也.).라고 기술하여, 안용복을 평가하고 있다. '일본이 울릉도의 영유권을 주장하지 못하게 된 것은 전부 안용복의 공적이다.'라고 하는 것이다." 라고 하여, 한국에서 안용복 숭배가 시작된 것을 이것을 계기로 한 것처럼 언급한 것을 가리킨다.
下條正男 ; 앞의 책, 96쪽.

33 이 인용문의 원문은 다음과 같다.
"安龍福傳 載於李孟休所著春官志."
成海應 : 『硏經齋全集(續集)』 文3, 題安龍福傳後 條.

이, 당시 항간에는 『춘관지』(「울릉도 쟁계」)가 유포되어 있었다. 신경준은 그 『춘관지』로부터 「안용복사」를 표절하고 있었던 것이다.
신경준의 표절은, 「안용복사」에 머물지 않았다. 『강계고』 중의 울릉도에 관해서의 기사 그것이, 「울릉도 쟁계」와 몇 구절[數句]을 제외하고 같은 문장으로, 달리하고 있는 것은, 개찬한 분주만이다. 『강계고』는 「울릉도 쟁계」의 표절이었던 것이다.」[34]

이러한 시모죠 마사오의 견해를 보면, 결국 그가 주장하고자 하는 바가 무엇인가 하는 것이 분명해진다. 그는 오늘날 독도가 분쟁의 발단이 된 것은 안용복의 거짓말 때문인데, 이것을 믿고 그를 영웅시한 이맹휴의 「울릉도 쟁계」에 있는 안용복 관련 기사를, 신경준이 표절하였으므로, 『동국문헌비고』 「여지고」에 실린 "울릉도와 우산도는 우산국의 땅인데, 우산도는 왜인들이 말하는 송도라고 하였다."라는 기술은 믿을 수가 없다는 것을 강조하고 싶었던 것이다.

그러나 이러한 비판은 유미림이 지적하고 있 것처럼, "근본적으로는 조선의 학문 방식과 지리지 편찬 방식에 대한 몰이해에서 비롯되었다고 할 수 있다. 일본에서는 개찬(改竄 : 문장의 자구를 고침)이라는 단어를 사용하여 신경준의 저술을 폄하하려고 하였다. 하지만 신경준의 저술은 오히려 그의 역사 인식을 반영하여 나온 개찬(改撰 : 고치어 찬술함)으로 보아야 할 것이다. 일본은 개찬改竄을 저자가 다른 사람이 말한 내용을 마음대로 먹칠하여 지우고 고쳤다는 부정적인 의미로 사용하였다. 그렇지만 조신의 학문 방식에 의거한다면 신경준의 개찬改撰은 비판받아야 할 일이 아니다. 조선의 학문 방식은 주로 '술이부작述而不作' 즉 전승하여 기술하되 창작하지 않는다는 방식을 따르고 있었다. 학문이 경학經學 위주의 학문이다 보니, 이는 흔히 조술祖述이라는 형식으로 선학을 답

34 下條正男 ; 앞의 책, 102-104쪽.

습하여 이를 심화시키는 방식을 취해왔다."[35]는 것이다. 이러한 학문적 전통을 무시하고, 현재의 척도를 적용하여 신경준의 기술을 표절이라고 매도하는 것은 일본 측 논리의 정당화 내지는 합리화를 위한 수단에 지나지 않는다고 할 수 있다.

실제로 일본에서 가장 많이 이용되고 있는 『광사원廣辭苑』에서도 '표절'이란 단어를 "다른 사람의 시가詩歌·문장文章 등의 설 또는 문구를 훔치어 취하여 자기의 것으로 발표하는 것"[36]이라는 의미로 파악하고 있다. 그렇다면 신경준이 이맹휴의 문장을 훔쳐 와서 자기 것으로 발표하였다는 의미가 된다. 그러므로 선대先代의 기록을 종합하여 정리한 『강계고』의 기록을 가지고 표절이라고 매도하는 것은 언어도단이라고 하지 않을 수 없다. 이러한 표절설에 대하여 유미림은 아래와 같은 견해를 피력한 바 있다.

> 「신경준은 『강계고』에서 「안용복사」라고 따로 제목을 붙여 안용복에 관해 소개하고 있다. 이맹휴도 안용복에 관해 소개하였으나 따로 제목을 붙이지는 않았다. 신경준이 따로 제목을 붙인 것 역시 이들 간 인식의 차이를 보여준다. 조정에서 안용복의 사형을 논할 때 남구만南九萬이 그를 변호하였는데 『춘관지』에도 이런 내용이 기록되어 있으나, 『강계고』에서는 이 내용이 「안용복사」라는 별도의 제목 안에 들어가 있다. 두 저술에서 기술되어 있는 곳의 위치가 다르다. 신경준은 일본과의 분쟁에서 울릉도와 우산도를 지켜낸 안용복의 행동을 역사에 남을 만한 업적으로 평가하고 있기 때문에 남구만의 이 말[37]을 넣은 것으로 보인다. 이맹휴는 남구만이 안용복의 위대성

---

35 유미림:「한국 문헌의 '울릉·우산' 기술에 관한 고찰 - '신경준 개찬'론에 대한 비판」『동양정치사상사(8-1)』(서울, 2002, 한국동양정치사상사학회), 189쪽.

36 新村出 編:『廣辭苑』(東京, 1983, 岩波書店), 2052쪽.

37 여기에서 말하는 이 말이란, 『강계고』의 「안용복사」가 아니라 「울릉도」에 나오는 "남구만이 이르기를 '강토는 조종(朝宗)에서 물려받은 것이니 (남에게) 줄 수 없다.'고 하면서, 이어서 말하기를 이 섬은 고려가 신라에서 취득하였고 우리 조정이 그것을 고려에서 취득하였으니, 원래 일본의 땅이 아니다.'라고 하였다는 것

을 발견한 인물인데 초점을 맞추고자 했다면, 신경준은 조종의 강토를 일본에 양보할 수 없음을 강조한 남구만의 강역 의식을 강조하는데 초점을 맞추고자 했던 것이다.」[38]

이러한 그녀의 연구는 이들 두 저서의 저술 목적에 초점을 맞춘 것이어서 관심을 불러일으킨다. 다시 말해 이맹휴의 『춘관지』가 남구만이 안용복의 위대성을 발견했다는 것을 강조한 것인데 비해, 신경준의 『강계고』는 남구만의 강역 의식을 강조했다는 것이다.

이와 같은 인식의 차이를 인정한다면, 시모죠가 지적하고 있는 것과 같이 신경준이 이맹휴의 『춘관지』「울릉도 쟁계」를 표절하여 『강계고』의 「안용복사」를 기록했다는 것은 전자를 매도하기 위한 수단에 불과하다는 것을 인정하지 않을 수 없다. 사실 독도 문제에 관한 일본 학자들의 논고는 사실을 밝히려고 한다기보다는 조선시대의 기록을 폄하하고 한국 학자들의 연구를 부정하는 데 초점을 맞추어 왔다는 표현이 더 적절할지도 모른다.

그러나 이런 구차한 매도를 한다고 해서 역사적 사실이 달라지는 것은 아니다. 우리는 이미 앞에서 막부가 요나고의 오야·무라카와 두 집안에게 '죽도(울릉도) 도해 금지령'을 내리면서 오늘날의 독도인 송도가 일본의 영역이 아니라는 사실을 인정하였고, 나아가서는 이것이 당시 죽도라고 부르던 울릉도에 부속되었음을 인지하고 있었다는 사실을 확인하였다. 그렇다면 안용복의 거짓말을 근거로 하여 이와 같은 기술들

을 가리킨다.
이 부분의 원문은 다음과 같다.
"領相南九萬 以爲疆土受之祖宗 不可與之. 乃曰 此島高麗得之於新羅 我朝得之於高麗, 元非日本之地."
申宰休 編 : 앞의 책, 136쪽.

38 유미림 : 앞의 논문, 204쪽.

이 이루어진 것이 아니라, 15세기에 확립된 우산도(독도)가 조선의 영토라는 인식에 입각하여 이 섬을, 일본에서 송도라고 부르고 있다는 것을 덧보탠 것이라고 보는 것이 사리에 맞지 않을까 한다.

이렇게 본다면 18세기에는 독도에 대한 인식이 더욱 확실해졌다고 할 수 있다. 이러한 사실은 1808년에 찬술된 『만기요람萬機要覽』 군정편軍政編 4 해방海防·동해東海 조 「문헌비고 울릉도 사실鬱陵島事實」에 그대로 계승된 것을 통해서도 그 타당성이 입증된다고 하겠다. 그런데 이것은 『동국문헌비고』의 기록을 그대로 전사한 것이다. 그럼에도 불구하고 시모죠 마사오下條正男는 이 책에 대해서는 표절이라고 주장하고 있지 않는 것을 보면, 그가 신경준의 『강계고』를 표절이라고 우기면서 그 의미를 평가절하하고 있는 이유를 충분히 알고도 남음이 있다고 하겠다.

하지만 이 『만기요람』에서의 기록에는 『동국문헌비고』의 그것에서 모두冒頭 부분의 우산도·울릉도 2도설은 옮겨 적지 않고, 울릉도 기록만 적으면서 후자에 실린 분주分註만을 그대로 전사하고 있음을 밝혀둔다.

〔자료 9〕

「『문헌비고』에 이르기를, "울릉도는 울진에서 정 동쪽 바다 가운데 있고, 일본의 오키주隱岐州와 서로 가까우며, 세 봉우리가 하늘에 높이 솟았는데, 남쪽 봉우리가 조금 낮다. 날씨가 맑으면 봉우리 위에 있는 수목과 산 밑의 모래 톱까지도 역력히 볼 수 있다. 바람편이 좋으면 2일이면 갈 수 있다." …… 중략 …… 성종 2년에 누가 말하기를, "삼봉도라는 섬이 따로 있다."라고 하여 박종원을 보내어 조사하였는데, 풍랑 때문에 이르지 못하고 돌아오는 길에 일행이었던 배 한 척이 울릉도 에 닿아서 큰 대와 큰 전복만 가지고 돌아와 상주하기를, "섬에는 사람이 살지 않습니다."라고 하였다. [『여지지』에 이르기를, "울릉도와 우산도는 우산국의 땅인데, 우산도는 왜인들이 말하는 송도松島라고 부른다."고 되어 있다.]」[39]

39 "文獻備考曰 鬱陵島在蔚珍正東海中, 與日本之隱岐州相近, 而三峯岌嶪撑空 南峯稍

이 기록에서 보면, 『동국문헌비고』에 있던, "우산도·울릉도 : 동쪽 3백 50리에 있다. 울鬱은 울蔚이라고도 하고 우芋라고도 하며, 우羽라고도 하고 무武라고도 하는데, 두 섬으로 하나가 바로 우산도이다."라고 한 부분이 빠져 있다. 이런 차이는 『만기요람』의 편찬자가 이 생략된 내용이 분주에 기록되어 있다는 데 착안하여, 굳이 모두冒頭의 내용을 인용할 필요가 없었다고 판단했기 때문이 아니었을까 한다.

그러나 영조 46년(1770년)에 편찬되었던 『동국문헌비고』가 광무光武 7년(1903년)에 특별히 찬집청撰集廳을 설치하고 박용대朴用大 등 30여 명의 문사들에게 명하여 보수된 『증보 문헌비고增補文獻備考』의 울진 조의 기사에서는 이 부분이 그대로 기록되어 있다.

〔자료 10〕

「우산도·울릉도 : 동족 3백 50리에 있다. 울鬱은 울蔚이라고도 하고 우芋라고도 하며, 우羽라고도 하고 무武라고도 하는데, 두 섬으로 하나가 바로 우산도이다. (속) 지금은 울도군으로 되었다.

울릉도는 울진현의 정 동쪽 바다 가운데 있고, 일본의 오키주와 서로 가깝다. 세 봉우리가 하늘에 높이 솟았는데, 남쪽 봉우리가 조금 낮다. 날씨가 맑으면 봉우리 위에 있는 수목과 산 밑의 모래톱까지도 역력히 볼 수 있다. 바람편이 좋으면 2일이면 갈 수 있는데, 당은 사방 1백리이다. …… 중략 …… 성종 2년에 누가 말하기를, "삼봉도라는 섬이 따로 있다."라고 하여 박종원을 보내어 조사하였는데, 풍랑 때문에 이르지 못하고 돌아오는 길에 일행이었던 배 한 척이 울릉도에 닿아서 큰 대와 큰 전복만 가지고 돌아와 상주하기를, "섬에는 사람이 살지 않습니다."라고 하였다. [『여지지』에 이르기를, "울릉도와 우산도는 우산국의 땅인데, 우산도는 왜인들이 말하는 송도松島라고 부른다."고 되어 있다.]」[40]

卑. 日淸則峯頭樹木及山根沙渚 歷歷可見 風便二日可到 地方百里. ……中略…… 成宗二(三)年 有告別三峯島者 乃遣朴宗元 往見之. 因風濤不得島而還. 同行一船 泊鬱陵島 只取大竹·大鰒魚 回啓云 島中無居民矣. [輿地志云 鬱陵·于山 皆于山國地. 于山則倭所謂松島也.]"

송병기 편 : 『독도영유권자료선』 (춘천, 2004, 한림대출판부), 131-132쪽.

여기에서 보면 『증보 문헌비고』와 『만기요람』의 차이를 어느 정도 이해할 수 있게 된다. 곧 전자는 『동국문헌비고』를 증보한 것이므로, 밑줄을 그은 서두 부분을 그대로 기록하고 있다. 그러면서 1900년 대한제국 칙령 제41호로 울릉도를 울도군으로 개칭한 사실을 첨가하였다. 이에 반해 후자에서는 동해·해방편海防編 「문헌비고 울릉도 사실」 조에 기록된 것이기 때문에 이 서두 부분을 생략하고, 분주를 그대로 인용하였던 것이 아닌가 한다.

그리고 『증보 문헌비고』가 백과사전적인 지식을 망라한 것이었다. 이에 반해 『만기요람』은 순조純祖 8년(1808년) 이후에 당시 비변사 유사당상有司堂上으로 군정 실무를 총괄하고 있던 서영보徐榮輔와 심상규沈象奎로 하여금 재정財政·군제軍制·토지에 관한 내용을 편찬하게 한 것으로, 국왕의 국정 주도를 목적으로 한 것이었으나, 세도 가문의 견제로 이런 정책 자체는 실패하고 말았다. 이처럼 기본 성격에 있어 차이가 있는 것이기 때문에, 후자에는 『동국문헌비고』의 본설이 기술되지 않았을 수도 있다.

이러한 차이가 있기는 하지만, 이들 기록이 본문이나 분주에서 우산도와 울릉도를 별개의 섬으로 인식하고 있었으며, 그런 두 섬 중의 하나인 우산도는 일본 사람들이 말하는 송도松島라는 것을 명확하게 조선의 영토로 알고 있었음을 드러내고 있다는 데는 변명의 여지가 없다고 하겠다. 하지만 시모죠 마사오는 이에 대한 해석을 아주 독특하게 하고

40 "于山島·鬱陵島 ; 在東三百五十里. 鬱一作蔚 一作芋 一作于 一作武 二島一則于山. (續) 今爲鬱島郡. 鬱陵島在蔚珍正東海中, 與日本之隱岐州相近, 而三峯岌嶪撑空 南峯稍卑. 日淸則峯頭樹木及山根沙渚 歷歷可見 風便二日可到 地方百里. ……中略…… 成宗二(三)年 有告別三峯島者 乃遣朴宗元 往見之. 因風濤不得島而還. 同行一船 泊鬱陵島 只取大竹·大鰒魚 回啓云 島中無居民矣. [輿地志云 鬱陵·于山 皆于山國地. 于山則倭所謂松島也.]"
세종사업기념사업회 : 『증보문헌비고』 (서울, 1978, 세종사업기념사업회), 68-69쪽. 번역문은 307-309쪽 참조.

있어, 참고로 소개하기로 한다.

「동 시대(신경준이 살았던 시대 : 인용자 주)의 정동유鄭東愈는 그 신경준을 다음과 같이 평가하고 있다. "독선獨善, 부회(傅會 : 억지로 갖다 붙임)의 말을 하여, 왕왕 우리보다 오래 된 것을 취했다. 이것이 그의 단점이다."(『주영편(晝永篇)』). 신경준에게는 개찬벽改竄癖과 표절벽剽竊癖이 있었던 것 같다. 또 같은 시대의 황윤석黃胤錫이 『이재난고頤齋亂藁』 가운데에서, "근래 문헌비고를 일을 신경준이 하였는데, 곧 정鄭·안安 두 집안의 사고私藁를 취하여 여기에 사용하였다. 그러나 그 공은 안에게 돌리지 않았다."라고 기술하고 있는 것과 같이, 신경준의 사람됨은 다른 사람의 업적을 도용하면서 부끄러워하는 것이 없었다. 영조는 그러한 신경준에게 『동국문헌비고』의 편찬을 명했던 것이지만, 그 내용은 두찬(杜撰 : 틀린 곳이 많고 거친 것을 말함)한 것이었다. 사실 『동국문헌비고』는 정조正祖 시대(재위(在位) 1778~1800)에도 개정이 이루어졌고, 대한제국(1897~1910년의 국호)시대에도 개정 작업이 행해졌다.

그러나 『여지지』의 개찬改竄에는 후세의 학자들도 마침내 알아차리지 못했다. 왜냐하면 근세를 통해, "우산은 곧 왜의 이른 바 송도이다."라고 하는 인식이 조선 사회에 널리 퍼졌고, 그들도 그 역사 인식에 의해 문헌을 해석하고 있었기 때문이다.

그런데 이렇게 보아온다면, 일찍이 최남선이 무비판적으로 인용하여, 지금도 한국 정부가 죽도(독도)의 영유권을 주장하는 논거論據로 삼고 있는 『동국문헌비고』 「여지고」의 분주分註가 논거가 될 수 없다는 것은 명확하다. 이 분주는, 18세기 후반의 신경준 등이 17세기 말의 안용복의 증언을 근거로 하여, 『여지지』를 개찬改竄한 것이기 때문이다. 따라서 이 분주는 안용복의 증언 이전부터(즉 유형원이 『여지지』를 편술(編述)한 17세기 후반부터) 이미 조선 측이 "우산도는 울릉도의 속도屬島이며, 또 송도(현재의 죽도(독도))이다."라고 인식하고 있었다고 하는 논거는 되지 않는 것이다. "우산은 곧 왜의 이른 바 송도이다."라고 하는 인식의 출발점은, 안용복에게 있었다. 그리고 그 증언은 몇 번이고 말한 것처럼 위증僞證이었던 것이다.」[41]

---

41 下條正男 : 앞의 책, 104-105쪽.

이쯤 되면 시모죠 마사오가 무엇을 지향하는 연구를 수행하였는가 하는 것이 명확해졌다고 할 수 있다. 그의 연구는 한국에서 독도가 한국의 영토임을 주장하는 근거로 제시하고 있는 "우산은 곧 왜의 이른바 송도이다."라고 하는 『동국문헌비고』「여지고」의 기록은, 신경준이 안용복의 증언을 기초로 하여 개찬改竄한 것이므로 말이 안 된다는 것을 밝히기 위한 것이었다.

그러나 그는 위의 인용문에서 최남선이 인용을 함으로써 한국의 독도 영유권 주장의 논거가 된 것이 『동국문헌비고』「여지고」였다고 하였다. 그렇지만 그가 위의 주장을 기술하고 있는 『죽도(독도)는 일한 어느 쪽의 것인가』라는 책의 제1장 문제의 발단에서 지적하고 있는 것은 『숙종실록』이었다. 이 문제를 보다 확실하게 해두기 위해 그의 주장을 그대로 인용한다면 아래와 같다.

> 「최남선이 말하고 있는 죽도(독도)를 한국 고유의 영토라고 하는 역사적 근거의 하나는, '서언'에서도 소개한 것처럼, 한국의 역사 교과서에도 등장하는 안용복의 증언이었다. 『숙종실록』의 기사 가운데에는, 안용복이라고 하는 인물이 일본에 밀항하여 돗토리 번주鳥取藩主와 직접 담판하여, 울릉도와 송도(당시 죽도(독도)의 일본에서의 호칭)는 조선 령인 것을 인정시켰다고 하는 것이 있다. 최남선은 그 기사를, 역사적 사실로 보았던 것이다.
> 하지만 『숙종실록』에 수록되어 있기 때문이라고 해서, 안용복의 증언이 역사적 사실이었다고 하는 보증은 어디에도 없다. 사실이라고 하는 데는 엄밀한 문헌 비판을 거칠 필요가 있다. 더욱이 안용복은 당시 국금國禁을 범하여 바다를 건넜던 죄인이고(당시 조선은 쇄국(鎖國) 아래에 있어서, 사람들의 바다 바깥 도항은 금지되어 있었다.), 증언은 그때의 진술로, 자기를 변호하기 위해서의 자기에게 유리한 변명이라고 보지 않으면 안 된다.」[42]

42 下條正男 : 앞의 책, 19쪽.

그가 안용복의 진술 그 자체를 부정하고 있는 데는 변함이 없으나, 위에서와 같이 처음에 인용한 것은 『숙종실록』이었으나, 그 뒤에는 『동국문헌비고』「여지고」라고 하면서, 여기에서의 기록은 안용복의 증언에 의해 신경준의 개찬改竄했다는 것이라고 주장하고 있다. 이렇게 자기가 인용한 책 이름마저 편의에 따라 바꾸는 위인이 무슨 연구를 제대로 한다는 말인가? 그런데도 그의 연구에 의존하여 일본 외무성에서 『죽도 문제를 이해하기 위한 10의 포인트』란 팸플릿을 만들어 전 세계에 뿌리고 있는 일본의 처사를 어떻게 설명해야 좋을지 모르겠다.

이미 앞에서 고찰한 것처럼, 유형원의 『동국여지지』 울진현 우산도·울릉도 조에는 분명하게 우산·울릉 2도설을 본설로 실으면서 "일설에는 우산·울릉이 본래 한 섬"이고 한 이설異說을 싣고 있다. 그럼에도 시모죠는 교묘하게 신경준이 문장의 자구를 고쳤다고 하는 개찬론改竄論으로 포장을 하여, 그에 의해 찬술된 기록의 신뢰성을 불신하려고 하였다. 아무리 나라의 영토 문제가 중요한 것이라고 하더라도, 사료를 제멋대로 적당히 편집하여 일반 대중을 호도하는 것이 어떻게 연구라고 할 수 있단 말인가? 그렇게도 자신이 있다면, 시마네현 사람들이나 보수 우익의 인사들만을 상대로 자기의 논설을 펼 것이 아니라, 모든 자료를 내어 놓고 공동 토론을 하여 그 진실성을 검증받는 것이 마땅하지 않을까 한다.

4. 고찰의 의의

박어둔과 안용복의 납치로 인해 야기되었던 '울릉도 쟁계'는 막부가 호키국伯耆國의 오야·무라카와 두 집안에게 '죽도(울릉도) 도해 금지령'을 내림으로써 일단락되었다. 그 후에 조선 사회의 울릉도와 우산도(독도)에 대한 인식이 어떻게 이어져 왔는가 하는 문제를 지금까지 살펴보았다.

이러한 고찰을 시도한 이유는 일본의 논자들이 해괴한 개찬론改竄論을 전개하면서 사료를 자기들 구미에 맞게 편집하여 연구랍시고 떠들고 있는 잘못된 현실을 바로잡기 위해서였다. 그리하여 16세기부터 전승되어 오던 경험담을 비롯하여, 그 후에 저술된 사료들에 들어있는 울릉도와 우산도(독도) 관련 기사들을 고찰하였다. 이 과정을 거쳐 밝혀낸 사실들을 간단하게 정리하면 아래와 같다.

서계西溪 박세당의 『서계잡록』 「울릉도」 조에 기록된, 일본에 붙잡혀 갔던 승려로부터의 전문傳聞은 16세기에도 조선인들이 분명하게 우산도를 인지하고 있었다는 사실을 말해주고 있다. 비록 그 서술에 있어 관점의 혼란이 있기는 하였지만, 울릉도에서 "바다 기운이 아주 맑지 않거나 가장 높은 정상에 오르지 않으면 볼 수 없다."고 한 우산도는 오늘날의 독도가 분명하다는 것이다.

그리고 이런 기술은 1694년 울릉도에 수토사로 다녀온 장한상의 「울릉도 사적」의 기록과도 밀접한 관련을 가지고 있다. 장한상은 울릉도의 동북쪽에 위치한 '죽서竹嶼'와 동남방에 위치한 '우산도'를 명확하게 구분하여 기술했다는 점에서, 일본의 논자들이 우산도가 오늘날의 '죽서'라든가 '울릉도'라고 하는 주장이 허구에 불과하다는 것을 증명해주고 있다는 점에서 매우 중요한 의의를 가진다고 할 수 있다.

또 실제로 1714년에 강원도 어사 조석명이 보고한 "울릉도 동쪽에 섬이 서로 마주 보이는데, (이 섬이) 왜와의 경계에 접해 있다."라는 기록이 『숙종실록』 보궐 정오편에 실려 있다는 사실을 확인하였다. 이것은 평해나 울진 등의 포구 사람들이 말한 것을 조석명이 듣고 조정에 보고를 한 것이고, 그것을 사관들이 실록에 등재한 것이다. 그러므로 일반 민중들도 우산도(독도)가 왜와의 경계에 접해 있다고 생각했었고, 조정에서도 그러한 사실을 공식적으로 인정했다는 것을 의미한다.

다음으로 신경준이 『강계고』 「울릉도」 조에 "여지지에 이르기를 일설에 우산 울릉은 본래 한 섬이라고 하였다. 그러나 여러 도지를 상고해 보니 두 섬이다. 하나는 곧 이른바 송도인데, 아마도 두 섬은 다 우산국(땅)이다."라는 기술을 한 것을 가지고 표절이라고 매도하는 시모죠 마사오의 주장은 사리에 벗어난다는 것을 입증하였다. 시모죠는 먼저 신경준이 인용한 일설의 우산 울릉 1도설을 취하여 논지를 전개하고 있으나, 이것은 유형원이 저술한 『동국여지지』에서의 본설인 우산도와 울릉도 "두 섬은 (울진)현의 정 동쪽에 있다."라고 한 것을 무시하고 자기 편의에 따라 사료를 취사·선택한 것이다. 그 뿐만 아니라, 『동국문헌비고東國文獻備考』에서 "여지지에 이르기를 울릉도와 우산도는 우산국의 땅인데, 우산도는 왜인들이 이르는 바 송도라고 하였다."라고 한 것은 신경준의 『강계고』 기술을 바탕으로 한 것이다. 그럼에도 불구하고 "우산도가 왜인들이 이르는 바 송도라고 하였다."라고 하는 것은 거짓말쟁이 안용복의 말을 근거로 한 것으로, 이는 이맹휴의 『춘관지』 「안용복사」를 표절 것이라는 신경준 폄하론은 조선 사회의 학문적 풍토에 대한 이해의 부족에서 비롯되었다는 유미림의 연구 성과에 의거하여, 시모죠의 주장이 어불성설이란 사실을 구명하였다.

그리고 오늘날의 독도인 우산도가 조선의 영토란 사실은 19세기도 그대로 이어졌다는 것을 『만기요람』과 『증보 문헌비고』의 기록을 통해 시 확인하였다. 이와 같은 일련의 고찰을 통해, 우산도가 조선의 영토라 인식이 하루아침에 이루어진 것이 아니고, 15세기 이래 계속되어 온 지리적 인식이라는 사실도 아울러 밝혀냈다고 할 수 있다.

메이지 시대 일본의 독도 인식

Chapter 08

1. 문제의 제기

일본은 1905년 1월 28일 내각회의 의해, 내무대신이 논의하기를 청한 「무인도 소속에 관한 건」을 심사하여, "북위 37도 9분 30초 동경 131도 55분 오키도隱岐島에서 떨어져 서북으로 85해리에 있는 무인도는 다른 나라에서 이를 점령했다고 인정할 만한 형적이 없고, ……중략…… 메이지明治 36년(1903년) 이래 나카이 요사부로中井養三郎란 자가 당해 섬에 이주하여 어업에 종사한 일은 관계 서류에 의하여 명백한 바이므로 국제법상 점령의 사실이 있는 것으로 인정하여, 이를 우리나라 소속으로 하고 시마네현 소속 오키도사隱岐島司의 소관으로 해도 지장이 없을 것으로 생각한다. 그래서 청한 것과 같이 각의에서 결정함이 옳다고 인정한다."[1]는 결정을 하였다. 그러자 시마네현은 "북위 37도 9

---

1 "別紙內務大臣請議　無人島所屬ニ關スルニ右ハ北緯三十七度九分三十秒東經百三十一度五十五分隱岐島ヲ距ル西北八十五浬ニ在ル無人島ハ他國ニ於テ之ヲ占領シタリト認ムヘキ形跡ナク……中略……明治三十六年以來中井養三郎ナル者カ該島ニ移住シ漁業ニ從事セルコトハ關係書類ニ依リ明ナル所ナレハ國際法上占領ノ事實アルモノト認メ之ヲ本邦所屬トシ島根縣所屬隱岐島司ノ所管ト爲シ差支無之儀ト思考ス依テ請議ノ通閣議決定相成可然ト認ム."

분 30초 동경 131도 55분 오키도에서 떨어져 서북으로 85해리에 있는 섬을 죽도竹島라고 칭하고, 지금부터 본 현 소속의 오키도사의 소관으로 한다."[2]는 결정을 하여 독도 침탈에 앞장을 섰다.

그러나 이와 같은 내각의 결정과 시마네현의 고시는 한국의 영토였던 독도를 강탈하기 위한 구실의 마련에 지나지 않는 것이었다. 왜냐하면 그들이 "다른 나라에서 이를 점령했다고 인정할 만한 형적이 없고"라고 한 것은 자신들이 이미 인정하고 있던 한국의 영토를 빼앗기 위해서 붙인 핑계에 불과했기 때문이다.

실제로 그들은 벌써 '울릉도 쟁계'가 해결될 무렵에 울릉도를 명백하게 조선의 영토로 인정했었다. 이러한 울릉도의 영토 인정은 그에 딸린 독도, 곧 당시에는 우산도 혹은 자산도子山島라고 불리던 섬에 대한 영유권마저 인정했다는 것은 주지의 사실이다. 그렇지만 지금 일본의 외무성은 『죽도 문제를 이해하기 위한 10의 포인트』라는 팸플릿을 통해서, 이와 같은 사실을 부정하고 있다. 즉 그들은 이 팸플릿의 세 번째 항에서, "일본은 울릉도로 건너갈 때의 정박장으로 또한 어채지漁採地로 죽도를 이용하여, 늦어도 17세기 중엽에는 죽도의 영유권을 확립했습니다."라고 하여 한국보다 먼저 영유권을 확립했다고 주장하고 있다. 그리고 네 번째 항에서는, "일본은 17세기 말 울릉도 도항을 금지했습니다만, 죽도 도항은 금지하지 않았습니다."라고 하여 앞뒤가 맞지 않는 주장을 펴고 있다.

한국 속담에 "고기는 씹어야 하고, 말은 해야 맛"이라는 말이 있다.

「일본내각결정문」, 1905, 1, 28. 송병기 편 : 『독도영유권자료선』 (춘천, 2004, 한림대출판부), 195-196쪽.

2 "北緯三十七度九分三十秒東經百三十一度五十五分隱岐島ヲ距ル西北八十五浬ニ在ル島嶼ヲ竹島ト稱シ自今本縣所屬隱岐島司ノ所管ト定メラル."
신용하 편저 : 『독도 영유권 자료의 연구(2)』 (서울, 1999, 독도연구보전협회) 284-285쪽.

세계 제2의 경제대국치고는 사리에 맞는 주장을 하고 있는 것이 아니라, 20세기 초반의 제국주의적인 영토 팽창의 꿈에서 아직도 깨어나지 못한 것 같은 말장난을 하고 있는 것을 보면, 일본이 어떤 나라인가 하는 것을 짐작하게 한다.

두루 알다시피 일본은 막부시대幕府時代에 쇄국 정책을 실시하고 있었으므로, 다른 나라에 나가는 것 그 자체가 금지되어 있었다. 그런데도 죽도 도항은 금지하지 않았다는 표현은 일본이 거짓말을 얼마나 식은 죽 먹듯이 하고 있는가 하는 것을 스스로 증명하는 처사라고 하지 않을 수 없다. 말하자면 독도에 대한 영유권을 확립한 적도 없고, 독도에의 도항을 인정한 적도 없었는데, 독도를 빼앗기 위해 허튼 망언을 되풀이하고 있다는 것이다.

그렇기 때문에 말장난에 지나지 않는 일본의 주장을 일일이 논박할 필요는 없다. 하지만 독도를 강탈하기 이전에 메이지 정부에서는 독도를 어떻게 인식하고 있었고, 또 민간에서는 어떤 인식을 가지고 있었는가 하는 문제는 반드시 살펴보아야 한다. 이와 같은 고찰은 그들이 얼마나 무리한 주장을 펴고 있는가 하는 것을 증명하는 하나의 수단이 될 수 있다는 점에서 매우 중요한 의의를 가진다고 하겠다.

2. 정부 당국의 독도 인식

2-1. 『조선국 교제 시말 내탐서』에 나타난 독도

일본의 막부는 쇄국정책의 한계를 인식하고, 그 나름대로 개항을 준비하면서 개혁을 추진하고 있었다. 그렇지만 사쓰마(薩摩 : 지금의 가고시마현(鹿兒島縣) 서남부)와 초슈(長州 : 지금의 야마구치현(山口縣) 서북부) 번藩의 토막파(討幕派 : 막부의 토벌을 주장하는 사람들)들에 의해, 결국 그 꿈은 좌절되고 말았다. 이렇게 막부 체제가 해체되면서, 1868년에 왕정복고王政復古를 내건 메이지 정부가 들어섰다.

이때에 메이지 정부의 수립에 참여했던 일부 인사들은 부국강병富國强兵을 외치면서 한국을 정벌하자는 정한론征韓論을 제기하였다. 그들의 정한론은 이른 바 "미대尾大의 폐弊", 곧 꼬리 쪽이 머리보다 큰 것에서 초래되는 폐단의 우려가 있는 구 번舊藩의 병사들을 외국 정복에 투입하여 그 힘을 약화시키면서 신정부의 권위를 강화하기 위해서 강구된 방책의 하나였다.

이러한 정한론을 배경으로 일본의 외무성은 임시 관리들을 조선에 파견하여 그 정세를 내탐하려는 계획을 세웠다. 1889년 12월 대마도를 통해서 부산에 도착한 사타 하쿠보佐田白茅와 모리야마 시게루森山茂, 사이토 사카에齊藤榮 일행은 조선의 사정을 조사한 다음, 「조선국 교제 시말 내탐서朝鮮國交際始末內探書」란 것을 작성하여 외무성에 제출하였다.

그런데 이 내탐서는 『일본 외교문서』 제2권 (제3책) 문서번호 574 (1869년 11월 1일자) 「외무성으로부터 태정관太政官[3] 변관辨官[4]에의 질의서」 및 「조선국에의 파견원에 대한 조사 사항 지령에 관한 질의서와 이것에 대한 태정관의 결정」에 대한 복명서였다. 그러니까 외무성과 태정관이 결정한 사항에 대한 조사 보고서에 해당된다고 볼 수 있다.

여기에서 외무성과 태정관으로부터 사타 일행에게 지시했던 조사 항목들은 아래와 같다.

---

3 1868년(明治 1년) 정체서(政体書)에 의해 설치된 최고 관청(最高官廳)으로, 다음 해에 관제 개혁으로 민부성(民部省) 이하 6성을 관할하였는데, 오늘날의 내각에 해당한다.

4 태정관에 직속하여 좌우로 나누어져 문서를 접수하며 행정의 중추를 이루었던 직제의 관리를 말한다.

〔자료 1〕

1. 게이쵸慶長·겐나元和 이래 조선국으로부터 통신사를 보내어 번속藩屬[5]의 예禮를 취해 온 이유.
1. 대마도로부터 조선에 보낸 사자使者의 예전禮典, 조선으로부터 대마도에 보낸 사자의 예전.
1. 조선국으로부터 감합인勘合印을 받은 이유, 이는 동국의 제도를 받아들여 공물을 받아서 다룬 것인가?
1. 조선의 국체國體로 신하의 예를 받은 나라에 대해 북경北京의 정월 초하루에 앙청하였다고도 하지만, 국정國政에 이르러서는 자아自我 독단獨斷의 권력이 있는가?
1. 천황이 사절을 파견하는데, 군함이 수도首都의 근해에 순회함에 있어 좋은 항구의 유무.
1. 조선국의 건, 러시아의 입에 바른 말毒吻에 심취하여 음으로 보호 의뢰한다는 소문과 경략론.
1. 조선국 해군 육군의 무비武備의 허실과 병기의 정조精粗.
1. 내정內政의 치부治否가 초량草梁에서의 기문記聞과 같은가?
1. 무역의 개시에 관해서는 물품의 교환, 물가의 고저 및 화폐의 선악.
1. 세견선歲遣船의 왕래 존부存否.
1. 대마도는 양국의 사이에 있는 고도孤島로, 교제에 들어가는 비용 및 표류민에 대한 피아의 인도 방법 등 하나의 번藩으로 보통 정무 비용政費 이외의 비용.
1. 조선은 초량 이외에 내지內地는 일본인의 여행이 어려운가?
1. 죽도(竹島 : 울릉도)와 송도(松島 : 독도)가 조선의 부속의 된 시말」[6]

---

5 "복종하여 둘러싸고 있는 외측(外側)을 지키게 된 나라"라는 의미로 속국(屬國)을 의미한다.

6 1. 慶長元和以來朝鮮國ヨリ信使差越藩屬ノ禮ヲ執來候元由
1. 對州ヨリ朝鮮ヘ差遣シ候使者ノ禮典, 朝鮮ヨリ對州ヘ差渡シ候使者ノ禮典.
1. 朝鮮國ヨリ勘合印ヲ受候由. 右ハ同國制度ニ取入貢ヲ受候取扱ナル哉.
1. 朝鮮ノ國體臣禮ヲ受ル國ニ北京ノ正朔ヲ仰クト云トモ國政ニ至テハ自裁獨斷ノ權力アル哉.
1. 皇使被差遣候節軍艦首府近海ヘ被相廻候ニ付良港有無.
1. 朝鮮國ノ儀魯西亞ノ毒吻ニ心醉シ陰ニ保護依賴スル風計且境略論.

이상과 같은 항목들 속에 울릉도(죽도)와 독도(송도)가 조선의 부속으로 된 시말을 조사하라는 것이 포함되어 있다. 이것은 당시에 일본의 외무성과 태정관에서 이들 두 섬을 분명하게 조선의 영토로 보았다는 것을 의미한다.

그런데 여기에서 간과해서는 안 되는 것이 있다. 그것은 외무성에서 임시로 고용한 사타佐田 일행에게 이렇게 된 이유를 조사하라는 지령을 내렸다는 점이다. 이런 지령을 내린 이유는 이들 두 섬에 대한 강탈의 야욕이 잠재했었음을 말해주는 것이 아닐까 한다. 왜냐하면 이 지령에 대한 이들의 보고서에서 그와 같은 사실을 유추할 수 있기 때문이다.

〔자료 2〕

「죽도와 송도가 조선의 부속이 된 시말

이 건의 송도는 죽도의 이웃에 있는 섬으로 송도에 관해서는 이제까지 게재된 서류가 없다. 죽도의 건에 관해서는 겐로쿠元祿 무렵에 잠시 동안 거류를 위해 사신을 파견한 바 있다. 당시에는 이전과 같이 사람이 없었다. 대나무 또는 대에서 큰 갈대가 자라며, 인삼 등이 자연적으로 자란다. 그 밖에 물고기도 상당히 있다는 것을 들었다.」[7]

---

1. 朝鮮國海陸軍武備ノ虛實器械ノ精粗.
1. 內政ノ治否草梁記聞ノ如クナル哉.
1. 貿易取開ニ付テハ物品ノ交換物價ノ低昂及ヒ貨幣ノ善惡.
1. 歲遣船向來存止.
1. 對州ハ兩國間ノ价立スル孤島ニテ交際ノ入費幷漂流彼我引渡方等一藩尋常政費外ノ入費.
1. 朝鮮ハ草梁項ノ外其內地ハ日本人ノ旅行難相成哉.
1. 竹島松島朝鮮國附屬ニ相成候始末.

日本外務省調査部 編 :『日本外交文書』 第三卷, 事項6, 文書番號87, 1870년 4월 15일자, 「外務省出仕佐田白茅等ノ朝鮮國交際始末內探書」의 「朝鮮國交際始末內探書」, 131-138쪽.

7 「竹島松島朝鮮附屬ニ相成候始末
此儀松島ハ竹島ノ隣島ニテ松島ノ儀ニ付是迄掲載セシ書留モ無之. 竹島ノ儀ニ付テハ元祿度後ハ暫クノ間朝鮮ヨリ居留ノ爲差遣シ置候處當時ハ以前ノ如ク無人ト相成, 竹

이 보고서에서는 송도(독도)가 죽도(울릉도)의 근처에 있는 섬으로, 전자에 관해서는 이제까지 게재된 서류가 없으나 후자에 관해서는 몇 가지 사실이 있다는 것을 지적하고 있다. 곧 겐로쿠元祿 무렵에 잠시 동안 (일본 사람들의) 거류를 위해 사신을 파견한 바 있는데, 당시는 이전과 같이 사람이 없었다는 것이다. 그리고 거기에는 대나무와 갈대가 자라고, 고기도 상당히 많이 난다고 하였다.

이와 같은 보고서를 통해서, 사타 하쿠보를 비롯한 이들 일행도 울릉도와 독도에 대한 침탈의 야욕을 숨기지 않고 있었음을 확인할 수 있다. 왜냐하면 우선 독도에 대한 기록은 없다고 하여, 그 강탈의 가능성을 시사하고 있기 때문이다. 실제로 그들은 1905년 2월 22일 독도를 강탈하면서, 내각회의內閣會議의 결정문에 "오키도隱岐島에서 떨어져 서북으로 85 리에 있는 무인도는 다른 나라에서 이를 점령했다고 인정할 만한 형적形跡이 없고"[8]라고 하여, 이들이 서류가 없다고 한 것을 교묘하게 이용한 바 있다. 그 뿐만이 아니라 울릉도에 대한 문제도 막부幕府에서 도해 금지령을 내렸던 사실은 덮어두고, 자기들이 잠시 동안 거류하기 위해서 사신을 파견했던 적이 있었다고 하여 강탈의 미련을 버리지 못하고 있었음을 드러내고 있음을 확인할 수 있다.

이러한 인식은 사타 하쿠보가 1870년에 외무성을 통해서 태정관 변관에게 보낸 건의서建白書에 노골적으로 표현되어 있다.

木又ハ竹ヨリ太キ葭ヲ産シ人蔘等自然ニ生シ其餘漁産モ相應ニ有之趣相聞ヘ候事.」
日本外務省調査部 編: 위 문서, 137쪽.

8 「隱岐島ヲ距ル西北八十五里ニ在ル無人島ハ他國ニ於テ之ヲ占領シタルト認ムヘキ形跡ナク」
『公文類聚』 第二十九編 卷一 1906年 「竹島編入の閣議決定文」

〔자료 3〕

「전 황국皇國은 하나의 성城인즉, 아이누蝦夷와 필리핀呂宋, 유구琉球, 만청滿淸, 조선은 다 황국의 번藩입니다. 아이누는 이미 개척을 시작하였고, 만청은 가히 교류할 만하며, 조선은 가히 정벌해야 하고, 필리핀과 유구는 힘을 내어 취해야 합니다. 대저 조선을 가히 정벌하지 않으면 안 되는 이유는, 크게 4년 전에 불국(佛國: 프랑스)이 조선을 공격하다가 패하여서 뉘우치고 한스러워함이 끝이 없으므로 반드시 조선을 오래도록 두지 않을 것이기 때문입니다. 또 노국(魯國: 러시아)이 가만히 그 동정을 엿보고 있습니다. 나라마다 또한 공격해서 정벌하고자 하는 뜻을 가지고 모두가 저 돈과 곡식을 탐내는 것일 따름입니다. 황국이 만약 이 좋은 기회를 놓치고 도적에게 그것을 준다면, 실로 우리의 입술을 잃어서 우리의 이빨이 반드시 시려질 것입니다. 그러므로 신은 힘껏 황국을 위해 정벌하기를 주장하는 것입니다. 이제 출장하였던 논論을 말하면, 사람들은 반드시 국가 재정의 소모와 축냄을 들어 이 논을 설파說破할 것입니다. 그러나 신이 생각건대 조선을 정벌함은 이利가 있고 손損은 없습니다. 하루에 비록 약간의 돈과 곡식金穀을 투자하더라도 50일五旬이 되지 않아 그 보상을 얻을 것입니다. 지금 대장성大藏省에서 홋카이도北海道에 매해每歲 낸 돈이 대략 2십만 원이지만, 어느 해에 개척을 이룰까 알지 못합니다. (이에 비해) 조선은 곧 금광 구덩이金穴이며, 쌀과 곡식도 상당히 많이 납니다. 일거에 군대를 내어 그 인민과 금곡金穀을 징발해 홋카이도의 개척에 사용하면, 대장성은 보상을 얻을 뿐 아니라 수년간의 홋카이도 개척 비용을 내지 않아도 될 것이니, 그 이利가 어찌 막대하지 않겠습니까? 그러므로 조선을 징벌하는 부국강병책은 재정 소모론財政消耗論과 비할 바가 아닙니다.

이제 황국은 실로 군대의 많음이 걱정이고 군대의 적음이 걱정이 아닙니다. 여러 곳의 병사들은 동북東北의 군사에 미치지 못하면서, 전투를 상당히 좋아하고 난亂을 족히 생각하는 경향이 있어, 개인적인 다툼私鬪과 내란 양성의 우려도 두렵습니다. 다행히 조선 정벌에 있어 여기에 이 병사들을 사용해서 그 병사들의 기운의 왕성함鬱勃을 풀어주면 일거에 조선을 정복할 뿐만 아니라 우리의 병제兵制를 크게 연마하게 되고 또한 황위皇威를 해외에 빛내게 될 것이니, 어찌 신속히 조선을 정벌하는 것이 가하지 않겠습니까?」[9]

여기에서 보면, 사타의 조선 정벌론은 두 가지 이유에 그 근거를 두고 있다. 곧 홋카이도北海道 개척에 소요되는 비용을 조선의 인민과 금곡을 징발하여 충당하자는 것과, 당시에 넘쳐흐르던 구 번舊藩의 병사들을 조선 정벌에 투입하자는 것이 그것이었다. 특히 후자는 당시에 정정政情 불안의 요인이 되고 있었다. 그래서 앞에서 지적한 것처럼 "미대尾大의 폐弊"로 초래되는 폐단의 우려가 있는 구 번의 병사들을 조선의 정벌에 투입하자는 것이었음을 상기할 필요가 있다.

이런 목적 아래서 수행된 사타 일행의 조선 정세 내탐은 조선을 정복하기 위한 전초 작업이었음은 두 말할 필요도 없다. 그러므로 태정관과 외무성에서 "죽도와 송도가 조선의 부속이 된 시말"을 조사하라는 지시를 내렸고, 이런 지시에 따라 그들의 정탐이 이루어졌다는 것을 확인할 수 있다.

따라서 일단 일본의 메이지 정부는 정한론을 앞세운 조선 정세의 내탐에 그 목적이 있었지만, 그들이 죽도라고 부르던 울릉도와 송도라고 부르던 독도를 조선의 영토로 인식하고 있었다는 것은 명확하다고 볼

---

9 「全皇國爲一大城則 若蝦夷呂宋琉球滿淸朝鮮皆皇國之藩屛也. 蝦夷業旣創開拓 滿淸可交 朝鮮可伐 呂宋琉球可唾 手而取矣. 夫所以朝鮮之不可不伐者 大有之四年前佛國攻朝鮮 取敗衄懊恨無限 必不使朝鮮長久矣. 又魯國竊窺其動靜 國國亦有攻伐之志 皆垂涎乎. 彼金穀云爾 皇國若失斯好機會 而與之於匪人則 實失我脣而我齒必寒 故臣痛爲皇國唱撻伐也.

今發出師之論則 人必以縻財蠹國 破其論 臣謹按 伐朝鮮有利而無損 一日雖投若干金穀 不出五旬 而得其償矣. 今大藏省 每歲出金 凡二十萬圓於蝦夷 未知幾年而成開拓矣. 朝鮮則金穴也. 米麥亦頗多 一擧拔之 徵其人民與金穀 以用之於蝦夷則 大藏省不唯取其償 省幾年間開拓之費 其利 豈不浩乎. 古伐朝鮮 富强兵之策 不可容易 以縻財蠹國論 郤之也.

今皇國 實患兵之多 而不患兵之少諸方兵士 未足東北之師 頗好戰鬪 翹足私亂 或恐釀成私鬪 內亂之憂 幸有朝鮮之擧用之於斯 而洩其兵士鬱勃之氣則 不唯一擧屠朝鮮 大練私兵制 又輝皇威於海外 豈可不神速伐之乎哉.」

『日本外交文書』 第3卷 事項6 文書番號 88, 1870年 4月 15日字, 「朝鮮國ヨリ歸朝セシ外務省出仕佐田白茅等ノ建白書提出ノ件」 附屬書1, "3月外務省出仕佐田白茅ノ建白書寫" 139-140쪽.

수 있다. 그리고 정부의 이런 지시에 따라 수행된 내탐 보고서에서 송도에 대한 서류가 없다고 한 것은 이를 근거로 하여 독도를 강탈하기 위한 전초 작업이었다고 해석할 수 있을 것이다.

2-2. 『태정관 문서』에 나타난 독도

독도에 대한 이와 같은 메이지 정부의 인식은 그 후에도 계속되었다. 이런 사실은 시마네현島根縣이 1876년에 지적地籍을 편찬하는 과정에서 울릉도와 독도를 자기네 소유로 보아야 할 것인가 어떤가를 내무성에 질의하였고, 내무성에서는 그 질의를 다시 태정관太政官에게 물었던 적이 있었다. 1877년 이 질의서에 대한 답변서에서 독도에 대한 메이지 정부의 인식이 그대로 드러나 있다. 그래서 메이지 정부의 최고 권력기관이었던 태정관에서 내린 지령문을 소개하기로 하겠다.

〔자료 4〕

「별지 내무성의 질의 일본해 내 죽도 외 1도 지적 편찬의 건.

위右[10]는 겐로쿠元祿 5년(숙종 18, 1692년) 조선인이 입도한 이래 구 정부幕府와 해국(該國 : 조선)이 〔문서를〕 주고받은 결과 마침내 우리나라는 관계가 없다고 들은 것을 주장한 이상, 문의 내용에 대하여 아래左와 같이 지령을 작성해야 하지 않을까를 문의합니다.

지령안

문의한 죽도 외 1도에 대하여 우리나라는 관계가 없다는 것을 주지할 것.

메이지 10년(1877년) 3월 29일 (인)」"[11]

---

10 원문이 세로로 되어 있어 <우(右)>라고 하였으나, 이 글은 가로로 쓰기 때문에 <위>라고 하였고, 뒤에 <좌(左)>를 <아래>라고 번역하였음을 밝혀둔다.

11 "別紙內務省伺日本海內竹嶋外一嶋地籍編纂之件　右ハ元祿五年朝鮮人入嶋以來　舊政府該國ト　往復之未遂ニ　本邦關係無之　相聞候　段立候上ハ　伺之趣　御聞置左之通御指令相成可然哉　此段相伺候也

御指令按

伺之趣竹島外一嶋之義本邦關係無之義ト可相心得事

이 문서에서 말하는 죽도 외 1도란 것은 울릉도와 독도를 의미한다. 따라서 당시에 태정관에서는 울릉도와 독도가 우리나라, 곧 일본과는 관계가 없다는 것을 인정했던 것이다. 그들이 이런 결정을 하는 데는 내무성에서 올린 질의서가 적지 않은 영향을 끼쳤을 것으로 생각된다.

그래서 우선 시마네현 참사參事인 사카이 지로境二郎가 제출하였던 「일본해 내의 죽도 외 1도 지적 편찬의 방침에 관한 질의日本海內竹島他一島地籍編纂方伺」를 받은 내무경內務卿 오쿠보 도시미치大久保利通의 대리 내무소보內務少輔 마에시마 히소카前島密가 태정관의 우대신이었던 이와쿠라 도모미岩倉具視에게 올린 문서의 내용부터 살펴보기로 하겠다.

〔자료 5〕

「죽도(竹島 : 울릉도를 말함)의 소할所轄의 건에 대하여 시마네현島根縣으로부터 별지別紙의 문의가 있었기에 조사한 바, 당해 섬該島의 건은 겐로쿠元祿 5년(숙종 18년, 1692년) 조선인이 입도入島한 이래 별지 서류의 적채摘採한 바와 같이, 겐로쿠 9년(숙종 22, 1696) 1월 제1호 구 정부(舊政府 : 막부를 가리킴)의 평의評議의 지의旨意에 의하여, 제2호 역관譯官에게 준 달서達書, 제3호 당해 나라該國에서 온 공간公簡, 제4호 우리나라本邦의 회답 및 구상서口上書 등과 같았다. 즉 겐로쿠 12년(숙종 25, 1699)에 이르러 각각 [문서의] 왕복이 끝났으며 우리나라와는 관계가 없다고 들었지만, 판도版圖의 취사取捨는 중대한 사건이므로 별지 서류를 첨부해서 만일의 경우에 대비하여 이를 문의합니다.」[12]

明治十年三月二十九日 (印)」"

이것도 필자가 해석을 하면, 자의적인 것이 되었다는 비판을 받을 소지가 있어, 송병기 교수가 편역(編譯)한 원문과 해석을 그대로 옮겨 적으면서, 단지 일본의 연호 <원록(元祿)>을 <겐로쿠>로, <명치>를 <메이지>로 바꾸었다는 것을 밝혀 둔다.

송병기 편 : 『독도영유권자료선』 (춘천, 2004, 한림대출판부) 155-156쪽.

12 송병기 편 : 앞의 책, 144-145쪽.

내무경의 대리가 태정관의 우대신에게 죽도의 관할 여부를 결정해 달라는 취지에서 올린 질의서는, 밑줄을 그은 곳에서 보는 것처럼 "판도의 취사는 중대한 사건"이기 때문이었다. 그리하여 죽도(울릉도)가 일본과 관계가 없다는 것을 알 수 있는, 과거의 아래와 같은 네 개 문서를 첨부했던 것이다.

〔자료 6〕

(1) 부속문서 제1호 : …… 앞으로 요나고정米子町 사람의 도해를 중지한다는 분부였다. …… 위右와 같은 경위로 도해하여 어채魚採를 해온 것으로써 조선의 섬을 일본이 빼앗은 것도 아니며, 일본인이 거주한 적도 없다. 도정道程 건에 관하여 문의하였더니, ① 호키伯耆로부터는 160리 정도 떨어져 있으며, 조선쪽으로는 40리 정도 떨어져 있다고 한다. 그러니 조선국의 울릉도이지 않겠는가? …… ② [막부의] 위광威光 또는 무위武威를 내세워 억지를 부리려 해도 말이 되지 않는 것을 주장하는 것은 소용없는 일이다. 죽도 건은 원래 확실하지 않으며, 해마다 가지도 않았다. 이국인異國人이 도해渡海하므로 앞으로 도해하지 않도록 분부하라는 사가미노카미相模守로부터 지시가 있었다. 이하 생략.[13]

(2) 부속문서 제2호 : 앞의 태수께서 죽도의 일로 두 번이나 귀국에 사자使者를 보냈으나, 사사使事가 끝나기 전에 불행하게도 일찍 세상을 뜨셨습니다. 이로 말미암아 사자를 소환召還하고 불일간에 배에 올라 입관(入觀 : 謁見)하였을 때에 죽도의 지상地狀과 방향 등에 대하여 물으셔서 사실에 의거하여 상세히 대답하였습니다. 인하여 ③ 그곳이 우리나라와는 너무 멀고 귀국과는 가까운 까닭으로 두 나라 사람들이 뒤섞여서 필시 몰래 통하고 사사로이 교역하는 폐단이 있을 것이라 하고 즉시 영令을 내려 영구히 사람이 들어가서 고기잡이를 못하게 하라고 하셨습니다. 이하 생략.[14]

(3) 부속문서 제3호 : …… 울릉도가 우리 땅임은 『여지도輿地圖』에도 실려

13 송병기 편 : 앞의 책, 145-147쪽.

14 송병기 편 : 앞의 책, 148쪽.

있는 바이고, 문적文跡도 소연昭然하여 그곳과는 멀고 이곳과는 가까운 것을 막론하고서라도 강계疆界가 자별自別합니다. ④ 귀주貴州에서 이미 울릉도와 죽도는 하나의 섬이고 이름은 둘이라는 사실을 알고 있으니 이름이 비록 다르더라도 그곳이 우리 땅임은 마찬가지 사실입니다. 이하 생략.[15]

(4) 부속문서 제4호 첨부 구상서口上書 : …… 마침 게이부 타이후刑部大輔가 참부(參府 : 에도에 올라감)하는 시기였으므로, 동무東武에 다음과 같이 아뢰었습니다. ⑤ "죽도는 조선국이 수년간 버려두었습니다. 그 후 점검해야 할 시기인데도 번번이 신경을 쓰지 않았기 때문에 자연히 일본의 부속 섬屬島인 것처럼 되어 왔습니다. 이에 저쪽에서 요구해온 바가 지당하다고 여겨지기는 합니다만, 원래가 조선 땅이 틀림없으며 『여지도』에도 분명히 있습니다. 성신誠信을 바탕으로 통교하고 있으므로 이를 잘 헤아려 일본인의 도해를 금지해주신다면, 성신을 다하는 것으로 더할 나위 없이 황송하게 여기겠습니다."라고, 나에게 은밀히 요청한 대로 로츄老中에게 예의를 갖추어 성심껏 아뢰었습니다. 그랬더니 곧바로 [장군에게까지] 보고되어 양해가 있었으며 말씀하시기를, "인교隣交의 바탕은 우호에 있으므로 앞으로 일본인의 도해를 중지하라."고 지시하였습니다. 마침 [조선의] 역관을 초빙할 것이라 아뢰어 두었기 때문에, 역관이 일본에 왔을 때 위의 취지를 면담하는 자리에서 자세히 전달하라고 분부하셨습니다. 이에 전해前年 역관에게 구두로 전달하였던 것입니다. 이하 생략.[16]

이상과 같은 질의와 함께, 그들은 아래의 지도를 첨부하였다. 이 지도에서 보면, 시마네현에서 그들의 지적 편찬에 넣어야 되느냐 어떠냐를 물은 것이 분명하게 울릉도와 독도란 것을 알 수 있다.

---

15 송병기 편 : 앞의 책, 148쪽.
16 송병기 편 : 앞의 책, 152-153쪽.

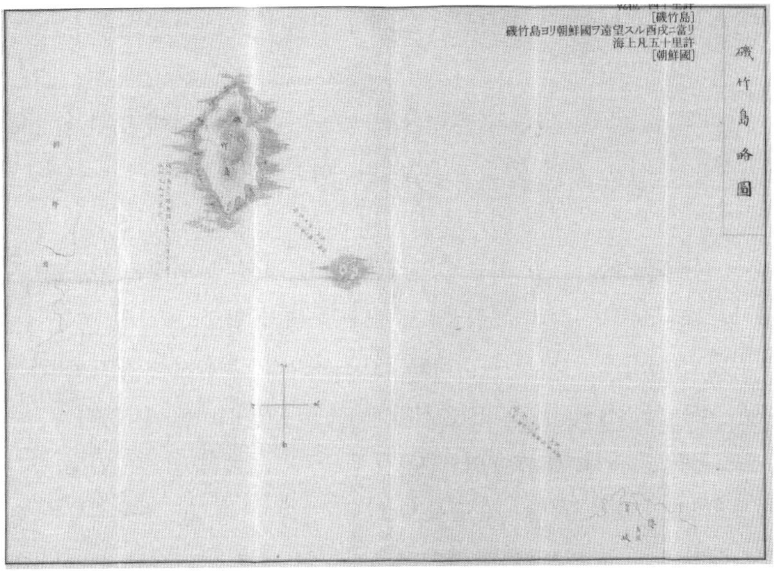

(시마네현에서 첨부했던 지도)

위에서 제시한 질의서의 첨부 문서와 지도를 보고, 왜 막부가 요나고米子町의 오야大谷·무라카와村川 두 집안으로 하여금 울릉도에 도해를 하지 못하도록 했는가 하는 것을 알 수 있다. 바꾸어 말하면 울릉도의 소속을 둘러싸고 벌어졌던 조선 조정과 막부와의 외교 교섭 과정에서, 막부가 일본인들에게 울릉도에의 도해를 금지했던 이유와 그 배경을 짐작할 수 있다는 것이다.

먼저 막부가 울릉도를 조선의 영토로 보았던 중요한 이유의 하나가 밑줄 친 ①과 ③에 명시되어 있다. 곧 울릉도가 조선에 더 가깝기 때문에, 조선의 땅으로 인정을 했다는 것이다. 말하자면 당시에 섬의 영유권領有權을 결정하는 한·일 간의 관습법은 어느 쪽에 지리상의 거리가 더 가까운가 하는 문제를 가지고 그 소속을 결정했다는 사실을 확인할 수 있다는 것이다. 만약에 이와 같은 관습법을 오늘날의 독도 문제에 적용하는 경우에는 그 영유권의 소재가 어디에 있는가 하는 것은 너무도 자명하게 된다.

그리고 울릉도가 일본의 땅이라고 하는 주장이 사리에 맞지 않는다는 것을 명시한 곳이 밑줄 친 ②이다. 이곳에서는 "[막부의] 위광威光 또는 무위武威를 내세워 억지를 부리려 해도 말이 되지 않는 것을 주장하는 것은 소용없는 일"이란 것을 명백하게 밝혔다. 이것은 막부가 지니고 있는 '범하기 어려운 위엄威光'이나 '무력의 위엄武威'으로 울릉도가 자기네 땅이라고 억지를 부리려고 해도 사리에 맞지 않는 주장을 하는 것은 소용이 없다는 사실을 솔직하게 인정하였다고 볼 수 있다.

또 울릉도 쟁계鬱陵島爭界의 발단은 밑줄 친 ④에서 알 수 있는 것처럼, 대마도對馬島 도주島主가 울릉도의 두 개의 이름, 곧 조선에서는 울릉도라고 부르고 일본에서는 죽도竹島라고 부르고 있던 사실을 이용하여 자기네 땅이라고 주장하면서 조선 어부들의 출어出漁를 금지해달라는 요청을 하는 데서 시작되었다. 쉽게 말해 그 문제 발단의 장본인이 대마도 도주였다. 그런데도 그가 작성한 구상서의 밑줄 친 ⑤에서 보는 바와 같이, 마침 에도江戶에 올라가는 게이부 타이후刑部大輔가 노력을 하여 막부의 도해 금지령이 내려졌다는 것을 강조하고 있다. 원래 대마도 도주는 임진왜란 때에 조선朝鮮과 강화를 주선하면서 막부의 관인官印을 위조했던 적이 있었던 것으로 미루어보아, 말을 바꾸어 사실을 왜곡하던 인물들이었다는 것을 염두에 둘 필요가 있다. 그러므로 그는 막부로부터 죽도 도해의 금지령이 내려진 것이 자기의 공이라는 것을 은근히 강조하였는지도 모른다.

이렇게 볼 때, 시마네현의 질의를 받았던 내무성에서 그 질의에 답변을 하기 위하여 준비하였던 그 간의 문서들이 "죽도(울릉도) 도해 금지령"과 관련을 가지는 것들이었음을 확인할 수 있다. 곧 그때 이미 울릉도인 죽도와 거기에 딸린 독도, 곧 송도가 일본과는 관계가 없다는 것을 결정했고, 이에 따라 태정관에서도 일본과는 무관하다는 결론을 내렸던 것이다. 따라서 이 두 섬은 일본의 영토가 아니기 때문에, 지적 편찬에 넣어서는 안 된다는 회답을 할 수밖에 없었다고 하겠다.

그리고 또 한 가지 지적하고 넘어갈 것이 있다. 그것은 만약에 시마네현이 이 두 섬을 일본 령으로 인식하고 있었다고 한다면,[17] 굳이 내무성에 그 편입 여부를 질의할 하등의 이유가 없었다는 것이다. 다시 말해 일본의 땅을 일본의 지적에 편입하는데, 그 등재 여부를 상급 관청에 물어야 할 까닭이 없었다는 것이다. 그러므로 그 편입을 문의했다는 것은 소위 "죽도 일건竹島一件"이란 것을 통해서 한국의 영토로 인정했던 것을 어떻게 하면 좋겠는가 하는 것을 상부 기관에 질의했었다고 보아야 한다.

여기에서 특히 막부가 "죽도(울릉도) 도해 금지령"을 내리면서, 울릉도뿐만 아니라 독도에 대해서도 그 소속 여부를 마쓰타이라 호키노카미松平伯耆守에게 문의했던 사실이 있었음을 상기할 필요가 있다. 이런 사실은 죽도 문제 연구회가 새롭게 발굴한 자료라고 공개한 『기죽도 사략磯竹島事略』[18]이란 책에 기록되어 있다. 여기에 실린 그의 의견서는 다음과 같다.

---

17 시마네현에서 설립한 죽도 문제 연구회의 좌장을 맡았던 시모죠 마사오(下條正男)는 "『공문록(公文錄)』에 첨부된 「기죽도 약도(磯竹島略圖)」에는, 현재의 죽도(독도)와 기죽도(현재의 울릉도)가 그려져 있어, 시마네현에서는 울릉도와 죽도를 일본령으로 인식하고 있었다."고 주장하고 있다.
下條正男 : 「竹島の日から二年」『竹島問題に關する調査報告-最終報告書』(松江, 2007, 竹島問題硏究會), 4쪽.

18 이 책은 본 연구소에서 발간하는 『독도연구』 2호에 원문이 실려 있고, 이번 3호에는 그 탈초문(脫草文)을 실었다는 것을 밝혀둔다.

〔자료 7〕

1. 죽도(竹嶋 : 울릉도) 외에 송도(松嶋 : 독도)라고 하는 섬이 있어, 이나바국因幡國 호키국伯耆國에 부속하는 섬이냐고 물은 일에

   위 건에 송도는 두 곳에 속하지 않습니다. 죽도에 도해渡海하는 길에 있는 섬입니다.

1. 죽도에서 이나바국 호키국으로부터 거리道程가 얼마나 되느냐고 물은 일에,

   이나바국에서 죽도에는 도해하지 않습니다. 호키국으로부터 뱃길로 백육십 리[19] 정도에 있습니다.

1. 죽도에서 조선국朝鮮國에의 거리가 얼마나 되느냐고 물은 일에,」

   해상의 거리는 알지 못하지만, 대개 40 리 정도에 있다고 도사공船頭들은 같이 말합니다.

12월 25일 마쓰타이라 호키노카미[20]

이것을 보면, 당시에 에도 막부江戸幕府에서 울릉도에 도해 금지령을 내리면서 울릉도와 독도가 일본의 땅인가 아닌가를 가장 관계가 깊은 호키노카미에게 물어보았고, 이 물음에 대해 그는 이들 두 섬이 호키주뿐만 아니라, 이나바주因幡州에도 속하지 않는다는 사실을 정직하게 보고했다는 것을 알 수 있다.

이렇게 볼 때, 지적 편찬에 등재 여부를 문의하였던 당시의 사건은 다

---

19 <리(里)>는 거리를 헤아리는 단위로 36쵸(町 : 3.9273킬로미터)에 상당한다. 옛날에는 300보, 곧 지금의 6쵸(町)의 거리였다.
新村出 :『廣辭苑』(東京, 1983, 岩波書店), 2501쪽.

20 「伯耆守江段段相尋候付 又又書付差出候覺
1. 竹嶋之外松嶋与申嶋 因幡國伯耆國江附屬之嶋ニ候哉之事,
右, 松嶋兩國江附屬ニ而ハ無御座候, 竹嶋江渡海之筋ニ在之嶋ニ而御座候
1. 竹嶋江因幡國伯耆國より道程何程有之候哉之事
因幡國より竹嶋江渡海ハ不仕候. 伯耆國より船路百六拾里程有之候.
1. 竹嶋より朝鮮國江道程何程在之候哉之事.
海上道程難知候., 凡四十里餘茂可在御座哉与, 船頭共申候.
十二月 二十五日 松平伯耆守.」
竹島問題研究會 :『磯竹島事略』(松江, 2007, 竹島問題研究會), 16쪽.

음과 같이 정리될 수 있다. 즉 시마네현에서 1876년에 울릉도와 독도를 자기네 지적 편찬에 넣어야 할 것인가 어떤가를 내무성에 질의하였다. 그것을 받은 내무성은 "판도版圖의 취사取捨는 중대한 사건"이라는 인식에서 이것을 다시 태정관에게 문의하였다. 그 때의 태정관에서는 울릉도뿐만 아니라 독도까지도 일본과 관계가 없다는 결론을 내렸다는 것이다. 그러므로 메이지 시대 초기에는 정한론征韓論이 대두되어 울릉도와 독도를 강탈하려는 야심이 있었으나, 역사적 사실에 비추어서 이들 두 섬이 한국의 영토였음을 솔직하게 인정하고 있었다고 볼 수 있다.

2-3. 『조선수로지』에 나타난 독도

메이지 정부 초기에 있어서 이와 같은 독도에 대한 인식은 러일전쟁이 일어나기 전까지 계속되었다. 이렇게 말할 수 있는 것은 해군 수로부水路部에서 만든 수로지水路誌에서도 독도를 한국의 영토로 표기하고 있기 때문이다.

수로부가 편찬한 수로지에 대해, 지금 일본의 학자들은 단순히 수로만을 표시한 것이지 국가의 영토를 표시하는 것은 아니라고 주장하고 있다. 하지만 이런 주장이야말로 독도를 강탈하기 위한, 현대판 사료왜곡이라고 하지 않을 수 없다. 왜냐하면 해군의 수로국水路局은 1876년(메이지(明治) 9년)에 당시 최고 행정 기관이었던 태정관太政官 제95호에 의해 설치되었다가,[21] 1885년 달태정관達太政官 제69호에 의한 정부 기구 대개혁으로 태정관제가 폐지되고 내각제도內閣制度가 확립되면서 그대로 존속되던 것이 1886년에 수로부水路部로 개편된 정부 기관이기 때문이다.[22]

---

21 日本海上保安廳水路部 編 :『日本水路史』(東京, 1971, 日本水路協會), 20-21쪽.

22 日本海上保安廳水路部 編 : 위의 책, 23-24쪽.

특히 이 기관은 메이지 시대의 제국헌법帝國憲法 "제12조 천황은 육해군陸海軍의 편제 및 상비 병액常備兵額을 정한다."는 규정에 의해 설치된 헌법기관이다. 그리고 이 제국헌법의 반포에 즈음하여 천황의 칙어勅語에 해군대신海軍大臣이 영원한 순종을 서약했다는 것[23]도 수로부가 국가의 공식 입장을 대변하는 기관이었다는 것을 말해준다고 볼 수 있다.

어쨌든 이 수로부에서 제일 먼저 만든 것은 『환영수로지寰瀛水路誌』였다. 이 책은 각국과의 지도와 수로지[圖誌] 교환을 위해, 세계의 수로 사정을 파악할 필요성을 느낀 수로국이 1880년 3월 세계 각국의 수로지 번역에 착수하여, 그것을 합계 100권에 수록할 규모의 목록을 만들어서 붙인 이름이다.[24]

이 책에는 제4편에 조선 동안朝鮮東岸이 실려 있다. 여기에서 조선 동안이라고 하는 곳은 "일본해(日本海 : 동해를 가리킴) 남서 구南西口로부터 두만강에 이르는 해안"을 가리키는 곳을 지칭하였는데, 이 지역의 수로 조사에 관해 다음과 같이 기록하고 있다.

〔자료 8〕

「조선 동안은 1854년 노국(魯國 : 러시아)의 프리게이트 형 함선艦船 "팔라스"호號란 것이 부산 동쪽 앞바다로부터 북위北緯 42도 31분, 동경東經 131도 10분의 땅에 이르기까지 길이 약 600해리海里 사이의 연안을 측량하였는데, 4월 20일에 이 일을 시작하여 5월 11일 끝냈다. 대개 그 측량은 해안을 벗어나 1해리 내지 4해리의 지점을 항해하면서, 정오正午의 측량 점에 바탕을 두고 이것을 정했다고 한다.
그리고 영국 해군의 해도海圖 제95호를 보면 해안의 형용은 대략 이것과 유사하지만, 같이 대략 측량한 탓에 이것을 비교하면 경도에 약 6분 이하의 차이가 있다. ……하략…….」[25]

---

23 吉莊定雄 : 『大日本國憲法』 (熊本, 1889, 海西日報社), 憲法發布勅語.
24 日本海上保安廳水路部 編 : 위의 책, 69쪽.
25 海軍水路局 : 『寰瀛水路誌』 (東京, 1885, 水路局), 395쪽.

이렇게 기획된 2권에서 바로 조선 및 연해주沿海州의 수로를 기록하였는데, 여기에 리양코-루도 열암列岩이라고 하여 독도를 싣고 있다.

〔자료 9〕

「이 열암은 1849년 프랑스 배 "리양코르-도"호號가 처음으로 이것을 발견하여 배의 이름을 취하여 "리양코-루도" 열암이라고 이름 붙였다. 그 후 1854년 러시아의 프리게이트 형 함선艦船 "팔라스"호는 이 열암을 "메나라이" 및 "오리브싸" 열암이라고 칭하였다. 1855년 영국의 함선 "호루넷토"호는 이 열암을 탐험하여 "호루넷토" 열암이라고 이름 붙였다. 당해 함선의 함장艦長 "호루시스"가 말하기를 이 열암은 북위北緯 37도 14분, 동경東經 131도 55분 되는 곳에 위치하는, 초목이 없고 생산되는 것이 없는 두 개의 바위섬岩嶼으로, 조분鳥糞이 항상 섬 위에 퇴적하여 섬의 색깔이 희게 되었다. 북서쪽의 약간 서쪽(北西微西으로부터 남동쪽의 약간 동쪽南東微東에 이르는 길이는 약 1 리, 그리고 두 섬 간의 거리는 4분의 1리 될까 말까 하고, 하나의 초맥礁脈이 있어 이것을 연결한다. 서도西島는 해면으로부터 높이가 410척尺이고, 모양은 당탑糖塔과 같고, 동도東島는 이에 비해 낮고 평평한 정상으로 되어 있다. 이 열암 부근의 수심水深은 대단히 깊은 것 같은데, 그 위치는 바로 하코다데函館를 향해 있고, 일본해(日本海 : 동해)를 항해하는 선박의 직수도直水道에 마주하고 있어 대단히 위험한 것이다.」[26]

이 책의 서문에 의하면 조선 동안東岸은 1880년 해군 소위少尉 미우라 쥬고三浦重鄕가 조사한 것이라고 하지만,[27] 위의 기록을 보면 전부 외국 수로지에서 번역한 것이 분명한 것 같다. 특히 영국 호넷트호의 함장 호루시스의 말을 그대로 인용한 것을 보면 영국의 수로지를 많은 참고하였다는 것을 알 수 있다. 이런 의미에서 영국의 수로지에 실린 독도에 대한 기록은 매우 중요한 자료가 된다고 하겠다.

---

26 海軍水路部 : 위의 책, 397-398쪽.

27 海軍水路部 : 위의 책, 3쪽.

그리고 이 책에는 지금까지 문제가 되고 있는 일본해日本海란 지명의 범위를, 같은 조선 동안 안에 싣고 있어 주목을 끈다.

〔자료 10〕

「일본해는 북북동으로부터 남남동에 이르는 길이 약 9백 해리 제일 넓은 곳 동으로부터 서에 이르는 넓이 6백 해리 일본의 갓 섬으로써 동쪽 및 남쪽 바다의 경계가 되는, 조선으로부터 흑룡강黑龍江 연안 주沿岸洲에 이르는 해안으로써, 서쪽 및 북서쪽 바다의 경계로 한다. 그러므로 사면이 다 육지로 둘러싸여 있고, 남쪽으로 조선 물길水道이 있으며 이로써 지나해支那海와 통하고, 동쪽으로 소야(宗谷 : 서양 이름으로 라페로스) 및 쓰가루津輕의 두 해협이 있어 이로써 태평양과 통하며, 북쪽으로 달단韃靼 해만海灣이 있고, 이로써 흑룡강 및 오코쓰쿠痾哥德斯科에 통한다.」[28]

이렇게 일본해를 설명하면서, 조선 동안 내에 일본해 및 리양코 - 루도 열암을 싣고 있다. 이로 미루어 보아, 당시에 일본해라고 했던 곳은 독도 동쪽의 일본 연안을 가리켰던 것이 분명한 것 같다. 게다가 그 후에 일본 사람들이 일본해라고 지칭하려고 했던 곳은 이 조선의 동안이 아니라 도쿄만東京彎 동쪽의 바다였다.[29] 따라서 처음부터 그들이 한국의 동해를 일본해라고 부르려고 하지는 않았던 것 같다.

이와 같이 처음에는 조선의 수로를 『환영수로지』 안에 넣었었다. 그러다가 1894년에 오면 "환영수로지 제2권 제2판에 있어서는 조선 및 흑룡 연안 주를 합해서 실었던 것을 금번 제3판을 편찬함에 있어 이것을 2책으로 나누어 그 제1편으로부터 제4편까지, 즉 압록강鴨綠江으로부터 두만강豆滿江까지를 조선수로지라고 개칭하여 지금 그 편찬을 완료하였다."[30]라고 하여, 『조선수로지朝鮮水路誌』를 따로 독립시켰다. 이렇

28 海軍水路部 : 위의 책, 396-397쪽.

29 點澤信太郎編 : 『大日本海 - 日本地理學史の研究』 (東京, 1943, 京成社), 참조.

게 따로 『조선수로지』를 『흑룡연안수로지黑龍沿岸水路誌』와 분리시킨 것은 조선의 침략을 본격화하기 위한 준비였을 가능성이 높다. 이런 추정을 하는 이유는 당시의 수로부장이 기모쯔키 가네유키肝付兼行였기 때문이다. 그는 1904년 나카이 요사부로中井養三郎이 독도를 대한제국 정부로부터 빌려달라고 하기 위해서 도쿄東京에 가서 만났을 때에 독도가 임자가 없는 땅이라고 하여 아래와 같은 교사教唆를 하였다.

〔자료 11〕

「동 섬의 소속은 명확한 징증徵證이 없고, 게다가 일한 양국으로부터의 거리를 측정하면 일본 쪽이 10해리海里의 근거리에 있고(이즈모국(出雲國)의 다코하나(多古鼻)로부터 108해리, 조선국 릿도네루(?) 곶(沖)으로부터 118해리), 덧보태어 조선 사람으로서는 종래 동 섬의 경영에 관한 형적이 없는데 반해, 우리나라(일본 : 인용자 주) 사람으로서는 이미 동 섬의 경영에 종사한 자가 있는 이상은, 당연히 일본 영토에 편입해야만 하는 것이 된다.」[31]

이와 같은 언급을 한 기모쯔키肝付가 수로부장으로 있으면서 『조선수로지』를 독립시켰다는 것은 일본 사람들 특유의 치밀한 계산이 있었음을 드러내는 것이라고 보아도 좋을 것이다.

여하간 이 책에서는 일본해에 대한 설명을 하면서도 일본해를 조선 동안과 병기倂記하지 않고 있다. 이것은 이 『조선수로지』를 만들 때가 청일전쟁을 하던 기간이었다는 것과 관련이 있지 않은가 한다. 다시 말해 청나라와 전쟁을 하면서 『조선수로지』에 일본해를 편篇의 명칭으로 사용하려고 하지 않은 것은 혹이나 주변의 나라들에게 조선 병탄倂呑의 야심을 드러내고 싶지 않으려고 했기 때문이 아닐까 한다.

---

30 水路部 : 『朝鮮水路誌』 (東京, 1894, 水路部), 1쪽.

31 奧原碧雲 : 「竹島經營者中井養三郎氏立志傳」 『竹島問題に關する調査硏究 - 最終報告書』 (松江, 2007, 竹島問題硏究會), 73쪽.

그런데 이 『조선수로지』의 리양코르-도 열암列岩에 대한 기술은 『환영수로지』의 그것을 그대로 옮겨 적었다. 그러다가 그들이 독도를 강탈한 1905년으로부터 2년 뒤에 나온 『조선수로지』 제2개정판에 오면, 제5편에 일본해(Japan sea) 및 조선 동안 조에 다음과 같이 죽도(竹島 : Liancourt rocks)를 싣고 있다.

〔자료 12〕

「1849년 프랑스 배佛船 리앙쿠르는 이것을 발견하여 Liancourt rocks라고 칭하고, 그 후 노국 함정露艦 팔라스는 이것에 Menalai and Olivutsa rocks라는 이름을 붙였으며, 1855년 영국 함정英艦 호넷트는 이것을 Hornet islands라고 불렀고, 한국사람韓人은 이것을 독도獨島라고 적으며, 우리나라 어부는 리앙코도島라고 말한다.

이 섬은 일본해상의 하나의 작은 군도一小群島로 오키국隱岐國 도젠島前으로부터 약 80 해리海里, 울릉도로부터 약 50해리에 위치하며, 넓이 4분의 1해리의 좁은 물길을 사이에 두고 동서로 서로 마주 보는 두 섬으로 그 주위에 바둑돌과 같이 여기저기에 흩어져 있는 수많은 작은 섬小嶼들로 되어 있다. 서도西島는 해면상의 높이가 약 410척呎으로 봉탑棒塔의 모양을 이루고, 동도東島는 약간 낮은 정상에 평탄한 땅이 있다. 주위의 여러 작은 섬은 대개 편평한 바위로 약간 수면에 노출하였고, 그 큰 것은 족히 수십 겹疊을 헤아릴 수 있다. 두 섬 다 같이 전부 척수瘠瘦의 민둥 바위들로 해양의 남풍에 노출되어 한 그루의 나무도 없으며, 동도에 약간의 들풀이 자라고 있을 뿐이다. 섬의 연안은 단애 절벽斷崖絶壁으로 부드러운 성질軟性의 돌 층石層으로 되어 있어 기관奇觀의 동굴이 많지만, 거의 올라갈 수가 없다. 이들 동굴 및 작은 섬들은 해마海馬 무리의 서식처이다.

이 섬은 그 부근의 수심水深이 깊어 군함 쓰시마對馬는 동도의 남단南端에서 떨어져 북서쪽으로 약 9련鏈이 되는 곳에서 58심尋을 측량했다고 하지만, 이 섬은 일본해를 항해하는 선박의 항로에 가까이 있어 야간에는 위험하다고 한다.

섬 위의 평지

섬 위의 평지는 없으며, 물길水道은 양측이 협소하고 자갈밭이 2·3곳 있으나, 모두 바다의 파도에 침습侵襲을 면하지 못했다. 동도는 그 꼭대기에 평탄한 땅이 있지만 여기에 올라가는 경로徑路가 없고 단지 남단에 북서풍을 막아주는 2·3평의 작은 땅이 있을 뿐이다. 서도는 그 동서에 산이 무너져 그 위 절반은 거의 직립直立하고 있지만, 그 아래 절반은 경사가 약간 완만함으로써 그 절반 되는 곳에는 다다를 수 있으며, 이 주변의 단단한 돌을 파낸다면 동풍을 제외한 다른 외풍을 막는 평지를 얻을 수 있지 않을까 한다. 섬 위에는 위에서 적은 것과 같이 가옥을 건축할 만한 땅이 극히 부족하여, 1904년(메이지 37년) 11월 군함 쓰시마가 이 섬을 실제 조사할 때는 동도에 어부용의 수초水草로 지붕을 인 오두막이 있었지만, 풍랑 때문에 심하게 파괴되었다고 한다.
매년 여름이 되면 해마 잡이를 위해 울릉도로부터 도래하는 자가 수십 명을 넘는 경우도 있으며, 이들은 섬 위에 오두막을 짓고 매회 약 10일간 지낸다고 한다.
담수淡水
서도의 서남쪽 모퉁이에 하나의 동굴이 있는데 그 천정天蓋을 이루는 암석으로부터 떨어지는 물은 조금 많지만, 빗물이 떨어지는 것과 같음으로써 취수取水가 곤란하다. 이 밖에 몇 곳에 있어서 산정山頂에서 산 중턱을 따라 떨어지는 물 및 솟아오르는 샘이 있으나, 그 경로는 해마의 오줌에 겹겹이 오염되어 일종의 악취惡臭를 풍기고 있어 도저히 식수로는 적합하지 않다. 해마를 잡기 위해 도래하는 어부는 섬의 물을 채취하여 끓여서 먹지만, 차를 끓이는 물은 다른 곳에서 가져와 사용한다고 한다.
위치
죽도竹島는 1902년에 시행한 미국 함정美艦 뉴욕의 측정에 의하면 북위北緯 37도 9분 30초, 동경東經 131도 55분에 있다.」[32]

이상과 같은 『조선수로지』의 제2 개정판은 먼저 출판되었던 수로지들과는 달리, 일본 측에서 조사한 내용들이 상당히 포함되어 있어 관심

32 水路部 : 『朝鮮水路誌(第2改版)』 (東京, 1907, 水路部), 451-454쪽.

을 끈다. 우선 그들이 1905년 이 섬을 강탈했으면서도 이런 사실을 기록하고 있지 않다는 점을 지적하지 않을 수 없다. 이것은 그때까지도 해군 수로부에서는 이런 사실을 몰랐을 가능성도 있고, 아니면 일부러 전과 같이 조선의 수로지에 기록하였을 가능성도 있다. 하지만 그 어느 경우이든 일본의 해군에서 독도를 한국의 땅으로 인정하고 있었다는 것은 분명한 사실이다.

그리고 이 『조선수로지』 개정판에서 한국 사람들이 이 섬을 독도라고 부른다는 사실을 밝히고 있다. 독도의 명칭이 처음 보이는 것은 일본 해군의 군함 니다카호新高號의 1904년 9월 25일 『행동일지行動日誌』인데, 거기에는 아래와 같이 기록되어 있다.

〔자료 13〕

「송도松島에서 리양코－루도 암岩을 실제로 본 사람들로부터 들은 정보에 리양코－루도 암은 한국 사람들이 그것을 독도獨島라고 쓰며 우리나라 어부들은 양하여 리양코도島라고 한다.」[33]

이와 같은 기록으로 미루어 보아, 당시에 조선 사람들은 이 섬을 독도라고 불렀으며, 이것을 들은 일본 사람들이 그것을 獨島독도라는 한자로 표기하였다는 것을 알 수 있다. 따라서 한국 사람들이 정말로 독도라고 불렀는지, 아니면 돌로 된 섬이란 뜻의 독섬이라고 불렀는지는 확실하지 않다고 볼 수 있다. 이 독섬이 바로 대한제국 칙령 제41호에 나오는 석도石島라는 것은, 한국 사람이라면 어느 누구도 의심하지 않는 명백한 사실이다.[34]

---

33 신용하 편저: 「戰艦新高行動日誌」 『독도 영유권 자료의 탐구』 (서울, 2000, 독도연구보전협회), 186-188쪽.

34 이 문제는 다음의 대한제국 칙령 41호를 살펴볼 때에 보다 자세하게 논의하고 하겠다.

3. 민간에서의 독도 인식

3-1. 쿠즈 슈스케의 『한해통어지침』에 나타난 독도

위에서 살펴본 것처럼, 일본의 정부 당국자들은 독도가 한국의 영토라는 명백한 인식을 가지고 있었다. 그런데 정부 당국자들뿐만 아니라 일반 사람, 특히 상당한 지식을 가진 사람들도 이런 인식을 가지고 있었다는 것은 무엇을 말하는가? 다시 말해 일본 사람들은 적어도 그들이 독도를 강탈하기 이전에는 독도를 한국의 땅으로 알고 있었다는 것을 증명해준다고 볼 수 있다는 것이다.

그래서 그와 같은 일련의 자료들을 살펴봄으로써, 독도가 임자가 없는 무주지였기 때문에 일본에 편입을 했다는 '무주지 선점론'의 허구성을 입증하기로 한다. 우선 1903년 쿠즈 슈스케葛生修亮의 『한해통어지침韓海通漁指針』에 기록된 독도, 곧 양코도에 대한 부분부터 소개하기로 하겠다.

〔자료 14〕

「울릉도에서 동남쪽 약 30리, 우리 오키도를 서북으로 떨어지기를 거의 같은 이수里數의 바다 가운데에 있어, 무인無人의 한 섬이 있다. 날이 맑을 때에 울릉도의 높은 산봉우리에서 바라볼 수 있고, 한국사람 및 우리나라 어부들은 이것을 양코도라고 부르며, 길이 거의 10여 정町, 연안의 굴곡은 지극히 많고, 이선을 정박시켜 풍랑風浪을 피하기에 좋으며, 그렇지만 땔나무 및 음료수를 얻는 것은 대단히 곤란하여, 지상에서 몇 자 사이는 이것을 파더라도 물을 얻을 수 없다고 한다. 이 섬에는 해마(海馬, 강치를 말하는 것이 아닐까 한다. : 인용자 주)가 많이 서식하며, 근해에는 전복[鮑]과 해삼海鼠, 우무가사리石花菜 등이 풍부하고, 수년 전에 야마구치현山口縣의 잠수기潛水器를 가진 사람에게 속하여 출어했던 적이 있으나, 잠수를 했을 때 무수한 해마 무리들에게 방해를 받았다고 하고, 음료수의 결핍 때문에 만족스럽게 영업할 수가 없어 돌아왔다고 하여, 헤아려보니 당시의 계절은 마침 5·6월이어서,

해마의 산란기에 해당되었으므로, 특히 그 방해가 심했던 것이 아닌가 한다. 또 부근에 상어잡이에 좋은 그물을 치는 지대가 있어, 수년 이래 5·6월의 시기에 이르면 오이타현大分縣 상어잡이 배들이 계속해서 출어하고 있으며, 작년 봄철에 여기[同處]에서 귀항하는 어부에게 이것을 들은즉, 출어가 아직 2·3회에 지나지 않기 때문에, 아직까지 충분한 효과를 얻었다고는 말할 수 없지만, 매 계절에 상응하는 어획漁獲이 있고, 종래의 경험 상 그 거물을 치는 지대의 상태 및 상어 종류의 서식 모양 등으로부터 관찰하건대, 장래에 대단히 유망한 어장임을 의심할 바 없으며, 동 섬은 대체로 당해 업자를 위해서는 역시 충분한 가치가 있을 것이다.」[35]

이것은 당시 일본인들이 대한제국의 바다에서 어획고를 올리는 데 필요한 지침을 마련하기 위해서 집필된 것이다. 쿠즈 슈스케는 한해 통어가 긴요한 까닭을 두 가지로 들고 있는데, 하나는 국가적으로 본 필요성이고 다른 하는 어업 상으로 본 필요성이다. 전자에서는 "한국은 우리나라와 가장 접근하여 지리 상 서로 순치보거脣齒輔車의 관계에 있으며, 특히 금일의 시대적인 추세에 있어서는 이 나라에 대해서 우리나라의 세력을 부식함과 함께, 친한 이웃의 정의를 두텁게 하는 길을 강구하는 것은 급무 중의 급무라고 말하지 않을 수 없으며"[36]라고 한 것으로 보아, 1년 뒤에 벌어질 러일전쟁을 의식한 것이 아닌가 하는 의심을 자아내게 한다. 그리고 후자에서는 원래 한국의 바다에는 어족魚族이 풍부하고, 기후로 보아도 사철 어업에 종사할 수 있으며, 위치상으로 많은 이익을 창출할 수 있다는 것을 들고 있다.[37]

그런데 특히 우리의 주목을 끄는 것은 당시 일본 농상무성農商務省 수산국장이었으며, 뒤에 대일본 수산회大日本水産會 부총재가 되어, 조선해

35 葛生修亮 : 『韓海通漁指針』 (東京, 1903, 黑龍會出版部), 123-124쪽.
36 葛生修亮 : 위의 책, 1쪽.
37 葛生修亮 : 위의 책, 2-3쪽.

통어조합을 만들었던 마키 나오마사牧朴眞가 그 서문을 쓰고 있다는 것이다. 이것은 쿠즈 슈스케라는 민간이 쓴 책을 정부의 관련 당사자가 인정해주었다는 점에서, 민·관이 다 같이 독도를 조선의 영토로 보았다는 것을 증명해주는 자료라고 할 수 있다.[38] 그러므로 그들의 무주지 선점론은 그야말로 독도를 강탈하고 난 다음에 붙인 핑계에 불과하다는 것을 지적하지 않을 수 없다.

3-2. 이와나가 시게카의『최신 한국 실업지침』에 나타난 독도

위에서 살펴본『한해통어지침』이 한국 바다에서의 어업에 관한 안내서였다고 한다면, 이와나가 시게카岩永重華의『최신 한국 실업지침最新韓國實業指針』은 일본 사람들이 한국에 나와서 실업을 하는데 필요한 정보를 담은 것이었다고 할 수 있다.

이와 같은 이 책에 실린 양코도, 곧 독도에 대한 기술은 아래와 같다.

〔자료 15〕

「울릉도 및 우리 오키도隱岐島의 중간 30리의 해상에 있으며, 전도에 사는 사람[居民]은 없으며, 연안 정박에 편리하지만, 땔감 및 음료수를 얻기 어렵고, 근해에는 전복, 해삼, 우무가사리 등을 산출하며, 또 상어의 서식이 풍부하나 해마海馬의 무리에게 방해를 받아 어획의 효과를 얻지 못한다고 한다.」[39]

이것은『한해통어지침』을 간단하게 요약한 것 같은 인상을 받는다. 그렇지만 한국에서 사업을 하는 것에 대한 안내서라는 점에서, 이 책에

---

38 나이토 세이츄(內藤正中)도 마키 나오마사가 서문을 썼다는 사실은 이 섬을 한국령으로 본 것으로 간주하고 있다.
內藤正中 :「竹島の領土編入は無主地先占といえるのか」『鄕土石見(74)』(濱田, 2007, 石見鄕土懇談會), 9쪽.

39 岩永重華 :『最新韓國實業指針』(東京, 1904, 寶文館), 294쪽.

독도를 다루고 있는 의의는 크다고 할 수 있다. 이런 지적을 하는 이유는 사업에 필요한 책에서도 독도를 다루고 있다는 것은 그것을 한국의 영토로 보았다는 증거가 되기 때문이다.

그런데 이러한 이 책에도 앞에서의 마키 나오마사牧朴眞와 마찬가지로, 당시 외무성外務省의 정무국장政務局長이었던 야마자 엔지로山座圓次郎가 서문을 쓰고 있다는 사실은 그냥 지나칠 수 없는 중대한 의미를 지닌다고 보지 않을 수 없다. 그래서 그의 서문의 일부를 옮겨보기로 한다.

〔자료 16〕

「귀한 저서 『최신 한국 실업지침』을 확실하게 읽었습니다. 정치상에 있어서 일한日韓 양국의 친교의 기초는 지난번에 조인한 의정서議定書에 의해 확정되었지만, 이것[右]은 정부 간의 공약에 그치는 것이고, 참으로 양국의 우호를 긴밀하게 하기 위해서는 우리의 실업가들이 많이 반도에 들어가 쌍방의 인민 간에 친밀한 이해관계를 발전시키는 것에 의해 비로소 얻어지는 것이라고 확신하고 있습니다. ……중략…… 더욱이 종래 우리 대한정책對韓政策의 기초 또한 공고하지 못하였기 때문에, 한편으로 오늘날까지 반도에 있어서 여태까지 우리 실업의 충분한 발전을 하지 못하고 있는 것은 대단히 유감으로 생각하고 있던 바여서, 지금이야말로 기운을 일전하여, 반도의 사업을 크게 발흥시킬 시기에 즈음하여서는 본 책과 같은 것은 그 지도자로서 대단히 유용할 것으로 생각합니다. 원래 우리나라에 있어서는 조금이라도 다른 나라의 경쟁을 질시하지 않을 수 없습니다만, 이와 동시에 우리나라 사람들이 자유 경쟁으로 다른 나라 사람들에게 우승을 차지함으로써 일한 양국의 특수한 관계를 점점 발전시키려고 하는 것은 소생이 주야로 희망하는 바여서, 본서와 같은 것은 이 희망을 이룩하는 하나의 도구로 소생이 충심으로 이것을 환영하는 바입니다.」[40]

40 岩永重華 : 위의 책, 야마자 엔지로의 서문에서.

이러한 야마자의 지적에는 이미 한국의 점령을 의식하고 있는 흔적을 찾을 수 있다. 다시 말해 밑줄을 그은 곳에서 보는 것처럼, 그는 민간 차원에서 사업으로 다른 나라 사람들보다 우위를 차지함으로써, 한일 양국의 특수한 관계를 점점 발전시키는 것이 본인의 희망이라는 것이다. 이와 같은 그의 희망은 바로 한국에 대한 사업상의 독점적 지위의 확보를 의미하는 것이어서, 식민지화의 전 단계를 말하는 것이 아니고 무엇이겠는가?

이와나가 시게카岩永重華가 집필한 한국에서의 사업 안내서에 이런 지적을 한 야마자 엔지로는, 이 책이 출판된 1904년에 나카이 요사부로中井養三郎에게 독도의 강탈을 위한 영토 편입원의 제출을 교사하였다. 나카이가 1910년 오키도청隱岐島廳에 제출한 「사업경영개요」에 의하면, 야마자는 "시국(러일 전쟁을 가리킴 : 인용자 주)이야말로 그 영토 편입이 급하게 요청된다고 하면서, 망루를 세우고 무선 혹은 해저 전선海底電線을 설치하면 적함 감시 상 대단히 그 형편이 좋아지지 않겠느냐, 특히 외교 상 내무성과 같은 고려를 요하지 않는다."[41]라는 권고를 했다는 것이다.

야마자가 여기에서 말하는 내무성과 같은 고려라는 것은, "이 시국에 즈음하여 한국 령의 의심이 있는 일개 불모의 암초暗礁를 손에 넣어 두루 주목하고 있는[環視]의 제 외국에게 우리나라가 한국 병탄倂呑의 야심이 있다는 것의 의심을 크게 하는 것은 이익에 작은 데 반하여 사태가 결코 용이하지 않다."[42]라고 한 내무성 당국자의 말을 가리킨다. 이와 같은 내무성의 우려를 무시하고, 나카이에게 영토 편입을 거의 강요하다시피 한 야마자라는 외무성 정무국장이 이 책에 독도가 실려 있

41 신용하 편저 : 『독도 영유권 자료의 탐구(2)』 (서울, 1999, 독도연구보전협회), 263쪽.
42 신용하 편저 : 의의 책, 262쪽.

다는 것을 인정하고 그 서문을 썼다는 사실은 독도가 한국의 영토였음을 증명하는 것이 틀림없다고 하겠다.

3-3. 다부치 도모히코의『한국 신지리』에 나타난 독도

이제까지 고찰한『한해통어지침韓海通漁指針』을 집필한 쿠즈 슈스케葛生修亮나『최신 한국 실업지침最新韓國實業指針』을 집필한 이와나가 시게카岩永重華는 어느 의미에서 보면 지리적인 전문가가 아니라 어업이나 실업가였다고 볼 수 있다. 그래서 그들이 독도를 한국의 영토로 알고 있었다는 것은 지리에 대한 정확한 지식에 결여된 사람들의 견해라는, 일본 측은 준비되어 있는 반론을 제기할지도 모른다.[43]

그러나 1905년에『한국 신 지리韓國新地理』를 저술한 다부치 도모히코田淵友彦는 지리학에 상당한 조예를 가진 사람이었다. 그는 먼저 서문에서 아래와 같이 이 책을 저술하는 목적을 밝히고 있다.

〔자료 17〕

「한국이 일본의 부속국이고 보호국인 것에 관해, 세계는 이미 전부 이것을 공인하고 이것을 인정하고 있다. 환언하면 지금이야말로 한국은 일본 일부의 판도인 새로운 관계로 들어온 것이다. 사견私見을 가지고 말한다면, 전후(러일전쟁을 가리킴 : 인용자 주)의 학계 및 교육계는 가루후도樺太島와 더불어 한국 및 만주의 일부와 같은 것은 종래 이것을 외국으로 보고 연구하고 가르치고 있던 것을 고치어서 이것을 우리나라 일부로 보아야 할 필요가 생겼다. 그리하여 이 책을 편찬하는 나의 의지는 교수용으로 제공하려는 것이

43 이런 지적을 하는 이유는 태정관의 우대신 이와쿠라 도모미(岩倉具視)가 "죽도(울릉도) 외 1도(독도)는 우리나라와 관계가 없다는 것을 주지할 것"이라는 지령안을 내렸음에도 불구하고, 이것은 잘못 된 지도에서 기인된 것이라는 해괴한 논리를 전개한 바 있기 때문이다.
下條正男 :「竹島の日條例から二年」『竹島問題に關する調査研究 - 最終報告書』 (松江, 2007, 竹島問題研究會), 1-2쪽.

아니라, 현재의 한국을 이해하려는 사람들에게 보편적인 지식을 제공하고 또 지리학 연구자의 참고가 되게 된다면 만족할 따름이다. 원래 한국에는 과학적인 교육이 아직껏 보급되지 않고, 따라서 한국의 지문地文 및 인문까지도 과학적으로 연구된 것은 거의 존재하지 않는다. 단지 한국 산맥의 배치 및 계통에 대해서는 왕년往年에 고토小藤 박사[44]의 실지 조사 결과를 공개한 적이 있다. 본서도 역시 오로지 이 보고에 의거하여 편의를 도모한 것은 감사하는 바이다. 나는 전후에 있어서 학계의 발전으로 향후 학문에 힘쓰는 사람들이 계속적으로 우리에게 새로 들어온 국토를 실제로 조사하여 학문적 관찰의 발표에 접하기를 기대한다.」[45]

이와 같은 서문을 보면 러일전쟁에서 승리를 거둔 다음, 일본은 실제로 한국을 점령한 것이나 다름이 없었음을 알 수 있다. 그리고 그들의 한국에 대한 실상 파악의 정보를 제공하기 위해, 다부치가 이 책을 집필하였다는 것도 아울러 확인할 수 있다. 이런 의도에서 저작된 책 속에 독도가 들어있다는 것은, 결국 그도 정부 요로의 인사들과 마찬가지로 독도를 한국의 영토로 인식하고 있었다는 사실을 드러내는 것이 아닐까 한다.

〔자료 18〕

「본도(울릉도를 가리킴 : 인용자 주)에서 동남쪽으로 약 30리에 우리 오키도隱岐島와의 거의 중앙에 해당되는 무인의 한 섬이 있다. 일반에서 이것을 양코도라도 칭한다. 길이는 것의 10정町 남짓하고, 연안의 굴곡이 대단히 많아서 어선을 정박시키기에 좋다고 하지만, 땔감 및 음료수를 얻는 것이 곤란하여, 지상을 파더라도 수 척尺 간에는 용이하게 물을 얻지 못하며, 이 부근에는 해마海馬가 많이 서식하고 또 해산물도 풍부하다고 한다.」[46]

---

44 1900년대 초기에 지학(地學)의 권위자로 활동하면서 1903년에 「조선전도(朝鮮全圖)」을 그렸던 고토 분지로(小藤文次郎)을 가리키는 것이 아닌가 한다.

45 田淵友彦 :『韓國新地理』(東京, 1905, 博文館) 序.

46 田淵友彦 : 위의 책, 308쪽.

이와 같은 다부치의 독도에 대한 기술은 그가 독도를 본도인 울릉도에 부속된 한국의 땅으로 보았다는 것을 나타내고 있다. 지리학에 상당한 관심을 가졌던 그가 이렇게 생각하고 있었다는 것은 제국주의자들이 독도를 강탈하기 이전에는 이런 인식이 일본에서 일반화되어 있었다는 것을 말해준다고 보아도 무방할 것이다.

이렇게 생각할 수 있는 근거는 이미 살펴본 것처럼 메이지 정부의 태정관이란 최고 권력기관에서도 이런 인식을 가졌었고, 또 담당자들도 같은 인식을 가지고 있었다. 그리고 민간들 특히 지리학에 상당한 조예가 깊었던 다부치 도모히코田淵友彦까지 이런 인식을 가지고 있었으므로, 일본 사람들의 보편적인 생각이었다고 보는 것이 마땅하기 때문이다.

그런데 그가 이 책을 출판한 것이 1905년 9월이었다는 점을 눈여겨볼 필요가 있다. 이미 이때는 그들이 독도를 강탈한 지 7개월이 경과한 후였고, 또 러일전쟁에서 승리를 거둔 지 3개월 남짓 지난 후였다. 그런데도 다부치가 독도를 울릉도의 속도라고 생각했다는 것은 그가 강탈의 사실을 몰랐을 가능성도 있다. 만약에 이런 추정이 사실이라고 한다면, 일본의 경우 강탈의 사실을 제대로 공시하지 않았었다고 보지 않을 수 없다.

실제로 일본은 오가사와라도小笠原島에 대한 영토 주권을 확립할 때에는 이 섬과 간접적인 관계만 가지고 있던 영국이나 미국 등과 몇 차례에 걸쳐 교섭을 하고, 유럽의 12개국대해서도 이런 사실을 통보한 바 있다.[47] 하지만 당시 한국의 영토가 분명한 독도에 '죽도'란 이름을 붙여 강탈을 하면서도 당사국에 통보하는 것은 그만두고라도, 국내에 조차 제대로 고시를 하지 않은 불법적인 점거였다는 것을 말해주는 증거가 아니고 무엇이란 말인가?

47 安岡昭男 :『明治維新と領土問題』(東京, 1980, 教育社), 196-213쪽.

〔자료 19〕

『본도는 옛날에 신라가 우리 이즈모 지방出雲地方과 교통할 때에 오키도와 함께 기항지였던 곳이고, 중고 시대中古時代에는 왜구倭寇의 일시적인 점거지로 되었던 적도 있다. 가이하라 요시노키貝原益軒 같은 사람은 우리나라에 속한 땅[屬地]이라고 단정할 정도이지만, 메이지明治 15·6년(1882·3년) 무렵에 우리나라 사람들이 벌목伐木에 종사하는 자들이 있다고 한국의 조정의 항의로 인하여, 우리나라에서 그것을 한국 조정에 양도하여 소속이 비로소 판명되기에 이르렀다. 그렇지만 우리나라 사람들이 여전히 (거기에) 거주하면서 벌목을 행하는 자들이 많았는데, 메이지 31년(1898년)에 일시적으로 러시아 사람들이 본도의 벌목·식림의 권리를 얻었던 적이 있으며, 한국 조정에 조회하여 일본인의 도벌盜伐 및 거주를 금지할 것을 강요하여, 우리 공사는 외부의 조회를 받아 일시 우리나라 사람의 퇴거를 명한 일도 있었지만, 그 후 급히 동 섬을 퇴거시키는 것은 사정이 허락하지 않는다는 것을 가지고 그 사유를 한국의 조정에 다시 말하였다.』[48]

그는 위 자료의 밑줄을 그은 곳에서 보는 것처럼, 1882·3년경에 일본이 울릉도를 한국에 양도함으로써 비로소 소속이 판명되었다고 하고 있다. 이와 같은 표현은 울릉도마저도 자기들이 한국에 주었다고 한 것으로 보아, 많은 사람들이 들어가 살면 자기 나라 땅이 된다는 식의 인식을 가지고 있었다는 것을 확인할 수 있다.

이런 인식을 가졌던 다부치가 이 울릉도에 붙은 섬으로 독도를 기술하였다는 사실은, 독도를 한국의 영토로 인정했음을 말해준다고 보아도 아무런 잘못이 없을 것이다. 따라서 구실은 만들기 나름이라는 것을 이용하여, 독도의 강탈을 무주지 선점이었다고 자기 합리화를 꾀하는 일본 측의 논리는 처음부터 성립이 불가능한 것이었다는 것을 스스로 드러내고 있다. 바꾸어 말하면 일본의 관과 민이 한국의 영토로 인정해오

48 田淵友彦 : 위의 책, 308쪽.

던 독도를 러일전쟁의 와중에서 전략상의 가치 때문에 강제로 강탈을 하고 난 다음, 갖은 이유를 다 동원하고 있는 일본의 제국주의적인 영토 탐욕이야말로 지금쯤은 포기해야 한다는 것을 지적해둔다.

4. 고찰의 의의

일본의 독도 강탈은 제국주의적인 영토 팽창의 일환으로 이루어진 강제적 조치였다. 이런 사실을 증명하는 것이 바로 일본 조야朝野에서 강탈 이전에 가지고 있던 독도에 대한 인식이었다. 그래서 본고에서는 그 당시에 정부 당국자와 일반 지식인들이 독도를 어떻게 생각하고 있었는가 하는 문제를 살펴보았다. 이제까지 논의된 것을 간단하게 요약하면 아래와 같다.

먼저 일본 정부 당국의 독도에 대한 인식을 엿볼 수 있는 것이 1869년에 사타 하쿠보佐田白茅 일행이 외무성에 제출한 「조선국 교제 시말 내탐서」였다. 그런데 이 보고서는 「외무성으로부터 태정관太政官 변관辨官에의 질의서」 및 「조선국에의 파견원에 대한 조사 사항 지령에 관한 질의서와 이것에 대한 태정관의 결정」에 대한 복명서에 해당하는 것이었다. 그러니까 외무성과 태정관이 결정한 사항에 대한 조사 보고서였다고 할 수 있다.

여기에는 분명하게 "죽도와 송도가 조선의 부속이 된 시말"을 조사하라는 지시가 있었고, 이 지시에 따른 「조선국 교제 시말 내탐서」에서는 "이 건은 송도는 죽도의 이웃에 있는 섬으로 송도에 관해서는 이제까지 게재된 서류가 없다. 죽도의 건에 관해서는 겐로쿠元祿 무렵에 잠시 동안 거류를 위해 사신을 파견한 바 있다. 당시에는 이전과 같이 사람이 없었다. 대나무 또는 대에서 큰 갈대가 자라며, 인삼 등이 자연적으로 자란다.

그 밖에 물고기도 상당히 있다는 것을 들었다."라고 기록되어 있다.

이와 같은 지시와 그 복명서를 보면, 당시의 내각에 해당되던 태정관과 외무성이 오늘날 울릉도인 죽도 및 독도인 송도를 조선의 영토로 인정하고 있었으며, 그것을 조사한 사타 일행도 독도는 울릉도의 옆에 있는 섬으로 인정하고 있었음을 드러내고 있다. 이것은 메이지 정부 스스로 독도가 조선의 땅임을 인정한 것이 아니고 무엇이란 말인가?

그리고 내무성의 내무경內務卿 오쿠보 도시미치大久保利通의 대리 내무소보 마에시마 히소카前島密는 1986년 10월 16일자 공문으로 「일본해내 죽도 외 1도의 지적 편찬에 관한 질의」를 받아, "겐로쿠 12년(숙종 25, 1699)에 이르러 각각 (문서의) 왕복이 끝났으며 우리나라와는 관계가 없다고 들었지만, 판도版圖의 취사取捨는 중대한 사건이므로 별지 서류를 첨부해서 만일의 경우에 대비하여 이를 문의합니다."라는 단서를 붙여 태정관의 우대신이었던 이와쿠라 도모미岩倉具視에게 제출하였다.

이 문서에 대한 답변이 바로 "문의한 죽도 외 1도에 대하여 우리나라는 관계가 없다는 것을 주지할 것"이라는 지령안이었다. 그런데도 최근에 일본 시마네현의 죽도 문제 연구회의 좌장을 맡고 있는 시모죠 마사오下條正男은 이와쿠라 도모미가 잘못된 시-볼트(Philipp Franz von Siebold)의 『일본도』를 보았기 때문에 이런 결정을 내렸으며, 그가 말한 죽도 외의 1도는 오늘날의 독도가 아니라 존재하지 다쥬레-섬(Dagelet island)이었다는 해괴한 주장을 하였다. 하지만 이런 주장이야말로 우대신이었던 이와쿠라가 제출한 지도를 제쳐놓고 엉뚱한 지도를 보았다는 말도 되지 않는 억지에 불과한 것임을 지적하지 않을 수 없다.

또 1885년에 만들어진 『환영수로지寰瀛水路誌』와 1895년에 만들어진 『조선수로지朝鮮水路誌』에도 독도에 해당되는 리앙쿠-르도를 조선 안에 넣고 있고 있다. 이에 대해서도 일본의 학자들은 수로지는 단순히 항해의 편의를 제공하기 위해 만든 것이라고 주장하고 있다. 그렇지만 해군은 분명하게 헌법 기관의 하나였으며, 이런 사실을 단적으로 말해주는 것이 메이지 헌법 부서에 해군대신이 서명을 했다는 것을 밝혔다.

그리고 이와 같은 정부의 인식은 일부의 당국자들에게만 국한 된 것이 아니었다. 당시의 지식인들 사이에도 마찬가지의 인식이 존재했다는 사실은 1903년에 출판된 쿠즈 슈스케葛生修亮의 『한해통어지침韓海通漁指針』과 1904년에 나온 이와나가 시게카岩永重華의 『최신 한국 실업지침最新韓國實業指針』, 그들이 독도를 강탈하고 난 다음인 1905년에 간행된 다부치 도모히코田淵友彦 『한국 신지리韓國新地理』 등을 통해서도 증명할 수 있었다. 특히 『한해통어지침』에는 그 때에 농상무성農商務省 수산국장으로 있던 마키 나오마사牧朴眞가 서문을 썼다. 또 『최신 한국 실업지침』에는 외무성의 정무국장이었던 야마자 엔지로山座圓次郎이 서문을 썼다는 사실은 일본의 관과 민이 다 같이 독도를 한국의 영토로 인식하고 있었다는 것을 말해준다고 보았다.

따라서 일본은 독도가 한국의 영토였다는 인식을 가지고 있었다는 것은 거의 움직일 수 없는 사실이었다. 그러다가 러일전쟁이 발발하고, 특히 제2태평양 함대와의 동해 해전을 앞두고 전략적인 필요에 의해 강제로 점취를 한 것이 독도였다. 그런데도 불구하고 이런 사실을 무시하고 자기 네 땅이라고 우기다 보니 말도 안 되는 논리를 개발하는 치졸함을 보이게 되었다는 것은 죽도 문제 연구회의 『죽도 문제에 관한 조사 연구 - 중간보고서』와 동 『최종보고서』를 보면 그대로 드러난다고 하겠다.

이런 의미에서 순진한 중·고등학교 학생들에게 독도를 자기네 땅이라고 가르칠 것이 아니라, 지금이라도 과거의 잘못을 솔직하게 인정하고 한국의 영토임을 인정해주는 대승적 결단을 내리는 것이 세계 제3의 경제대국다운 면모를 발휘하는 것이 아닐까 한다.

대한제국 정부의 독도 관할

Chapter 09

1. 문제의 제기

일본 측은 자기들의 독도 강탈을 정당화하기 위해 지금도 많은 노력을 경주하고 있다. 그런 노력들 가운데 하나가 대한제국이 1900년 10월 25일에 공포한 칙령 제41호에서 울도군의 관할지로 명시한 '석도石島'를 독도가 아니라 '관음도觀音島'라고 하는 논리의 개발이었다.[1] 하지만 이것은 남의 나라 땅을 빼앗기 위한 억지 주장에 불과하다는 것을 지적하지 않을 수 없다.

대한제국 정부에서 울릉도를 개척하여 군郡으로 승격시키게 된 데는 일본인들의 이 섬에 대한 자원 수탈이 지접적인 원인이 되었다. 두루 알다시피 그 당시 조선에서는 쇄환정책을 시행하고 있어, 백성들의 울릉도 거주를 금지하고 있었다. 이런 사실을 알고 있던 일본인들은 아무런 제재도 받지 않고 울릉도에 드나들면서 그곳의 자원을 탈취해 갔다. 그래서 고종은 "한시라도 등한히 내버려둘 수 없고 한 조각의

---

1 佐佐木茂 : 「領土編入に關わる諸問題と資・史料」 『竹島問題に關わる調査硏究 - 最終報告書』 (松江, 2007, 竹島問題硏究會), 58-59쪽.

땅이라도 버릴 수 없다."[2]는 인식을 하게 되었고, 그에 따라 울릉도에 대한 개척이 본격적으로 추진되었으며, 또 군으로 승격시키게 되었던 것이다.

그러나 일본 측은 저간의 이런 사정은 전혀 고려하지 않은 채, 자기들은 임자가 없는 땅을 먼저 차지했다고 하는 '무주지無主地 선점론'을 앞세워 독도의 강탈에 정당성을 부여하고 있다. 그렇지만 막부시대는 물론 메이지 시대明治時代에 들어와서도 일본 정부는 분명하게 그들이 '죽도'라고 부르던 '울릉도'와 '송도'라고 부르던 '독도'를 조선의 영토로 인정하고 있었다. 이와 같은 자료들을 무시하려고 하다 보니, 앞뒤가 맞지 않는 억지 주장을 늘어놓지 않을 수 없게 되었다.

그래서 본 장에서는 19세기에 들어와서 일본인들에 의해 자행된 울릉도에 대한 자원 수탈의 일단을 살펴보고, 그 과정에서 대한제국 정부의 대응 과정을 고찰하려고 한다. 이러한 고찰을 시도하는 이유는 대한제국이 울릉도에 '울도군鬱島郡'을 설치한 과정과 그 칙령에서의 '석도'가 어떤 섬인가를 밝히는 첩경이 되기 때문이다.

실제로 당시의 일본인들 가운데에서는 송도松島라는 부르는 섬의 개척원을 제출한 사람도 있었다.[3] 하지만 이것은 '죽도'라고 부르던 섬이 막부 시대에 도해 금지령이 내려졌었던 지역임을 숨기기 위한 수단에 지나지 않는 것이었다. 실제로 이런 요청은 도쿄부東京府에 의해 받아들여지지 않았다.[4]

그런데 이처럼 공식적인 허가를 받으려는 움직임이 진행되고 있기도 하였으나, 다른 한편에서는 아무런 허가도 받지 않고 자기들 마음대로

---

2 "不可一時等棄 雖片土 不可棄也."
『高宗實錄』 高宗 19年 6月 己未(5日) 條.

3 北澤正誠 編 : 앞의 책, ○○쪽.

4 北澤正誠 編 : 앞의 책, ○○쪽.

울릉도에 잠입하여 남의 나라 자원을 수탈해 가고 있었다. 이러한 자원 수탈이 불법적인 것이었음은 두 말할 나위도 없다. 그럼에도 불구하고 일본 정부는 자국민의 그러한 불법 행위에 적극적인 조처를 취하지 않고 있었다.

이것은 시마네현이 '죽도의 날'을 제정하자, 지방 자치단체의 소관 사항이지 중앙 정부의 일이 아니라고 강변하였으면서도, 『죽도 문제를 이해하기 위한 10의 포인트』라는 팸플릿을 만들어 독도를 자국의 영토라고 강조하고 있는, 현재 일본 외무성의 태도와 조금도 다르지 않다. 이런 자세는 일본의 역사적인 인식이 그 바탕부터 잘못되었다는 것을 증명해준다.

일본은 입으로만 "통석痛惜의 념念"이니 "통절痛切한 반성"이니 하는 외교적인 수사만을 일삼을 일이 아니다. 필요한 것은 화사한 말잔치가 아니라, 한국 사람들의 아팠던 과거를 이해해주는, 진심에서 우러나오는 진솔한 반성이 필요하다는 것이다. 이렇게 말하면 또 그 역사 얘기냐고 반문할지도 모른다. 그렇지만 명백하게 제국주의적 침략의 제물이 되었었던 독도 문제를 해결하기 위해서는 역사적 사실에 대한 정확한 인식이 요청되기 때문이다. 따라서 본 장은 대한제국이 독도를 명시적으로 자국의 영토로 공표하기까지의 과정을 파악하기 위해서 마련된 것임을 미리 밝혀둔다.

2. 이규원의 울릉도 검찰

18세기 말부터 시작된 일본인들의 공식적인 도해渡海 청원이나 개척원의 제출은 당국에 의해 받아들여지지 않았으나, 민간들에 의한 울릉도의 자원 탈취는 공공연하게 자행되고 있었다. 이러한 사실은 『고종실록』 고종 18년(1881년) 5월 계미(癸未 : 22일) 조의 아래와 같은 기록을 통해서 확인이 된다.

〔자료 1〕

「통리기무아문에서 아뢰기를, "방금 강원 감사 임한수林翰洙의 장계를 보니, '울릉도 수토관의 보고를 하나하나 들면서 아뢰기를, 자세히 조사할 때에 어떤 사람이 나무를 찍어 해안에 쌓고 있었는데, 머리를 깎고 검은 옷을 입은 사람 7명이 그 곁에 앉아있기에 글을 써서 물어보니, 대답하기를 일본인인데 나무를 찍어 원산과 부산으로 보내려고 한다고 하였습니다.'라고 했습니다. '일본 선박의 왕래가 근래에 빈번하여 이 섬에 눈독을 들이고 있으니 폐단이 없을 수 없습니다. 청컨대 통리기무아문으로 하여금 품처하게 하소서.'라고 하였습니다. 나라에서 벌목을 금하고 있는 산은 원래 중요한 곳이니 수토하는 것도 정해진 규례가 있습니다. 그런데 저 사람들이 암암리에 나무를 찍어서 남몰래 실어가는 것은 변방의 금제에 관계되므로 엄격하게 막지 않고 말아서는 안 됩니다. 이 사실을 가지고 서계로 작성하여 동래부 왜관에 내려 보내어 일본 외무성에 전달하게 할 것입니다. 그러나 생각건대 이 섬은 망망한 바다 가운데 있으니 그대로 텅 비워두는 것은 대단히 허술한 일입니다. 그 형세가 요해지로 어떠한지 방수를 빈틈없이 하는 것은 어떠한지 종합적으로 두루 살펴서 처리해야 할 것입니다. 부호군 이규원을 울릉도 검찰사로 차하差下하여 그로 하여금 가까운 시일에 빨리 가서 철저히 헤아려보고 의견을 갖추어 수계修啓하여 아뢰고 복계覆啓하도록 하는 것이 어떻겠습니까?"라고 하였다.」[5]

---

5 "統理機務衙門啓 卽見 江原監司林翰洙 狀啓, 則枚擧 鬱陵島 搜討官所幸, 以爲 看審之際, 有何伐木, 積置海岸, 剪頭着黑衣者七名, 坐其傍. 故以書問之, 則答 以日本人而伐木, 將送于元山釜山 爲言. 彼船去來 挽近無常 指點此島, 不無其弊. 請令統理機務衙門稟處矣. 封山自是重地 搜討亦有定式. 而彼人之潛斫暗輸, 邊禁攸關, 不容不嚴防乃已. 將此事實, 撰出書契 下送東萊館, 轉致于日本外務省. 而第伏念是島處在淼茫之中 任他空曠甚屬疎虞 其形止要害之何如 防守緊密之何如 合有周審而裁處. 副護軍李奎遠 鬱陵島檢察使差下, 使之從近馳往 到底商度 具意見修啓 以爲稟覆何如."
『高宗實錄』 高宗 18年 5月 癸未(22日) 條.

이 기록은 당시에 일본인들이 아무런 제재도 받지 않고 울릉도에 드나들면서 벌목을 하고 있었으며, 또 그 목재로 돈벌이를 하고 있었다는 것을 말해준다. 실제로 이 무렵에 교토京都 혼간사本願寺의 건축에 이 섬의 목재들이 사용되었다는 것[6]을 감안하면, 이와 같은 기록이 거짓이 아니었다는 것을 알 수 있다.

그런데 그런 일본인들의 처사를 일본 외무성에 알리기 위해서는 그 사정을 정확하게 파악하지 않으면 안 되었다. 그래서 통리기무아문에서는 이규원李奎遠을 울릉도 검찰사檢察使로 파견할 것을 건의하였고, 마침내 고종은 그것을 윤허하였다.[7] 하지만 이규원의 출발은 거의 1년 가까이 지연되다가, 그 이듬해인 1882년 4월에 이루어졌다.

〔자료 2〕

「초 7일에 검찰사 이규원을 불러보았다. 먼 길을 떠나게 된 사신이 임금에게 하직의 인사를 하게 되었기 때문이다. (임금이) 하교하기를, "울릉도에는 근래에 와서 다른 나라 사람들이 아무 때나 왕래하면서 제멋대로 편리를 도모하는 폐단이 있다고 한다. 또 ① 송죽도松竹島와 우산도芋山島는 울릉도 의 곁에 있는데 서로 떨어져 있는 거리가 얼마나 되는지 또 무슨 물건이 나는지 자세히 알 수 없다. 이번에 그대가 가게 된 것은 특별히 가려 차임差任한 것이니 각별히 검찰하여라. 그리고 앞으로 읍邑을 세울 생각이니, 반드시 지도와 함께 별단別單에 자세히 적어 보고하라."라고 하니,
이규원이 아뢰기를, "② 우산도는 바로 울릉도이며 우산芋山이란 바로 옛날 우산국의 국도國都 이름입니다. 송죽도는 하나의 작은 섬인데 울릉도와 떨어진 거리는 30 리쯤 됩니다. 여기서 나는 물건은 단향과 간죽이라고 합니

---

6 도리이 류조(鳥居龍藏) : 「인류고고학 상에서 본 울릉도」 『독도연구(3)』 (경산, 2007, 영남대독도연구소), 118-119쪽.
이 논문은 1924년에 출판된 『일본 주위 민족의 원시종교 - 신화·종교의 인류학적 연구』란 저서 속에 들어있는 것을 번역하였음을 밝혀둔다.

7 "鬱陵島檢察使單李奎遠."
『承政院日記』 高宗 18年 5月 23日 條.

다."라고 하였다.

(그러자) 하교하기를, "③ 우산도라고도 하고 송죽도라고도 하는데 다 『동국여지승람』에 실려 있다. 그리고 또 혹은 송도·죽도라고도 하는데 우산도와 함께 이 세 섬을 통칭 울릉도라고 하였다. 그 형세에 대하여 함께 알아보아라. 울릉도는 본래 삼척 영장과 월송 만호가 돌려가면서 수검하던 곳인데, 거의 다 소홀히 함을 면하지 못하였다. 그저 외부만 살펴보고 돌아왔기 때문에 이런 폐단이 있었다. 그대는 반드시 상세히 살펴보라."라고 하니,

이규원이 아뢰기를, "삼가 깊이 들어가서 검찰하겠습니다. ④ 어떤 사람들은 송도와 죽도는 울릉도의 동쪽에 있다고 하지만 이것은 송죽도 외에 따로 송도와 죽도가 있는 것은 아닙니다."라고 하였다.

(이에) 하교하기를, "혹시 그전에 가서 수검한 사람의 말을 들은 것이 있는가?"라고 하니,

이규원이 아뢰기를, "그전에 가서 수검한 사람은 만나지 못하였으나, 대체적인 내용을 전해 들었습니다."라고 하였다.」[8]

이러한 고종과 이규원의 대화에서 관심을 끄는 것은 송도와 죽도에 대한 문제이다. 밑줄을 그은 ①과 ③에서 보는 것처럼, 고종은 분명하게 울릉도 곁에 송죽도와 우산도가 있다는 것을 인식하고 있었다. 특히 ③에서는 "혹은 송도·죽도라고 하는데 우산도와 함께 이 세 섬을 통칭 울릉도라고 하였다."라고 하여, 울릉도가 세 개의 섬으로 이루어져 있

8 「初七日 召見檢察使李奎遠 辭陛也. 教曰 鬱陵島 近有他國人物之無常往來, 任自占便之弊云矣. 且松竹島芋山島, 在於鬱陵島之傍, 而其相距遠近何如, 亦月何物與否未能詳知. 今番爾行 特爲擇差者 各別檢察. 且將設邑爲計 必以圖形與別單 詳細錄達也. 奎遠曰 芋山島卽鬱陵島, 而芋山古之國都名也. 松竹島卽一小島 而與鬱陵島 相距爲三數十里. 其所産卽檀香與簡竹云矣. 教曰 或稱芋山島 或稱松竹島 皆輿地勝覽所載也. 而又稱松島竹島 與芋山島 爲三島統稱 鬱陵島矣. 其形便一體檢察. 鬱陵島 本以三陟營將 越松萬戶 輪回搜檢者 而擧皆未免疎忽. 只以外面探來 故致有此弊. 爾則必詳細察得也. 奎遠曰 謹當深入檢察矣 或稱松島竹島 在於鬱陵島之東 而此非松竹島 以外別有松島竹島也. 教曰 或有所得聞於曾往搜檢人之說耶. 奎遠曰 曾往搜檢之人 未得逢著. 而轉聞其梗概矣.」
『高宗實錄』 高宗 19年 4月 壬戌(7日) 條.

다는 것을 명확하게 하였다. 고종의 이런 인식은 왜인들이 '송도'라고 부르던 울릉도와 그 옆에 있는 '죽도', 그리고 '우산도'라고 부르는 현재의 '독도', 이 세 섬을 합해서 '울릉도'라고 한다는 정확한 지식을 가지고 있었다는 것을 나타내는 것이 아닐까? 따라서 ①에서 고종이 '송죽도'라고 한 것은 송도와 죽도라는 두 섬을 가리켰다고 보는 편이 타당할 것이다.

이와 같은 고종의 인식은 1900년 10월 25일에 반포한 대한제국 칙령 제41호 제2조에서, "군청 위치는 태하동台霞洞으로 정하고, 구역은 울릉전도와 죽도, 석도石島를 관할할 것"[9]이라고 정한 것과도 정확하게 일치한다. 단지 고종의 전교에서 '우산도'라고 했던 그때까지의 관행이 울릉도 개척이 이루어지고 난 다음에 이곳에 진출했던 경상도나 전라도 사람들의 방언에 따라 '석도', 곧 돌섬으로 바뀌었을 뿐이다.

고종의 이런 지시에 대해, 이규원은 ②에서 우산도가 울릉도라고 하였고, 송죽도는 울릉도에서 30 리 정도 떨어진 곳으로 단향과 간죽이 난다고 한 것으로 보아 오늘날의 죽도를 지칭하는 것으로 보고 있었음을 알 수 있다. 또 그는 ④에서는 울릉도의 동쪽에 있다고 하는 송도와 죽도의 존재를 부정하였다. 그러자 고종은 "혹시 그 전에 수검한 사람의 말을 들은 적이 있는가?"라고 다시 물었다.

이렇게 고종을 알현하고 난 이규원은 4월 7일에 서울을 떠나서 울릉도의 검찰에 나섰다. 이때에 작성된 그의 『울릉도 검찰일기鬱陵島檢察日記』에서 이들 섬과 관련을 가지는 부분을 살펴보면 아래와 같다.

〔자료 3〕

「간신히 숲을 뚫고 동쪽 상상봉上上峯에 올랐는데, 이름이 성인봉聖人峯으로 몇 만 층, 몇 만 장丈인지 알 수가 없었다. 꼭대기에 올라가서 사방을 바라

9 대한제국 칙령 41호.

보니 바다에는 한 점의 섬도 보이지 않았다. '절정횡임일絶頂橫臨日에 고봉반향천高峯半向天' – 산꼭대기에 해는 비스듬히 걸려 있고 높은 산봉우리 반쯤은 하늘을 향하고 있네. – 라는 시구는 바로 이를 일컬음이다.」[10]

이것을 보면 이규원이 성인봉에 올라가 고종이 하명한 섬을 찾아보려고 했던 것은 사실이었던 같다. 하지만 이혜은李惠恩이 지적한 것처럼, "사실상 성인봉에서는 사방의 바다가 보이지 않으며 독도가 있는 동쪽은 산등성이로 이어지기 때문에 독도를 발견할 수 없으며 더욱이 이규원이 성인봉에 오른 날인 1882년 음력 5월 4일은 양력으로 6월 19일이므로 맑은 날이라고 하더라도 습도가 높아서 독도 관측이 어려운 시기였다."[11]

이규원은 이처럼 '우산도'를 찾는 데 실패했지만, 분명하게 울릉도 곁에 있는 죽서竹嶼, 곧 오늘날의 죽도를 확인하였다. 이런 사실은 『울릉도 검찰일기』 계초본 5월 9일자의 일기에 기록되어 있다.

〔자료 4〕

「또 포구가 하나 있는데, 이름은 강판구미(舡板邱尾 : 선창)였습니다. 그 남쪽 바다 안에 작은 섬 둘이 있는데, 모양은 소가 누워서 좌우로 돌고 있는 것 같았고, 형세는 서로 안고 있는 듯했습니다. 하나는 죽도라 하고 하나는 도항島項이라고 하였으며, 대나무만 빽빽할 뿐입니다. 날이 저물어 육지에 올라 죽암竹岩 아래에 움막을 치고 묵었습니다.」[12]

---

10 "艱辛穿林 攀登于東便上上峯 峯名聖人 不知幾萬層萬丈也. 登第一層四望 海中都無一點島嶼之見形矣. 絶頂橫臨日 高峯半向天之詩句 正以此謂也."
이혜은·이형근 : 『만은 이규원의 울릉도 검찰일기』(서울, 2006, 한국해양수산개발원), 156쪽.
번역은 같은 책 174쪽 참조.

11 이혜은·이형근 : 위의 책 174쪽 각주.

12 "又有一浦 名曰舡板邱. 南邊洋中 有二小島 形如臥牛 而左右回旋 勢若相胞 一曰竹島 一曰島項 只有叢竹而已 日暮下陸 結幕止宿於竹岩下."

여기에서 그는 분명하게 죽도와 도항을 보았다는 것을 밝히고 있다. 특히 이곳의 '도항'에 대하여, 이혜은은 "현재 '섬목'이라 불리는 곳인데, 검찰일기나 계초본, 울릉도 외도는 모두 섬이라고 표현하고 있으므로, 관음도를 일컫는 것이라 추측된다. 또는 섬목과 관음도 일대를 모두 지칭한 것으로도 유추가 가능하다."[13]라는 견해를 피력한 바 있다. 이러한 이규원의 보고는 고종이 검찰을 명한 '송도'와 '죽도'는 직접 확인하였으나, '우산도'는 확인하지 못했다는 것을 말해준다.

이렇게 고종의 명령을 다 수행하지는 못했으나, 울릉도 검찰을 끝낸 이규원은 6월 9일에 귀경을 하여 곧 이어 고종에게 그 결과를 복명을 하였다.

〔자료 5〕

「(1) 울릉도 검찰사 이규원을 불러보았다. 복명하였기 때문이다. 하교하기를, "서계와 별단은 이미 열람하였고 지도도 보았다. 산 위에 있는 나리동이 넓기는 넓은데 단지 물이 없는 것이 흠이다. 그 속에 나무들이 하늘이 안 보이게 꽉 들어서 있던가?"라고 하니, 이규원이 아뢰기를, "나리동 산 위에 따로 넓은 평지가 펼쳐져 있어 이른 바 산물이 풍부한 천부天府의 땅이라 할 수 있습니다. 그러나 산기슭에서부터 얼마 멀지 않은 곳에 있는 크고 작은 냇물들이 모두 땅 속으로 흐르는 물인 것이 하나의 큰 흠이었습니다. 나무들이 하늘을 찌를 듯이 꽉 들어서서 종일 걸어도 햇빛이 새들어오는 것을 볼 수 없었습니다."라고 하였다.

(2) (그러자) 하교하기를, "만일 고을을 설치한다면 서너 곳 중에서도 나리동이 적당할 만하다."라고 하니, 이규원이 아뢰기를, "진이나 읍을 설치하자면 나리동이 아니고는 할 수 없습니다."라고 하였다. (이에) 하교하기를, "그 골짜기 안에 300호 가량 들어앉을 곳이 왕왕 있다고 하는데,

---

이혜은·이형근: 위의 책, 195쪽.
번역은 같은 책 207-208쪽 참조.

13 이혜은·이형근: 위의 책, 178쪽 각주.

과연 그러한가?"라고 하니, 이규원이 아뢰기를, "골짜기 안에 100~200호 가량 들어앉을 만한 곳은 6·7곳이 있습니다. 그런데 개척한 후 여러 골짜기에 바다를 막을 곳이 없는 것이 결함입니다."라고 하였다. (그러자) 하교하기를, "뽕나무·산뽕나무·닥나무·모시풀을 심지 않았는데도 자생하니 또한 이상한 일이 아닌가?"라고 하니, 이규원이 아뢰기를, "모시밭이 무성하여 수십 이랑이나 되었으며 뽕나무·산뽕나무·닥나무 등속이 간간이 숲을 이루었으니 이것은 옛날 백성들이 살 때에 심어놓은 듯합니다."라고 하였다. (이에) 하교하기를, "그곳을 만약 개척한다면 백성들이 즐거이 따라가겠는가?"라고 하니, 이규원이 아뢰기를, "뱃사람과 약재 상인들에게 시험 삼아 물어보았더니, 대부분 즐거이 따라갈 뜻이 있었습니다."라고 하였다. (또) 하교하기를, "우리나라 사람이 많이 들어가 약재도 캐고 배도 만들던가?"라고 하였다. (그러자) 이규원이 아뢰기를, "호남인이 제일 많은데 전부 조선造船을 하거나 미역과 전복을 따며 그 밖의 타도 사람은 모두 약재 캐는 일을 위주로 하였습니다."라고 하였다.

(3) 하교하기를, "일본인이 푯말을 박아놓고 송도라고 한다는데, 그들에게 말을 하지 않을 수 없다."라고 하니, 이규원이 아뢰기를, "그들이 세워놓은 푯말에는 송도라고 하였습니다. 송도라고 한 데 대해서는 이전부터 서로 말이 있었습니다. 그러니 일차로 하나부사 요시타다花房義質에게 공문을 보내지 않을 수 없으며 또한 일본 외무성에 편지를 보내지 않을 수 없습니다."라고 하였다.

(4) 하교하기를, "이 내용을 총리대신과 시임 재상들에게 이야기하여 주어라. 지금 보니 한시라도 등한히 내버려둘 수 없고 한 조각의 땅이라도 버릴 수 없다."라고 하니, 이규원이 아뢰기를, "이 전교를 일일이 총리대신과 시임 대신들에게 알려주겠습니다. 설사 한 치의 땅이라도 그것은 바로 조종의 강토인데 어떻게 등한히 내버려둘 수 있겠습니까?"라고 하였다.

(5) (이에) 하교하기를, "비단 저들에게 통지할 뿐만 아니라 개척하는 일도 속히 하는 것이 좋겠다."라고 하니, 이규원이 아뢰기를 "개척에 있어서는 빨리 하고자 해도 할 수가 없습니다. 먼저 백성이 들어가 사는 것을

허락하여 모여드는 것을 본 연후에 조처할 수 있습니다."라고 하였다. (그러자) 하교하기를, "배를 댈 부두는 변통할 길이 없던가?"라고 하니, 이규원이 아뢰기를, "온 섬에 둘러있는 여러 포구가 돌과 자갈로 덮이지 않은 곳이 없으므로 착수하는 것이 실로 용이하지 않습니다."라고 하였다.」[14]

이 기사의 단락 (1)에는 이규원이 고종을 알현하기에 앞서 미리 별단을 제출했었다는 것이 드러나 있다. 그리고 이 별단을 고종이 직접 검토하였다는 것은, 그 당시 고종이 울릉도 문제에 얼마나 깊은 관심을 가지고 있었는가 하는 것을 짐작하게 한다. 환언하면 이규원을 검찰사로 파견하게 된 동기는 일본인들의 울릉도 자원 수탈이 상당히 심각한 수준이었다는 것이다. 그래서 검찰사를 파견하여 제일 먼저 검토한 사항이 울릉도에 본토 사람들을 이주시켜서 개척하는 것이었다고 할 수 있다.

고종의 이러한 울릉도 개척에 대한 의지를 드러낸 곳이 단락 (2)이다. 여기에서는 본격적으로 울릉도에 설읍設邑 문제의 타당성을 물어보

---

14 "召見 鬱陵島檢察使李奎遠. 復命也. 教曰 書契與別單 旣覽之 地圖亦見之. 山上羅里洞 廣則廣矣. 但無水可欠 其中樹木參天否. 奎遠曰 羅里洞山上 別開局面 可謂天府之地. 而自山根 無過數帿之地 巨細川流 盡爲伏流 一大欠事. 樹木參天 終日行役 不見隙光矣. 教曰 若設邑則三四處中 羅里洞可爲之矣. 奎遠曰 於鎭於邑 若設置則非羅里洞 莫可也. 教曰 其洞壑, 可容數二百戶處 往往有之云 然乎. 奎遠曰 洞壑之可容一二百戶者 可計六七處. 而開拓後 諸谷都無障海之地 是爲欠事. 教曰 桑柘楮苧不種自生 不亦異事乎. 奎遠曰 苧田則蔚茂爲十數日耕 而桑柘楮屬. 間間成林 想是古昔民居時種植者也. 教曰 其地若開拓 則民可樂從否. 奎遠曰 船漢藥商等處, 試問之. 多有樂從之意. 教曰 吾邦人多入去 采藥造船乎. 奎遠曰 湖南人最多. 全爲造船採藿採鰒 其外他道人 皆以采藥爲主矣. 教曰 日人立標 謂之松島 不可無言於彼. 奎遠曰 彼立標木 書以松島 松島云者. 自前相語者也. 不可無一次公幹於 花房義質處 亦不可無致書於日本外務省矣. 教曰 以此意言於總理大臣及時相也. 以今觀之 不可一時等棄 雖片土 不可棄也. 奎遠曰 以此傳教 這這傳諭於總理大臣及時任大臣矣. 雖尺寸之地 乃是祖宗疆土 何可等棄乎. 教曰 非但通于彼 開拓事 亦速爲之可也. 奎遠曰 至於開拓 欲速則不可. 第先許民入居 觀其成聚然後 可以措處矣. 教曰 繫船口 無變通之首否. 奎遠曰 環島諸浦 無非石确 着手實不容易矣.」"
『高宗實錄』 高宗 19年 6月 己未(5日) 條.

고 있다. 그러자 이규원은 나리동에 사람들이 들어가 마을을 이룰 수 있는 곳이 있다고 하였다. 그러면서 이곳에서 만났던 사람들에 관한 일까지 보고하였다. 사실 그는 울릉도에서 상당히 많은 사람들을 만났었다. 이규원이 검찰 도중에 만난 한국인은 132명 정도이었으며, 만나지 못했지만 머물고 있었던 사람을 모두 포함하면 한국인이 170~180명이었고, 일본인이 78명이었다. 따라서 울릉도 검찰 당시인 1882년에 울릉도에는 250명 이상이 머물고 있었다고 볼 수 있다.[15]

이것을 보면 당시에 일본인들이 울릉도에 잠입하여 불법적으로 머물면서 벌목을 하거나 고기를 잡고 있었으며, 조선 사람들도 상당히 많은 인원이 울릉도에서 체재하고 있었다. 그 때의 조선인들은 주로 약초의 채집이나 미역의 채취, 조선, 벌목 등 다양한 목적으로 울릉도에 거주를 했던 것으로 파악되었다.[16]

그런데 일본인들은 울릉도에 머물면서 자원을 탈취하는데 그치지 않고, 표목標木까지 세웠었다. 이것을 알 수 있는 곳이 바로 단락 (3)이다. 이 단락에서는 그 표목에 대하여 자세하게 기술되어 있지 않다. 그렇지만 『울릉도 검찰일기』 계초본에는 "(5월) 6일 장작지포에서 통구미로 향하였는데, 해변 돌길 위에 서 있는 표목이 길이 6척 넓이 1척으로 '대일본국 송도 규곡 메이지 2년 2월 13일 이와자키 다카데라가 세우다.'라고 쓰여 있어서, 과연 왜인과 문답한 바와 같았습니다."[17]라고 하여, 그 실상이 명확하게 기록되어 있다.

이곳에서 관심을 끄는 것은 이 표목을 세운 것이 1869년이었다는 사실이다. 이 무렵에는 아직 메이지 정부가 안정을 찾지 못하던 시기였다. 그

15 이혜은·이형근 : 앞의 책, 80쪽.

16 이혜은·이형근 : 앞의 책, 81쪽의 표 참조.

17 "初六日 自長斫之浦 向桶邱尾 海邊石逕上 立標木 長六尺 廣一尺 書之曰 大日本國 松島槻谷 明治二年二越十三日 岩崎忠照建之 果如倭人問答."
번역문은 이혜은·이형군 : 위의 책, 206쪽을 참조하였다.

런 때에 이와자키란 자가 표목을 세우면서, 울릉도를 '송도'라고 했다는 것은 의도적으로 그 명칭을 바꾸었다고 볼 수밖에 없다. 다시 말해 그는 죽도라고 부르는 울릉도에 막부시대부터 도해 금지령이 내려져 있다는 사실을 알고 있었다. 그리고 또 30여 년 전에 아이즈야 하치우에몽會津屋八右衛門의 밀무역 사건으로 그가 처형되었다는 사실도 숙지하고 있던 이와자키로서는 '송도'라는 이름의 표석을 세움으로써, 마치 도해 금지령의 대상이 아니었던 것처럼 위장을 했을 가능성이 높다는 것이다.

이규원은 이처럼 명칭까지 바꾸어가며, 일본인들이 무단으로 울릉도에 들어와 자원을 수탈하고 있는 것을 직접 목격하였다. 그래서 그는 고종에게 이 사실을 당시 조선에 파견되어 있던 하나부사 요시타다花房義質에게 공문을 보내어 외무성에 항의할 것을 건의했다.

이에 대해 단락 (4)에서 고종은 "이 내용을 총리대신과 시임 재상들에게 이야기하여 주어라. 지금 보니 한시라도 등한히 내버려둘 수 없고 한 조각의 땅이라도 버릴 수 없다."라고 하면서, 강토 수호에 대해 강한 의지를 표명하였다. 그 뿐만이 아니라, 이규원도 "설사 한 치의 땅이라도 그것은 바로 조종祖宗의 강토인데 어떻게 등한히 내버려둘 수 있겠습니까?"라고 하여, 신하로서도 강력한 의지를 보이고 있어, 상하가 다 같이 나라의 영토를 소중하게 여기고 있었다는 것을 확인할 수 있다. 그리하여 고종은 하루 빨리 개척을 서두를 것을 결정하지만, 이규원은 포구를 찾기가 어렵다는 것을 직언한 것으로 되어 있다.

그러면서 이규원은 화공畵工이 그려 가지고 온 「울릉 외도鬱陵外圖」와 「울릉 내도鬱陵內圖」를 바쳤다. 그가 바친 전자의 지도는 이 당시 울릉도 검찰에서 매우 중요한 의의를 제공하고 있다. 이 지도에는 죽도와 도항은 명백하게 그려져 있지만, 우산도는 그려져 있지 않다. 물론 숙종 때에 장한상張漢相이 울릉도에 들어가 우산도를 볼 수 있었던 것은

9월이어서 날씨가 청명했을 수 있었는데 반해, 이규원이 입도했던 5월은 일기가 고르지 못해 당시 우산도라고 불리던 독도를 보지 못했을 수도 있다. 그렇지만 자료 2의 ②에서 "우산도는 바로 울릉도이며 우산이란 바로 옛날 우산국의 국도 이름입니다. 송죽도는 하나의 작은 섬인데 울릉도와 떨어진 거리는 30리쯤 됩니다. 여기서 나는 물건은 단향과 간죽이라고 합니다."라고 한 것과, ④에서 "어떤 사람들은 송도와 죽도는 울릉도의 동쪽에 있다고 하지만 이것은 송죽도 외에 따로 송도와 죽도가 있는 것은 아닙니다."라고 대답한 것을 상기한다면, 그는 애초부터 오늘날 문제가 되고 있는, '우산도(독도)'에 대해서 그 존재에 회의를 품고 있었을 가능성이 있다. 그래서 그가 바쳤던 「울릉 외도」를 제시하기로 한다.

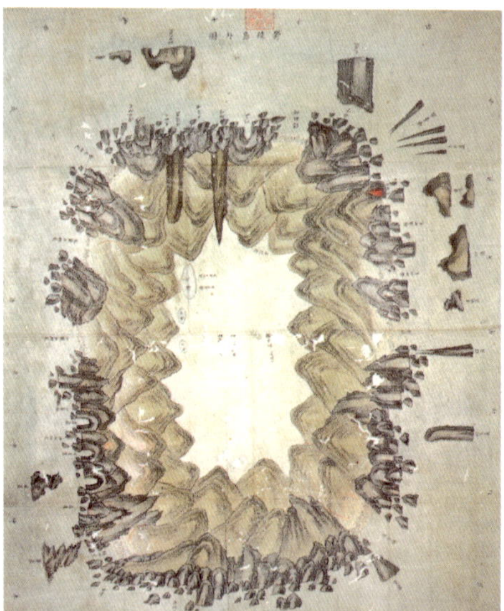

(울릉외도)

위에서와 같은 보고와 이 지도를 보면, 이규원이 비록 우산도에 대한 인식이 미흡하기는 하였으나, 그의 검찰 결과는 울릉도 개척에 지대한 영향을 끼쳤다는 사실을 인정하지 않을 수 없게 된다. 이것은 『고종실록』 고종 19년(1882년) 8월 계유(癸酉 : 20일) 조의 다음과 같은 기사에 잘 나타나 있다.

〔자료 6〕

「홍순목이 아뢰기를, "지난번에 검찰사가 복명할 때 울릉도의 지도와 서계를 삼가 이미 보셨으리라 생각합니다. 이 섬은 바다 가운데 외딴 곳에 있는 하나의 미개척지로서, 듣자니 땅이 비옥하다고 합니다. 우선 백성들을 모집하여 개간하게 해서 5년 후에 조세를 물리면 절로 점차 취락을 이루게 될 것입니다. 그리고 양남兩南의 조선漕船들이 여기에 가서 재목을 취해다가 배를 만들도록 허락한다면 사람들이 번성하게 모여들 것이니, 이것은 지금 도모해 볼 만한 일입니다. 그러나 만일 도맡아 다스릴 사람이 없어 잡다한 폐단을 막기 어렵다면, 성실하게 일을 주관할 만한 사람을 검찰사에게 문의하여 우선 도장島長을 차송差送하여 창립해서 규모를 제정해 두어 후일에 진鎭을 설치할 뜻을 미리 강구하도록 도신에게 분부하는 것이 어떻겠습니까?" 라고 하니, 윤허하였다.」[18]

여기에서 홍순목은 미개척지인 울릉도의 땅이 비옥하여 백성들을 모집해서 개척을 하되 5년간은 면세정책을 시행하라는 것과, 그 곳의 재목으로 배를 만드는 것을 허락한다면 많은 사람들이 모여들 것이므로, 그들을 다스릴 도장을 임명할 것을 요청하고 있다. 실제로 이규원이 울

18 "淳穆曰 向來檢察使復命時 鬱陵島地圖與書契 伏想已經乙覽. 而此島僻在海中 天荒一區 聞是沃腴之地. 爲先募民起墾 五年後定稅 則自至漸成聚落. 且兩南漕船 許令來此 取材而造之 人叢亦當繁集. 此爲及今可圖者也. 然若管領無人 雜弊難防, 其勤實幹事者 問議於檢察使. 姑以島長差送 創立制置規模, 豫講他日設鎭之意 分付道臣何如. 允之."
『高宗實錄』 高宗 19年 8月 癸酉(20日) 條.

릉도를 검찰할 때 만났던 사람들 가운데에는 배를 만들던 사람들도 있었다는 것[19]을 보면, 그의 이러한 건의는 당시의 현실을 감안한 것이었다고 할 수 있다.

이와 같은 홍순목의 건의는 그대로 수용되었던 것 같다. 이런 추정을 하는 것은 그해 8월 말경에 처음으로 도장이 임명되었기 때문이다. 이때 도장으로 임명된 사람은 전석규全錫奎였다. 이규원의 『울릉도 검찰일기』 계초본에 의하면, 전석규는 울릉도에 들어온 지 이미 10년이 된 경상도 함양咸陽의 사족士族 출신으로 채약採藥에 종사하고 있었다. 그러한 그가 도장으로 천거된 것은 울릉도 지리에 익숙하며, 사람이 살 만한 곳과 각종 토산물을 알고 있었던 탓으로 상정된다.[20]

이렇게 도장이 임명됨으로써, 울릉도 개척은 본격화되었다. 특히 고종 20년(1883년) 3월 16일에 "참의 교섭 통상 사무參議交涉通商事務 김옥균金玉均을 동남제도 개척사로 삼아 포경 등의 일을 겸하게 하여 하직인사를 그만두고 편의에 따라 다녀오게 하라."[21]는 전교가 내려졌다. 이곳에서 말하는 '동남제도'란 경상도와 전라도를 가리킨다. 따라서 이 일대의 개척과 포경을 담당했다는 것은 울릉도 개척을 염두에 둔 것이었다고 보아도 좋을 것이다.

이처럼 김옥균를 동남개척사로 임명한 1883년 4월경부터 내륙 사람들

---

19 이러한 예로는 4월 30일 소황토구미에서 만났던 전라도 흥양(興陽) 삼도(三島)의 김재근(金載根), 5월 3일왜선창에서 만났던 전라도 낙안(樂安)의 이경칠(李敬七)과 흥양 초도(草島)의 김근서(金謹瑞), 5월 5일 장작지포에서 만났던 흥양 초도의 김내언(金乃彦), 5월 6일 같은 장작지포에서 만났던 흥양 초도의 김내윤(金乃允) 등은 배를 사공들을 데리고 와서 배를 만들고 있었던 사람들이다.
이혜은·이형근 : 200-207쪽.

20 송병기 : 『개정판 울릉도와 독도』 (서울, 2007, 단국대 출판부), 151쪽.

21 "傳曰 參議交涉通商事務金玉均 爲東南諸道開拓使兼捕鯨等事. 使之除下直 從便往來."
『承政院日記』 高宗 20年 3月 16日 條.

의 입도가 시작되었다. 그 당시에 강원도 관찰사가 개척에 필요한 물자를 중앙에 보고한 것이 남아 있다. 그 보고에 따르면, 선박 4척과 사공 40명이 입도자入島者들을 위해 동원되었고, 곡식의 종자로는 벼 20석과 콩 5석, 조 2석, 팥 1석이 준비되었다. 그리고 철물 40근과 가마솥 2좌, 사기그릇 6죽, 수저 30개, 돗자리 3죽, 무명베 5필, 삼신발 5죽, 짚신 5죽, 항아리 5좌 등이 준비되었고, 목수 2명과 대장장이 2명도 동승하였으며, 암소와 수소 각 1마리씩을 실어서 종자소로 사용하게 했었다. 또 입도인들을 보호하기 위한 무기로 총 3자루, 창칼 각 4자루, 탄환 300발, 화약 3근, 화승火繩 50발, 동로구銅爐口 2좌도 탑재되었던 것으로 되어 있다.[22]

그리고 같은 해 4월에 이루어진 첫 입도자는 약 30명이었고, 뒤이어 2차로 약 20명이 입도하였다. 이렇게 두 차례에 걸쳐 입도한 사람은 16호戶 54명에 이르렀다. 그들을 출신 도별로 나누어 보면, 강원인 39명(강릉인 26명, 울진인 13명)과 영남인 11명(함양의 안의인(安義人) 5명, 경주인 2명, 대구 및 선산, 연일, 안동인 각 1명), 충청인 3명(충주인), 경기인 1명이었고, 남녀별로는 남자 36명, 여자 18명이었다고 한다.[23]

이렇게 울릉도에 들어온 16호 54명의 입도인들은 대황토포(大黃土浦 : 태하)에 16명, 곡포(谷浦 : 남양)에 5명, 추봉(錐峰 : 송곳산)에 5명, 현포동(玄浦洞 : 현포)에 25명 등이 정착하여 삶의 터전을 잡고 개간에 착수하였다. 그리하여 입도가 시작된 지 약 3개월이 지난 7월에 이르러서는 310두락(대황로포 100 · 곡포 45 · 추봉 80 · 현포동 85두락)의 농토가 개간되었다.[24] 이

22 『光緖9年4月 日 鬱陵島開拓時船格糧米雜物容入假量成冊』 (서울대 규장각 도서, No. 17041)
김호동 : 『울릉도 · 독도의 역사』 (서울, 2007, 경인문화사), 141-142쪽에서 재인용.

23 『光緖9年7月 日江原道鬱陵島新入民戶人口姓名年歲及田土起墾數爻成冊』 (서울대 규장각 도서, No. 17117)
송병기 : 『개정판 울릉도와 독도』 (서울, 2007, 단국대 출판부), 152쪽에서 재인용.

24 『光緖9年7月 日江原道鬱陵島新入民戶人口姓名年歲及田土起墾數爻成冊』 (서울대 규장각 도서, No. 17117)

것은 처음 울릉도에 들어간 사람들이 어법보다는 농업에 종사하여, 농토의 개척에 많은 노력을 기울였다는 것을 말해준다.

3. 일본 정부의 대응과 일본인들의 철수

위에서 살펴본 것처럼, 조선의 조정은 1881년 5월에 이루어진 강원 감사 임한수林翰洙의 장계를 통해서 일본인들의 울릉도 자원 수탈 사실을 알게 되었다. 그러자 정부에서는 이규원을 검찰사로 내정하였으나, 1년 가까이 그 부임이 지체되었다. 그 사이에 조선 정부는 예조판서 심순택沈舜澤이 일본의 외무경外務卿 이노우에 가오루井上馨에게 아래와 같은 서한을 보내 항의를 하였다.

〔자료 7〕

「삼가 조회하는 바는, 우리나라 강원도 관찰사의 보고를 접하건대 울릉도의 수토관이 순검할 즈음 귀국 사람 7명이 그 섬에서 목재를 작벌斫伐하여 쌓아두고 곧 원산항과 부산항으로 운송하려 한다 하였습니다. 대체로 이 울릉도는 삼한 때부터 본국에 소속되어 있어 토지와 물산이 본국의 『여도輿圖』에 상세히 실려 있습니다. 아조我朝에 이르러서는 바닷길이 위험한 까닭으로 거민을 철수시키고 땅을 비워 봉식封殖 장양長養하고 관리를 파견하여 순찰함을 해마다 상례로 삼았는데, 옛 번폐(藩蔽, 울타리)를 중히 여기고 강계疆界를 튼튼하게 하는 도리에서 그렇게 하지 않을 수 없었던 것입니다. 지금부터 1백 89년 전인 계유년(癸酉年, 1693)에 귀국 인이 섬의 이름을 착인錯認한 일로 여러 차례 문서가 왕복하다가 마침내 귀정歸正이 되었고, 귀국에서는 어민에게 신칙하여 그 섬에 들어가서 고기를 잡는 일을 영구히 허가하지 않겠다고 하여 그 문서가 아직도 국가의 전고典故에 실려 있어 참고할 수 있습니다. 그런데 이번에 귀국 사람들이 아무것도 모르고 들어와서 작벌한 것은 그 나

송병기 : 위의 책, 152-153쪽.

라 경내에 들어가면 먼저 국금國禁부터 묻는다는 뜻에 흠결이 있는 일입니다. 또 교린에는 성신이 소중한 것인 만큼 양梁나라에서 초楚나라의 고미菰米에 물을 대주고 진晉나라에서 오吳나라의 사냥감을 돌려준 일은 어찌 오늘날 서로 권면할 바가 아니겠습니까? 이에 이상과 같이 개진하오니 바라건대 귀 정부에서는 변금邊禁을 엄히 신칙하여 왕래하는 선박으로 하여금 다시는 규정을 무시하고 잘못을 답습하지 못하게 하고 양국의 신뢰를 더욱 돈독히 하여 영구히 침체됨이 없게 하기를 깊이 바라는 바입니다.」[25]

1881년(고종 18년) 6월에 일본 측에 이런 항의 서한을 전달했다는 것은 조선 정부가 임한수의 장계를 그만큼 무겁게 받아들였음을 나타낸다. 곧 일본인들이 울릉도의 자원을 탈취하고 있던 사실을 매우 심각하게 보고 있었다는 것이다. 이런 상정이 가능한 까닭은 일본인들의 울릉도 잠입을 영토의 침략으로 간주했기 때문이다. 이것은 자료 5의 단락 (4)에서 제시한 바 있는 이규원이 울릉도 검찰을 마치고 돌아와서 고종에게 그 결과를 보고하면서 나눈 대화에 그대로 드러는데, 그 부분을 거듭 인용한다면 아래와 같다.

「(고종이) 하교하기를, "이 내용을 총리대신과 시임時任 재상들에게 이야기하여 주어라. ㉮ <u>지금 보니 한시라도 등한히 내버려둘 수 없고 한 조각의 땅이라도 버릴 수 없다.</u>"라고 하니, 이규원이 아뢰기를, "이 전교를 일일이 총리대신과

---

25 "謹玆照會者, 即接我江原道觀察使所報, 則蔚陵島搜討官巡檢之際·有貴國人土名, 在其島伐木積置, 將送于元山釜山港云, 蓋此蔚陵島, 粤自三韓·係在本國土地物産, 詳載於本國輿圖, 逮我朝, 以海路危險, 撤其居, 空其地, 封殖長養, 而派官審検, 歲以為常, 重舊蔽固疆圉之道, 不得不然爾, 前此一百八十九年癸酉, 以貴國人錯認島名事屢度往復, 竟至歸正而自三八七 貴國飭于海民, 永不許入往漁採, 其書尙載在掌故可按也, 令此貴國人之懵然来研, 有缺入境問禁之義, 且交隣貴誠信, 梁灌楚菰, 晋還呉猟, 豈非今日之所相勉者乎, 玆庸開陳, 望貴政府嚴申邊禁, 俾還往般舶更舟得昧例踵誤益篤 両國之孚永久無替, 深所幸也耑此前付."
『日本外交文書』 事項 10「朝鮮國蔚陵島へ邦人渡航禁止ノ件」(東京, 1941, 日本國際連合協會), 387-388쪽.

시임 대신들에게 알려주겠습니다. ㉯ 설사 한 치의 땅이라도 그것은 바로 조종祖宗의 강토인데 어떻게 등한히 내버려둘 수 있겠습니까?"라고 하였다.」[26]

이 대화는 자료 7의 서한을 보내고 1년 가까운 세월이 흐른 다음에 행해진 것이었다. 하지만 ㉮와 같은 고종의 인식은 17세기 말엽에 있었던 '울릉도 쟁계'를 통해서 형성되었던 영토에 대한 인식이 강하게 남아 있었다는 것을 알 수 있다. 그렇기 때문에 강원도 감사였던 임한수의 보고가 있자, 곧 바로 부호군副護軍 이규원을 울릉도 검찰사로 임명했다고 보는 것이 순리라고 생각한다.

더욱이 이런 인식은 고종뿐만 아니라, ㉯에서 보는 것처럼 이규원도 가지고 있었다. 이것은 당시 일본의 강압에 의해 어쩔 수 없이 개국을 하였으나, 일본의 침략에 대해 깊은 우려를 하고 있었다는 것을 드러내는 증거라고 볼 수 있다.

그런데 조선 정부의 이와 같은 항의에 대해 일본 측은 같은 해 8월에 다음과 같은 회신을 보내왔다.

〔자료 8〕

「삼가 조복(照覆 : 조회에 대한 회답)한 바는 신사년(辛巳, 1881년) 6월 일의 귀함貴函을 접해보니 귀국의 울릉도에 우리 백성들이 들어가서 어업과 벌채를 한 것은 남의 나라에 들어가면 금지의 뜻을 묻지 않을 수 없으니 왕래하는 선박으로 하여금 규칙을 모르고 과오를 답습하지 못하게 함으로써 양국의 신뢰를 더욱 든든히 하자는 내용이 있었습니다. 문서의 사연은 모두 살폈습니다. 이는 우리 정부가 일찍이 듣지 못한 일에 속하므로 즉시 사실을 조사하여 양국의 두터운 우의에 장애가 되지 않게 하겠습니다.」[27]

---

26 "教曰 以此意言於總理大臣及時相也. 以今觀之 不可一時等棄 雖片土 不可棄也. 奎遠曰 以此傳教 這這傳諭於總理大臣及時任大臣矣. 雖尺寸之地 乃是祖宗疆土 何可等棄乎."
『高宗實錄』 高宗 19年 6月 己未(5日) 條.

이 회신은 항의 서한의 대상이었던 외무경 이노우에 가오루가 보낸 것이 아니라 외무 대보外務大輔였던 우에노 가케노리上野景範가 보낸 것이다. 여기에서 그들은 조선 측의 항의에 대해, "이는 우리 정부가 일찍이 듣지 못한 일에 속하므로 즉시 사실을 조사하여 양국의 두터운 우호에 장애가 되지 않게 하겠습니다."라는 애매모호한 답신을 하였다.

그런데 그들이 이렇게 조사를 하겠다는 답신을 보내기까지 두 달 가까운 시간이 걸렸다. 이것은 앞에서도 지적한 것처럼 일본인들 중에서 일부는 '죽도'라고 부르고 일부는 '송도'라고 부르고 있어 섬 이름의 혼란이 있는 것으로 판단되자, 외무성에서 그 섬에 대한 조사를 기타자와 세이세이北澤正誠에게 위탁한 것과 깊은 관련을 가지고 있다.

기타자와는 자신이 조사한 것을 정리하여 『죽도고증竹島考證』이란 보고서를 1881년 7월 26일(양력 8월)에 외무성에 제출했다. 그의 이 보고서는 한국과 중국, 일본의 관계 자료를 총체적으로 검토한 것이었다. 그리하여 그는 이것을 요약한 「죽도 판도 소속고竹島版圖所屬考」를 별도로 외무성에 제출하였는데, 이곳에서 다음과 같은 결론을 내리고 있다.

〔자료 9〕

「또 송도는 고대 한국인이 울릉도라 칭한 곳으로, 달리 죽도라고 칭하는 것이 있을지라도 조그마한 소도에 지나지 않음을 알게 되어 사정은 더욱 명료해졌다. 이로써 보면 오늘의 송도는 즉 겐로쿠元祿 12년(1699년)에 칭한 바의 죽도로서 옛날부터 우리의 판도 바깥의 땅임을 알 수 있다.」[28]

---

27 "謹玆照覆者 卽接辛巳六月 日貴函, 貴國蔚陵島 有我民人入往漁採者 缺入境問禁之義, 俾還往船舶 更勿得昧例踵誤, 益篤兩國之孚 書意具悉 此寔係我政府未曾聞之事. 卽當調査事實 要俾莫碍於兩國厚好也."
『日本外交文書』 事項 10「朝鮮國蔚陵島へ邦人渡航禁止ノ件」

28 "又松島ハ古代韓人稱スル處ノ欝陵島シニテ他ニ竹島ト稱スル者アルモ蕞爾タル小島ニ過キセルヲ知リ事情愈明了ナリ由此觀之ハ今日ノ松島ハ即チ元祿十二年稱スル所ノ竹島ニシテ古来我版圖外ノ地タルャ知ルヘシ."

기타자와는 이런 결론을 추출하기 위해, 울릉도를 조선의 땅으로 본 자료들과 일본의 땅으로 본 자료들을 일일이 찾아서 열거하였다. 그런 다음 '울릉도 쟁계'에서 막부가 본국으로부터의 거리를 근거로 하여 조선의 영토로 인정했었다는 사실을 제시하면서 일본의 판도가 아니라는 것을 구명하였다.

여기에서 그가 울릉도를 일본에 속하지 않는다고 본 것은 독도도 마찬가지로 일본의 판도 바깥이었음을 인정했다고 볼 수 있다. 왜냐하면 울릉도뿐만 아니라 당시 일본에서 '송도'라고 부르던 독도까지 하나의 세트로 간주하고 있었기 때문이었다.[29] 그러므로 외무성에서 울릉도에 대한 조사를 할 때까지만 해도, 일본에서는 독도를 울릉도에 부속된 섬이란 인식이 널리 일반화되어 있었음을 알 수 있다.

일본 외무성은 기타자와의 이와 같은 보고에 입각하여 조선 측의 요구를 수용하겠다는 의사를 전달해 왔던 것이다. 그렇지만 외무성의 이런 약속이 있었음에도 불구하고 일본인들에 의한 울릉도의 자원 수탈은 그치지 않고 있었다. 그것은 앞에서 살펴본 이규원의 『울릉도 검찰일기』에 잘 드러나 있다. 그렇게 되자, 조선 측에서는 이규원의 보고를 기초로 하여, 1882년 6월에 접어들어 거듭 일본인들의 울릉도 출입 금지를 요청하였다.

〔자료 10〕

「삼가 이에 조회하는 것은 우리나라 울릉도의 경계 (문제)가 아닙니다. 최근에 귀국인이 나무를 벌채하고 있으므로 일찍이 서계를 올려 귀 조정에서 허가를 금지하여 주도록 했습니다. (이번에) 우리나라에서 파견한 검찰 이규

『日本外交文書』 事項 10 「朝鮮國蔚陵島へ邦人渡航禁止ノ件」 161. 朝鮮國蔚陵島ノ儀ニ付朝鮮政府へ送輸ノ儀上申ノ件. 添附書2. 北澤正誠稿「竹島版圖」所屬.(東京, 1941, 日本國際連合協會), 394쪽.

29 김화경 : 『독도연구(7)』 (경산, 2009, 영남대 독도연구소), 24-26쪽.

원이 섬의 경계를 둘러보고 귀국하여 말하기를 (귀국인의) 벌목이 이에 이전에서 고쳐지지 않았다고 합니다. 만약 귀 조정의 금지가 미치지 않거나 범법 행위가 없어지지 않으면 신의에 대한 의심이 커집니다. 서한으로 묻겠습니다. 바라는 바는 귀 조정이 조사하여 법을 만들고 조용히 일러서 엄하게 막아주어서 이전의 잘못을 되풀이하지 않는다면 다행입니다.」[30]

이것을 보면, 일본 외무성이 1881년 8월에 "사실을 조사하여 양국의 두터운 우의[厚好]에 장애가 되지 않게 하겠습니다."라고 한 약속은 실행에 옮겨지지 않았다는 것이 분명해진다. 따라서 이러한 약속은 외교적인 수사에 지나지 않는 것이었다고 할 수 있다. 그리고 외무성의 이런 태도는 기타자와 세이세이가 '죽도'라고 불러오던 울릉도를 '송도'라고 지칭하여, 이곳을 일본의 판도 바깥으로 인정을 하면서도 명칭의 혼란을 용인하고 있었던 것과 궤軌를 같이 하는 것이 아닐까 한다.

이렇게 되자, 그 해 12월 19에 일본의 외무경인 이노우에 가오루가 태정대신 산죠 사네토미三條實美에게 「우리나라 사람의 울릉도 도항 금지에 관한 상신上申 및 결제」를 받아, 변리공사辨理公使 다케조에 신이치로竹添進一郎에게 아래와 같은 취지를 조선 정부에 전달하도록 지시했다.

〔자료 11〕

「삼가 조회한 것에 대해 본국 외무경의 훈시를 받았습니다. 전임 조선국 예조판서 이회정李會正이 임오(壬午, 1882)년 6월 조회하여 이르기를 "귀국 인민이 울릉도에 들어가 수목을 작벌하고 있으니, 이를 조사하여 당면 금하여 달라." 고 했습니다. 아마도 변두리의 백성들이 몽매하여 재차 전철을 밟아 이를 범하는 자가 있다고 하는데, 그 지방에 가서 조사하라는 글을 보내고, 우리나라

30 "謹玆照會者敝邦之欝陵島 非間界也. 頃因貴國人斫樹伐木 早奉書契.籍蒙 貴朝廷另許禁止. 敝邦委遣検察使李奎遠 周視島界歸 言斫採仍前無改. 豈貴朝廷不及立禁 而民猶冒犯否 疑深訝滋 耑函奉質 望貴朝廷照諒設法 婉諭嚴防 毋蹈前謬幸甚." 『日本外交文書』 事項 10「朝鮮國蔚陵島へ邦人渡航禁止ノ件」

영사관에도 조사하여 양국 우호조약에 비추어 보아 또한 국법에 준하여 징벌 한다는 것을 본 변리공사로 하여금 그들을 조회하게 했습니다.」[31]

이 회신 역시 외교적인 수사에 그쳤다는 데는 변함이 없다. 이렇게 보는 이유는 당해 지방에 가서 조사를 하여 울릉도에 건너가지 않도록 하겠다는 것은 실천보다 말이 앞선 처사였기 때문이다. 정말로 밀항자들을 처벌할 의사가 있었다면, 울릉도 도해를 감행하고 있는 시마네현島根縣이나 후쿠오카현福岡縣, 야마구치현山口縣 등에 보다 강력한 조치를 취해야 마땅했다. 하지만 그들은 말로는 우호를 앞세우면서도 실제로는 그냥 방치하겠다는 태도를 견지했던 것으로 보인다.

일본 측은 이처럼 자국민들에 의한 울릉도의 자원 수탈에 대해 미온적으로 대응했었다. 이것은 태정대신 산죠 사네토미와 사법경司法卿 오키 다카토우大木喬任에 대한 참사원 의장 야마가타 아리토모山縣有朋의 대리 참의 마쓰가타 마사요시松方正義의 아래와 같은 결재 안에 잘 표현되어 있다.

〔자료 12〕

「북위 37도 30분, 동경 30도 49분의 바다 가운데 위치한 하나의 도서 즉, 일본 명칭 죽도竹島 혹은 송도松島, 조선 명칭 울릉도鬱陵島의 건은 예로부터 어느 쪽의 영토所領로 확정하지 않았지만, 우리 게이쵸 년간慶長年間 소宗 대마도 태수對馬守가 조선 정부에 조회照會하여 소속론所屬論을 제출하였음에도 그 뜻을 관철시키지 못하였다. 그 후 겐로쿠元祿 6년(1683)부터 동 12년(1689)에 이르기까지 7년간 수회에 걸친 (서계의) 왕복을 거쳐 마침내 두 정부政府

---

31 "謹玆照會者 頃奉本國外務卿訓示開准據 前任朝鮮國禮判書李會正 壬午年六月照會內稱 貴國人民往欝陵島斫採樹木等 繇查比事富經申禁在案 惟恐邊民蒙昧再蹈前轍嗣後倘有犯者由 該地方一經查出應送交 附近我國領事官處按照兩國修好條規並擬我國法律懲辦等 因本辦理奉此遵即照會貴政府查照可也爲此照會順頌."
『日本外交文書』 事項 10 「朝鮮國蔚陵島へ邦人渡航禁止ノ件」

에서 그 소속론所屬論을 확정하였던 것이다. 이 점에 대해서는 별책 '죽도판도 소속고竹島版圖所屬考'에 기재된 것과 같다. ㉠ 우리 인민이 이 섬에 도항한 일은 없었을 터이지만 오랜 세월 동안 교활狡黠한 빈민細民 혹은 몰래 들어가서 어업을 하거나 혹은 벌목을 하는 자가 가끔 있었다고 추정된다. 이는 별지 갑호甲號의 조회가 있었던 까닭이다. 그렇기는 하지만 ㉡ 그 지리적 위치地位를 보면 우리 오키국隱岐國과는 거리가 아주 멀리 떨어져 있지는 않다. 이와 같이 우리나라에서 호칭하는 것은 흡사 우리의 지명과 다르지 않으므로 순전히 우리 영토所領라고 오인하는 경우 또한 깊이 책망할 수 없다. 그러므로 ㉢ 외무경外務卿이 신청하고 내무경內務卿으로부터 각 지방장관地方長官에게 고지告諭하여 인민이 주의를 듣지 않은 경우 타일러 훈계告戒하고자 하는 것은 지당한 일이다. 다만 그 금령禁令을 어기고 밀상密商을 하는 자는 무역규칙貿易規則 제9칙에 의거하고, 수목을 도벌하는 자는 형법刑法 제373조에 비추어 처분하기를 바란다는 취지가 상신上申 추서追書에 있다. 위의[32] 무역규칙에 의거하여 처분하는 것은 당연한 일이지만, ㉣ 형법 373조는 단지 죽목竹木, 광물鑛物, 강江, 못澤, 호수湖, 바다海에서 다른 사람이 키우는 산물産物을 몰래 훔치는 것의 처벌刑에 그치고 있다. 우리 국금國禁을 어기고 외국으로 갔다고 운운하는 자를 처벌하는 것은 정조正條에는 없는 것처럼 보인다. 그렇지만 ㉤ 밀상密商을 하는 자는 무역규칙에 중경죄重輕罪를 범하는 자는 우리 형법刑法에 의해 처분 가능하다는 것을 사법경司法卿으로부터 각 재판소에 내훈內訓을 보낸 것은 타당하다고 시인한다.」[33]

---

32 이 문장은 세로로 되어 있으므로 오른쪽(右)라고 하였으나, 여기에서는 '위'로 번역하였음을 밝혀둔다.

33 "北緯三十七度三十分東経百三十度四十九分ノ洋中エ位スル一ノ島嶼　即チ日本稱竹島或ハ松島 朝鮮稱蔚陵島ノ儀ハ 往古敦レノ所領タル確定セスト雖モ, 我慶長年間宗對馬守ヨリ 朝鮮政府ニ照會シ 所属論ヲ提出シタレトモ 論旨徹セス共後 元祿六年ヨリ同十二年ニ至ル迄 七年間數回ノ往復ヲ経テ 遂ニ兩政府ニ於テ 其所属論ヲ確定シタルコロトハ 別册竹島版圖所屬考記載ノ通タり付テハ 我人民該島ニ渡航スル儀ハ無之筈ナルドモ 悠久ノ歳月間狡黠ノ細民 或ハ竊カ二往テ漁業ヲナシ 或ハ伐木ヲナス者往々有之ト察セラレタリ. 是別紙甲號ノ照會アル所以ナリ 然リト雖モ 其地位タル我隱岐國ト距離甚タ相遠カラス如之 我國ニ於テ稱呼スルコト恰モ我地名ト異ナラサルヲ以テ 純然タル我所領ト誤認スルモ亦深ク咎ム可カラス. 故ニ外務卿ハ申請シテ内務卿ヨリ 各地方長官ニ告諭シ 人民心得違アル者ヲ 告戒セシメントスルハ至當ノ事トス. 但其禁令ヲ犯シ密商ヲナス者ハ貿易規則第九則ニ照シ 樹木ヲ盜伐ス

이런 결재를 한 참사원은 1881년에 설치되어, 법률의 제정·심사와 행정관과 사법관, 지방의회 및 지방관의 권력 분쟁의 재정裁定 등을 맡았던 기관이었는데, 1885년에 내각제도 창설에 따라 폐지되었다.[34] 이와 같은 기관에서의 결재는 현재의 내각에 해당되는 태정관에서 이루어진 외교적인 조처에 대한 것이었다고 할 수 있다.

사법경의 결정에 대한 이 결재안決裁案의 밑줄을 그은 ㉠에서는, "우리 인민이 이 섬에 도항한 일은 없었을 터이지만 오랜 세월 동안 교활한 빈민 혹은 몰래 들어가서 어업을 하거나 혹은 벌목을 하는 자가 가끔 있었다고 추정된다."라는 지적은 아무래도 납득이 되지 않는다. 그 까닭은 일본인들이 여기에서 자원을 탈취하고 있다는 조선 정부의 항의를 받고, 그 섬에 대한 소속을 조사한 다음에 내린 사법경의 조처에 대해, 참사원이 그것을 결재하면서도 자국민들이 울릉도에 잠입하여 자원을 수탈하고 있었음을 인정하지 않으려는 태도를 취한 것은 그들의 조선 침략에 대한 숨은 의도를 드러낸 것이라고 볼 수 있기 때문이다. 이것은 그들이 강화도 수호조약의 체결을 계기로 해서, 조선에 대한 침략을 노골화하고 있었다는 사실을 나타내는 것이어서 관심을 끈다.

그들은 이러한 침략 의도를 ㉡을 통해 기정사실화하고 있다. 곧 거리도 오키도에서 멀리 떨어져 있지 않고 호칭 또한 자기들 식이므로 일본 땅으로 생각을 하는 것을 책망할 수 없다는 것이다. 이렇게 보는 경우에는 기타자와 세이세이가 노력을 경주하여 조사한「죽도 판도 소속

ル者ハ刑法第三百七十三條ニ照シ處分セシメンコトヲ請フノ趣上申追書ニ有之. 右貿易規則ニ據リ 處分スルハ當然ナリト雖モ 刑法三百七十三條ハ 單ニ竹木鑛物川澤湖海ニ於テ人ノ生養シタル産物ヲ竊取スルヲ刑スルニ止リ 我國禁ヲ犯シ外國ニ赴キ云々シタル者ヲ刑スルノ正條ニ非サルニ似タり. 然レハ密商ヲナス者ハ貿易規則ニ重軽罪ヲ犯ス者ハ 我刑法ニ據リ處分可致旨司法卿ヨリ各裁判所ヘ内訓有之方妥賞ナリト認視ス."

『日本外交文書』事項 10「朝鮮國蔚陵島ヘ邦人渡航禁止ノ件」

34 松村明 監修:『大辭林』(東京, 2000, 三省堂)

고」는 그 의미가 희석될 수밖에 없었다. 말하자면 남의 나라 영토에 잠입하여 자원을 약탈하는 행위를 자기 나라 땅으로 오인한 것이므로, 크게 문제될 것이 없다는 논리가 성립된다는 것이다.

그러나 이처럼 자기들의 속내本音[35]을 솔직하게 표현하면서도, 그들은 ㉢에서 내무경이 지방장관에게 "인민이 주의를 듣지 않은 경우 타일러 훈계하고자 하는 것은 지당한 일"로 받아들이고 있다. 이것은 이미 이루어진 일에 대해 추인을 한 것이었다. 그렇지만 ㉣에서 울릉도의 수목을 도벌하는 자는 형법 373조에 의해 처벌을 한다는 것에 대해서는 이의를 제기하였다. 곧 이 조항은 "다른 사람이 키우는 산물을 몰래 훔치는 것의 처벌"이므로, 울릉도에 가서 남의 나라 땅에서 벌목을 하는 것은 이 조항과는 거리가 있다는 것이다. 이와 같은 인식은 자국 내에 적용되는 법률을 타국에 적용하는 것은 문제가 있음을 지적한 것이어서 그들의 속내를 알 수 있게 한다.

그러면서 ㉤에서는 울릉도에서 밀무역을 하는 것에 대해서는 그 처벌이 정당하다는 것을 강조하고 있다. 울릉도에서의 밀무역, 곧 잠상潛商 문제는 이미 그 이전부터 행해지고 있었던 것으로 추정된다.[36] 하지만 이 무렵에 들어와 일본인들의 울릉도 출입이 잦아지면서 밀무역도 한층 더 성행했을 것으로 추정된다.

이 문제는 어찌 되었든 일본 측은 이렇게 문서로는 단속을 약속하였지만, 실제로 자국민의 철수를 단행한 것은 1883년 11월경이었다. 이 당시의 상황을 엿볼 수 있는 외무경 이노우에 가오루가 조선 특명전권공사 하나부사 요시모토花房義質에게 보낸 기밀문서 18호를 소개한다면 아래와 같다.

---

35 일본 문화에서는 본심(本音)과 당위(建前)를 구별하는 것을 당연시하고 있지만, 한국 문화에서는 표리(表裏)가 부동(不同)한 것을 아주 싫어하고 있다. 이러한 문화적 차이를 인정하는 것이 일본의 문화를 이해하는 첩경(捷徑)이 아닐까 한다.

36 김호동 :「조선 숙종조 영토분쟁의 배경과 대응에 관한 검토 - 안용복 활동의 새로운 검토를 위해」『대구사학(94)』(대구, 2009, 대구사학회), 57-90쪽.

〔자료 13〕

「후쿠오카현福岡縣의 부젠국豊前國 기쿠군企救郡 구스바라촌楠原村의 평민 하야세 간페이早瀨岩平라는 자가 인원 80명 정도 인솔하여 금년 2·3월경에 조선국 울릉도에 도항하였다는 것을 소에다副田 영사로부터 보고가 있었던 것에 대해, 내무성과 협의한 위에 후쿠오카 현령縣令으로 전달하여 위의 하야세 간페이早瀨岩平의 친족인 자로부터 배를 보내어 일동을 철수한 끝에, 그 사람들의 진술에 의하면 야마구치현 사족士族 마쓰오카松岡 아무개라는 자 외에 수십 명이 또한 이 섬에 체재하고 있다는 것에 대해, 야마구치현에도 위에서와 같은 수속을 하여 배를 보내도록 전달하였던 바, 동 현에서 마쓰오카 아무개라는 자의 원적原籍을 조사하던 중에 야마구치현의 사람은 한 사람밖에 없고, 다른 현 사람들이 뒤섞여 들어가 현재 수백 명이나 되는 많은 사람들이 산다는 것을 알게 되었습니다. 대체로 당해 섬(울릉도를 가리킴: 인용자 주)에 우리나라 사람의 도항금지의 건에 대해서는 아시는 바와 같이 조선 정부로부터 누누이 조회가 있었고, 그 후에 다케조에竹添 공사가 부임하였을 때에 만약 앞으로 당해 섬에 도항하는 자가 있을 경우에는 우리 영사관에 압송한다면 상응하는 징벌을 하겠다는 취지를 그 정부에 말한 건에 관하여 이후 반드시 도항의 종적을 끊어야만 한다는 것을 희망하였는데, 앞의 현에서와 같이 수백 명의 우리나라 사람들이 그곳에 몰래 (들어가) 살면서 멋대로 벌목과 어채 등에 종사하는 것은 그 나라(조선)에 대해 신의를 잃어버리기에 이르러, 그냥 내버려두기 어려운 건이기에, 그런 줄거리의 재가를 얻어, 특히 증기선을 마련하여 내무성으로부터 히가키檜垣 내무소서기관內務少書記官 외 수명과 당 성에서는 다행히 조선으로 돌아간 아사야마淺山 삼등속을 당해 섬에 파견하여, 별지 갑호와 같이 도장島長과 대화한 결과 동관同官 일행은 이 섬에 체재하는 우리나라 사람을 남김없이(254명) 철수한 것으로 결말을 짓고, 지난달 하순 무사히 귀국했습니다. 더욱이 위의 인민 징계의 건에 대해서는 금년 3월 별지 을병호乙丙號와 같이 내무·사법의 양 성兩省에 전달하는 취지도 있었으며 이에 따라 각각 처분을 할 것으로, 현재 조사하고 있습니다. 위(의 사항)는 지난해 귀관께서 재한在韓 중에 발생하여 일찍이 배려도 해주신 것의 결과에 대한 것으로 참고로 이번에 알려 드리는 바입니다.」[37]

이것은 1883년에 일단 울릉도에 잠입해 있던 일본인들을 철수시켰음을 한국 주재 특명 전권공사에게 알리는 기밀문서이다. 이와 같은 철수 사실을 확인하기 위해서 밑줄을 그은 곳에서 보는 것처럼, 당시 울릉도 도장島長을 맡고 있던 전석규全錫奎로부터 일본인들의 철수 사실을 알린 다음, 그것을 확인하는 서계書契까지 받은 것으로 되어 있다.

그런데 그 당시에 철수시킨 일본인들이 254명이었다는 데 주목할 필요가 있다. 그 전해에 이루어진 이규원의 울릉도 검찰 시에 확인된 일본인들이 78명이었는데, 그 1년 후에는 254명으로 늘어났다는 것은 일본인들로서는 울릉도의 자원 수탈이 그만큼 돈을 벌 수 있는 기회가 되었음을 나타낸다.

이와 같은 사실은 일본 당국이 아무리 신의를 앞세워 잠입을 금지한다고 하더라도 울릉도의 자원 탈취가 그만큼 돈벌이가 되었으므로, 일본인들은 거기에 눈독을 들이지 않을 수 없었다는 것을 뜻한다. 이런 의미에서 당시에 일본인들은 자국의 국력을 앞세워 조선의 이권 획득에 혈안이 되어 있었고 할 수 있다.

---

37 "福岡縣下豊前国企救郡楠原村平民早瀬岩平ナル者　人数八十名程引率　本年二三月頃朝鮮国蔚陵島ヘ渡航致候旨副田領事ヨリ報知有之候ニ付　内務省協議之上福岡縣令ヘ相達　右早瀬岩平親族之者ヨリ　迎船差出シ一同為引揚候末, 該人等之申立ニ因レハ　山口縣士族松岡某ナル者外数十名　尚該島ニ滯居之由ニ付　山口縣ヘモ　前同様之手續ニテ　迎船差立方相達候處　同縣ニテ松岡某之原籍取調中　独リ山口縣下之者而已ニ無之. 他縣人人雜リ　現ニ数百名之多キニ及居リ候趣相分リ候. 一體該島ヘ御国人渡航禁止之義ニ付テハ　御承知之通リ　朝鮮政府ヨリ　屢々照會有之, 其後竹添公使赴任之際　若今後該島ヘ渡航之者有之候節　我領事館ヘ押送セハ相当之懲辨可致旨, 彼政府ヘ為申入候義ニ付　以後必ス渡航之蹤跡ヲ絶ツベク企望之折柄, 前顯之如ク　数百名之御国人　彼地ニ潜居, 妄リニ伐木漁探等ニ従事候テハ　彼国ニ對シ信義ヲ缺クニ至リ　難捨置義ニ付　其筋之裁可ヲ遂ケ, 特ニ蒸気船ヲ仕立　内務省ヨリ　檜垣内務少書記官外數名　當省ヨリハ幸ニ歸朝致居候淺山三等属ヲ該島ニ派遣シ, 別紙甲號島長ト對話之末　同官之一行ハ　該島滞在之本邦人不殘(二百五十四名)引纏. 去月下旬無恙歸着致候　尤モ右之人民懲辨之義ニ付テハ　本年三月別紙乙丙號之通リ 内務司法兩省ヘ内達之趣モ有之候間　之ニ據リ夫々處分可致筈ニ　而日下調査中ニ有之候　右ハ先年貴官御在韓中ニ相發シ　曾テ御配慮モ有之候件之結果ニ付　御參考迄ニ此段及御報道候也."
『日本外交文書』 事項 10「朝鮮國蔚陵島ヘ邦人渡航禁止ノ件」

4. 울도군 설치와 독도 관할

위에서 고찰에서 보는 것처럼, 조선 측에서는 일본인들의 울릉도 자원 수탈에 대해 끊임없이 이의를 제기하고 있었다. 그리고 일본 측도 미온적이긴 했으나, 그에 대한 대응 조처를 취한 것도 사실이었다. 하지만 그렇다고 일본인들의 불법적인 자원 수탈이 종식된 것은 아니었다. 그 후에도 그들의 울릉도 주민들에 대한 행패와 자원의 수탈은 계속되었다. 이런 사실은 울릉도에 군郡을 설치하기 전인 1900년(광무 4년) 3월 14일에 내부대신 이건하李乾夏가 외부대신 박제순朴齊純에게 보낸 「내부거래안內部來去案」의 조회照會 제6호를 통해서 확인이 된다.

〔자료 14〕

「울릉도 도감島監 배계주裵季周의 보고서를 접한 즉 봉해진 문서의 내용을 열어보니,

(1) "본섬에서 관리하는 느티나무를 일본인에게 빼앗긴 것에 대해 이미 두 차례 보고한 바가 있은즉 엎드려 생각하건대 통촉하셨을 것인데 일본인들이 벤 느티나무라는 것은 곧 전 도감 오성일吳聖一이 발급해준 문자에 의한 것에 불과합니다. 이같이 한 때에 도감이 마구 팔아치운 공물公物은 이미 근거가 될 수 없으니, 이것을 만약 금단하지 않는다면 섬 주민이 안정을 보장받기 어려움이 있습니다. 그러므로 아울러 섬 주민과 함께 만류하여 그치게 하려고 하지만, 경계經界를 정해놓지 않아 꾸준히 베어내고 있습니다.

(2) 스스로 돌이켜보건대 본섬의 세력 강약은 두드러지게 다릅니다. 8월, 9월 두 달에 이르러 일본인이 또 베어 낸 것이 천여 그루에 이른즉 그 보호하는 처지에 있어 앉아서 완전히 빼앗길 수 없어 몸소 부部의 뜰에 나아가 기다려 근본 사유를 아뢰어 진달하기 위해 출발했으나 일본인이 사방에 흩어져 수직守直을 각 곳의 항구에 풀어 출입하지 못하게 하니 진실로 답답하고 민망스럽습니다.

(3) 또한 일본인이 이르기를 작년에 재판을 한 후로 판 곳買處의 기록文字 때문에 도리어 송사를 당하게 되었다고 하면서, 재판비용 수만 원을 도감으로부터 징수하겠다는 뜻으로 위협하며 잡아가겠다고 하므로 부득이 가산을 다 털어 넣었는데도 태반이 부족했습니다. 바야흐로 일본인에게 곤욕을 당할 즈음에, 섬 주민들이 어떻게 논의를 시작하였는지 각각 전곡錢穀을 내어 위의 돈을 갚아주어 겨우 화를 면했습니다.

(4) 지난 8월 어느 날에 사검司檢 김용원이 제익선濟溺船을 만드는 일로 농상공부훈령을 가지고 와서 느티나무 80그루를 베었고, 동 김용원은 이때를 빙자하여 일본인에게 느티나무를 팔아먹으려고 하던 차에 돈을 빌려[債錢] 3000여 냥을 내어 쓰고 일본인과 접촉하여 본섬에 함께 도착하여 장차 느티나무를 함부로 베려고 하므로 나무를 베는 것을 허락하지 않은 즉 이른바 사검이 일본인의 채무[日債] 독촉에 견디기가 어려워 잠시 그렇게 하였다고 하면서 죽기로써 간청하였습니다. 그러므로 일의 상황이 어떻게 전개될지 예측하지 못한다고 생각되어 섬 주민에게 꾸어서 위 항목의 일본인 채무를 갚았습니다. 김용원의 일은 아직 결말이 나지 않았습니다.

(5) 그러므로 대략 시말을 진술하였거니와 멀리 떨어져 치우친 모퉁이에서 직무를 받들 수 없는 곳이 이 울릉도입니다. 보호하는 절차가 오로지 느티나무에 의지하고 섬 주민이 땔나무하는 것도 여기에 말미암은즉 긴요하고 중대한 것이 다른 것과는 아주 구별됩니다. 다만 엎드려 생각하건대 마무리 일은 처음부터 팔아서 국가 재용에 보충하는 것이 낫고 일본인에게 재판에 든 비용[浮費] 수만 원을 징수당한 것과 사검이 섬 주민에게 갚는다는 조건으로 꾸어 쓴 명목 3000여 냥을 만약 갚아 시급하지 못하면 하늘과 땅 사이에 진실로 얼굴을 들 마음이 없을 것이니 또한 매우 민망하고 가련하여 이에 보고를 드립니다."

이를 확인 조사하온 즉 해당 섬 중에 일본인이 비리를 저질러 불법으로 침범하는 사건의 상황을 이미 우러러 알린 바의 지금 이 행동거지는 더욱 지극히 패악하고 흉악합니다. 이에 우러러 알리오니 밝게 살피신 뒤에 해당 공관公館에 알려 조회하게 하여 해당 일본 난민亂民들의 사리에 어긋난 행동을 금단하고 억지로 징수해간 해당 금액을 돌려주기를 독책하며 해당 섬

속에 거주하는 남녀 인구를 아울러 철수하여 돌아가게 하시고 밝게 교시하시기를 바람.」[38]

이 내부거래안에서 단락을 달리하여 문단을 나눈 부분은 배계주의 보고서를 그대로 옮겨 적은 것이다. 이러한 그의 보고는 당시 울릉도에서 벌어지고 있던 일본인들과의 다음과 같은 행패를 가감 없이 기록한 것이라고 보아도 좋을 것이다.

(1) 일본인들이 도감이었던 오성일의 허가를 핑계로 하여 느티나무를 베어내고 있는데, 그것은 경영하는 땅의 경계가 없기 때문이다.
(2) 이런 사정을 조정에 알리기 위해 도감이 울릉도를 출발하려고 했으나 일본인들의 방해로 그 뜻을 이루지 못했다.
(3) 불법 채벌에 대해 재판을 하여 일본에서 승소를 하자, 일본인들이 그 재

38 「鬱陵島島監 裵季周의 報告書를 接ᄒᆞ온즉 內開
本島所管槻木 見奪於日人事 已有所兩次報告 則伏相洞燭 而日人之所斫槻木者 卽不過前島監吳聖一之許給文字而已 而若一時島監斥賣公物 已是無據 此若不禁斷 則島民有難奠保 故竝與島民 欲爲挽止 則不有經界 一向斫伐 自顧本島勢力 强弱懸絶 至於八九兩朔 日人又爲斫伐者 至爲千餘板 則其在保護之地 不可坐而全奪 以身進待于部庭 告達根由次發行 則日人散四守直於各處港口 使不得出入 誠爲鬱悶. 且日人謂以昨年裁判之後 以其買處文字 反爲得訟 裁判浮費數萬元 徵出於島監之意 威脅促去計料故不獲已 蕩斥家 産太半不足 方爲受困於日人之除 島民如何發論 各出錢穀 以執報右錢 僅爲免禍. 項於八月日 司檢金庸爰 濟溺船造成次 到付農商工部訓令 而來斫槻木八十株 同金庸爰 籍以此時可乘 賣食槻木於日人次 出用債錢三十餘兩 而要接日人 偕到本島 將欲亂斫槻木 故不許斫木 則所謂司檢 難耐日債之督促 暫爲擔當次抵死懇請 故爲念事機之亡測 挪貸於島民 而替報日債上項 司檢金庸爰 尙無發落 故累陳顚末이견과 天涯僻隅奉職來由者 鬱陵一島也 保護之節 專靠於槻木 而島民之樵採 亦由於玆 則緊重與他逈別 第伏念末捎事 則初不如賣捕於國用 而日人處 見徵裁判浮費數萬圓及 司檢所報 島民處貸用條三千餘兩若不報給 則其於覆載之間 果無擡顔之心 亦是爲萬萬悶憐 玆用報告等因이라 此를 准査ᄒᆞ온즉 該島中 日本의 非理橫侵ᄒᆞᄂᆞᆫ 事件을 業已仰佈ᄒᆞ온바 今此擧措ᄂᆞᆫ 尤極駭悖라 玆以仰佈ᄒᆞ오니照亮ᄒᆞ신 後 該公館에 知照ᄒᆞ시와 該日本亂民悖擧를 禁斷ᄒᆞ고 該動徵錢額을 責還ᄒᆞ고 該島中所住ᄒᆞᆫ 男女口를 幷爲撤還케 ᄒᆞ시고 示明하시믈 爲要事.」
신용하 편저 :『독도영유권자료의 탐구(3)』(서울, 2000, 독도연구보전협회), 55-56쪽.

판 비용을 청구하여 어쩔 수 없이 주민들의 도움을 받아서 갚아주었다.

(4) 사검 김용원이란 자가 배를 만든다고 하면서 농상공부로부터 허가를 얻은 다음, 그것을 구실로 일본인들에게 돈을 빌린 대가로 느티나무를 팔았으나, 섬사람들의 도움으로 그 빚을 갚았다.

(5) 울릉도는 멀리 떨어져 있어 직무를 수행할 수 없는 곳이고, 일본인들에게 그냥 빼앗기는 것보다는 파는 것이 나으며, 그렇게 해서라도 김용원이 빌린 3000여 냥을 갚는 것이 좋겠다.

이상과 같은 보고에는 당시에 울릉도에서 일본인들이 자행하고 있던 만행의 일단이 여실하게 드러나 있다. 곧 그들은 벼슬아치들에게 돈을 바치거나 빌려준 다음, 그것을 빌미로 느티나무를 마구잡이로 베어냈다. 그리고 심지어는 재판에서 승소하자, 그 비용까지 울릉도 도감에게 받아내는 행패를 부렸다. 게다가 도감이 이 사실을 관계 부서에 알리기 위해 출발하는 것도 중간에서 막아 버렸다.

이쯤 되면 울릉도가 대한제국의 영토였는가를 의심해도 좋을 정도가 아닐까? 곧 그들은 몰래 잠입하여 남의 나라 자원을 도적질하는 데 그친 것이 아니라, 한국의 관리를 무시하고 마음대로 자원을 수탈했었다는 것이다. 이런 처지에서 손발이 되는 하급 관리들을 거느리지 않았던 도감이 울릉도를 제대로 관할할 수 없었던 것은 너무도 자명하다.

이와 같은 배계주의 보고를 근거로 하여 내부대신이 요청한 건에 관해, 외부대신 박제순朴齊純과 일본 공사公使가 울릉도에 머무는 일본인들에 대한 공동 조사를 결정하였다. 이때에 파견되었던 사람은 내부 시찰관內部視察官 울도鬱島 시찰위원 우용정禹用鼎과 감리서監理署 주사 김면수金冕秀, 해관海關 세무사稅務司 프랑스인 라뽀르떼(E. Laporte, 羅保得), 해관 세무사 방변幇辨 김성원金聲遠, 일본 부영사 아카쯔카 마사스케赤塚正輔, 일본 경부警部 와타나베 다카지로渡邊鷹治郎, 한국인 보호 순검保護巡檢

신태현申泰鉉, 김형욱金亨郁, 그리고 일본인 보호 순검 2명이었다.

이들은 울릉도에 들어가 6월 1일부터 3일까지 한국인들과 일본인들을 직접 불러서 조사하였고, 그것을 『울릉도 재류 일본인 조사 요령, 한일인 분일사문韓日人分日查問』으로 요약하였다. 이 보고서에 의하면, 일본인들은 앞에서 제기되었던 문제에 대하여 구차한 변명들을 늘어놓았다. 이에 반해 도감 배계주의 답변은 자기 보고서가 지닌 정당성을 제시하는 것이었다. 예를 들어 (2)항에서 도감의 내왕을 막은 건에 대한 일본인과 배계주의 답변을 보면, 일본인들이 실제로 자행했던 행패의 일단이 명확해진다.

〔자료 15〕

「일인 등이 말한 것에는, "포구를 파수하였다는 일은 처음 (듣는 말로 지금까지) 듣지 못했습니다. 도감이 언제 상경하였기에 포구에서 파수하는 일이 있겠습니까?" …… 중략 ……

배계주가 아뢴 것 중에, "포구를 파수했다는 것은 일본이 도감의 통섭通涉을 금지하고 막아서 부산 통사通事 한익삼韓益三이 본 도감의 부항釜港 세무사와 부방변釜幇辨에게 보낸 서간을 가지고 배에 오를 때에 일본인이 그 서간을 빼앗아 찢어버린 것은 함께 배를 탄 이경언李敬彦이 목격하였으니, 이 서간을 찢어버린 한 가지 일만 보아도, 포구를 파수하여 통섭을 막은 것을 알 수 있습니다."라고 하였다.」[39]

이와 같은 조사 내용 하나만 보더라도 당시에 일본인들이 울릉도에서 한국의 관리를 업신여기면서 부린 망동이 어떠했는가를 알 수 있을 것

39 "日人等所告內 …… 中略 …… 派守津口事ᄂᆞᆫ 初未聞 島監之何日上京이온즉 豈有派守津口之事乎잇가. …… 中略 …… 裵季周所告內에 派守津口ᄂᆞᆫ 日本이 禁阻島監之通涉ᄒᆞ야 釜山通事 韓益三이 本島監의 釜港稅務司及 釜幇辨許 所去書簡을 持ᄒᆞ고 登船之際에 日人이 奪其書 而裂之ᄂᆞᆫ 同船李敬彦이 目擊이온즉 見此裂書一事ᄒᆞ여도 派守津口ᄒᆞ야 禁阻通涉은 可知云."
신용하 편저 : 앞의 책, 103-104쪽.

이다. 이러한 일본인들의 만행은, 당시에 내부 시찰관으로 조사를 주관했던 우용정의 『울도기鬱島記』의 보고서 후록後錄에 다음과 같이 기록되어 있다.

〔자료 16〕

「일본인은 각 마을에 흩어져 사는 자를 합하여 초막 57칸이고, 인구는 남녀를 합해서 144명이었다. 머물러 정박하고 있는 선박은 합하여 11척인데, 내왕하는 상선商船은 정해진 숫자[定數]가 없었다. 모두 바닷가의 동네 입구에 초막을 매고 거주하는데 거의 전부가 물푸레나무로 판자를 만들어 집을 덮고 벽을 둘렀으니, 이미 지난날에 불법으로 나무를 벌목한 것은 다 적을 수가 없었다. 작년 이래로 몰래 벌목한 것이 71그루의 많은 수량이었고, 그 밖에 다른 향나무 및 잡목을 베어서 그릇을 만든 것은 또 일일이 셀 수가 없었다. 1년 안에 감탕나무의 껍질을 벗기어 즙을 내어 반출한 것이 또 1천여 통桶에 모자라지 않으니, ㉠ 만약 또 몇 년을 거주한다면 산에 가득한 수목이 반드시 벌겋게 되고 말 것이다. 또 매양 아무 일도 없는 가운데서 일을 만들어 소란을 일으켜 대립을 조성하는데, 반드시 물푸레나무 몇 그루를 받들어 베도록 허가한 그런 후에야 그쳤으니, 이렇다면 저들이 전후로 몰래 벌목한 것은 모두 이것으로 구실을 삼으려는 계략이었다. 심지어 같이 고래를 잡자고 약속하고는 그 고기와 기름을 나누지 아니하였으며, 혹 규방의 여자를 희롱하고 내정內庭에 돌입하여 우리 백성들을 능멸하고 괴롭히며 하지 않는 것이 없었다. 그런데 ㉡ 도감島監은 단신에 빈손으로 비록 금지시키고자 하였지만 성공할 수가 없었다. 대저 ㉢ 일본인들이 이 섬에 와서 머물면서 만약에 하루를 지낸다면 곧 하루의 피해가 있고, 이틀을 머문다면 이틀의 피해가 있을 것이다. 또 ㉣ 금번 조사 시에 저들이 모두 빠져나가려고 꾸며대는 말로서 변명하였는데 말이 궁하게 되면 또 퇴거함으로서 답을 하니, 원래 맺은 약장約章 이외의 일은 빨리 회담하고 처리하여 즉각 철거하게 한 후에야 도민島民을 보전할 수 있고 삼림을 지킬 수가 있을 것이다. 울릉도를 순시하는 날에 화륜선을 머무르게 하고 육지에 내린 것은 천부동天府洞과 현포동玄圃洞, 태하동台霞洞인데, 태하동에는 관사官舍 여덟 칸이 있어 금년 봄에 수리하였고, 깊은 골짜기는 원형으로 열렸고 지세는 평평하게 펼쳐졌으며 모전(牟田 : 크고 좋은 밭)은 내지(內地 ; 육지)에 못지않았다. 동민洞民들을 초치招致하여 위무하고 타이르며 백성의 고통을 물은 후에 다시 화륜선을 타고 순시하며 지나갈 때, 마침 일본의 상선 4척이 또 들어오고 있는 것을 보고, 다음날 탐문하니 벌목공 40명이 도끼와 톱을 실은 외에 다른 공장工匠 등을 합하여 70명이 육지에 내렸다고 하였으므로, 다시 일본 영사와 더불어 잘못을 의논하면서 일본인들을 엄하게 다스려 불법으로 벌목을 하지 못하도록 할 뜻으로 여러 번 힐난하였는데 선박이 돌아간 뒤에 혹시 어떤 침포侵暴가 있을는지 알지 못하는 지라 불가불 지금 철수하여 돌아가기를 언급한 것이다.」[40]

이것은 한·일 양국의 조사위원들이 조사한 것이 아니라, 우용정이 울릉도에서 직접 보고들은 일본인들에 대한 기록이다. 이러한 이 보고서에는 당시의 일본들이 자원을 어떻게 탈취하고 있었는가 하는 것이 드러나 있다. 곧 그들은 144명이 정착된 생활을 하면서, 느티나무를 벌채할 뿐만 아니라, 향나무와 잡목을 베어냈으며, 또 감탕나무의 수즙樹汁까지 채취하고 있었다. 그래서 우용정은 ㉠에서 일본인들에 의한 피해를 "만약 또 몇 년을 거주한다면 산에 가득한 수목이 반드시 벌겋게 되고

---

40 "日本人之散處各洞者合爲五十七間 男女共一百四十四口 留泊舡隻 合爲十一隻 而來往商舡 則不得定數 皆於海濱 洞口結幕居住 而擧皆槻木於板 盖屋圍壁已往之犯斫不可盡記 自昨年以來 偸斫爲七十一柱之多 外他香木與雜木斫伐 成器亦不可枚擧 一年之內 甘湯木去皮 生汁之運出 亦不下千餘桶 若又住幾年 則滿山樹木 必赭乃已 且海於無中 生事起鬧作梗 則必捧槻木幾株許斫票 然後乃止 此則渠等前後偸斫 皆以此籍口之計也 甚至於同約捕鯨 而不分其肉油 或戱弄閨女 而突入于內庭淩 虐我民無所不至 然島監 則單身空拳 雖欲禁止 莫可得也 大抵日人之來 留本島 若住一日 則有一日之害 留二日 則有二日之害 且今番調査時 彼人皆是遁辭發明 而至於辭窮 亦以退去 爲答原係約章之外 則從速會辦使之 卽爲撤去然後 島民可保 而森林可守也. 島之日 住輪下陸 則天府洞玄圃洞台霞洞 而台霞洞有官舍八間 令春修理 而洞壑圓開地 勢平鋪牟田 不下於內地招致洞民 撫諭問瘼後 更搭輪船巡過之除適 見日本商船四隻 又爲入來 翌日探問 則伐木匠人四十名 裝載斧鋸 而外他工匠等合爲七十餘名下陸云 故更與日領事 議過嚴飭 日人不得犯斫之意 屢屢詰辨 而回船之後恐 未知有何侵暴 則不可不及令撤歸也."
신용하 편저 : 앞의 책, 88-89쪽.

말 것이다."라고 하였고, 또 ㉢에서 "일본인들이 이 섬에 와서 머물면서 만약에 하루를 지낸다면 곧 하루의 피해가 있고, 이틀을 머문다면 이틀의 피해가 있을 것이다."라고 하였다. 이와 같은 지적은 하루 빨리 일본인들을 철수시키는 것이 좋겠다는 것을 나타낸 것이 분명하다.

그러나 ㉡에서 언급하고 있는 것처럼, "도감島監은 단신에 빈손으로 비록 금지시키고자 하였지만 성공할 수가 없었다."라고 하였다. 이것은 명목상으로 울릉도에 도감을 두기는 하였으나 그를 보좌하는 하위직이 없었으므로, 제대로 일본인들을 통제할 수 없다는 것을 말한 것이라고 볼 수 있다.

이러한 우용정의 보고는 울릉도를 '울도군鬱島郡'으로 승격시키는 결과를 초래하였다. 이것이 1900년 10월 25일 대한제국 칙령勅令 제41호로 공포된 「울릉도를 울도로 개칭하고 도감島監을 군수로 개정한 건」이었다.

〔자료 17〕

「제1조 울릉도를 울도鬱島라 개칭하여 강원도에 부속하고, 도감을 군수로 개정하여 관제 중에 편입하고, 군등郡等은 5등으로 할 것.

제2조 군청 위치는 태하동台霞洞으로 정하고, 구역은 울릉 전도와 죽도, 석도石島를 관할할 것.

제3조 개국 504년 8월 16일 관보官報 중 관청 사항란 내 울릉도 이하 19자를 산거刪去하고, 개국 505년 칙령 제36호 제5조 강원도 26군의 6자는 7자로 개정하고, 안협군安峽郡 하에 울도군 3자를 첨입添入할 것.

제4조 경비는 5등 군으로 마련磨鍊하되, 현금간現今間인즉 이액吏額이 미비하고 서사庶事 초창草創하기로 해도該島 수세收稅 중으로 고선姑先 마련할 것.

제5조 미진한 제 조諸條는 본도 개척을 수隨하여 차제次第 마련할 것.

제6조 본령本令은 반포일부터 시행할 것.

광무光武 4년(1900년) 10월 25일

칙勅 의정부議政府 의정 임시 서리 찬정贊政 내무대신 이건하李乾夏」[41]

대한제국이 이런 칙령을 공포한 것은 울릉도에 대한 실질적인 행정권을 행사하겠다는 의사의 표현이었다. 그리고 이처럼 국가 행정권의 행사를 선언한 것은 일본인들로부터 울릉도에 대한 자원 수탈을 막겠다는 몸부림이었다. 왜냐하면 청일전쟁 이후 대한제국은 명목상의 독립만 유지하는 처지에 놓여 있었기 때문이다.[42]

그런데 대한제국은 행정구역 개편을 통하여 '울도군'을 설치하면서, 그 군이 관할하는 지역을 울릉전도와 죽도(竹島 : 지금의 죽서(竹嶼)), 석도石島, 곧 오늘날의 독도라는 사실을 천명하였다. 이것은 앞의 자료 2에서 밑줄을 그은 ③에서 고종이 "혹은 송도·죽도라고 하는데 우산도와 함께 이 세 섬을 통칭 울릉도라고 하였다."라고 했던 것과 정확하게 일치한다. 다시 말해 일본인들이 송도라고 했던 울릉도와 죽도(죽서), 그리고 우산도(독도)를 합해서 울릉도라고 했던 곳에 울도군을 설치하였다는 것이다.

그러므로 대한제국이 울릉도에 '울도군'을 설치한 것은 일본인들의 울릉도 자원수탈을 방어하기 위한 최소한의 행정 조치였다. 그리고 이 행정 개편을 위한 칙령 제41호에서 울도군에서 관할하는 구역에 들어간 '석도'는 그 전에 '우산도'로 불리던 곳으로, 이 당시에 사용되던 첩정牒呈의 양식에 따라 음차音借한 '독도'를 훈차訓借한 '석도'로 표현했다고 보아야 한다.[43] 따라서 독도는 명백하게 한국의 영토로 인식되어 왔으며, 대한제국 칙령 제41호를 통해서 그것을 재확인한 섬이었다고 할 수 있다.

---

41 「대한제국 관보」 제1726호, (1900년 10월 27일)
송병기 : 앞의 책, 193-195쪽.

42 나카쓰카 아키라(中塚明)는 그의 저서 『일청전쟁의 연구』에서, 천황제 정부는 조선의 내정에 대하여 아주 방약무인한, 야만적인 침략·간섭을 했던 것으로 보았다. 따라서 대한 제국은 이미 외세의 영향을 받지 않을 수 없는 처지에 놓여 있었다고 보는 것이 마땅하지 않을까 한다.
中塚明 : 『日清戰爭の研究』 (東京, 19687, 青木書店), 306-316쪽.

43 서종학 : 앞의 논문, 57쪽.

5. 고찰의 의의

대한제국은 1900년 10월 25일 울릉도에 울도군을 설치하는 칙령 제 41호를 공포하였다. 행정구역을 개편하여 이렇게 울릉도에 군을 설치한 것은 일본인들의 울릉도 자원 탈취가 직접적인 원인이 되었다. 그래서 본 장에서는 일본인들이 울릉도에 잠입하기 시작한 1880년 초기부터, 울도군이 설치되기까지의 과정을 살펴보았다. 이 과정에서 밝혀진 사실들을 정리한다면 아래와 같다.

첫째 이규원의 울릉도 검찰에 단초를 제공한 사건은 일본인들의 울릉도 자원 수탈이었다. 강원 감사 임한수의 보고를 받은 조정에서는 이규원을 울릉도 검찰사로 임명하는 한편, 일본 외무성에도 이 사실을 통보했다.

둘째 이규원을 검찰사로 파견하기에 앞서, 고종은 직접 그를 불러 설읍設邑 및 지도의 작성을 하명하였다. 그러면서 울릉도가 세 개의 섬, 곧 송도와 죽도, 우산도로 이루어져 있다는 것을 지적했다. 이와 같은 고종의 인식은 울도군이 관할하는 구역을 울릉전도와 죽도, 석도라고 정한 칙령 41호의 지리적 인식과 일치하고 있어, 우산도가 뒤에 석도로 바뀌었다는 것을 말해주고 있다.

셋째 하지만 이규원은 송죽도 외에 따로 죽도가 있는 것은 아니라고 하여, 고종의 지리적 인식에 받아들이지 않았다. 그리고 그는 성인봉에 올라가 사방을 바라보았지만, 한 점의 섬도 보이지 않았다는 기록을 남겼다. 이것은 그의 검찰 시기가 독도가 보이지 않는 시기였을 가능성이 있기는 하지만, 그의 영토에 대한 인식을 반영하는 것이어서 아쉬움을 자아내게 하는 것도 사실이다. 그렇지만 이규원이 오늘날의 죽서, 즉 죽도는 확인한 것은 그 나름의 의의를 가진다고 보았다.

넷째 조정에서는 이규원 검찰사의 보고로 당시에 울릉도에 들어와 있던 한국인과 일본인들의 실태를 파악하였다. 더욱이 1869년에 일본인 이와자키 타다데루岩崎忠照란 자가 울릉도에 '대일본국 송도규곡大日本國松島槻谷'이라는 표목을 세운 것을 확인하였다. 이런 표목이 세워졌다는 것은 당시 「죽도(울릉도) 도해 금지령」이 내려져 있다는 사실을 알고 있던 일본인들이 자신들의 도해가 금지된 곳이 아니었다는 것을 위장하기 위한 수단이었을 가능성이 있음을 지적하였다.

다섯째 이규원의 보고가 울릉도에 개척령을 내리게 하는 데 지대한 영향을 미친 것으로 보았다. 이런 상정은 『고종실록』에 남아 있는 홍순목의 건의에 바탕을 둔 것이었다. 그리고 1883년에는 마침내 수토정책을 폐기하고 육지 사람들을 이주시켜 울릉도 개척에 나서게 되었다.

여섯째 이 무렵 조선 측의 항의를 받은 일본의 외무성은 그에 상응하는 조처를 취하지 않고 외교적인 수사의 답변을 하는 데 그쳤었다. 특히 참사원에서의 결재안에서는 자국민들의 울릉도에 잠입과 자원 탈취의 사실을 인정하지 않으려는 자세를 취하였다. 이런 자세를 조선 침략의 숨은 의도를 드러낸 것으로 보았다.

일곱째 그러면서 일본 외무성은 기타자와 세이세이北澤正誠에게 위탁하여 울릉도에 대한 조사를 의뢰했다. 그는 1881년 7월에 『죽도고증』이란 보고서와 함께, 이것을 요약한 「죽도 판도 소속고」를 외무성에 제출하였다. 여기에서 그는 죽도는 옛날부터 우리나라의 판도가 아니란 것을 명백하게 했다. 그런데 이런 결론을 도출하게 된 것은 본국으로부터 울릉도까지의 거리에 근거를 둔 것이었다. 따라서 이와 같은 방법을 그대로 원용하는 경우에는 독도는 당연히 조선의 영토로 보았을 것이라는 추정을 하였다.

여덟째 1900년에 들어와 울릉도에 잠입한 일본인들의 행패는 더욱 심해졌다. 울릉도 도감 배계주의 보고를 받은 대한제국 정부는 일본의 관원들과 함께 이러한 행패에 대한 사실여부를 조사하기로 하였다. 그 조사의 결과 그들의 행패는 사실로 드러났다.

아홉째 이와 같은 일본인들의 만행을 저지하는 방법으로, 대한제국 정부는 칙령 제41호를 공포하여 울도군은 울릉전도와 죽도, 석도를 관할한다는 사실을 공표하였다. 이 칙령에서 말하는 '석도'는 고종이 말한 '우산도'로, 오늘날의 독도가 명확하다는 결론을 내렸다. 이러한 결론의 추출에는 서종학의 견해, 곧 당시에 사용되던 첩정牒呈의 양식에 따라 음차音借한 '독도'를 훈차訓借한 '석도'로 표현했다고 하는 주장을 근거로 하였음을 밝혀둔다.

일본의 독도 강탈과 그 부당성

Chapter 10

1. 문제의 제기

일본 측은 지금까지도 시마네현島根縣이 1905년 2월 22일 독도에 '죽도竹島'란 이름을 붙여 자기네 땅으로 편입했던 강탈이 국제법상 정당했다고 강변하고 있다. 쉽게 말해 자기들이 취했던 독도의 강탈이 국제법적으로도 아무런 문제가 없다는 것이다. 바로 이러한 속내를 그대로 드러낸 것이 2008년 일본 외무성에서 만든 『죽도 문제를 이해하기 위한 10의 포인트』란 팸플릿이다. 그들은 이것을 9개국의 외국어로 번역하여 자기들의 홈페이지에 게재함으로써, 독도에 대한 역사적 지식이 부족한 외국 사람들에게 마치 한국 측이 독도를 불법적으로 점거하고 있는 것처럼 선전하고 있다.

이와 같은 일본 측의 태도는 독도를 역사적인 문제, 곧 제국주의적인 영토 팽창의 일환으로 한국을 강제 병합하기 이전에 전략상의 가치 때문에 독도를 강탈했다는 사실을 호도하고, 국제적인 분쟁지역으로 만들겠다는 저의에서 비롯된 것이다. 실제로 그들은 막대한 경제력을 앞세운 홍보 전략을 통해 어느 정도 성과를 거두고 있다는 것도 부정할 수 없는 사실이다.

그러나 세계 제3의 경제대국임을 자랑하는 국가로서 국제사회에서 책임과 의무를 다하기 위해서는 그 경제력에 어울리는 역사적인 인식도 수반되어야 마땅하다. 아무리 쇼비니즘적인 역사관을 가진 일본이라고 하더라도, 상대가 있는 주변 제국과의 역사적인 관계를 무시할 수는 없을 것이다.

그런데도 일본은 오늘날까지 자국의 편의에 따라, 실제로 있었던 역사적인 사실마저도 왜곡하고 있다. 그러한 사실 왜곡의 한 예가 독도 문제이다. 일본 외무성은 『죽도 문제를 이해하기 위한 10의 포인트』의 6에서 "일본 정부는 1905년 죽도를 시마네현에 편입하여, 죽도 영유 의사를 재확인했습니다."라고 하면서, 아래와 같은 사실들을 들고 있다.

(1) 오늘날의 죽도에서 강치 포획이 본격적으로 행해지게 된 것은 1900년대 초기였습니다. 그러나 곧 강치 어업이 과열 경쟁 상태가 되자 시마네현 오키도민隱岐島民 나카이 요사부로中井養三郎는 사업의 안정을 도모하기 위해 1904(메이지(明治) 37)년 9월 내무, 외무, 농상무의 3대신에게 '리앙코 섬'[1]의 영토 편입 및 10년간의 임대를 청원했습니다.

(2) 나카이의 청원을 접수한 정부는 시마네현의 의견을 청취한 후 죽도를 오키도청隱岐島廳의 소관으로 해도 지장이 없고, '죽도'의 명칭이 적당하다는 것을 확인했습니다. 이에 따라 1905(메이지 38)년 1월의 각의閣議 결정에 의해 이 섬을 '오키도사隱岐島司의 소관'으로 정하는 동시에 '죽도'로 명명하고, 그 취지를 내무대신으로부터 시마네현 지사에게 전달했습니다. 이 각의 결정으로 일본은 죽도의 영유 의사를 재확인했습니다.

---

1 일본 외무성에서 발행한 위의 팸플릿에서는 이 '리앙코섬'에 대해, "'리앙코섬'은 죽도의 서양 이름 '리앙쿠르섬'의 속칭. 당시 유럽 탐험가에 의한 측량의 잘못 등으로 울릉도가 종래 불리던 '죽도'와 아울러 '송도(松島)'라고도 불리게 되며, 현재 죽도는 종래 불리던 '송도'와 아울러 '리앙코섬'이라고 불리게 되었습니다."라는 주를 붙이고 있다.
外務省 : 앞의 팸플릿, p.8.

(3) 시마네현 지사는 이 각의 결정 및 내무대신 훈령에 의거해 1905(메이지 38)년 2월 다케시마가 '죽도'로 오키도사의 소관이 되었음을 고시함과 동시에, 오키도청에도 전달했습니다. 이는 당시 신문에도 게재되어 널리 일반에게 전해졌습니다.[2]

위와 같은 외무성의 견해에서 눈길을 끄는 것은 "1905년 독도에 죽도란 이름을 붙여 시마네현에 편입한 것이 죽도 영유의 재확인"이라고 했다는 점이다. 이것은 일본의 땅을 다시 자기네 땅이란 사실을 확인했다는 것이어서, 상식적으로도 인정이 되지 않는 거짓말임을 스스로 인정한 꼴이 되고 말았다.

그들이 여기에서 "영유권의 재확인"이라고 한 것은, 『죽도 문제를 이해하기 위한 10의 포인트』 3번에서 "일본은 울릉도로 건너갈 때 정박장 또는 어채지魚採地로 죽도를 이용하여 적어도 17세기 중엽에는 죽도의 영유권을 확립하였다."고 한 것과 4번에서 "일본은 17세기 말 울릉도 도항을 금지하였으나 죽도 도항은 금지하지 않았다."고 한 것과 맞물려 있다. 그러므로 이러한 그들의 독도에 대한 영유권 주장은 사실에 근거를 둔 것이 아니란 것을 정부 당국 스스로 인정했다는 논리적 모순을 안고 있다.

그 때문에 일본 외무성은 (3)에서 독도의 강탈 사실을 "당시 신문에도 게재하여 널리 일반에게 전해졌습니다."라고 하였다. 이곳에서 그들이 게재했다고 하는 신문은 마쓰에松江에서 발간되고 있던 『산인신문山陰新聞』을 가리킨다. 이 신문의 1905년 2월 24일자 2면 '잡보雜報'란에는 "오키의 신도新島"라는 제목 아래, "북위 37도 9분 30초 동경 131도 55분 오키섬에서 떨어져 서북으로 85해리에 있는 도서를 죽도라고 칭하고 지금부터 오키도사의 관할로 정했다고 현 지사로부터 고시되었다."[3]

---

2 일본외무성 : 앞의 팸플릿, 쪽.

라는 기사가 실려 있다. 이렇게 잡보에 실은 것이 영토 취득과 같이 중차대한 일의 공시에 해당되는지조차 의문이 아닐 수 없다.

그런데 이 기사에서는 '새로운 섬'을 오키도사가 관할하게 되었다는 의미로 '신도'라는 말을 사용하였다. 그러므로 이미 그 이전에 독도를 영유하고 있었다고 한 것은 일본 외무성이 자기들의 논리에 모순이 있음을 만천하에 드러낸 처사라고 하지 않을 수 없다.

이 문제의 해결을 위해서는 그들의 독도 강탈에 이르는 과정을 자세하게 검토할 필요가 있다. 곧 나카이 요사부로中井養三郎의 독도에 대한 영토 편입의 요청부터 이 섬을 강탈할 때까지의 과정에 어떤 문제가 있는가를 면밀하게 살펴보아야 한다는 것이다. 그래서 본 장에서는 일제의 독도 강탈이 지니고 있는 부당성을 고찰하고, 나아가서는 일본의 학자들이 주장하는 독도 강탈의 정당성 논리가 지니고 있는 문제점들을 해명하려고 한다.

2. 독도 강탈의 부당성

일본의 독도 영유권 주장은 1905년 1월 25일에 이루어진 그들의 「내각 결정문」에 근거를 두고 있다.

〔자료 1〕

「별지로 내무대신이 논의하기를 청한 무인도 소속에 관한 건을 논의함에, 우右[4]는 북위 37도 9분 30초 동경 131도 55분 오키도隱岐島에서 떨어져 85 해리에 있는 무인도는 타국에서 이를 점령했다고 인정할 만한 형적이 없고, 저 지난(메이지 : 明治) 36년 우리나라 사람 나카이 요사부로란 자가 있어 고

---

3 『山陰新聞』 1905년 2월 24일 잡보.

4 가로로 된 문장이므로 이렇게 표현한 것이다.

기잡이를 위한 집[漁舍]를 짓고 인부를 옮겨 고기 잡는 기구를 갖추어 강치海驢 잡이에 착수하며, 이번에 영토 편입과 병행하여 대여를 출원하는 바, 차제에 소속 및 섬의 이름을 확정할 필요가 있음으로써, 당해 섬을 죽도라는 이름을 붙여 지금부터 시마네현 소속 오키도사의 소관으로 하려고 한다고 말하고 있어, 이에 심사를 하건대 메이지 36년(1903년) 이래 나카이 요사부란 자가 당해 섬에 이주하여 어업에 종사한 일은 관계 서류에 의하여 명백한 바이기에, 국제법상 점령의 사실이 있는 것으로 인정하여 이를 우리나라 소속으로 하고, 시마네현 소속 오키도사隱岐島司의 소관으로 삼아도 지장이 없는 것으로 생각하여, 따라서 논의하기를 청한 대로 결정함이 옳다는 것을 인정한다.」[5]

그러나 이러한 내각회의 결정문이 타당성을 가지기 위해서는 여기에서 서술된 전제들이 모두 사실에 입각한 것이어야 한다. 그렇지 않고 거짓에 바탕을 둔 것이라고 한다면, 독도의 강탈은 국가적 차원에서 자행된 외국 침략의 한 예에 지나지 않는다고 할 수 있다.

그런데 위의 결정문은 독도가 타국에서 이를 점령했다고 인정할 만한 형적이 없다는 것, 곧 무주지無主地였음을 전제로 하였다. 하지만 이미 앞의 2장[6]과 9장[7]에서 살펴본 것처럼, 독도는 무주지가 아니라 원래부터 한국의 고유 영토였다. 따라서 일본 측이 무주지이기 때문에 자기네 땅으로 편입했다고 하는 주장은 남의 나라 땅을 빼앗기 위한 핑계 마련에 불과한 것이었다고 하겠다. 이처럼 전제부터 잘못 된 주장이 정당성을 가질 수 없다는 것은 너무도 명백한 진실이 아닐까?

다음으로 고기잡이를 하던 나카이 요사부로란 자가 정말로 자의自意에 의해 독도의 영토편입과 그 대여원을 제출했느냐 하는 문제도 보다

5 원문 자료는 제2장 27쪽 참조.
6 본 책 제2장 26-33쪽 참조.
7 본 책 제9장 314-322쪽 참조.

엄밀하게 검토할 필요가 있다. 왜냐하면 나카이의 자의自意에 의한 것이었다면 각의의 결정이 그 나름의 타당성을 가질 수도 있다. 하지만 그의 자의가 아니라, 거기에 국가 권력이 개입되었다고 한다면 내각의 결정 그 자체가 거짓이었음을 스스로 드러내는 중요한 증거가 될 수 있기 때문이다. 그래서 나카이가 1910년 오키도청隱岐島廳에 제출한 「사업경영개요」부터 검토하기로 하겠다.

〔자료 2〕

「① 본섬이 울릉도에 부속하여 한국이 영유하고 있다는 생각을 가지고, 장차 통감부에 가서 할 바가 있지 않을까 하여 상경해서 여러 가지를 획책하던 중에, 당시에 ② 수산국장인 마키 나오마사牧朴眞의 주의로 말미암아 반드시 한국 령에 속하지 않는다는 의심이 생겨서, 그 조정을 위해 가지가지로 분주히 한 끝에, 당시에 ③ 수로국장인 기모쯔키肝付 장군의 단정에 의거해서 본도가 완전히 무소속인 것을 확인하게 되었다. (그에) 따라 경영상 필요한 이유를 자세히 진술具陳하여 본도를 우리나라 영토에 편입하고 또 대여해 줄 것을 내무·외무·농상무의 3대신에게 출원하는 원서를 내무성에 제출하였다. 그랬더니 내무 당국자는 ④ 이 시국(러·일 개전 중)에 즈음하여 한국 령의 의심이 있는 작은 일개 불모의 암초를 손에 넣어 환시環視의 제 외국에게 우리나라가 한국 병탄併呑의 야심이 있다는 것의 의심을 크게 하는 것은 이익이 지극히 작은 데 반하여 사태가 결코 용이하지 않다고 하여, 어떻게 사정을 말하고 변명[陳辯]을 해도 출원은 각하되려고 하였으나, 이래서 좌절해서는 안 되는 것으로 곧 외무성에 달려가 당시에 정무국장인 야마자 엔지로山座圓次郎에게 가서 논하여 진술[論陳]한 바 있었다. 씨는 ⑤ 시국이야말로 그 영토 편입을 급하게 요청한다고 하면서, 망루를 세우고 무선 혹은 해저전신을 설치하면 적함 감시 상 대단히 그 형편이 좋아지지 않겠느냐, 특히 외교상 내무성과 같은 고려를 요하지는 않는다. 모름지기 급히 원서를 본 성本省에 회부해야 한다고 의기 헌앙하였다. 이와 같이 하여 본도는 우리나라의 영토로 편입되었다.」[8]

이것은 나카이 요사부로가 직접 작성한 것이다. 그러므로 밑줄을 친 ①에서 보는 것처럼, 당시에 그는 독도가 울릉도에 속하는 한국의 영토라는 인식을 가지고 있었다. 나카이의 이러한 인식은 그가 1892년에 잠수기潛水器를 가지고 전라도와 충청도의 연안 지방을 돌아다닌 적이 있었던 것과 무관하지 않을 수도 있다. 환언하면 나카이는 러시아의 블라디보스토크 지방에 진출하여 잠수기 어업을 시도하다가 좌절한 다음, 한국의 서남 해안 일대를 돌아다니며 수산업으로 돈을 버는 방법을 찾아 헤맸던 경험을 가지고 있었다.[9] 그 때에 독도가 울릉도에 부속된 섬이라는 사실을 알게 되었을 가능성도 배제할 수 없다는 것이다. 또 메이지 정부의 태정관 문서에도 울릉도와 독도를 하나의 세트로 인식하고 있었다는 점을 고려한다면, 당시 대부분의 일본인들이 독도를 한국의 영토라고 믿고 있었다고 볼 수 있다.

바로 이런 사실을 입증하는 것이 밑줄을 그은 ④에서와 같은 내무성 당국자의 인식이었다. 당시에 내무성 당국자가 이와 같은 인식을 표방한 것은 이미 그 전에 이 섬에 대한 정확한 지식을 가지고 있었기 때문

8 「本島ノ鬱陵島ヲ附屬シテ韓國ノ所領ナリト思ハルルヲ以テ將ニ統監府ニ就テ爲ス所アラントシ上京シテ種種劃策中時ノ水産局長牧朴眞ノ注意ニ由リテ必ラズシモ韓國領ニ屬セザルノ疑ヲ生ジ其調整ノ爲メ種種奔走ノ末時ノ水路部長肝付將軍斷定ニ賴リテ本島ノ全ク無所屬ナルコトヲ確カメタリ依テ經營上必要ナル理由ヲ具陳シテ本島ヲ本邦領土ニ編入シ且ツ貸付セラレンコトヲ內務外務農商務ノ三大臣に願出テ願書ヲ內務省ニ提出シタルニ內務當局者ハ此時局ニ際シ(日露開戰中)韓國領地ノ疑アル蕞爾タル一箇不毛ノ暗礁ヲ收メテ環視ノ諸外國ニ我國ガ韓國併呑ノ野心アルコトノ疑ヲ大ナラシムルハ利益ノ極メテ小ナルニ反シテ事體決シテ容易ナラズトテ如何ニ陳辯スルモ願出ハ將ニ却下セラレントシタリ斯クテ挫折スベキニアラザルヲ以テ直ニ外務省ニ走リ時ノ政務局長山座圓二郎氏ニ就キ大ニ論陳スル所アリタリ氏ハ時局ナレバコソ其領土編入ヲ急要トスルナリ望樓ヲ建築シ無線若クハ海底電信ヲ設置セバ敵艦監視上極メテ屈竟ナラズヤ特ニ外交上內務ノ如キ顧慮ヲ要スルコトナシ須ラク速カニ願書ヲ本省ニ回附セシムベシト意氣軒昂タリ此ノ如クニシテ本島ハ本邦領土ニ編入セラレタリ.」 신용하 편저 :『독도영유권자료의 탐구』(서울, 1999, 독도연구보전협회), 262-263쪽.

9 奥原碧雲 :「竹島經營者中井養三郎立志傳」『竹島問題に關する調査研究 - 最終報告書』(松江, 2007, 竹島問題研究會), 72쪽.

이었다. 곧 내무성은 시마네현으로부터 「일본해(동해의 일본명칭임 : 인용자 주) 내의 죽도 외 한 섬의 지적 편찬에 관한 질의」를 받아서, 1877년 3월 17일에 이것을 태정관의 우대신이었던 이와쿠라 도모미岩倉具視에게 문의한 바 있고,[10] 이 문의에 대한 회답으로 "문의한 죽도 외 한 섬의 건에 대하여 우리나라와는 관계가 없다는 것을 주지할 것"[11]이라는 지령문을 받아서 시마네현에 통보한 적이 있었다. 그러므로 내무성 당국자가 이런 인식을 가지게 된 것은 당연한 귀결이었다고 할 수 있다.

그 당시에 일본인들이 독도를 이처럼 한국의 영토로 생각하고 있었음에도 불구하고, 그것을 강탈하기 위해서 동원된 인물들이 ②에서 나카이에게 한국 령에 속하지 않을 것이라는 의심을 심어준 농상무성 수산국장인 마키 나오마사와 ③에서 이 섬이 어느 나라에도 속하지 않는다고 단정을 한 해군 수로국장인 기모쯔키 가네유키, 그리고 '영토 편입과 대여원'을 제출하라고 사주하면서 ⑤와 같이 말한 외무성의 정무국장인 야마자 엔지로였다.

이들은 다 같이 일본의 제국주의적인 영토 팽창 정책과 밀접한 관련을 가진 인물들이었다. 곧 마키는 나가사키현長崎縣에서 출사出仕하여 1896년 타이완 총독부의 설치에 관여하였고, 그 이듬해는 타이츄 지사台中知事가 되었다. 그 후에 아오모리현青森縣과 에히메현愛媛縣의 지사를 역임한 다음, 1898년에 농상무성 수산국장이 되어 1905년 11월까지 재직하였다. 그는 수산국장으로서 '원양어업 장려법', '어업법', '외국 영해 수산조합법' 등을 공포하기도 했는데, 1906년에는 한국을 시찰하고 그 귀국 길에 후쿠오카福岡에서 한국 바다에 출어出漁하는 13부현府縣 수산 주임관 회의를 개최함과 동시에, 각 현의 한해통어조합韓海通漁組合을 설

---

10 송병기 편 : 『독도영유권자료선』 (춘천, 2004, 한림대출판부), 136-144쪽.

11 「伺之趣竹島外一嶋之義本邦關係無之義ト可相心得事」
송병기 편 : 앞의 책, 2004, p.155.

립하도록 하고 그 연합회를 설립하여 한국 바다에의 출어를 적극적으로 지원했다. 또 기모쯔키에게는, 러일 전쟁 중에 블라디보스토크 함대의 동향과 회항廻航해오는 발틱 함대를 맞이하여 싸울 일본해에서의 해전에 대처해 나가는 것이 요구되고 있었다. 그리고 외무성의 정무국장인 야마자는 후쿠오카 출신으로, 1892년 도쿄제국대학東京帝國大學 법학부를 졸업함과 동시에 부산 영사관 서기생書記生[12]으로 부임하였다가, 이어서 인천 영사가 되었다. 그 뒤에 부산 영사, 상해 영사를 거쳐, 1901년부터 외무성 총무국장으로 근무하던 인물이었다.[13]

특히 이들 가운데에서 야마자가 밑줄 친 ⑤와 같은 말을 한 것은 일본의 속내本音를 그대로 드러내고 있어 주목을 끈다. 여기에서 그는 독도에 "망루望樓를 세우고 무선 혹은 해저전선을 설치하면 적함 감시 상대단히 그 형편이 좋아지지 않겠느냐?"라고 하여, 독도의 전략적 가치를 솔직하게 인정하고 있다.

그 무렵에 일본 해군은 울릉도에 망루를 설치한 다음, 독도에 대한 현지조사를 실시한 적이 있었다. 그때에 이 임무를 부여받은 니다카호新高號는 1904년 9월 25일에, 민간인들로부터 "본년(1904년)에 들어 몇 번 도항하였는데, 6월 17일 러시아 군함 세 척이 동 섬의 부근에 나타나서 일시 표박漂泊한 후 북서로 나아가는 것을 실제로 보았다."[14]는 것을 들었다는 보고를 한 바 있다. 이러한 보고는 독도 연근해의 전략적인 가치가 얼마나 중요한 것이었는가를 증명해주고 있다.

이렇게 전략상의 가치를 알게 된 일본의 해군 군령부軍令部는, 발틱 함대가 1904년 10월 15일 리예파야 항港을 출발하여 블라디보스토크로

---

12 메이지(明治) 초기에 해외공관에서서무를 담당하던 공무원을 가리킨다.

13 內藤正中 : 「竹島の領土編入は無主地先占といえるのか」, 『鄕土石見(74)』, (石見 2007, 石見鄕土研究懇談會), 8-9쪽.

14 신용하 편저 : 『독도 영유권 자료의 탐구(2)』 (서울, 1999, 독도연구보전협회), 252-253쪽.

향했다는 정보를 입수하자, 같은 해 11월 13일 대마도 해협을 초계중인 쓰시마호對馬號에게 리앙코르도 섬이 전신소 설치에 적합한 곳인가를 시찰하라는 명령을 내리기까지 하였다. 또 그런 명령을 받은 쓰시마호의 함장 센도 다케히데仙頭武英는 1904년 11월 20일 동도 남단에 3, 4평의 평탄한 땅이 있다는 것을 보고했다.[15]

이와 같은 일련의 과정은 독도가 그만큼 전략상으로 긴요했었다는 것을 의미한다. 실제로 독도의 중요성은 러시아와 일본의 동해 해전 결말에서 그대로 드러났다. 러시아의 제2 태평양 함대 사령관 로제스트벤스키(Rozhdestvensky) 중장이 의식을 잃은 채 포로로 잡힌 곳도 울릉도 부근이었고, 그를 대신해서 함대의 지휘권을 장악한 네보가토프(Nebogatov) 소장이 모든 주력 잔함殘艦을 이끌고 일본에 투항한 곳도 바로 독도 동남방 18마일 지점이었다는 사실[16]은 독도가 러일 전쟁의 수행 과정에서 얼마나 중요한 전략상의 요충지였던가를 말해주는 증거가 아닐 수 없다.

그리고 자료 1에서 독도에 '죽도竹島'란 이름을 붙인 것도, 당시까지의 전통으로 보아, 도저히 납득이 되지 않는 처사였다. 이에 대해, 일본의 학자들은 서양 사람들의 잘못된 지도 때문이라고 변명을 하고 있다.[17] 하지만 나이투 세이츄內藤正中의 연구에 의하면 이러한 섬 이름의 혼란은 오키도사隱岐島司 히가시 분스케東文輔의 잘못된 역사 인식에서 비롯된 것이 분명하다. 그래서 시마네현 내무부장 호리 신지堀信次가 1904년 11월 15일부로 문의한 새로운 섬新島의 소관 문제와 명명 문제에 대해, 같은 해 11월 30일부로 오키도사가 보낸 회신의 내용을 살펴보기로 한다.

---

15 신용하 : 앞의 책, 209-210쪽.

16 최문형 : 「로일전쟁과 일본의 독도 점취」 『역사학보(188)』 (서울, 2005, 역사학회), 251쪽.

17 川上健三 : 앞의 책, 9-31쪽 참조.

〔자료 3〕

「본월(11월) 15일 서무 제1073호로써 도서 소속 등의 건에 대해 조회한 뜻을 이해했습니다. 우右는 우리 영토로 편입한 위에 오키도의 소관에 속하게 하는 것이 아무 지장이 없으며, 그 명칭은 죽도가 적당하다고 생각합니다. 원래 조선의 동쪽 해상에 송도 죽도 두 섬이 존재하는 것은 일반의 구비로 전해오는 바, 그리하여 종래 당 지방으로부터 나무 장사꾼들이 왕래하는 울릉도를 죽도라고 통칭하는 것도 그 실은 송도로, 해도海圖에 의해서도 명확한 대로입니다. 좌左로 본다면 이 새로운 섬을 제쳐두고 달리 죽도에 해당되는 것은 없습니다. 따라서 종래 잘못 칭하던 명칭을 전용하여, 죽도라는 통칭을 새로운 섬에 붙이는 것이 옳다고 생각하여, 이에 회신합니다.」[18]

이 회신을 보면, 당시에 오키도사가 역사적 사실에 얼마나 무지했었는가 하는 것을 확인할 수 있다. 그는 우선 "울릉도를 죽도라고 통칭하는 것도 그 실을 송도"라고 하면서, 그 근거로 해도를 들고 있다. 이것은 에도시대에 울릉도를 죽도라고 불렀고, 그것을 둘러싸고 조선과 영유권 및 어업권 분쟁을 벌였던 '울릉도 쟁계鬱陵島爭界', 곧 일본에서 말하는 '죽도 일건竹島一件'이 있었다는 사실조차 모르고 있었음을 말해준다.

나이토 세이츄內藤正中는 이에 대해, "(오키도사가) 죽도를 둘러싼 역사를 알고 있었다면, 새로운 섬에는 송도라고 명명해야만 했다. 이 새로운 섬의 명명에 관해서는, 시마네현청 내에서도 이론異論이 없이, 도사의 회답대로 죽도라고 하는 것으로 내무성에 보고되어, 그대로 각의에

18 "本月十五日庶第1073号ヲ以テ島嶼所屬等ノ儀ニ付御照會之趣了承. 右ハ我領土ニ編入ノ上隱岐島ノ所管ニ屬セラルル何等差支無之. 其名稱ハ竹島ヲ適當ト存候. 元來朝鮮ノ東方海上ニ松竹兩島ノ存在スルハ一般口碑ノ伝フル所シ, 而シテ從來当地方ヨリ樵耕業者ノ往來スル鬱陵島ヲ竹島ト通稱スルモ, 其實ハ松島ニシテ, 海圖ニ依ルモ瞭然タル次第ニ有之候. 左スレバ此新島ヲ措テ他ニ竹島ニ該當スベキモノ無之. 依テ從來誤稱シタル名稱ヲ轉用シ, 竹島ノ通稱ヲ新島ニ冠セシメ候方可然ト存候, 此段回答候也."
田村淸三郞 :『島根縣竹島の新研究』(松江, 1965, 報光社), 38-39쪽.

서 결정되었던 것이다. 새로운 섬 죽도에 관해서의 인식이 본거지에서도 희박했던가를 알 수 있는 것으로, 그런 것을 고유 영토라고 말할 수 없는 것은 명백하다."[19]고 잘라 말하고 있다.

이러한 나이토의 연구는, 일본이 독도를 강탈하면서 그 간의 역사적인 배경을 고려하지 않았다는 것과, 이해 당사자였던 오키도사마저도 울릉도와 독도에 대한 제대로 된 지식, 곧 '울릉도 쟁계' 및 태정관 문서에 대해 전혀 조사하거나 아는 바가 없었음을 입증하였다고 할 수 있다. 특히 후자의 경우는 시마네현에서 이들 두 섬을 지적 편찬에 넣어야 하는지 어떤지를 물은 것에 대한 회답이라는 점에서 더욱 중요한 의미를 가진다고 하겠다. 만약에 이것이 아니라면, 독도 강탈을 위해 의도적으로 역사적인 사실을 무시했을 가능성도 있다는 것을 밝혀둔다.

또 자료 1에서 "메이지 36년(1903년) 이래 나카이 요사부로란 자가 당해 섬에 이주하여 어업에 종사한 일은 관계 서류에 의하여 명백한 바이기에, 국제법상 점령의 사실이 있는 것으로 인정"한 것도 각의의 결정이 위증이었다는 것을 드러낸다. 이 점령 문제에 대해 나이토 는 "나카이가 메이지 36년(1903년) 이래 그 섬에 '이주'하여 어업에 종사하고 있었다고 하는 것은, 분명하게 사실이 아니다. 나카이와 리양코 섬과의 관계는, 4월부터 8월에 걸쳐서의 강치의 어기漁期에만 출어하여, 줄기풀菰茸로 임시 건물[小屋]을 가설하고, '매년 10일 정도 기거假居'하고 있었던 것뿐이며, 거기에 '이주'하여 생활했던 것은 아니다."[20]라고 하여, 그 정주定住를 부정하고 있다.

이렇게 본다면, 각의의 독도 편입에 대한 결정은 전부가 허구로 이루어진 것이라고 하지 않을 수 없다. 다시 말해 독도는 무주지가 아니라

---

19 內藤正中 : 앞의 논문(2007), 13-14쪽

20 內藤正中 : 앞의 논문(2007), 4-5쪽.

명백하게 한국의 땅이었고, 독도에 죽도란 이름을 붙인 것 자체가 역사적인 배경을 도외시한 처사였으며, 또 며칠 동안만 머물렀던 사실을 가지고 국제법상의 점령이라고 한 것 등은 한국의 영토인 독도를 빼앗기 위한 빌미 마련에 지나지 않았다는 것을 알 수 있다.

3. 일본 측 주장의 허구성

이처럼 일본 내각이 독도를 자기네 땅으로 편입하기 위해서 행한 결정문은 허구에 가득 찬 모순투성이였다. 하지만 그렇다고 한국을 강점하였던 그들이 이런 모순을 인정할 리는 만무했다. 실제로 일본의 학자들은 그들 나름의 논리를 개발하여 이렇게 명확한 독도의 강탈 사실을 호도하는 데 많은 노력을 경주하고 있다.

바로 그런 사람들 가운데에 한 사람이 쯔카모도 다카시塚本孝이다. 그는 시마네현의 '죽도 문제 연구회'가 만들어지기 이전부터 독도 문제에 대해 끊임없이 관심을 표명해온 인사였다.[21] 그러던 그는 이 연구회에서 오쿠하라 헤키운奧原碧雲이 1905년 5월에 집필한 『죽도 경영자 나카이 요사부로씨 입지전竹島經營者中井養三郎氏立志傳』[22]을 찾아내자, 무슨 대

21 일본의 국회도서관 참사관인 그는 일찍부터 독도를 자국의 영토라고 주장하던 사람들 가운데 한 사람으로 다음과 같은 논고들을 발표하였다.

1) 「サンフランシスコ條約と竹島」『レファレンス(389)』(東京, 1983, 國立國會圖書館調査立法考査局)
2) 「竹島關係旧鳥取藩文書および繪圖(上)」『レファレンス(411)』(東京, 1985, 國立國會圖書館調査立法考査局)
3) 「竹島關係旧鳥取藩文書および繪圖(下)」『レファレンス(518)』(東京, 1985, 國立國會圖書館調査立法考査局)
4) 「平和條約と竹島(再論)」『レファレンス(411)』(東京, 1994, 國立國會圖書館調査立法考査局)
5) 「竹島領有權問題の經緯」『調査と情報(244)』(東京, 1994, 國立國會圖書館調査及び立法考査局)

단한 발견이라도 한 것처럼 떠들고 나섰다. 쯔카모도가 이처럼 흥분을 한 것은 이것을 이용하여 자료 2의 ①에서 나카이 요사부로가 독도를 한국의 영토로 인식했었다는 것을 뒤집을 수 있다고 생각했기 때문이 아니었을까 한다. 그래서 이 부분을 보다 자세하게 살펴보기로 하겠다.

〔자료 4〕

「그런데 동 업이 유망하다는 것을 알게 되자, 이시하시 마쓰다로石橋松太郎, 이구찌 류다井口龍太, 가토 쥬죠加藤重藏 제씨의 유력한 경쟁자가 나타나서, 경쟁 남획의 폐단이 발생하여, 강치 어업은 몇 년이 지나지 않아 절멸할 것을 우려해서, 어로 구역을 빌려, 제한된 포획을 할 필요를 느끼고, 그 위에 ㉠ 해도海圖에 의하면 동 섬은 조선의 판도에 속함으로, ㉡ 일단 외인의 내습에 만나면, 이것이 보호를 받은 길이 없음으로, 이러한 사업을 위해 자본을 투자하는 것이 대단한 위험이라는 것을 헤아리어, 동 섬의 대여를 조선 정부에 청원하여, 독점적으로 어업권을 점유하려고 결심하고, 동년의 어기가 끝나자, 일약 만금의 꿈을 안고 상경의 길에 올랐다.」[23]

쯔카모도는 이와 같은 『입지전』의 기록에서 ㉠에 나오는 "해도海圖에 의하면 동 섬은 조선의 판도에 속함으로"라는 글귀에만 주목하였다. 그리하여 그는 여기에 등장하는 '해도'란 그 연대로 미루어 보아, 1896년 4월에 해군 수로부海軍水路部에서 발간한 「조선전안朝鮮全岸」을 가리키는 것이라고 하면서, 이것을 아래와 같이 세 부분으로 나누어 제시하였다.

---

22 이하 『입지전』으로 약칭하기로 한다는 것을 밝혀둔다.

23 "しかるに, 仝業の有望なるを探知するや, 石橋松太郎, 井口龍太, 加藤重藏諸氏の有力なる競爭者あらわれ, 競爭濫獲の弊を生じ, 海驢漁業は數年ならずして絶滅せんことを憂ひ, 獵區貸下, 制限捕獲の必要を感じ, 加ふるに, 海圖によれば, 仝島は朝鮮の叛(版)圖に屬するを以て, 一旦外人の來襲に遭ふも, これが保護をうくるの道なきを以て, かかる事業に向って資本を投するの頗る危險なるを察し, 同島貸下を朝鮮政府に請願して, 一手に漁獵權を占有せんと決心し, 仝年の漁期終るや, 一櫂萬金の夢を懷にして上京の途に上れり."
奧原碧雲 : 「竹島經營者中井養三郎氏立志傳」, 『竹島問題に關わる調査研究 - 最終報告書』 (松江, 2007, 竹島問題研究會), 73쪽.

(도 1)[24]

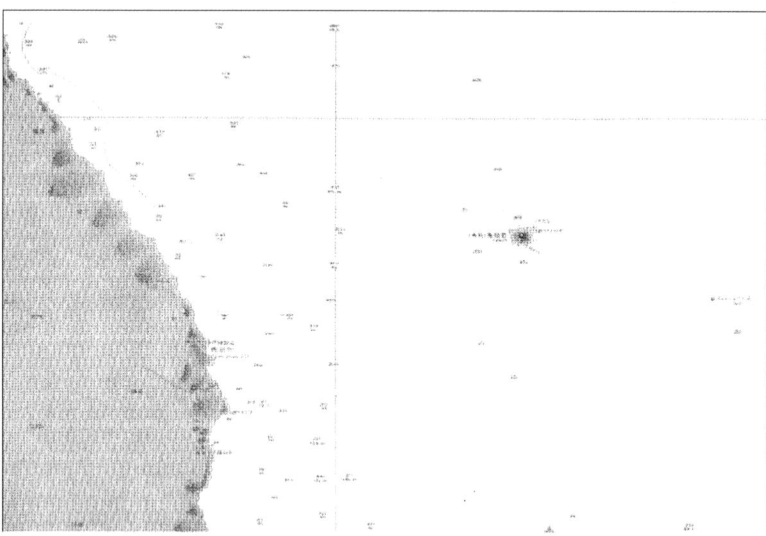

(도 2)[25]

24 塚本孝 : 「奧原碧雲竹島關係資料(奧原秀夫所藏)をめぐって」『竹島問題に關わる調査研究 - 最終報告書』 (松江, 2007, 竹島問題研究會), 63쪽

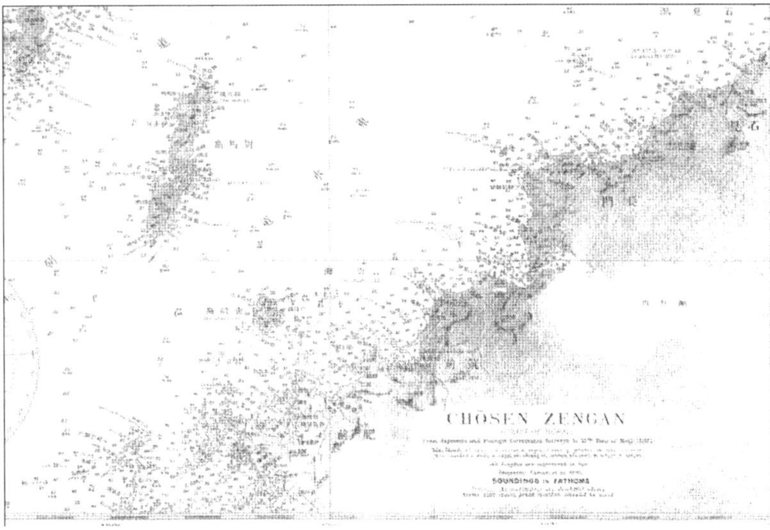

(도 3)[26]

그러면서 쯔카모도는 나카이 요사부로가 독도를 한국의 영토로 인식하고 있었던 것에 대해, 다음과 같은 견해를 피력하였다.

「이 해도에는 조신반도의 동쪽 바다에 '울릉도(송도)', 그 곁에 '봇－소－루 암'과 '리앙코－르도 암'을 게재하고 있다(도 2). 이 리앙코르－도 암이 나카이 씨가 말하는 리양코 섬으로 오늘날의 죽도이다. 『죽도 경영자 나카이 요사부로 씨 입지전』이 "해도에 의하면, 동 섬이 조선의 판도에 속함으로" 운운하는 것은, 나카이 씨가 「조선전안」이라고 하는 해도에 동 섬이 게재되어 있기 때문에 조선 령이라고 생각했다고 하는 것일 것이다.
그러나 해도는, 선박의 안전한 운행에 도움을 주기 위해서 제작되어, 대상 지역에 있는 도서島嶼와 해안선, 수심水深 등의 정보를 실은 지도로써, 영토의 범위를 표시하는 것은 아니다. 해도의 제목도, 당해 해도가 다루는 지역

25 塚本孝 : 위의 글, 64쪽.
26 塚本孝 : 앞의 글, 64쪽.

을 대표하는 국명, 지명을 취한 것이고, 그 해도에 게재되어 있는 지역이 제목의 나라에 소속하고 있는 것을 의미하는 것은 아니다. 사실 이 「조선전안」에는 우리 대마도對馬島, 이키壹岐, 규슈九州, 혼슈本州의 해안에 관한 정보도 기재되어 있다(도 3). 또 메이지明治 초년에 있어서 해군 수로부는, 제외국 특히 영국 해군의 해도를 모방하여 해도를 제작했다. 이 때문에 각 해도의 대상 범위, 제목, 지명 표기를 포함하는 기재 내용은, 원도原圖의 강한 영향 아래 있었다. 송도라고 하는 울릉도의 별명과 리앙코-르도 암이라고 하는 섬 이름도, 서양 기원의 정보이며, 그것 자체 정치적 법적인 의미에 있어서 영유권의 귀속과는 관계가 없는 것이었다.」[27]

이상과 같은 쯔카모도 다카시의 주장은 몇 가지 중요한 문제를 내포하고 있어, 순서에 조차 그 내용을 정리하여 보다 자세하게 검토할 필요가 있다. 우선 첫째로 나카이가 독도를 조선의 판도에 속하는 것으로 생각한 것은 「조선전안」이란 해도에 동 섬이 그려져 있기 때문이었는데, 둘째로 해도는 선박의 안전한 운행에 도움을 주기 위해서 대상 지역에 있는 도서와 해안선, 수심 등의 정보를 실은 것이므로, 영토의 범위를 표시하는 것은 아니란 것이다. 그리고 그 증거로 '도 3'을 제시하면서 여기에 그려진 일본의 일부가 조선의 판도와는 무관하다는 것을 나타내고 있다. 다음 셋째로 메이지 초기에 해군 수로부에서 그린 해도는 외국, 특히 영국 해군의 해도를 모방한 것이어서 그것의 영향을 받은, 서양 기원의 정보이며, 그것 자체가 정치적 법적인 의미에서 영유권의 귀속과 무관하다는 것이다.

그러나 이러한 그의 주장이야말로 일본의 독도 강탈을 합리화하기 위한 궤변의 나열에 지나지 않는다고 할 수 있다. 왜냐하면 그의 이와 같은 주장은 일관성이 결여되어 있어, 그 타당성을 인정할 수 없기 때문이다. 우선 그는 자료 4의 ㉠에서와 같이 해도에 리앙코르-도 암, 곧

27 塚本孝 : 앞의 글, 65쪽.

독도가 그려져 있기 때문에 나카이가 이 섬을 조선의 판도로 생각했던 것으로 보았다. 이런 해석은 그 다음에 이어지는 ㉡의 "일단 외인의 내습을 만나면 이것이 보호받은 길이 없으므로" 동 섬의 대여를 조선 정부에 청원하려고 했다는 사실은 무시한 것임을 지적하지 않을 수 없다.

실제로 나카이 요사부로가 조선 정부로부터 독도를 대여하려고 했던 이유는 자료 4의 전반부에 기록되어 있는 것처럼 일본 내에 강치 잡이가 유망한 직종이란 것이 알려져 유력한 경쟁자들이 나타남으로써 그 폐해가 우려되었기 때문에, 이 섬에서의 독점적인 어업권을 획득하는 데 있었다. 그렇지만 독도가 조선의 판도에 속하는 땅이었으므로, 동종의 일본인 업자들을 배제한다고 하더라도 그 독점적인 어업권만으로는 조선 사람들의 도래를 막을 수 없을 것이라는 판단을 했던 것이다. 그래서 조선인들의 내습을 막기 위한 수단으로 조선 정부로부터의 대여를 청원하려고 했다는 것이 이 글이 지닌 본래의 의미임은 너무도 명백한 사실이다. 그리고 이런 문맥은 당시에 조선의 어민들이 이 섬에 적지 않게 드나들고 있었다는 사실을 증명하는 것이어서 관심을 불러일으킨다. 하지만 쯔카모도는 이런 본래의 의미는 도외시하고, 단지 해도에 의해 조선의 판도에 속하는 것으로 생각했다는 것만을 부각시킴으로써, 자료의 자의적인 해석을 통해서 사실을 왜곡하였다.

다음으로 그가 두 번째로 지적하고 있는 해도는 영도의 범위를 표시하는 것이 아니라고 한 것도 궤변을 위한 편법에 지나지 않는다고 하겠다. 그는 이 지도에 들어간 일본의 일부를 '도 3'으로 제시하면서 이것들이 한국의 영토가 아니듯이, 독도도 조선의 판도에 속하지 않는다는 논지를 전개하고 있다. 그리고 그는 이와 같은 논리의 전개를 위해서 앞에서 본 것처럼, 하나의 지도를 세 부분으로 나누어 제시하였다. 특히 이 해도에 들어간 일본의 일부를 다른 것보다 더 확대하여 보여주고 있어 그 저의를 의심하게 만들고 있다. 그의 이러한 자료 왜곡을 바로잡기 위해, 본고에서는 한 장으로 된 「조선전안朝鮮全岸」을 그대로 제시하기로 한다.

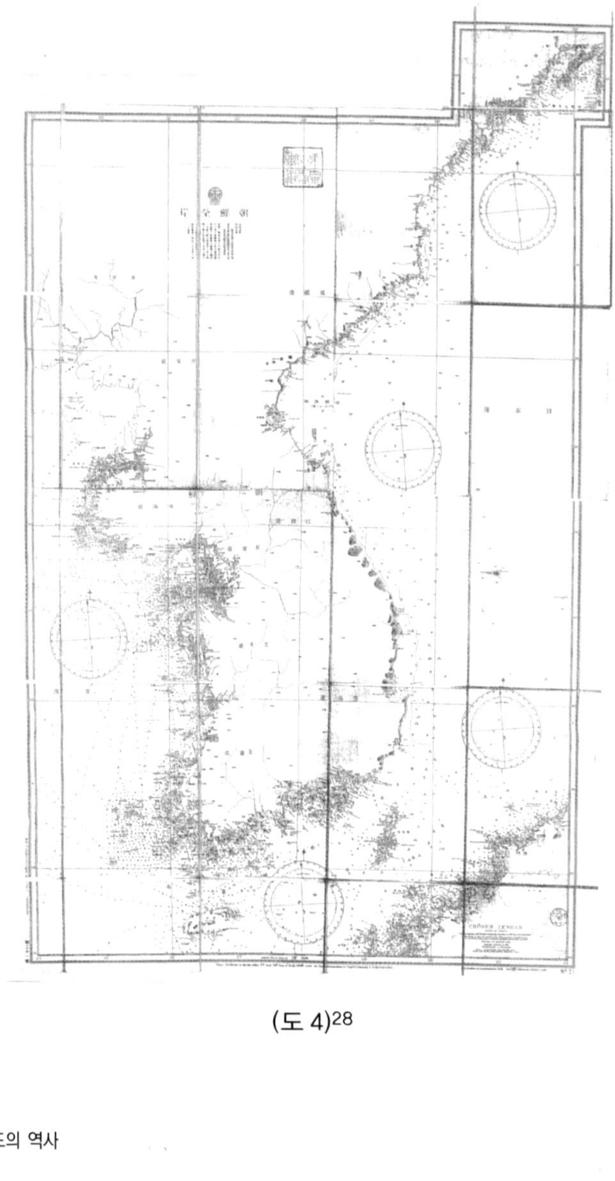

(도 4)[28]

이 지도를 보는 사람이라면 누구든지 일본의 해군 수로부에서 제작한 「조선전안」에는 '리앙코르도 암'을 그려 넣기 위해 경도를 동쪽으로 넓혔고, 제주도를 그려 넣기 위해 위도를 남쪽으로 넓혔다는 사실을 인정하지 않을 수 없을 것이다. 그리고 이처럼 동쪽과 남쪽으로 경도와 위도를 확장하는 과정에서 들어간 것이 일본의 대마도對馬島와 이키壹岐, 규슈九州, 혼슈本州 해안의 일부란 것은 삼척동자라도 다 알 수 있는 명백한 사실이다. 하지만 이렇게 이 지도에 일본의 일부가 들어가 있다고 해서 누가 그것을 조선의 영토로 인정한다는 말인가?

그럼에도 불구하고 국제법을 전공한답시고 떠들면서 독도를 연구하고 있는 쯔카모도는 한 장의 지도를 가지고 원래의 크기와 다른, 세 부분으로 나누어 제시하였다. 그러면서 '도 2'에 독도가 그려졌다고 하여 그것이 조선의 판도에 속하는 것이 아니란 것을 증명하기 위해, '도 3'에 그려진 일본의 일부가 한국의 영토일 수 없다는 투의 논리를 전개하고 있다. 이렇게까지 하면서, 지도에 들어간 것이 나라의 영역과는 관계가 없다고 주장을 하고 있는, 그의 속셈은 어디에 있을까? 이것은 과거 일본의 태정관과 외무성에서조차 조선의 영토로 인정해오던 독도의 강탈을 합리화하기 위한 말장난에 지나지 않는다는 것을 증명하는 것, 그 이상도 이하도 아니란 것을 말해준다고 하겠다.

아무리 영토란 것이 중요한 문제라고 하더라도 제국주의적 영토 팽창의 일환으로 수행된 독도의 강탈을, 상식에 벗어나는 논리로 호도할 수는 없다. 그래서 한 가지 더 쯔카모도에게 묻고 싶은 것이 있다. 그것은 「조선전안」이란 해도를 제작하면서, 단순한 해로를 나타내기 위해 독도를 그려 넣은 것이지 그것이 나라의 영역과는 관계가 없는 것이라고 한다면, 왜 일본 제국주의자들이 조선을 강점하고 난 다음에 출

28 海軍水路部 : 「朝鮮全岸」 (東京, 1895, 盛京省), 日本國會圖書館 所藏.

판된 지도에서는 하나같이 독도를 울릉도의 부속 도서로 그려 넣지 않았는가 하는 것이다. 당신의 조상들이 식민지 지배를 하면서는 독도에 대한 해양 정보가 필요하지 않았다는 말인가?

아래에 제시하는 지도는 조선총독부 내무국 토목과 항만계港灣係에서 『조선의 항만』이란 책을 간행하면서 첨부한 것이다. 이 지도에는 울릉도까지만 그려져 있고, 독도는 들어가 있지 않다. 실제로 한국을 합병하고 난 다음에 그려진 조선 지도에 울릉도의 속도인 독도가 들어간 것은 아직까지 발견되지 않고 있다. 그것이 관官에서 그린 것이든 민民에서 그린 것이든지를 불문하고 그렇게 되어 있다. 이런 사실들은 무엇을 말하는가? 지도에 섬을 그려 넣는 것이 단순히 선박의 안전한 운행에 도움을 주기 위해서 제작되었기 때문에 영토의 범위와는 무관한 것인가를 되묻지 않을 수 없다.

쯔카모도의 논리대로라면 '도 5'의 「조선 해륙 전도」에 독도가 그려져 있지 않은 것은 해로海路를 표시하지 않아도 되었기 때문이라는 해괴한 논리가 되어 버린다. 그렇다면 그 전에는 독도에 대한 해양 정보가 필요했는데, 한국을 강점하고 난 다음에는 독도와 관련을 가진 해양 정보가 필요하지 않았다는 말이 된다. 그런데도 자기들의 편의에 따라 이상한 논리를 전개하면서 한국 사람들이 참으로 기억하기조차 싫어하는, 아프고 쓰라렸던 역사적 경험을 반추하게 만드는, 독도 강탈 당위론자들의 논리는 신뢰성이 없는 허구의 나열이라는 것을 스스로 입증해주고 있다.

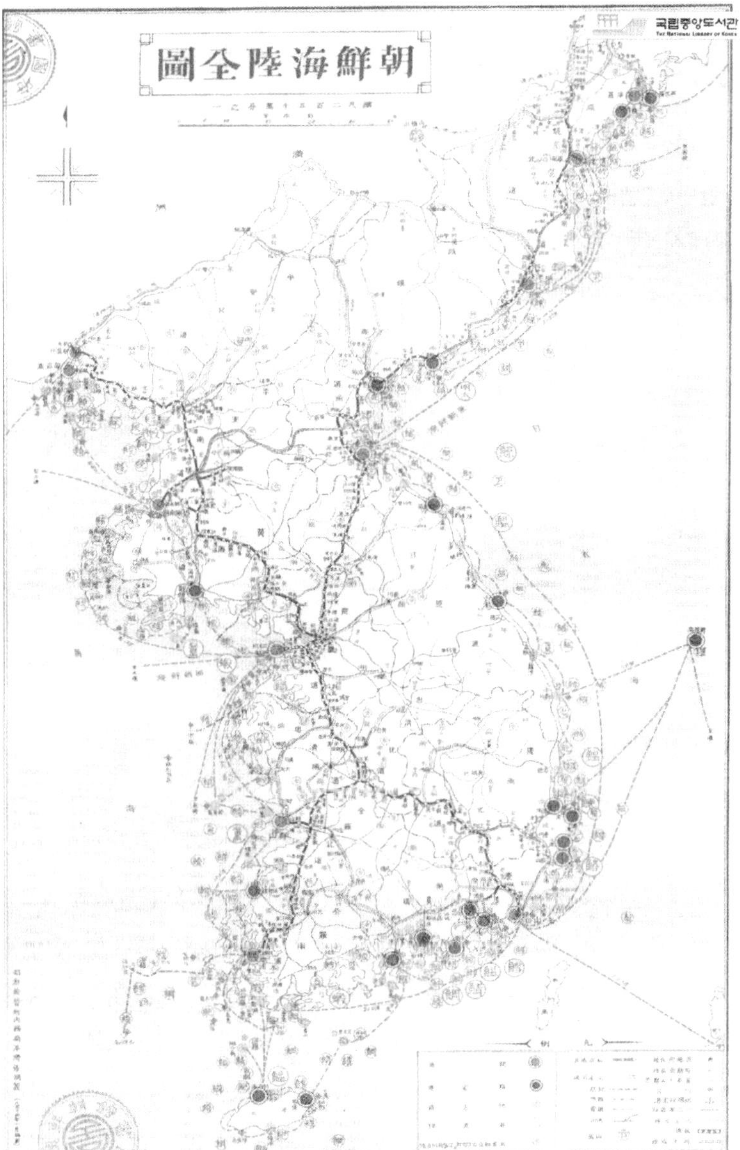

(도 5)[29]

그리고 마지막으로 이 해도가 외국, 특히 영국 해군의 해도를 모방한 것이어서 그것의 영향을 받은, 서양 기원의 정보이며, 그것 자체가 정치적 법적인 의미에서 영유권의 귀속과는 관계가 없다고 하는 주장 역시 사리에 어긋나는 변명이라고 보지 않을 수 없다. 일본 해군은 메이지 헌법明治憲法에 의해서 설치된 헌법 기관의 하나이다. 그렇기 때문에 해군대신海軍大臣은 이 헌법이 공포될 때에 거기에 부서를 하였다.[30] 그러므로 헌법기관에서 제작한 해도가 설령 영국의 그것을 모방했다고 하더라도 그에 대한 책임은 국가기관의 하나였던 해군이 져야 하는 것이지, 그 책임을 외국 기관에 전가하는 것은 있을 수 없는 일이다. 이런 엄연한 사실을 부정하면서까지 지도에 그려진 것이 영유권의 귀속과는 무관하다고 하는, 그의 주장이야말로 독도 강탈의 정당성을 위한, 쯔카모도 식의 논리가 아니고 무엇인가?

4. 조작된 논리의 모순점

논리라는 것도 사리에 맞아야 상대방을 설득시킬 수 있을 것이다. 그런데도 쯔카모도는 자기의 편의에 따라 앞뒤가 맞지 않는 논리를 전개하고 있다. 곧 그는 "나카이 씨가 당초 리양코 섬을 조선의 영토라고 생각하고 있었다고 하는 말에 관해서는, 종래 그 정보의 출전인 오쿠하라 헤키운이 저술한 『죽도 및 울릉도』(1907년)에, 나카이 씨가 메이지明治 36년 동 섬에서의 강치 잡이를 계획했을 때 여기에 찬성하여 동 섬에 도항한 오하라 육군 보병 하사가 처음으로 바위 위에 일장기를 펄럭이게 했다는 것과의 모순이 지적되어 왔다."[31]는 것을 언급하였다. 이

29 朝鮮總督府內務局土木課港灣係: 『朝鮮の港灣(附圖別册)』 (서울, 1925, 朝鮮總督府), 첨부지도(국립중앙도서관 소장본임).

30 古莊定雄 編 : 『大日本帝國憲法, 幷ニ附屬法令』 (1889, 熊本, 海西日報社), 1쪽.

와 같은 그의 언급은 나카이 요사부로가 리양코 섬을 조선 땅으로 생각했던 것이 오하라가 그 섬의 바위에 일장기를 꽂았던 것과는 상치된다고 보았음을 말해준다. 따라서 이러한 그의 표현은 이 섬에 일장기를 꽂은 것은 그것을 자기네 땅으로 생각할 수 있는 것으로 보았음을 의미한다고 볼 수 있다.

그런데 쯔카모도는 이런 지적을 하면서, 나카이 요사부로의 『영토편입 대여원』의 설명서 가운데에서 「본도의 위치 및 유래」에 기록되어 있는, 아래와 같은 기록을 그 근거로 제시하고 있다.

〔자료 5〕

「종래 우리나라의 어부들이 울릉도 왕복의 도중에 왕왕 본도(독도를 가리킴: 인용자 주)에 기항하여 머물면서[寄泊], 전복[鮑]을 채취하는 일이 있을 뿐이었으나, 지난 36년(1903년) 5월 나(나카이 요사부를 말함: 인용자 주)는 여기에서 강치 잡이를 계획하여 인부들을 옮기고 고기잡이의 막사[漁舍]를 지으려고 했다. 그리하여 우리 인부들이 상륙하였을 때는 전 섬에는 어떠한 건물들도 발견할 수 없었다. 바꾸어 말하면 본도에 처음으로 건물을 짓고 국기를 세운 자는 실로 현재 출정하여 제4군에 종군하는 예비 하사[軍曹] 오하라 간죠小原岩藏로 우리를 위해 인솔하는 인부들의 일행이 되었다.」[32]

이 자료에는 "바위 위에 일장기를 펄럭이게 했다."고 적혀 있는 것이 아니라, "국기를 세운 자는 실로 현재 출정하여 제4군에 종군하는 예비

---

31 塚本孝: 앞의 글, 65쪽.

32 "從來本邦ノ漁夫等鬱陵島往復ノ途次往往本島ニ寄泊シ鮑ヲ採取セルコトノミナリシガ昨三十六年五月余ハ爰ニ海驢獵ヲ企テテ人夫ヲ移シシ漁舍を構エタリ而シテ私儀ノ人夫等ガ上陸セシ際全島一ノ何等建設物ヲモ發見セザリキ卽チ本島ニ初メテ建設物ヲ構エ國旗ヲ樹テタルモノハ實ニ現ニ出征第四軍ニ從軍セル豫備軍曹小原岩藏ガ私儀ノ爲メ師ヒタル人夫ノ一行ナリトス."
塚本孝: 앞의 글, 65쪽에서 재인용.
한국북방학회 편집위원회: 『한국북방학회논집(8)』 (서울, 2001, 한국북방학회),자료편: 『竹嶋』, 268쪽에도 이 자료가 실려 있음.

하사 오하라 간조로, 우리를 위해 인솔하는 인부들의 일행이 되었다."라는 것이 적혀 있을 뿐이다. 쯔카모도 다카시는 오쿠하라 헤키운의 『죽도 및 울릉도』에 "바위 위에 일장기를 펄럭이게 했다."는 기록이 있다는 것을 지적하면서도, 왜 이 책의 원문을 인용하지 않고 '국기를 세운 자'만 밝히고 있는 위의 자료를 인용하고 있는가 하는 이유는 밝히지 않았다.

이것은 전자의 기록에 약간의 문학적인 수사가 가미되어 있어, 자료로서 한계가 있음을 의식한 결과가 아닌가 한다. 그것이 아니라면, 나카이 요사부로가 리양코 섬을 조선의 영토로 생각했다는 단정적인 표현이 들어있어, 그것을 자기의 논지 전개에 인용하고 싶지 않았을지도 모른다. 그래서 『죽도 및 울릉도』에 적혀있는, 이 부분을 그대로 옮겨 적기로 한다.

〔자료 6〕

「그런데 메이지 36년(1903년) 하쿠슈(伯州 : 伯耆國의 다른 이름) 도하쿠군東伯郡 고오촌小鴨村의 나카이 요사부로 씨(현재 오키국(隱岐國) 사이고정(西鄕町) 거주)가 리양코 섬新竹島의 강치 포획업을 기도하자, ㉠ <u>동향 사람 오하라小原 육군 보병 하사軍曹가 크게 이것에 찬성하여, 감연히 일어서서蹶然奮起 스스로 대장이 되어, 폭 8척尺 길이 4간間의 고깃배漁舟를 타고 일본해(日本海 : 동해를 가리킴 : 인용자 주)의 거친 파도를 헤치며, 도리다니 겐죠鳥谷權藏 이하 장부壯夫 7명을 이끌고, 리양코 섬에 상륙하여, 처음으로 일장기日章旗를 바위 위에 펄럭이게 한 것은 메이지 36년 5월 어느 날이었다.</u> 이따금 도젠島前의 이시하시 마쓰다로石橋松太郎 부하의 어부들도 또 도항渡航해서 함께 (강치의) 포획에 종사하면서도 준비 부족 때문에 목적을 달성하지 못했다. 어기漁期를 기다려 대 발전할 것을 기약하면서 귀항하게 되었다.

이리하여 강치 포획업이 유리한 것을 알고, 37년(1904년)의 어기에는, 각 방면에서 속속 도항하여, 경쟁 포획의 결과, 여러 가지 피해를 인정한 ㉡ <u>나카이 요사부로 씨는 리양코 섬을 가지고 조선의 영토라고 믿고, 동 국 정부에 대여 신청의 결심을 하여, 37년 어기漁期가 끝나자, 곧 상경하여, 오키隱</u>

岐 출신인 농상무성 수산국 직원 후지다 간타로藤田勘太郎씨의 주선으로, 마키牧朴眞 국장을 면회하여 (그 사정을) 진술한 바 있었다. 동 씨 또 이것에 찬성하여, 해군 수로부에 가서 리양코 섬의 소속을 확인하기로 하였다. ⓒ 나카이 씨는 곧 기모쯔키肝付 부장을 면회해서, 동 섬의 소속은 명확한 증거가 없고, 특히 일본과 한국 두 나라의 본국으로부터의 거리를 측정하면 일본 쪽이 10해리 가까우며, 그 위에 일본인이면서 동 섬의 경영에 종사하는 자가 있는 이상은, 일본 령으로 편입하는 것이 당연하다는 말을 듣고, 나카이 씨는 드디어 뜻을 정하고, 리양코 섬 영토 편입 및 대여원을 내무, 외무, 농상무성 3대신에게 제출하였다.」[33]

이 자료의 ㉠에서는, 오하라가 독도에 일장기를 꽂았다는 것을 얼마간의 분식扮飾을 하여 기술하고 있다. 이러한 표현은 사실의 객관적인 기록이라기보다는 감성에 호소하는 문학적인 수사를 하였음을 드러낸다고 하겠다.

하지만 그렇다고 해서 자신이 전개하는 논지와는 분명하게 구별되는 자료를 인용한 쯔카모도 다카시의 저의는 어디에 있을까? 그 이유는 아마도 ㉡에서와 같이 "나카이 요사부로 씨는 리양코 섬을 가지고 조선의 영토라고 믿고, 동 국 정부에 대여 신청의 결심을 하여"라는 표현에 있는 것이 아닐까 한다. 바꾸어 말하면 위의 자료에는 『입지전』에 있는 "해도에 의하면 동 섬은 조선의 판도에 속함으로"라는 글귀가 빠져 있다. 그 대신에 독도가 조선의 영도라는 단정적인 표현으로 되어 있어, 자신의 논지 전개에 방해가 된다고 생각한 것이 아닌가 한다.

그러나 어떤 자료를 원용하였든, 일장기를 독도에 세웠다고 해서 이 섬을 일본의 영토로 볼 수 있다는 것은 말이 되지 않는 논리의 비약이다. 이것이 사실이라면, 등산가가 미답未踏의 산 정상에 자기 나라 국기

33 奧原碧雲 : 앞의 책, 27-28쪽.

를 꽂는 행위는 그가 속한 나라의 영토를 취득하는 행위라는 어불성설語不成說의 논리적 오류에 빠지게 된다.

그리고 이런 행위가 있었는데, 어떻게 나카이가 독도를 조선의 판도로 인식하였다는 말인가? 이와 같은 모순을 잘 알고 있는 쯔카모도 다카시는 당시에 독도는 어느 나라에도 소속이 되지 않았던 곳이라고 하여, 다음과 같은 궤변을 늘어놓고 있다.

> 「이번에 확인된 오쿠하라 헤케운의 『입지전』은, 이 점에 관해서 새로운 정보를 포함하고 있지 않다. 나카이 씨가 파견한 작업자가 일장기를 세웠던 것이기 때문에 나카이 씨가 이 섬을 일본 령이라고 믿고 있었다고까지는 말할 수 없으나, 그러한 일이 행해졌다고 한다면, 나카이 씨가 동 섬을 조선의 영토라고 생각했다는 것도 또 확신을 가진 것은 아니다. 결국 동 섬의 소속이 정해지지 않았다고 하는 것이 나카이 씨를 비롯한 당시의 일반 사람들의 인식이었다고 생각되며, 이것은 사실에 있어서도 그대로였다.」[34]

이것은 나카이가 독도를 조선의 영토로 생각하지 않았다는 것을 증명하기 위한 것이다. 그렇지만 앞에서는 깃발을 꽂았기 때문에 일본의 영토로 볼 수 있다고 했다가, 여기에서는 깃발을 꽂았다고 해서 일본령으로 믿었다고 말할 수 없다고 하는 것은 앞뒤가 맞지 않은 모순을 드러내는 것이다.

연구라는 것이 자료의 객관적인 분석을 통해서 새로운 사실을 구명하는 작업이라고 한다면, 쯔카모도의 궤변과 허언虛言은 쉽게 말해 그들의 독도 강탈을 정당화하겠다는 저의에서 나온 것이라는 사실을 스스로 말해주고 있다. 이런 의미에서 당시 해군 수로부장이었던 기모쯔키 가네유키肝付兼行가 자료 2의 밑줄을 그은 ③에서 독도가 완전히 무소속이라

34 塚本孝 : 앞의 글, 65쪽.

고 한 것 역시 터무니없는 사실의 왜곡이 있었다는 사실을 위의 자료 6의 ㉢을 통해서 증명할 수 있다. 여기에서는 기모쯔키가 리양코 섬, 곧 독도를 일본의 영토로 편입해야 하는 이유로, 첫째 독도까지 한·일 두 나라의 본국으로부터의 거리를 측정하면 일본 쪽이 10해리 더 가깝다는 것과, 둘째 일본인이 동 섬에 종사하는 자가 있기 때문이라는 것이다.

그렇지만 위의 자료에서는 독도에서 일본 쪽이 10해리 더 가깝다고 한 것이 한국과 일본의 어디로부터 측정한 거리인지가 명확하지 않고, 독도의 어로 작업에 일본 사람들만 종사한다고 하였지 한국인들의 언급은 없어 객관성이 결여된 담론이었다는 비판을 감내하지 않으면 안 되었다. 그런데 이번에 발견된 『입지전』에는 이 문제를 보다 명확하게 해주는 자료가 포함되어 있어, 쯔카모도의 지적이 거짓말이었다는 사실을 밝힐 수 있다.

〔자료 7〕

「씨(나카이를 가리킴 : 인용자 주)는 우선 오키隱岐 출신인 농상무성 수산국 직원인 후지다 간타로藤田勘太郎의 주선으로 마키牧 수산국장을 면회하여 진술하였는데, 동 씨도 이 일에 찬성하여 먼저 해군 수로부에 가서, 리양코 섬의 소속을 확인하기로 했다. 씨는 곧 기모쯔키肝付 수로부장을 면회하여 가르침을 청하자, 동 섬의 소속은 명확한 징증徵證이 없고, 특히 ㉮ 일한 양국으로부터의 거리를 측정하면 일본 쪽이 10해리海里의 근거리에 있으며(이즈모국(出雲國) 다코하나(多古鼻)로부터 108해리, 조선국 릿도네루 곶(沖)[35]으로부터 118해리), ㉯ 게다가 조선 사람으로서는 종래 동 섬의 경영에 관한 형적이 없는데 반해, 우리나라 사람으로서는 이미 동 섬의 경영에 종사한 자가 있는 이상은, 당연히 일본 영토에 편입해야만 한다는 말을 듣고, 용약 분기勇躍奮起해서, 드디어 뜻을 결정하여, 리양코 섬 영토 편입 및 대여원을 내무·외무·농상무 3대신에게 제출하기에 이르렀다.」[36]

35 이 릿도네루 곶이 한국의 어디를 말하는지는 명확하지 않다는 것을 밝혀둔다.

이것은 자료 4의 바로 다음에 이어지는 문장으로, 자료 6의 ㉢부분을 더욱 명백하게 해주고 있다.[37] 다시 말해 기모쯔기는 ㉮에서와 같이 일본의 이즈모국 다코하나에서 독도까지의 거리가 108해리인데 반해, 조선의 릿도네루 곶에서는 118해리이기 때문에 일본 쪽이 10해리 더 가깝다는 것이고, ㉯에서와 같이 이미 동 섬의 경영에 한국 사람은 종사한 자가 없지만, 일본 사람은 종사한 자가 있다는 것이다.

이러한 업급에서 관심을 끄는 것은 기모쯔키가 거리의 멀고 가까움을 가지고 독도 편입의 당위성을 거론하고 있다는 점이다. 이렇게 거리의 원근을 근거로 하여 섬의 귀속을 결정하던 관습은 조선과 일본 사이에 이미 그 전부터 존재했었다.[38] 이러한 관습은 일본의 『통항일람通航一覽』 권 137의 27쪽에 전해지는 로쥬老中 아베 붕고노카미阿部豊後守의 다음과 같은 언급에 그대로 나타나 있다.

> 「지금 그곳(당시 일본에서 죽도라고 부르던 울릉도를 가리킴 : 인용자 주)의 지리를 헤아려 보니, 이나바因幡와의 거리는 160리 정도이고, 조선과의 거리는 40리 정도이다. 이것은 일찍이 그것이 그들의 땅이라는 것을 의심할 바 없는 것 같다.」[39]

---

36 "氏はまづ隱岐出身なる農商務省水産局員藤田勘太郎氏に圖り, 牧水産局長に面會して陳述する處ありきき, 仝氏もこの擧を贊成し, 先づ海軍水路部につきて, リャンコ島の所屬を確かめしむ, 氏は卽ち肝付水路部長に面會してて, 教を請ふや, 同島の所屬は確乎たる徵證なく, ことに日韓兩國よりの距離を測定すれば, 日本の方十浬近距離にあり(出雲國多古鼻より百0八浬, 朝鮮國リッドネル岬より百十八浬), 加ふるに, 朝鮮人にして從來同島經營に關する形跡なきに反し, 本邦人にして既に同島經營に從事せるものある以上は, 當然日本領土に編入すべきものなりとの說を聞き, 勇躍奮起, 遂に意を決して, リャンコ島領土編入並に貸下願を內務外務農商務三大臣に提出するに至れり."
奧原碧雲 : 앞의 글, 73쪽.

37 이 문제에 대해서는 이미 그 허구성을 논한 바 있음을 밝혀둔다.
김화경 : 「독도 강탈을 둘러싼 궤변의 허구성」 『독도연구(4)』 (경산, 2008, 영남대 독도연구소), 144-146쪽.

38 이 문제에 대해서는 김화경 : 「섬의 관습을 둘러싼 한·일 관습에 관한 연구」 『독도연구(7)』 (경산, 2009, 영남대 독도연구소)가 있다는 것을 밝혀둔다.

이와 같은 관습의 기록은 일본의 자료에만 남아있는 것이 아니라, 광해군光海君 시대에 통신사로 일본에 건너갔던 이경직李景稷의 『부상록扶桑錄』에도 비슷한 내용이 남아있는 것으로 보아, 어느 한쪽의 일반적인 관습이 아니라 한·일 두 나라가 다 같이 인정하던 관습이었다고 보아야 한다.[40] 그리고 당시 일본의 해군 수로부장이었던 기모쯔키가 이러한 관습의 존재를 모를 리가 없었을 것이다. 그 때문에 그는 독도까지의 거리를 말하면서 본토로부터의 거리만을 언급한 것이 분명하다.

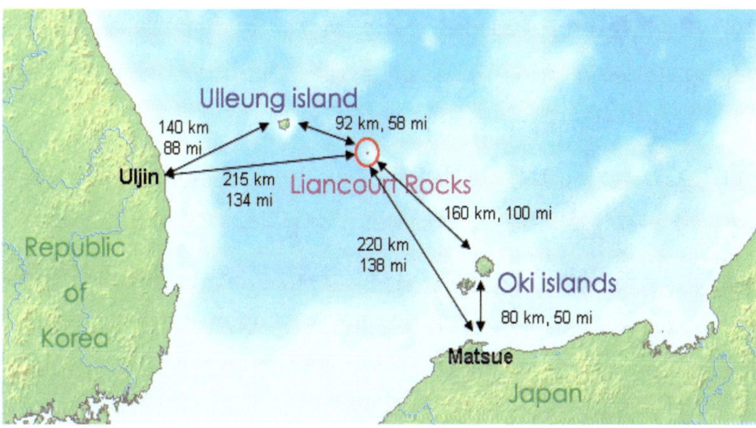

(도 7)[41]

---

39 内藤正中 : 『竹島(鬱陵島)をめぐる日朝關係史』 (東京, 2000, 多賀出版), 86쪽에서 재인용.

40 『부상록』에는 집정관인 오아(大炊)가 "쓰시마(對馬島)는 본시 조선이라……하는데 그런가?"라고 물었을 때, 이경직이 "도로의 원근으로 말한다면 쓰시마가 일본과는 멀지마는 조선과는 다만 바다 하나가 끼어있을 뿐으로, 반나절이면 왔다 갔다 할 수 있습니다."라고 대답하자, 오이가 "너의 섬은 반드시 조선 지방이니, 마땅히 조선 일에 힘을 써야 할 것이다."라고 했다는 것이 기록되어 있어, 에도 조정에서도 쓰시마를 조선의 영역으로 인식하고 있었다는 것을 알 수 있다.
이경직 : 「부상록」『국역 해행총재(III)』(서울, 1975, 민족문화추진회), 129-130쪽.

41 http://ja.wikipedia.org/wiki에서 인용.

그러나 최근에 일본에서 만들어진 『위키페디아(Wikipedia) 백과사전』의 지도에 의하면, 한국에서 가장 가까운 울진蔚珍에서 독도까지는 215㎞이고 일본의 마쓰에松江에서 독도까지는 220㎞로 한국 쪽이 5㎞ 더 가까운 것으로 되어 있다. 또 당시에 한국의 영토로 인정하고 있던 울릉도로부터 독도까지의 거리는 92㎞이고, 일본의 오키도隱岐島로부터 독도까지의 거리는 160㎞이다. 그러므로 본토로부터 보든지 아니면 섬으로부터 본다고 하더라도 독도까지의 거리는 한국 쪽이 더 가까운 것이 사실이다. 그런데도 기모쯔키는 일본에서 10해리가 더 가깝다는 거짓말을 앞세워, 독도를 강탈하여 자기네 땅으로 만드는 데 정당성을 확보하려고 했다. 하지만 이런 편법적인 선동이나 사주가 타당성을 가질 수 없다는 것은 너무도 당연하다고 하겠다.

다음으로 ㉯에서 보는 것처럼 독도의 경영에 조선 사람은 종사하지 않았는데 반해 일본 사람은 관여했다고 하는 주장도, 독도를 강탈하기 위한 거짓말에 불과한 것이었다. 다시 말해 그들은 나카이 요사부로로 하여금 강치를 잡게 하기 위해서 독도를 일본 땅으로 편입한다는 명분을 내세웠다. 그러니 독도에서 고기를 잡는 것은 일본 사람들이 주가 되었다고 주장할 수밖에 없었을 것이다.

그러나 『입지전』에서 인용한 자료 4의 밑줄 친 ㉡에서 보는 것처럼, "해도에 의하면 동 섬은 조선의 판도에 속함으로 일단 외인外人의 내습을 만나면, 이것이 보호를 받은 길이 없음으로"라고 한 것으로부터, 이미 그때에 조선 사람들이 독도에 상당히 많이 출어를 하고 있었다는 사실을 확인할 수 있다. 그럼에도 불구하고 사실을 왜곡하여 일본에 독도를 편입해야 한다는 당위성을 조작했던 당시 관련자들의 증언은 독도를 강탈하기 위한 구실의 조작이었다는 것을 부정할 수 없을 것이다.

5. 고찰의 의의

일본은 지금도 독도가 자기네 땅이라고 주장하고 있다. 그러면서 그 근거로 제시하는 것이 1905년 독도를 자국의 영토로 편입한 것이 국제법적으로 정당했다는 것을 들고 있다. 더욱이 이것을 적당하게 분석하여 한국이 일본의 영토인 독도를 불법적으로 점령하고 있는 것처럼 선전·홍보까지 하고 있다. 또 이러한 자국의 주장에 타당성을 부여하기 위하여 많은 논리들을 개발하여 왔다.

그러나 논리라는 것은 우선 사리에 맞아야 한다. 그런데도 한국의 역사는 전혀 고려하지 않은 채, 자기들 주장만 일방적으로 전개하고 있다. 특히 일본에서 운위하는 국제법은 자국의 이익에 도움이 되는 경우에만 원용되는 특수한 것이다. 그들이 근대화에 한발 앞서 국제공법을 받아들였으나, 네 번에 걸친 전쟁을 일으켰으면서 한 번도 선전포고를 하지 않았다는 것은 일본에서 말하는 국제법이 어떤 것인가를 여실하게 보여주는 것이 아닐까 한다.

그래서 본 장에서는 일본이 금과옥조金科玉條처럼 뇌이고 있는, 독도 편입의 근거가 된 1905년 1월 25일에 이루어진 각의의 결정문이 어떤 문제점을 안고 있는가 하는 것부터 고찰하였다. 그리고 이 결정문이 타당하다고 주장하는 쯔카모도 다카시의 견해가 얼마나 허구에 찬 거짓말인가 하는 것을 증명하였다. 이 과정을 통해서 얻은 성과를 간단하게 요약한다면 다음과 같다.

첫째 일본은 독도를 자국의 영토로 편입하면서, "타국에서 이를 점령했다고 인정할 만한 형적이 없다."는 전제를 세웠다. 그렇지만 이런 전제는 내각의 전신이었던 태정관의 결정을 무시한 처사였을 뿐만 아니라, 영토 편입 청원자인 나카이 요사부로의 인식, 곧 독도가 한국의 영토라는 생각마저 뒤집는 것이었다. 그리고 나카이로 하여금 영토 편입을 청원하게 하는 데는, 뒤에 일본 제국주의의 영토 확장에 기여한 관료들의 사주가 있었음으로, 국가 권력의 개입이 있었던 부당한 처사였다는 것을 밝혔다.

둘째 일본 측은 에도시대부터 불러오던 명칭, 곧 울릉도를 죽도라고 하고 독도를 송도라고 했던 종래의 호칭을 무시하고, 독도에 죽도란 이름을 붙인 것은 역사적 인식이 결여된 결과로 보았다. 특히 당시 시마네현 내무부장 호리 신지堀信次의 질의에 대한 오키도사였던 히가시 분스케東文輔의 답신에서 "종래 잘못 칭하던 명칭을 전용하여, 죽도라는 통칭을 새로운 섬에 붙이는 것"이 타당하다고 한 것은 의도적인 섬 이름의 혼란이 아니었던가 하는 의구심을 자아내게 하는 것이었다. 또 나카이가 강치 잡이를 위해 얼마간 독도에서 머문 것을 국제법상 점령에 해당된다고 한 것도 강제로 독도를 빼앗기 위한 명분 축적에 지나지 않는 처사였다는 것을 구명하였다.

셋째 이렇게 앞뒤가 맞지 않는 데도 불구하고 일본의 학자들이 독도 강탈의 정당성을 강조하고 있어, 쯔카모도 다카시의 견해를 중심으로 일본 측 주장의 부당성을 고찰하였다. 그는 죽도 문제 연구회에서 찾아낸 오쿠하라 헤키운奧原碧雲의 『죽도 경영자 나카이 요사부로 씨 입지전』으로부터 나카이가 당시에 독도를 조선의 판도로 생각하게 된 이유를 찾아낸 것처럼 흥분하였다. 하지만 나카이 요사부로가 리양코 섬이라고 부른 독도를 조선의 영토로 생각한 것은 당시 일본 사람들의 일반적인 인식일 수도 있고, 그렇지 않으면 그가 1892년에 잠수기를 가지고 전라도와 충청도 연안을 돌아다닌 적이 있으므로 그때에 그러한 인식을 가지게 되었을 수도 있다는 상정을 하였다.

넷째 그런 인식을 가지고 있던 나카이에게 독도가 한국 령에 속하지 않을 수도 있다는 의심을 불러일으키게 한 것은 당시 농상무성의 마키 나오마사牧朴眞이었다. 마키 나오마사는 이미 그 전에 대만 총독부의 내무국장 대리를 지내다가 당시에 수산국장으로 근무하고 있었던 인물로, 뒤에 일본 수산회의 부총재를 역임한 자이다. 특히 그가 '한해통어조합韓海通漁組合'을 만든 장본인이라는 사실을 감안하면, 마키가 독도 연근해의 수산자원에 대해 상당한 지식과 관심을 가지고 있었을 가능성이 있다고 보았다.

다섯째 마키의 의심을 더욱 확실하게 해준 당사자는 당시 해군 수로부장이었던 기모쯔키 가네유키肝付兼行였다. 그렇지만 그가 어떤 이유 때문에 독도의 소속 문제가 명확한 증거가 없다고 했는지가 확실하지 않았다. 그러다가 이번에 발견된 『입지전』에 의하면, 한·일 양국으로부터 독도까지의 거리를 측정하면 일본의 다코하나多古鼻에서는 108해리이고, 한국의 릿도네루 곶에서는 118해리가 되어 일본 쪽에 10해리 더 가깝기 때문에 일본에 편입해도 된다고 했다는 것이 밝혀졌다. 하지만 기모쯔키의 이런 언급은 독도를 강탈하기 위한 거짓말에 불과하다는 것은 위키피디아 백과사전에 실려 있는 지도를 통해서도 확인할 수 있었다.

그리고 기모쯔키가 당시에 조선 사람들은 독도의 경영에 종사하지 않았는데 반해, 일본 사람들은 독도의 경영에 종사했기 때문에 독도를 일본 땅으로 편입해야 한다고 한 언급도 허구라는 사실이 『입지전』을 통해서 증명하였다. 곧 『입지전』에서 "해도에 의하면 동 섬은 조선의 판도에 속함으로, 일단 외인의 내습을 만나면 이것을 보호할 길이 없으므로"라고 한 것에서 말하는 외인은 조선 사람을 가리키는 것이 분명하므로, 그 당시에 조선 사람들이 독도에 드나들었던 것을 증명해주고 있다. 그럼에도 불구하고 기모쯔키가 이런 언급들을 한 것은 독도의 전략적 가치를 잘 알고 있던 수로부장으로서, 독도의 강탈이 러일전쟁의 수행에 대단히 중요하다는 것을 인식하고 나카이에게 영토의 편입을 사주했음을 말해주는 것으로 보았다.

여섯째 죽도 문제 연구회에서 찾아낸 오쿠하라 헤키운의 『입지전』이 이와 같은 사실을 드러내고 있는데도, 쯔카모도는 "해도에 의하면 조선의 판도에 속함으로"란 어구만 강조하여, 여기에서 말하는 해도는 1896년 4월에 일본 해국 수로부에서 제작한 「조선전안」을 가리킨다고 하면서, 이 지도를 세 부분으로 나누어 제시하였다. 그러고는 "해도는 선박의 안전한 운행에 도움을 주기 위해서 제작되어, 대상 지역에 있는 도서와 해안선, 수심 등의 정보를 실은 지도로써, 영토의 범위를 표시하는 것은 아니다."라고 하였으며, 나카이가 이 지도를 보고 독도를 조선의 판도로 생각한 것은 잘못되었다는 것을 지적하였다. 그러면서 그는 이 지도에 독도가 그려졌다고 해서 그것이 한국의 영토가 아닌 것은 여기에 그려진 일본의 일부가 한국의 영토가 아닌 것과 같다는 식의 비유를 늘어놓았다. 그리고 이 해도는 일본의 해군 수로부가 외국 특히 영국의 해도를 모방하여 제작한 것이기 때문에 서양 사람들의 정보에 입각하여 만들어진 것임을 강조하고 있다.

그러나 이 『조선전안』의 원도原圖를 보면 독도를 그려 넣기 위해서 경도를 동쪽으로 넓혔고, 제주도를 그려 넣기 위해서 남쪽으로 위도를 넓혔다는 사실을 확인할 수 있었다. 그리고 이 과정에 들어간 간이 일본의 일부라는 것도 쉽게 판명이 되었다. 그러므로 독도를 그려 넣은 것이 조선의 영토를 나타내지 않는 것은 이 지도에 들어간 일본의 일부가 조선의 영토가 아닌 것과 같다는 식의 논리 전개는 삼척동자도 웃을 수밖에 없는 궤변의 나열이라고 하지 않을 수 없다는 것을 지적하였다.

일곱째 만약에 이 해도에 그려진 독도가 조선의 판도를 나타내는 것이 아니고 항해 정보를 제공하기 위한 것이었다고 한다면, 일본이 한국을 강점하고 난 다음에 그려진 지도에는 왜 독도를 그려넣지 않았는가 하는 것이 설명될 수 없다는 것을 밝혔다. 조선을 식민지로 강점하고 난 다음에는 독도에 대한 항해 정보의 필요성이 없어진 것은 아닐 것이기 때문이다.

여덟째 쯔카모도 다카시는 일본 해군 수로부에서 제작한 「조선전안」이 영국 해군의 영향을 받은, 서양 기원의 정보여서, 그것 자체가 법적 정치적 의미에서 영유권의 귀속과는 관계가 없다는 주장을 하였다. 하지만 일본 해군이 메이지 헌법明治憲法에 의해서 설치된 헌법 기관이라는 사실은 해군대신이 이 헌법에 부서를 하고 있다는 것을 통해서도 입증이 되었다. 그러므로 헌법 기관에서 제작한 해도를 정치적 법적인 의미에서 그 책임이 없다고 하는 주장은 스스로 헌법기관의 독립성을 무시한 것으로 간주하였다.

마지막으로 쯔카모도 다카시는 자기의 편의에 따라 자료를 자기 멋대로 해석하고 있다는 사실을 구명하였다. 이런 예로 그는 오하라小原가 독도의 바위 위에 일장기를 꽂았던 행위를 가지고 이것을 일본 땅으로 보았다는 식으로 표현을 했다가, 나중에는 일본 령이라고 믿고 있었다고는 말할 수 없다고 한 것을 들었다. 이와 같은 자료 해석의 자의성은 제국주의적 영토 팽창의 일환으로 독도를 강탈했다는 사실을 호도하기 위한 방법에 지나지 않는다고 하겠다.

이상과 같은 고찰을 통해서 일본의 독도 강탈은 그 전제나 조건들이 사리에 맞지 않는 허구였다는 것을 구명하였다. 그리고 그것의 정당성을 주장하는 일본의 논자들은 역사적인 사실을 무시하고, 자료의 왜곡된 해석을 일삼고 있다는 사실을 증명했다. 실제로 죽도문제연구회에서 찾아낸 오쿠하라의 『입지전』을 제대로 해석하기 위해서는 그가 집필하여 출판한 『죽도 및 울릉도』란 저서와 나카이가 직접 작성한 『사업 경영 개요』를 서로 대조해나가면서, 이들 사이에 어떤 차이가 있으며 그런 차이가 왜 파생되었는가 하는 문제를 따져 보아야 한다. 그리고 일본 측에 유리한 어느 한 구절만 가지고 침소봉대의 해석을 할 것이 아니라, 전체적인 문맥 가운데에서 필요한 구절을 해석하는 태도를 취하는 것이 독도 문제의 올바른 해결을 위해서도 바람직한 자세라는 것을 밝혀둔다. 독도에 대한 사실은 분명하게 하나이다. 그렇지만 한국과 일본이 제각기 자기들에게 유리한 논리를 개발하기 위해 사실을 왜곡하고, 자료를 자의적으로 해석하는 자세는 지양되어야 한다는 것도 아울러 첨언해둔다.

결론

Chapter 11

동해 가운데에 있는 독도는 바위섬이다. 그런데도 온 국민이 독도에 매달리는 데는 그럴 만한 이유가 있다. 이것은 독도가 곧 민족의 자존심이기 때문이다. 단순히 하나의 바위섬이 아니라, 독도는 일본 제국주의자들의 한국 침략을 상징하는 섬이었다는 것이다.

그런데도 독도 문제를 국제법적 시각에서 접근하려고 하는 연구자들도 존재한다. 이런 자세는 일본이 바라는 바이다. 그들은 독도를 국제분쟁지역으로 부각시켜, 이것을 국제법적인 문제로 끌고 가려고 하고 있다. 하지만 이런 저의 뒤에는 역사적 사실을 외면하려는, 무서운 암수가 숨어 있다. 거듭 말하지만 독도는 역사적인 문제이지 국제법적인 문제가 아니다. 그러므로 역사적인 관점에서 그 영유권을 구명할 문제이지, 국제법적으로 해결할 하등의 이유가 존재하지 않는다. 이 책은 이와 같은 전제 아래서 집필되었다. 이제까지 10개의 장으로 나누어 고찰한 사실들을 간단하게 요약하는 것으로 이 책의 결론에 갈음하고자 한다.

우선 제1장 서론에서 한·일 양국의 독도에 대한 주장을 고찰하였다

곧 일본 측이 주장하는 내용은 무엇이며, 이에 대해 한국 측은 어떻게 대응하고 있는가 하는 문제를 검토하였다. 이 과정에서는 일본 외무성은 『죽도 문제를 이해하기 위한 10의 포인트』를 만들어 공세적인 도발을 하고 있는 데도, 한국의 외교통상부는 '조용한 외교'만을 구가하는 현실의 안타까움을 피력하였다. 이와 함께 연구자들의 안이한 자세에 반성이 필요하다는 것도 아울러 지적했다.

제2장에서는 일본 측 독도 영유권 주장이 가지고 있는 논리적 모순을 분석하였다. 그들은 독도를 강탈하면서, 독도는 "다른 나라에서 이를 점령했다고 인정할 만한 형적이 없다."는 '무주지 선점론無主地先占論'을 전제로 하였다. 하지만 이것은 독도를 강탈하기 위한 허구였다. 이미 1900년 10월 25일에 대한제국이 칙령 제41호로 울릉도를 울도군으로 개칭하면서 그 관할 구역을 울릉전도와 죽도, 석도라고 규정하였다. 여기에서 말하는 '석도'는 서종학의 연구 성과를 수용하여, "석石은 돌, 독(돓, 돍)을 표기하는 데 사용된 훈訓 차자이고, 독獨은 독을 표기하는 음音차자"라는 것과 "심홍택의 보고서는 고문서의 첩정牒呈에 해당되는 문서인데, 첩정은 이두로 기록하는 것이 하나의 전통"이라고 보았다.

또 독도는 원래부터 자기들의 고유 영토였다고 주장하는 '고유 영토론'은 야마베 겐타로山邊健太郎가 이토 미요지伊藤己代治 문서에서 찾아낸 『제국판도帝國版圖』안에 있는 고유의 의미, 곧 "제국의 고유 영토는 신화에 있는 대로 혼슈本州와 규슈九州, 시코쿠四國, 아와지 섬淡路島이다."라는 견해의 받아들여, 그 부당성을 살펴보았다. 그리하여 21세기를 살아가고 있는 현재, 신화에 바탕을 둔 고유 영토론을 주장하는 나라는 일본밖에 없다는 것을 구명함으로써, 일본 측의 주장이 말이 안 된다는 것을 입증하였다.

그리고 일본 측이 '17세기 인지론'을 주장하면서, 제시한 사이토 후센齋藤豊宣의 『인슈시청합기隱州視聽合記』는 역설적으로 일본의 서북 국경이 오키도까지임을 말해주는 것으로 보았다. 이런 상정은 이케우치 사토시池內敏가 "에도시대에 있어서 송도(죽고/독도)는 일본의 판도 바깥의 존재였다."고 하는 연구에 의해서도 그 타당성을 증명할 수 있었다.

이렇게 일본 측 주장의 허구성을 구명한 다음, 왜 독도가 한국의 영토일 수밖에 없는가 하는 문제를 살펴보았다. 먼저 제3장에서는 이사부의 우산국 정벌로 인해서 독도가 한국의 고유 영토가 된 이유를 해명하였다. 이 문제는 기록에 남아 있지는 않지만, 울릉도에서 독도가 보인다는 사실을 근거로 하여 독도가 우산국 사람들의 생활공간이었다고 추정했다. 이와 같은 추정은 국경 개념이 명확하지 않았던 고대 사회에서 보이는 곳까지가 삶의 터전이었다는 관습에 근거를 둔 것이었다. 또 이런 공간 인식은 사이토의 『인슈시청합기』에도 그대로 존속되고 있었음으로, 한·일 양국의 공통된 인식이었다고 사실도 아울러 규명했다고 할 수 있다.

다음으로 제4장에서는 '우산도'가 독도를 가리키는 명칭으로 정착되는 과정을 검토하였다. 여기에서는 조선 초기에는 '우산도'란 이름이 독도를 지칭하는 명칭으로 정착되지 않았다가, 『세종실록』 지리지가 편찬되면서 "우산과 무릉 두 섬이 (울진)현의 정 동쪽 바다 가운데에 있다. 두 섬은 거리가 멀지 않아 바람이 불어 날씨가 청명하면 가히 바라볼 수 있다."라는 표현이 쓰임으로써, 비로소 오늘날의 독도를 가리키는 섬 이름으로 고착되었음을 밝혔다.

제5장에서는 '울릉도 쟁계'가 독도와 어떻게 연루되었는가를 살펴보았다. '울릉도 쟁계'란 1693년 박어둔과 안용복을 요나고米子의 오야 집안大谷家 어부들에게 납치되어 감으로써, 울릉도의 어업권과 영유권을 둘러싸고 벌어졌던 조·일간의 분쟁이었다. 이 분쟁에서 일본의 막부는

울릉도를 조선의 땅으로 인정하고 오야·무라카와 두 집안에게 '죽도(울릉도) 도해 금지령'을 내렸다. 그런데 이렇게 금지령을 내리는데 바탕이 된 것이 조선과 일본으로부터 울릉도까지의 거리였다. 다시 말해 "(울릉도가) 조선에 거리도 가깝고 호키로부터는 상당히 (거리가) 멀었기" 때문이었다. 그리고 그때에 울릉도를 조선 땅으로 인정하면서, 울릉도(죽도)와 독도(송도)를 하나의 세트로 인식하고 있었다는 것을 규명하였다. 이렇게 이들 두 섬을 세트로 인식했다는 것은 독도까지 조선의 영토로 인정했다는 것을 의미한다. 또 이런 인식이 메이지 시대 사타 하쿠보佐田白茅 등의 「조선국 교제 시말 내탐서朝鮮國交際始末內探書」 및 태정관太政官 문서에까지 그대로 이어졌다는 것은 일본의 전통적인 인식으로 볼 수 있다는 것도 아울러 확인했다.

제6장에서는 안용복의 2차 도일과 독도 문제를 살펴보았다. 안용복은 퍼포먼스의 대상이 아니라 연구의 대상임을 부각시키기 위한 시도였다. 연구도 하지 않고 아이젠하워 전 미국 대통령과 그 리더십이 비교되기도 하였고, 나아가서는 공무원으로 추앙되고 있는 현실을 바로잡을 필요를 느꼈기 때문에, 안용복에 대한 고찰의 장을 달리했던 것이다.

이러한 시도로 이루어진 고찰에서는 『숙종실록』 숙종 22년(1696년) 9월 무인(戊寅, 25일) 조의 기록에 대한 일본 학자들의 부정적인 시각의 과오를 바로잡으려고 하였다. 그리하여 울릉도에서 왜인들을 만날 수 있었을 가능성을 검토하였고, 또 안용복이 2차로 도일한 목적이 울릉도와 독도 문제와 관련이 있을 것이란 추정을 하였다. 그리고 그의 도일이 대마도 측으로 하여금 10개월 가까이 유보하고 있던 '죽도(울릉도) 도해 금지령' 하달 사실을 조선 조정에 통보하게 만드는데 영향을 미친 것은 사실이라고 보았다.

또 제7장에서는 이와 같이 일본 막부와 영토 분쟁을 벌인 다음, 조선

후기에 영토 의식이 어떠했는가 하는 것을 고찰하였다. 이 장에서는 서계西溪 박세당朴世堂의 『서계잡록』 울릉도 조에 기록된, 일본에 붙잡혀 갔던 승려의 전문傳聞으로부터 16세기에도 조선인들이 분명하게 우산도를 인지하고 있었다는 사실을 확인하였다. 그리고 이것은 1694년 울릉도 수토사로 다녀온 장한상의 『울릉도사적』의 기록과도 밀접한 관련을 가지는 것으로 파악하였다.

이러한 영토 인식은 드디어 독도가 왜와의 접경이었음을 인정하는 방향으로 진전되었다. 이것이 『숙종실록』 보궐 정오편에 남아 있는, 1714년에 강원도 어사 조석명의 보고였다. 그는 "포구 사람들[浦人]의 말을 상세히 듣건대 …… 중략 …… 울릉도 동쪽에 섬이 서로 마주 보이는데, (이 섬이) 왜와의 경계에 접해 있다."라고 하였다. 이 기록이 『숙종실록』에 실렸다는 것은 당시 독도가 왜와의 접경을 이룬다는 인식이 동해안의 포구 사람들뿐만 아니라, 조정에서도 인정되고 있었음을 말해준다고 보았다.

다음으로 신경준이 『강계고』 「울릉도」 조에 "여지지에 이르기를 일설에 우산 울릉은 본래 한 섬이라고 하였다. 그러나 여러 도지를 상고해 보니 두 섬이다. 하나는 곧 이른바 송도인데, 아마도 두 섬은 다 우산국 (땅)이다."라고 한 기술을 가지고 표절이라고 매도하는 시모죠 마사오의 주장이 사리에 벗어나는 허구임을 입증하였다. 또 오늘날의 독도인 우산도가 조선의 영토란 사실은 19세기도 그대로 이어졌다는 것을 『만기요람』과 『증보 문헌비고』의 기록을 통해서 확인하였다. 이와 같은 일련의 고찰을 통해, 우산도가 조선의 영토란 인식이 하루아침에 이루어진 것이 아니고, 15세기 이래 계속되어 온 지리적 인식이라는 사실도 아울러 구명했다고 할 수 있다.

제8장에서는 독도를 강탈하기 이전에 일본에서는 독도를 어떻게 인

식하고 있었는가 하는 문제를 고구하였다. 먼저 1869년 사타 하쿠보佐田白茅 일행이 외무성에 제출한 「조선국 교제 시말 내탐서」에 분명하게 "죽도와 송도가 조선의 부속이 된 시말"을 조사하라는 지시가 있었던 것으로 보아, 메이지 정부에서도 죽도(울릉도)와 송도(독도)를 조선의 영토로 인식하고 있었음을 확인하였다. 그리고 이들 두 섬을 하나의 세트로 인식하였다는 것은 독도가 명확하게 울릉도의 속도였음을 인정한 것이라는 사실을 해명하였다.

그리고 태정관의 우대신 이와쿠라 도모미岩倉具視가 시마네현으로부터 「일본해(동해) 내 죽도 외 1도의 지적 편찬에 관한 질의」를 받고, "문의한 죽도 외 1도에 대하여 우리나라는 관계가 없다는 것을 주지할 것"이라는 지령안을 내렸다. 이것은 내각의 전신이었던 태정관에서까지 죽도(울릉도)와 그에 딸린 송도(독도)를 하나의 세트로 보고 있었으며, 또 일본과는 관계가 없는 것으로 인식하고 있었음을 드러내고 있다는 해석을 하였다.

또 1885년에 만들어진 『환영수로지寰瀛水路誌』와 1895년에 만들어진 『조선수로지朝鮮水路誌』에도 독도에 해당되는 리앙코르-도 암을 조선 안에 넣고 있고 있었다. 이에 대해서도 일본의 학자들은 수로지는 단순히 항해의 편의를 제공하기 위해 만든 것이라고 주장하고 있다. 그렇지만 해군은 분명하게 헌법 기관의 하나였으며, 이런 사실을 단적으로 말해주는 것이 메이지 헌법에 해군대신이 부서에 한 서명이라는 것을 밝혔다.

이렇게 독도를 한국의 영토로 본 것은 메이지 정부만이 아니었다. 당시의 지식인들 사이에도 마찬가지의 인식이 존재했다는 사실은 1903년에 출판된 쿠즈 슈스케葛生修亮의 『한해통어지침韓海通漁指針』과 1904년에 나온 이와나가 시게카岩永重華의 『최신 한국 실업지침最新韓國實業指針』, 그들이 독도를 강탈하고 난 다음인 1905년에 간행된 다부치 도모히코田淵友彦『한국 신지리韓國新地理』 등을 통해서 확인하였다.

제9장에서는 대한제국이 1900년 10월 25일 울릉도에 울도군을 설치하는 칙령 제41호를 공포하여, 행정 구역을 개편한 것은 일본인들의 울릉도 자원 탈취를 막기 위한 수단이었다는 사실을 구명하였다. 그리고 고종이 이규원을 울릉도 검찰사로 파견하면서, 울릉도가 세 개의 섬, 곧 송도와 죽도, 우산도로 이루어져 있다는 것을 지적하였다는 사실에 주목했다. 이것은 고종의 인식이 울도군이 관할하는 구역을 울릉전도와 죽도, 석도라고 규정한 칙령 제41호의 지리적 인식과 일치하고 있어, 우산도가 뒤에 석도로 바뀌었다는 것을 알 수 있었다. 또 칙령에서의 '석도'는 고종이 말한 우산도로, 서종학의 견해를 수용하여 오늘날의 독도가 명확하다는 결론을 내렸다.

제10장에서는 일본은 지금도 독도가 자기네 땅이라고 주장하면서, 그 근거로 1905년 독도를 자국의 영토로 편입한 것이 국제법적으로 정당했다고 주장하고 있다. 그래서 1905년 1월 25일에 이루어진 그들의 「내각 결정문」이 지니고 있는 허구성을 입증하였다. 곧 일본이 독도를 강탈하면서, "타국에서 이를 점령했다고 인정할 만한 형적이 없다."는 전제를 세웠다. 하지만 이 전제는 내각의 전신이었던 태정관의 결정을 무시한 처사였고, 또 영토 편입 청원자인 나카이 요사부로의 인식, 곧 독도가 한국의 영토라는 생각마저 뒤집는 것이었다. 그리고 나카이로 하여금 영토 편입을 청원하게 하는 데는, 뒤에 일본 제국주의의 영토 확장에 기여한 관료들의 사주가 있었음으로, 국가 권력의 개입이 있었던 부당한 처사였다는 것을 밝혔다.

그리고 그때까지 불러오던 명칭인 '송도'를 버리고 임의로 '죽도'로 바꾸는 데 일익을 담당했던 오키도사 히가시 분스케東文輔의 인식은 일부러 섬 이름의 혼란을 초래했을 가능성이 있다고 보았다. 또 나카이가 강치 잡이를 위해 얼마간 독도에서 머문 것을 국제법상 점령에 해당된다고 한 것도 강제로 독도를 빼앗기 위한 명분 축적에 지나지 않는 처사였다는 것도 아울러 확인하였다.

이렇게 일본 측의 처사가 부당한 것이었는데도 불구하고, 독도 강탈의 정당성을 강조하는 일본 학자들의 주장이 잘못 되었다는 것도 아울러 밝혔다. 여기에서는 쯔카모도 다카시塚本孝의 견해를 중심으로 하여 그가 자의적으로 자료를 왜곡하는 실태를 제시하였으며, 또 그의 논리가 편의에 따라 바뀌는 사례를 들었다.

이상과 같은 고찰을 통해서 독도는 역사적으로 대한민국의 영토가 분명하다는 명제를 거듭 확인하였다. 그러므로 일본 측이 사리에 어긋나는 논리로 독도가 자기네 땅이라고 주장하는 것은 손바닥으로 하늘을 가리는 우를 범하는 처사이며, 제3의 경제대국으로서 주변 제국을 위해서도 아무런 도움이 되지 않는다는 것을 거듭 천명해둔다.

참고문헌

『高麗史』
『高宗實錄』
『公文類聚』
『光海君日記』
『端宗實錄』
『文宗實錄』
『世宗實錄』 地理志
『肅宗實錄』
『肅宗實錄』 補闕正誤編
『承政院日記』
『新增東國輿地勝覽』
『英祖實錄』
『增正交隣志』
『太宗實錄』
金富軾 :『三國史記』
一然 :『三國遺事』
張漢相 :『鬱陵島事蹟』
禮曹 典客司 :『邊禮集要』
柳馨遠 :『東國輿地志』 (서울, 2006, 아세아문화사 영인본)

成海應 :『研經齋全集(續集)』
李瀷 :『星湖僿說(1)』(서울, 1978, 민족문화추진회)
申景濬 外 :『東國文獻備考(9)』(漢陽, 1770, 國立中央圖書館 所藏)
대한제국 칙령 제 41호
申寀休 編 :『旅庵全書(6)』(서울, 1939, 新朝鮮社)
권오엽 공역 :『독도와 죽도』(서울, 2005, 제이앤씨)
김기혁·윤용출 :『울릉도·독도 역사지리 사료연구』(서울, 2006, 한국해양수산개발연구원)
김병렬, 나이토 세이츄 공저 :『한일 전문가가 본 독도』(서울, 2006, 다다미디어)
김부식 :『三國史記』
김정원 번역 :「겐로쿠 9(병자)년 조선 배 착안 한 권의 각서」『독도연구(창간호)』(경산, 2006, 영남대 독도연구소)
김호동 :「울릉도의 역사로서 우산국 재조명」『독도연구(7)』(경산, 2009, 영남대독도연구소)
______ :「조선 숙종조 영토분쟁의 배경과 대응에 관한 검토 - 안용복 활동의 새로운 검토를 위해」『대구사학(94)』(대구, 2009, 대구사학회)
______ :「한 일 양국에서 누가 먼저 '독도'를 인지하였는가?」『일본 외무성의 '죽도문제를 이해하기 위한 10의 포인트'에 대한 철저 해부』(경산, 2009, 영남대독도연구소)
______ :『울릉도·독도의 역사』(서울, 2007, 경인문화사)
김화경 :「끝없는 위증의 연속 - 시마네현 죽도문제연구회『최종보고서』의 문제점」『독도연구(3)』(경산, 2007, 영남대독도연구소)
______ :「독도 강탈을 둘러싼 궤변의 허구성-죽도문제연구회의 메이지

시대 자료에 대한 연구를 중심으로」『독도연구(4)』(경산, 2008, 영남대 독도연구소)

______:「섬의 소유를 둘러싼 한·일 관습에 관한 연구」『독도연구(7)』(경산, 2009, 영남대 독도연구소)

______:「섬의 소유를 둘러싼 한·일 관습에 관한 연구」『독도연구(8)』(경산, 2009, 영남대독도연구소)

______:「한국의 고지도에 나타난 독도 인식에 관한 연구」『인문연구(55)』(경산, 2008, 영남대 인문과학연구소)

농상공부 수산국 편:『한국수산지(2)』(서울, 1910, 인쇄국)

박병섭:『안용복 사건에 대한 검증』(서울, 2007, 한국해양수산개발원)

서인원:「눌재 양성지의 역사지리 인식」『실학사상연구(17·18 합병호)』(서울, 2000, 역사실학회)

______:『조선 초기 지리지 연구 -『동국여지승람』을 중심으로』(서울, 2002, 혜안)

서종학:'獨島'·'石島'의 지명 표기에 관한 연구」『어문연구(139)』(서울, 2008, 한국어문교육연구회)

세종사업기념사업회:『증보문헌비고』(서울, 1978, 세종사업기념사업회)

송병기:『한국민족문화대백과사전(7)』(성남, 1991, 한국정신문화연구원)

______:『울릉도와 독도 - 그 역사적 접근』(서울, 1999, 단국대출판부)

______:『개정판 울릉도와 독도』(서울, 2007, 단국대 출판부)

______ 편:『독도영유권자료선』(춘천, 2004, 한림대출판부)

신용하:『독도의 민족 영토사 연구』(서울, 1996, 지식산업사)

______ 편저:『독도 영유권 자료의 탐구(2)』(서울, 1999, 독도연구보전협회)

______ 편저:『독도 영유권 자료의 탐구(3)』(서울, 2000, 독도연구보전협회)

______ 편저:『독도 영유권 자료의 연구(4)』(서울, 2001, 독도연구보존회)

유미림 : 「한국 문헌의 '울릉·우산' 기술에 관한 고찰 - '신경준 개찬'론에 대한 비판」 『동양정치사상사(8-1)』 (서울, 2002, 한국동양정치사상사학회)

______ : 「'우산도 = 독도'설 입증을 위한 논고 - 박세당의 「울릉도」와 장한상의 「울릉도 사적」을 중심으로」 『한국정치외교사논총(29-2)』 (서울, 2008, 한국정치외교사학회)

______ : 『「울릉도」와 「울릉도 사적」 역주 및 관련기록의 비교연구』 (서울, 2007, 한국해양수산개발연구원)

윤경진 : 「『고려사』 지리지 정리의 기준 지침」 『한국사연구(110)』 (서울, 2000, 한국사연구회)

이경직 : 「부상록」 『국역 해행총재(III)』 (서울, 1975, 민족문화추진회)

이상태 : 『사료가 증명하는 독도는 한국 땅』 (서울, 2007, 경세원)

이한기 : 『한국의 영토』 (서울, 1969년, 서울대출판부)

이혜은·이형근 : 『만은 이규원의 울릉도 검찰일기』 (서울, 2006, 한국해양수산개발원)

정원길 편 : 『내가 사랑한 안용복』 (경산, 2007, 대구 한의대 안용복연구소, 안용복장군 기념사업회 경북지부)

정태만 : 「독도문제의 수학적 접근」 『독도연구(8)』 (경산, 2008, 영남대 독도연구소)

진재교 : 「원중거의 '안용복전' 연구」 『진단학보(108)』 (서울, 2009, 진단학회)

최문형 : 「로일전쟁과 일본의 독도 점취」 『역사학보(188)』 (서울, 2005, 역사학회)

한국북방학회 편집위원회 : 『한국북방학회논집(8)』 (서울, 2001, 한국북방학회)

도리이 류죠(鳥居龍藏) : 「인류고고학 상에서 본 울릉도」 『독도연구(3)』

(경산, 2007, 영남대독도연구소)
정영미 역 :『죽도고증』(서울, 2006, 바른역사정립기획단)
葛生修亮 :『韓海通漁指針』(東京, 1903, 黑龍會出版部)
岡嶋正義 :『竹島考(下)』「幕府禁遏渡海于竹嶋」
________ :『竹島紀事(1)』『독도연구』(경산, 2008, 영남대독도연구소)
古莊定雄 編 :『大日本帝國憲法, 幷ニ附屬法令』(1889, 熊本, 海西日報社)
吉莊定雄 :『大日本國憲法』(熊本, 1889, 海西日報社), 憲法發布勅語
內藤正中 :「隱岐の安龍福」『東北アジア文化硏究』(松江, 2005, 鳥取短期大學東北アジア文化硏究所)
________ :「竹島問題補遺 - 島根縣竹島問題硏究會最終報告書批判」『北東アジア文化硏究(26)』(松江, 2007, 鳥取短期大學北東アジア文化總合硏究所)
________ :「竹島の領土編入は無主地先占どいえるのか」『鄕土石見(74)』(濱田, 2007, 石見鄕土懇談會)
________ :『竹島(鬱陵島)をめぐる日朝關係史』(東京, 2000, 多賀出版)
農商工部水産局 編 :『韓國水産誌(1)』(서울, 1908, 日韓印刷株式會社)
______________ 編 :『韓國水産誌(2)』(서울, 1910, 龍山印刷局)
大西俊輝 :『日本海と竹島 - 日韓領土問題』(東京, 2003, 東洋出版)
梶村秀樹 :「竹島 ＝ 獨島問題と日本國家」『朝鮮硏究(182)』(東京, 1978, 日本朝鮮硏究所)
北澤正誠 編 :『竹島考證』(東京, 1996, エムティ出版)
山辺健太郎 :「竹島問題の歷史的考察」『コリア評論(7-52)』(東京, 1965, 民族問題硏究所)
三田淸人 :「鳥取縣立博物館所藏竹島(鬱陵島)·松島(竹島)關係資料」『竹島問題に關する調査硏究 - 最終報告書』(松江, 2007, 竹島問題硏究會)

松村明 監修 :『大辭泉』(東京, 1995, 小學館)
______ 監修 :『大辭林』(東京, 2000, 三省堂)
水路部 :『朝鮮水路誌(第2改版)』(東京, 1907, 水路部)
______ :『朝鮮水路誌』(東京, 1894, 水路部)
市島謙吉 編 :『續續群書類從』第9 隱州視聽合記, (東京, 1906, 內外印刷)
新村出 編 :《廣辭苑》(東京, 1983, 岩波書店)
安岡昭男 :『明治維新と領土問題』(東京, 1980, 教育社)
岩永重華 :『最新韓國實業指針』(東京, 1904, 寶文館)
奧原碧雲 :「竹島經營者中井養三郎氏立志傳」『竹島問題に關する調査研究 - 最終報告書』(松江, 2007, 竹島問題研究會)
越常右衛門 :「竹島紀事」『독도연구(4)』(경산, 2008, 영남대 독도연구소)
外務省アジア大洋州局北東アジア課 :『竹島問題を理解するため10のポイント』(東京, 2998, 外務省)
日本外務省調査部 編 :『日本外交文書』第3卷
日本海上保安廳水路部 編 :『日本水路史』(東京, 1971, 日本水路協會)
田淵友彦 :『韓國新地理』(東京, 1905, 博文館)
田川孝三 :「于山島について」『竹島資料10』(松江, 1953, 島根縣圖書館所藏)
________ :「竹島領有に關する歷史的考察」『東洋文庫書報(20)』(東京, 1988, 東洋文庫)
田村清三郎 :『島根縣竹島の新研究』(松江, 1965, 報光社)
點澤信太郎 編 :『大日本海 - 日本地理学史の研究』(東京, 1943, 京成社)
朝鮮總督府內務局土木課港灣係 :『朝鮮の港灣(附圖別册)』(서울, 1925, 朝鮮總督府)
早川純三郎 編 :『通航一覽』(京都, 1913, 清文堂)
鳥取藩 :『御在府日記』

佐佐木茂 : 「領土編入に關わる諸問題と資・史料」, 『竹島問題に關わる調査研究 - 最終報告書』(松江, 2007, 竹島問題研究會)

中村元起 : 「磯竹嶋事略(坤)」 『독도연구(3)』 (경산, 2007, 영남대독도연구소)

中塚明 : 『日清戰爭の研究』 (東京, 19687, 青木書店)

池內敏 : 「近世日本の西北境界」 『史林(90-1)』 (京都, 2007, 京都大史學科)

______ : 「對話を成り立たせるために」 『竹島/獨島問題·日韓共同シンポジウム報告原稿』 (東京, 2009, 子どもと教科書全國ネット21, アジアの平和と歷史教育連帶)

______ : 「安龍福と鳥取藩」 『鳥取地域史研究(10)』 (鳥取, 2008, 鳥取地域史研究會)

______ : 「隱岐 · 村上家文書と安龍福事件」 『鳥取地域史研究(9)』 (鳥取, 2007, 鳥取地域史研究會)

______ : 『大君外交と武威 - 近世日本の國際秩序と朝鮮觀』 (名古屋, 2006, 名古屋大出版部)

川上健三 : 『竹島の歷史地理學的研究』 (東京, 1966, 古今書院)

塚本孝 : 「竹島關係旧鳥取藩文書および繪圖(上)」 『レファレンス(411)』 (東京, 1985, 國立國會圖書館調查立法考查局)

______ : 「竹島關係旧鳥取藩文書および繪圖(下)」 『レファレンス(518)』 (東京, 1985, 國立國會圖書館調查立法考查局)

______ : 「竹島領有權問題の經緯」 『調查と情報(244)』 (東京, 1994, 國立國會圖書館調查及び立法考查局)

______ : 「平和條約と竹島(再論)」 『レファレンス(411)』 (東京, 1994, 國立國會圖書館調查立法考查局)

______ : 「サンフランシスコ條約と竹島」 『レファレンス(389)』 (東京, 1983, 國立國會圖書館調查立法考查局)

______ :「奧原碧雲竹島關係資料(奧原秀夫所藏)をめぐって」『竹島問題に關わる調査研究- 最終報告書』(松江, 2007, 竹島問題研究會)

樋野俊晴 :「元祿九丙子年朝鮮舟着岸一卷之覺書」『독도연구(창간호)』(경산, 2005, 영남대독도연구소)

坂本太郎 共校註 :『日本書紀(上)』(東京, 1967, 岩波書店)

下條正男 :「竹島問題考」『現代コリア(361)』(東京, 1996, 日本朝鮮研究所)

________ :『竹島は日韓どちらのものか』(東京, 2004, 文藝春秋)

________ :「論点整理 - 安龍福の登場」『フォトしまね(161)』(松江, 2006, 島根縣)

________ :「竹島の日條例から二年」『竹島問題に關する調査研究-最終報告書』(松江, 2007, 竹島問題研究會)

海軍水路局 :『寰瀛水路誌』(東京, 1885, 水路局)

海軍水路部 :「朝鮮全岸」(東京, 1895, 盛京省), 日本國會圖書館 所藏

Frank J. Sutley edi : *Britannica Atlas,* (London, 1974, Encyclopaedia Britannica Inc)

William A. Clevelend edi : *Britannica Atlas,* (London, 1978, Encyclopaedia Britannica Inc)

찾아보기

ㄴ

ㄷ

ㅇ

ㅈ

ㅊ